'n Wyse Vrou

'n Wyse Vrou Bou Haar Huis Deur 'n DWAAS wat Hare Met Haar Eie Hande Afgebreek Het

Erin Thiele

Uiteindelikhoop.com

Bandontwerp deur Tara Thiele • NarrowRoad Publishing House

'n Wyse Vrou

'n Wyse Vrou Bou Haar Huis Deur 'n DWAAS Wat Hare Met Haar Eie Hande Afgebreek Het

'n Werkboek Vir Vroue
Deur Erin Thiele

Gepubliseer Deur:
NarrowRoad Publishing House
POB 830
Ozark, MO 65721 U.S.A.

Die materiaal van Restore Ministries was geskryf met die uitsluitlike doel om vroue aan te moedig. Vir meer inligting besoek ons by:

Uiteindelikhoop.com
RestoreMinistries.net

Tensy andersins aangedui, is meeste van die Bybel verse vanuit die AFR83 Vertaling geneem. Bybel aanhalings wat DB gemerk is, is vanuit die Die Boodskap Vertaling van die Bybel, en Bybel vers aanhalings gemerk NLV, is van die Nuwe Lewende Vertaling. Ons bediening is nie partydig aan enige spesifieke verklaring van die Bybel, maar is **lief** vir hulle almal, om almal te help in enige kerkverband, wat 'n behoefte het om hulle huwelik te herstel.

ISBN: 1-931800-71-5
ISBN13: 978-1-931800-71-6

Toewyding

Die werkboek is aan my Here en Redder, Jesus Christus toegewy. Dankie dat U my nooit verlaat het nie. Dankie dat U so getrou was aan U beloftes, veral Romeine 8:28: "Ons weet dat God alles ten goede laat meewerk vir die wat Hom liefhet, die wat volgens sy besluit geroep is."

Aan my eerste dogter, Tyler, toe God my met jou geseën het, het ek my reis begin om 'n goddelike ma te wees, in die hoop dat ek 'n goeie voorbeeld vir jou sal wees om te volg. Ook aan my dogters, Tara en Macy, mag julle 'n "sagmoedige en rustige gees" nastreef, wat kosbaar in die aangesig van God is."

Aan my vier seuns, Dallas, Axel, Easton en Cooper, mag julle elkeen die vrouens met wie julle trou koester, "Wie 'n vrou kry, vind geluk en geniet die goedheid van die Here. Soek vir haar asof jy vir 'n kosbare edelsteen soek, 'n knap vrou is baie werd, baie meer as edelstene"! Ek weet ek sal elkeen van my toekomstige dogters net so liefhê soos wat ek elkeen van julle liefhet.

Hoofstukke 12 en 15 is aan my ma, Grace McGovern opgedra, wie 10 April 2000 opgegaan het om saam met die Here te wees. Haar voorbeeld om elkeen van haar sewe kinders te koester soos 'n "spesiale seën van die Here" het my aangespoor om kinders te begeer en die Here met my vrugbaarheid te vetrou. Dit was haar liefde vir moederskap wat my geïnspireer het om my kinders lief te hê. My ma was reg - "liefde vergaan nooit nie"!

Aan die baie dames wat deur Herstel Ministerie gekom het en gehelp het met die hersiening, wysiging en proeflesing van hierdie werkboek: my ma, Jo Hurst, Tammy Sutton, Rachel Floyd, Wendy Bryant, Marilyn Danielson en Sarah Buzzard. Dankie julle almal! Julle was die antwoord op ons gebede.

En ten einde laaste; aan my man dat hy teruggekom het huistoe en die geestelike leier van ons huis en die bediening geword het. Ek is elke dag liewer vir jou.

Inleiding

Die boek wat jy in jou hande vashou is nie bedoel om gelees te word en eenkant gesit te word nie. Dit is my hoop en gebed dat dit jou die kennis gaan gee om te voorkom dat jy ooit egbreuk of egskeiding in die gesig sal staar. Vir diegene wat hierdie werkboek gekry het deur my aanbeveling in *Hoe God Jou Huwelik Kan en Sal Herstel: 'n Boek vir Vrouens van Iemand Wat Daar Was*, ek is seker dat God jou hart sien en jou op die oomblik "sterk ondersteun."

Dit is tyd vir alle vrouens (en mans) om te besef dat alle huwelike op sinkende sand is, tensy hulle ferm op die Rots van God se Woord gegrond is .

Soos wat jy elke hoofstuk lees, sal jy duidelik sien dat jou afhanklikheid op die Here moet wees. Die Woord is al wat jy nodig het om jou gedagtes te hernu deur God se manier van dink en jy moet ander opinies van die wêreld uitgooi. Dan is dit jou taak om jou huis op die Rots te herbou deur te *doen* wat die Woord sê en nie *net te hoor nie*.

Voordat jy begin herbou, moet jy 'n goeie bloudruk hê. Jou bloudruk moet Sy Woord wees, wat jy in die volgende bladsye sal vind. Volgende, jy moet die Hoeksteen vind waarom alles gebou sal word. Ons Hoeksteen is om Jesus as jou Here te neem, nie net jou Redder nie. Ons sal dit in les twee dek.

Met hernude gedagtes en die Here se bloudruk, sal jy in staat wees om jou huis te herbou in plaas daarvan om dit soos 'n dwaas op sinkende sand te bou. Die van julle wat in die middel van die rommel sit omdat jou huis geval het (deur egbreuk of egskeiding), het regtig die voordeel. Jy is gemotiveer om nou jou huis te begin herbou aangesien jy basies nêrens anders het om te bly nie. Dit is waar ek was toe ek begin het om die werkboek vir vrouens te skryf. Dit was vir my baie pynlik, maar dit was elke traan werd wat ek gestort het!

Die van julle wat in 'n huis bly wat net 'n bietjie kraak of miskien skuif wanneer die weer verander, is gemaklik, maar God probeer jou aandag kry, anders sou jy nie nou hierdie handleiding in jou hande gehou het nie. Onthou, Jesus het gesê **wanneer** reën kom, nie **as** reën kom nie. En, Hy

.

is baie duidelik dat al daardie wie se huise nie op die Rots gebou is nie, sal val, en groot sal hulle val wees! Jou reën en wind mag dalk kom in die vorm van jou man wat ontrou is, 'n siekte of dood in die familie of finansiële probleme. Nietemin, God is getrou; Hy sal wat ook al gebruik wat Hy weet jou aandag sal kry.

"Ek is veral ook daarvan oortuig dat God, wat 'n goeie werk in julle begin het, dit end-uit sal voer en dit sal voleindig op die dag wanneer Jesus Christus kom." Fil. 1:6. Ek waarborg dat almal van ons beproewings en verdrukking in ons lewens sal hê; daarom, laat ons, ons huise ferm op die Rots van Jesus Christus en Sy Woord bou!

Inhoudsopgawe

"My Volk Gaan Onder Omdat Hulle Nie Aan My Toegewy Is Nie"

.

Op Die Rots

"Elkeen dan wat hierdie woorde van
My hoor en daarvolgens handel,
kan vergelyk word met 'n verstandige
man wat sy huis op die rots gebou het.
Die stortreën het geval, vloedwaters het
afgekom, winde het teen daardie huis
gewaai en daaraan geruk, en tog het dit nie
ingestort nie, want die fondament was op rots."
Matt. 7:24-2.

Is jou huis op 'n rots gebou? Is jy seker? Want God se Woord sê dat die reën gaan kom. Dit mag in die vorm van 'n finansiële krisis wees, die dood van 'n geliefde, egbreuk, siekte of 'n verlore kind. Sal jou huwelik staan? Groot is die val van meeste huwelike – sal joune volgende wees? Of, miskien het dit alreeds geval. Dames, dit is tyd vir ons almal om ons huise ferm op die Rots van Jesus Christus te bou - **Sy Woord.**

Ons as vrouens woon veelvoudige Bybel studies by en dan veelvoudige seminare. Ons deurweek onsself onvermoeid met die Woord, tog is ons huise buite orde en besig om te verkrummel. Meeste van ons mans is so behep met stokperdjies, sports en hulle werk dat hulle min of geen tyd spandeer om God se Woord te bestudeer nie. Het jy al ooit gewonder of jou huwelik in egskeiding sal eindig? Wel, God se Woord sê, "Daarom, wie **meen** dat hy staan, moet oppas dat hy nie val nie." 1 Kor. 10:12.

Die weë van die wêreld, wat die kerk en haar onderrig binnegedring het, waarborg net die ondergang van ons hoop en planne vir ons families. Weet jy regtig wat God se Woord sê vir jou as 'n vrou, eggenoot en ma? Het jy God se plan gelees en jou huis daarvolgens gebou? Hier is 'n paar van die vrae wat gevra sal word deur die Woord in die volgende lesse:

Is daar enigiets verkeerd met egskeiding, veral onder sekere omstandighede? Hoekom eindig huweliks berading gewoonlik in egskeiding? Hoekom vertoon vrouens die houding en karaktertrekke van 'n ideale vrou teenoor hulle werkgewers maar nie hulle mans nie? As jy jou man eerste in jou lewe plaas, wat sal van jou huwelik word?

Watter gevaar is teenwoordig wanneer 'n vrou al haar eie behoeftes vervul en haar man sy eie behoeftes vervul? Moet jou pastoor jou geestelike leier wees? Hoekom word beledigings en onheil in ons lewens ingebring, en hoe hou dit verband met God se seëninge? Wanneer jy iemand of iets voor die Here plaas, wat sal God doen om jou terug na Hom toe te trek? Sommige predikers vertel ons dat ons beveel is om kwaad te wees; is dit waar?

Gesonde leer? Ons as Christene geniet die boodskap van die kansel of Christen radio wat ons opvlam vir die Here, maar wat van die boodskappe wat oortuiging bring? Hardloop jy weg van die Waarheid af? Baie van ons predikers en sprekers van vandag voel dat hulle groot skares moet aantrek vir finansiële redes. Dit blyk dat wanneer predikers hulle gemeente of luisteraars vertel wat hulle *wil hoor*, bring dit die grootste offerande vir hulle bediening. "Want daar sal 'n tyd kom wanneer die mense die gesonde leer nie meer sal verdra nie. Hulle sal hulle eie begeertes volg en vir hulle leermeesters bymekaarmaak wat net sal sê wat hulle graag wil hoor. Hulle sal die waarheid nie wil hoor nie en hulle tot verdigsels wend." 2Tim. 4:3-4.

Verskeurende wolwe. Jesus het ons gewaarsku teen geestelike leiers wat ons probeer bedrieg. "Pas op vir die vals profete. Hulle kom na julle toe in skaapsklere, maar in werlikheid is hulle verskeurende wolwe. Aan hulle vrugte sal julle hulle ken…" Matt. 7:15-16. Ons kan die finansiële vrugte van baie bedienings sien, tog gaan die volk onder omdat hulle nie aan my toegewy is nie. "My volk gaan onder omdat hulle nie aan My toegewy is nie…" Hosea 4:6. Wanneer jy na die mees gewildste Christelike sprekers luister, is jy seker hulle inligting is gebaseer op die Woord, of is dit gebaseer op sielkunde en die idees van mense? Weet jy wat die verskil is? "'Die profeet wat 'n droom gehad het, mag vertel wat *hy* gedroom het, maar hy wat My Woord ontvang het, moet My Woord eerlik oordra. 'n Mens kan nie strooi met die beste koring vergelyk nie, sê die Here.'" Jer. 23:28. Is jy in staat om graan van strooi te onderskei?

Vind wysheid. "My seun, aanvaar die straf wat van die HERE kom en moet jou nie teen sy teregwysing verset nie, want die HERE straf die mens wat Hy liefhet net soos 'n vader doen met sy seun. Dit gaan goed met die mens wat **wysheid gevind** het, wat insig as sy deel ontvang het, want dit bring meer winste in as silwer en lewer 'n groter opbrengs as goud" Spr. 3:11-14. As jy 'n kragtige boodskap met die titel "Onderdanigheid," of "Die Twisgierige Vrou" of "Wen Jou Man SONDER 'n WOORD" hoor, sal jy dit met opwinding omhels of weghardloop van die oortuigings?

Sy doel. Ken jy die verskil tussen veroordeling en oortuiging? Satan bring veroordeling na ons toe - gedagtes wat ons hopeloos laat voel. Die Here oortuig ons in ons gees met die doel om vir ons die dinge in ons lewens te wys wat verandering benodig. Alle skuldgevoelens is nie sleg nie. Inteendeel, ons *moet* skuldig voel wanneer ons sondig. As 'n persoon geen skuld of berou vir sy sondes voel nie, hoekom sal ons tot inkeer wil kom? Selfs die hopeloosheid wat veroordeling bring, kan ten goede gebruik word as ons na God toe keer vir ons hoop." Rom. 8:28. Weet jy dat God baie keer teenspoed in ons lewens bring om ons verhoudings met Hom te versterk? Dit was God wat baie teenspoed in Jona se lewe gebring het om gehoorsaamheid voort te bring, en dit was die Here wat Saul verblind het om hom in die goddelike Paul te verander. Maak dit regtig saak waar die teenspoed vandaan kom solank as wat ons elke beproewing toelaat om ons meer in die Here se beeld te vorm?

My optrede, my gedagtes. Wat in die volgende lesse geskryf staan mag vir jou vreemd voorkom. Baie van hierdie waarhede word skaars, indien ooit, van die preekstoel af gepreek, bespreek op Christelike radio of oor geskryf in Christelike boeke. "Soos die hemel hoër is as die aarde, so is my optrede verhewe bo julle optrede en my gedagtes bo julle gedagtes." Jes. 55:9. Hierdie onderrig is maklik om in die Woord te vind, maar word dikwels oorsien, afgewater, of buite verband geneem om 'n teenstaande oogpunt te regverdig of om sonde te regverdig. "Elke belofte van God is betroubaar; Hy beskerm die wat by Hom skuil. Moet niks byvoeg by wat Hy gesê het nie; Hy sal jou bestraf, en jy sal daar staan as 'n leuenaar." Spr 30:5-6.

'n Hart vol ootmoed en berou. Is jou hart gebroke en vol berou? Dit moet wees om die Waarheid te ontvang. "Die offer wat U wil hê, o God, is verootmoediging: U sal 'n hart vol ootmoed en berou nie gering ag nie, o God." Ps. 51:19. Dit is die vrugbare grond wat die Here sê baie vrugte sal afwerp. "Luister julle dan na wat die gelykenis van die saaier beteken: Die Bose kom by elkeen wat die woord van die koninkryk hoor maar dit nie verstaan nie, en vat dan weg wat in sy hart gesaai is. Dit is hy by wie daar op die pad gesaai is. Die man by wie daar op die klipbanke gesaai is, is hy wat die woord hoor en dit dadelik met blydskap aanneem. Hy laat dit egter nie by hom wortel skiet nie, en hy hou nie lank uit nie. As hy ter wille van die woord verdruk en vervolg word, word hy gou afvallig. Die man by wie daar tussen die onkruid gesaai is, is hy wat die woord hoor, maar die bekommernis van die lewe en die verleidelikheid van rykdom verstik die woord, en dit bly sonder vrug. Die man by wie daar op goeie grond gesaai is, is hy wat die woord hoor en dit verstaan. Hy dra inderdaad vrug en lewer 'n oes: soms honderdvoudig, soms sestigvoudig, soms dertigvoudig." Matt. 13:18-23.

Het dit nie gehoor nie. "Maar julle oë is bevoorreg dat hulle sien, en julle ore dat julle hoor. Dit verseker Ek julle: Baie profete en gelowiges wou graag sien wat julle sien, maar het dit nie gesien nie, en wou graag hoor, maar **het dit nie gehoor nie.**" Matt. 13:16-17. Jy sal 'n "oor om te hoor," nodig hê, wat beteken om te luister en te begeer om sodoende die volkome wysheid wat die Bybel bied, te kry.

Nag en dag oordink. Jy sal jou gedagtes moet hernu om in lyn te kom met wat God sê oor alles. Meeste maak staat op wat gewild is volgens die wêreld se standaarde of volg die sogenoemde "deskundiges" in die veld. Laat ons nooit vergeet dat God ons Maker is nie. Weet Hy nie hoe om elke omstandigheid of verhouding wat Hy geskep het, te hanteer nie? "Maar wat in die woord van die Here sy vreugde vind, dit **nag en dag oordink.** Hy is soos 'n boom wat by waterstrome geplant is, wat op die regte tyd vrugte dra en waarvan die blare nie verdroog nie; *Hy is voorspoedig in alles wat hy aanpak.*" Ps. 1:2-3.

U Woord is die Waarheid. Satan sal probeer om jou te verlei om wat in die werkboek geskryf staan, te verwerp. Hy mag probeer om verdeling te veroorsaak deur jou te laat dink of sê dat jy nie met die skrywer saamstem nie. Eerstens, dit maak nie saak wat die skrywer sê of dink nie. Wat saak maak is wat God sê, aangesien Hy die Skrywer en Skepper van lewe is. Tweedens, moet ons onthou dat Satan sal probeer om jou te ontmoedig;

verdeling is een van sy gunsteling taktieke. As jy nie glo wat in hierdie lesse geskryf staan nie, het jy drie keuses, 1) Jy kan met iemand praat *wat jy weet* met jou sal saamstem, 2) Jy kan vat wat jy wil en die res oor slaan soos 'n buffet of, 3) *jy kan die Waarheid soek.* "Laat hulle aan U toegewy wees in die Waarheid. **U woord is die Waarheid**." Johannes 17:17. Kies asseblief om die Waarheid na te streef. Die Waarheid is niks om te vrees nie; inteendeel, dit sal jou vrymaak. "As julle aan My Woorde getrou bly, is julle waarlik My dissipels; en julle sal die waarheid ken, en **die Waarheid sal julle vrymaak**." Johannes 8:31-32. Weereens, as jy enige van die materiaal bevraagteken dring ek aan dat jy in die Woord sal soek om die Waarheid te vind.

Soek en jy sal vind. "Beywer julle vir Sy koninkryk, dan sal Hy julle ook hierdie dinge gee." Lukas 12:31. "Ek sê vir julle: Vra en vir julle sal gegee word. Soek, en julle sal kry. Klop, en vir julle sal oopgemaak word." Lukas 11:9. Gebruik jou konkordansie; laat toe dat die Here jou in alle Waarheid lei. Memoriseer 'n vers en herkou dit oor en oor in jou gedagtes. Dan, op 'n dag, sal dit wees asof die lig aangeskakel word in 'n donker kamer; jy sal die Waarheid ken! Is dit die moeite werd? Het jy tyd? "Leer ons ons dae so gebruik dat ons wysheid bekom." Ps. 90:12. As ons Hom eerste soek, belowe Hy dat al die ander goed vir ons gegee sal word.

Honger en dors. As ons gelowiges is, as ons Christene is, dan is ons doel op die aarde om God te verheerlik in alles wat ons doen. Is dit nie wat Jesus met Sy lewe gedoen het nie? En, as ons onsself Christene noem, is ons veronderstel om volgelinge van Christus te wees. Maar is ons? Hoe volg ons Christus? Miskien het jy menigte kere vantevore probeer om God te volg, maar jy het gestruikel en was nie in staat om aan te gaan nie. As jy jou hart vir God kan oopmaak en voortgaan om Sy Woord te lees, wat in die volgende lesse gevind kan word, sal Sy Woord veroorsaak dat jy sal honger en dors na Hom en Sy Waarheid. "Geseënd is die wat vervolg word omdat hulle doen wat reg is want aan hulle behoort die koninkryk van die hemel." Mat 5:6. "Soos 'n wildsbok smag na waterstrome, so smag ek na U, o God." Ps. 42:1. Hoe wonderlik om so oor die Here en Sy Woord te voel!

Sy Woord. God se Heilige Woord sal die mees belangrikste Woorde op die volgende bladsye wees; *moet hulle asseblief nie oorslaan nie.* **Sy**

Woord genees. "Hy het hulle met 'n enkele **Woord** *gesond* gemaak, hulle aan die dood laat **ontkom**." Ps. 107:20. Sy Woord is die lig wat die donkerte sal verlig. "**U woord** is die *lamp wat my die weg wys.*" Ps. 119:105. Sy Woord is Waarheid. "Op U woord kan 'n mens hom geheel en al verlaat. Al u bepalings is regverdig." Ps. 119:160

Doen dit net! Sodra jy begin om God se Waarhede te verstaan en te aanvaar, moet jy 'n doener van die Woord word. "Iemand wat altyd net die Woord aanhoor en nooit **doen** wat dit sê nie, is soos een wat na sy gesig in 'n spieël kyk: hy bekyk homself, gaan van die spieël af weg en vergeet dadelik hoe hy gelyk het. Jacobus 1:23-24. Jy moet aksie byvoeg by wat jy geleer het, of daar sal nooit enige verandering in jou lewe wees nie!

Ywerig vir wat goed is? Laat hierdie gedagte heersend in jou gedagtes wees: die onderrig in hierdie werksboek is geskryf deur 'n seloot ('n fanatikus). Ek het so geword toe ek in 'n hoek gedryf is in my lewe. Ek het so geword toe ek besig was om te sink en gesoek het vir iets of Iemand om my te red, "Maar toe Petrus sien hoe sterk is die wind, het hy bang geword en begin sink en uitgeroep: 'Here red my!'" Ek het so geword toe ek 'n leemte in my lewe ervaar het wat my hart laat pyn het omdat ek desperaat was om daardie leemte te vul. As dit is waar jy in jou lewe is, dan sal jy ook 'n fanatikus word. Gehoorsaam fanaties – entoesiasties!

Ywerige onderrig benodig ywerige gehoorsaamheid. "Wie sal julle kwaad aandoen as julle julle **beywer vir wat goed is**?" 1Pet. 3:13. "Ek bestraf en tug elkeen wat Ek liefhet. Laat dit dan vir julle **erns** wees en bekeer julle." Op. 3:19. Jesus het daardie soort ywerige gehoorsaamheid verlang in Sy onderrig terwyl Hy op die aarde geloop het. "As jou hand of jou voet jou van My afvallig maak, kap hom af en gooi hom van jou af weg. Dit is vir jou beter om vermink of kreupel die lewe in te gaan as om met altwee jou hande of voete in die ewige vuur gegooi te word." Matt. 18:8. Ek sou sê dit is baie fanatiese instruksies van ons Here af.

Kom, volg My. "Jesus het na hom gekyk en hom liefgekry en vir hom gesê: 'Net een ding kom jy kort; Gaan verkoop alles wat jy het, en gee die geld vir die armes, en jy sal 'n skat in die hemel hê. Kom dan terug en volg My!' Hy het geskrik toe hy dit hoor en het bedruk weggegaan, want hy het baie besittings gehad. Jesus kyk toe na sy dissipels rondom

Hom en sê vir hulle: 'Hoe moeilik sal mense wat ryk is, in die koninkryk van God kom.'" Markus 10:21-23. Is ons soos die ryk man, onwillig om Hom te volg? Hoeveel keer het Hy jou geroep maar was jy te besig met die dinge van die wêreld, so jy het gekies om Hom nie te volg nie? Moet dit nie nou mis nie, Hy roep jou naam.

Laat ons elke las van ons afgooi. "Terwyl ons dan so 'n groot skare geloofsgetuies rondom ons het, laat ons elke *las van ons afgooi*, ook die *sonde wat ons so maklik verstrik*, en laat ons die wedloop wat vir ons voorlê, met volharding hardloop..." Hebr. 12:1. "Die nag is byna verby; dit is amper dag. Laat ons dan ophou met die *werke van die duisternis*; laat ons die wapens van die lig opneem." Rom. 13:12. "...hou dan op om te lewe soos julle vroeër gelewe het; **breek** met die *ou, sondige mens* in julle wat deur sondige begeertes verteer word..." Efe. 4:22. Jy moet onmiddelik veranderinge in jou lewe maak en jouself toewy om Jesus Christus te volg. Wanneer sal die volgende keer wees wat Hy jou roep? Kan dit jou laaste geleentheid wees? Dink na oor hierdie ontnugterende vers: "Julle wat nie eers weet hoe julle lewe môre sal wees nie! Julle is maar 'n damp wat 'n oomblik verskyn en sommer weer verdwyn." Jakobus 4:14. Laat elke oomblik, elke dag, tel.

Louwarm. Vir dié wat sê julle het 'n gelukkige tuiste, sal die werksboek dalk te fanaties wees aangesien daar niks is om jou te motiveer om te verander nie. "Ek weet alles wat julle doen. Ek weet dat julle nie koud is nie, en ook nie warm nie. As julle tog maar koud of warm was! Maar nou, omdat julle **lou** is nie warm nie en ook nie koud nie, *gaan Ek julle uit my mond uitspoeg.*" Op. 3:15-16. God verafsku 'n louwarm Christen. Is jy vuur en vlam vir Hom? Wat moet Hy in jou lewe doen om jou te kry om nader aan Hom en Sy Woord te beweeg? Ek weet wat dit van my geverg het!

Arm van gees. Die wat arm is het niks nie; daarom, is dit makliker vir hulle om alles te los en Hom en Sy Woord te volg. "Die Gees van die Here is op My omdat Hy my gesalf het om die evangelie aan armes te verkondig." Lukas 4:18. Is jy geestelik bankrot? "Geseënd is die wat weet hoe **afhanklik** hulle van God is, want aan hulle behoort die koninkryk van die hemel." Matt. 5:3. As jy finansieël bankrot is sal jy sekerlik naarstigtig vir jou man bid om werk te kry of om 'n beter werk te kry sodat jy die rekeninge kan betaal en jou familie gevoed kan wees, maar wat van die geestelike kos wat **jy** met jou kinders moet deel.

Huis op sand gebou. Kom ons wees eerlik, baie van ons het ons huis op die sinkende sand van die wêreld se standaarde gebou. Ons streef na alles *waarteen* ons Here Jesus Christus geleef en gepreek het! Jy weet dit is net 'n kwessie van tyd voor jou huis van kaarte val. Ons het die tekens gesien; ons het gesien hoe ander Christen huwelike val. Wat laat jou dink joune sal staan? Die vrouens wat hierdie handleiding vind en lees wie se huise alreeds geval het. "heeltemal verwoes is," het regtig die voordeel. Aangesien hulle nêrens het om te bly nie tel hulle die stukke puin op en begin herbou. Hulle het geen keuse om te maak nie; God het dit vir hulle gemaak. "En elkeen wat hierdie woorde van My hoor en nie daarvolgens handel nie, kan vergelyk word met 'n dwaas wat sy huis op sand gebou het. Die stortreëen het geval, vloedwaters het afgekom, winde het teen daardie huis gewaai en daaraan geruk, en die huis het ingestort en is **heeltemal verwoes.**" Mat:7:26-27. Begin nou om jou huis te herbou, stap vir stap, baksteen vir baksteen, op die Rots van Jesus Christus. Gebruik Sy Woord *alleen* as die bloudruk. Laat hierdie werkboek jou motiveer en die areas uitwys met betrekking tot omstandighede en situasies in jou lewe.

Moenie vir hulle bang wees nie; dink aan die Here. "En vir sy medeamptenare en vir die soldate in Samaria gesê: 'Waarmee is die arme Judeërs besig? Wil hulle vir hulle 'n stadsmuur bou? Wil hulle offerandes bring en in een dag klaarmaak? Wil hulle die klippe laat herleef uit daardie hope stof en as? Laat hulle bou! Daardie klipmuur van hulle sal omval as 'n jakkals daarteen spring!'" Neh. 4:2. Verwag om gespot te word soos wat jy jou huis herbou. Lees die hele hoofstuk vier van Nehemia vir motivering en voorbereiding.

Merk die verse in jou Bybel wat verduidelik wat hulle gedoen het om dié wat hulle probeer keer het te oorkom. Eerstens het hulle gebid toe ander hulle begin spot het en God het hulle rigting gegee gepaard met 'n "verstand om te werk." Volgende, het hulle 'n verdediging opgestel, dag en nag. Hulle was ook bewus van hulle swak punte en het ekstra verdediging in daardie posisies geplaas. (Klink 'n bietjie soos oorlog, doen dit nie? Vir meer oor geestelike oorlogvoering wat jy daagliks in die gesig staar, sien les 5, "Wen Sonder 'n Woord," want "My volk gaan onder omdat hulle nie aan my toegewy is nie. Omdat jy jou taak om hulle aan my toe te wy, verwerp het..." Hosea 4:6.)

Die leiers moes ook baklei teen die vrese van die wie hulle gelei het. Jy sal geestelik sterk moet wees om jou kinders aan te moedig wanneer hulle begin bang raak. "Daarna, toe ek agterkom dit is nodig, het ek die vooraanstaande burgers, die ampsdraers en die res van die volk toegespreek: '**Moenie vir hulle bang wees nie. Dink aan die Here**, *groot en ontsagwekkend*, en veg vir julle broers, julle seuns en julle dogters, julle vrouens en julle huise.'" Neh. 4:14. Uiteindelik, het die duiwel gesien dat dit **God** was wat aan Israel se kant geveg het. Ons vyand die duiwel, of dié wat vir die duiwel werk, sal ook die Here sien as ons "stryd nie teen vlees en bloed is nie, maar teen elke mag en gesag, teen elke gees wat heers oor hierdie sondige wêreld, teen elke bose gees in die lug." Efe. 6:12.

My oog oor jou hou. Sal jy voortgaan met die volgende lesse met die fanatiese toegewydheid wat benodig word? Ons is nie in staat om die veranderinge self te maak nie. Ons is sondaars; ons eie geregtigheid is niks meer as vuil klere nie. Wanneer ons toelaat dat God in ons werk en deur ons werk, sal Hy begin om die veranderinge binne in ons te maak. "Ek wil jou onderrig en jou die pad leer wat jy moet volg. Ek wil jou raad gee en my **oog oor jou hou**. Moenie onverstandig wees nie, soos 'n perd of 'n muil wat met 'n stang in die bek beteuel moet word as jy hom wil lei." Ps. 32:8-9.

Volgens *Sy* besluit. Die Here kom na ons toe op die presiese tyd van ons nood. Hy laat ons toe om na die keerpunte in ons lewens te kom (deur verskeie beproewings) om afhanklikheid van Hom te leer. Dit is gedurende die tye van nood dat ons Hom nastreef, en dan laat Hy ons Hom vind. Dit is net deur gebrokenheid dat egte lewenslange veranderinge gemaak word. Ons kan Hom loof in alle dinge omdat ons die versekering het "dat God alles ten goede laat meewerk vir die wat Hom liefhet, die wat volgens sy besluit geroep is." Rom. 8:28. Ons kan van hierdie gedeelte sien dat ons doel moet wees volgens Sy besluit te leef. Wat dan is Sy doel vir ons lewens? Meeste van ons is bekend met Rom. 8:28, maar om regtig Sy doel te verstaan moet ons verder lees. "Die wat Hy lank tevore verkies het, het Hy ook bestem om **gelykvormig te wees aan die beeld van Sy Seun**, sodat Sy Seun baie broers kan hê van wie Hy die Eerste is. Die wat Hy daartoe bestem het, het Hy ook geroep. En dié wat Hy geroep het, het Hy ook vrygespreek. En dié wat Hy vrygespreek het, het Hy ook verheerlik. Wat is nou ons gevolgtrekking oor al hierdie dinge? Dit: God is vir ons, wie kan dan teen ons wees?" Rom 8:29-31.

Weerspreek jou dade Hom? Is jy werlik lief genoeg vir Hom om aan Hom gehoorsaam te wees, selfs as 'n fanatikus? Is ons meer besorg met **ons doel** *of* **Sy doel** in elke situasie van ons lewens? Waar is jou hart? Baie keer wanneer 'n beproewing in ons lewens kom, gehoorsaam ons om onsself te troos en te beskerm teen wat ook al ons seermaak. Maar as die beproewing of die lyding voortgaan begin ons die nodigheid sien vir 'n meer permanente verandering. Ons ontwikkel insig, wat die rede(s) openbaar hoekom God die beproewing toelaat. Moontlik, is dit vir ons redding of die redding van 'n geliefde; maar, sekerlik, *is* die beproewing vir ons heiligmaking sodat ons dade sal ophou om Hom te ontken. "Hulle gee voor dat hulle God ken, maar **hulle dade weerspreek dit.** Hulle is verfoeilik en koppig en deug vir geen goeie werk nie." Titus 1:16.

My hart van klip. Terwyl ons uitsien na die dag van ons verheerliking, moedig God ons aan om spesifiek in ons gebeds lewens te wees. Hy wil hê ons moet op die punt kom om werklik na Hom uit te roep. Wanneer sal jy hierdie punt bereik? Sal jy uitroep gedurende 'n tyd van frustrasie of moet jy tot die punt kom wat jy 'n geliefde aan die dood moet af staan? Miskien is dit eenvoudig die moontlikheid om die geliefde te verloor wat jou tot op daardie punt sal bring. Moontlik sal die vernietiging van jou huwelik jou laat uitroep na God. Ons moet onsself vra, hoe hard is my hart? "Ek sal julle 'n nuwe hart en 'n nuwe gees gee, Ek sal die **kliphart** uit julle liggaam uithaal en julle 'n hart van vleis gee." Eseg. 36:26. Is jy gewillig om God te vra vir hierdie harts verandering, "watookal dit verg"? Die Here het gesê as jy net wil vra, sal jy ontvang. "Vra, en vir julle sal gegee word; soek, en julle sal kry; klop en vir julle sal oopgemaak word, want elkeen wat vra, ontvang en elkeen wat soek, kry; en vir elkeen wat klop, sal oopgemaak word." Matt. 7:7.

Bly verset. As ons werklik Christene is, volgelinge van Christus, dan smag ons om nader aan Hom te wees. Smag jy na Hom? Of in plaas daarvan omring jy jouself met dinge wat daardie begeerte verdoof? Indien so, is jy nie 'n Christen vuur en vlam vir God nie, maar afvallig.

"'n Onbetroubare mens kry sy verdiende loon…" Spr. 14:14. Is jy onbetroubaar en moet jy gebreek word? "'n Man wat hom bly **verset** teen teregwysings, kom *skielik* tot 'n **val en staan nie weer op nie.**" Spr. 29:1.

Hart vol ootmoed en berou. Jy mag jouself vertel dat jy soveel doen vir die Here. Jy spandeer soveel tyd in die kerk kinderkamer of is die hoof van verskeie komitees. Jy dink dit is regte opofferings en dit bewys dat jy reg voor God staan. "Die offer wat U wil hê, o God, is **verootmoediging**: U sal 'n hart vol **ootmoed en berou** nie gering ag nie, o God." Ps. 51:16.

Droefheid bring bekering. Om uiteindelik tot inkeer te kom en weg te draai van die louwarm lewe wat ons gelei het, moet ons jammer wees. "Nou is ek egter bly, nie omdat ek julle hartseer gemaak het nie, maar omdat ek julle so **hartseer gemaak het dat julle tot inkeer** gekom het. Julle was immers hartseer soos God dit wou hê. Ons het julle dus in geen opsig benadeel nie, want droefheid volgens die wil van God bring bekering wat tot redding lei, en daaroor was niemand nog ooit jammer nie. Daarteenoor bring droefheid uit wêreldse oorwegings die dood." 2Kor. 7:9-10.

Vernietig redenasies en *elke* hooghartige aanval. Wat skei ons van die kennis van God? Wat keer ons om Sy Woord daagliks te lees? As God nie eerste in jou lewe is nie, wat is? Jou familie? Jou werk? Stokperdjies? Televisie en vermaaklikheid? Wat hou jou so besig elke dag en verhoed jou om God selfs 'n gedagte te gee? "Daarmee **vernietig ons die redenasies en elke hooghartige aanval** wat teen die kennis van God gerig word. Ons neem elke gedagte gevange om dit aan Christus gehoorsaam te maak. Ons is ook gereed om met elke ongehoorsaamheid af te reken sodra julle eie gehoorsaamheid volkome is." 2Kor. 10:5-6.

Bely julle sondes eerlik teenoor mekaar. Diegene wat hulleself toegelaat het om skuldig te voel is gereed om hulle lewens te begin verander. As jy gereed is, begin met 'n belyding. "**Bely julle sondes eerlik teenoor mekaar** en bid vir mekaar, sodat julle gesond kan word." Jakobus 5:16. As jy nie gebroke is nie, sal jy moontlik hierdie bladsye nou neersit of voortgaan om hulle te lees net om aan jouself te bewys dat jy die goeie Christen is wat jy voorgee om te wees. Ongelukkig, weet ons albei dit sal nooit jou lewe verander en jou hart binnedring nie. Dit sal bloot by jou rug afloop soos water van 'n eend se rug af.

Moenie verbaas wees oor die vuurproef. Hierdie bladsye is geskryf deur iemand wat gebroke was. God gebruik dikwels mense in ons lewe om ons te breek. Dit mag dalk eers net 'n irritasie wees; dan neem dit toe tot algehele frustrasie. Keer ons na Hom toe op daardie punt of verhard ons ons harte of nekke? God probeer om ons te verander, en ons te vorm. "Geliefdes moenie **verbaas wees oor die vuurproef** waaraan julle onderwerp word nie. Dit is nie iets vreemds wat met julle gebeur nie. Wees liewer bly hoe meer julle in die lyding van Christus deel want dan sal julle ook oorloop van vreugde by sy wederkoms in heerlikheid." 1Pet. 4:12.

Gewoonlik hou ons nie van die situasie of die persoon wat die beproewings in ons lewens bring nie omdat ons nie kan sien dat *God* agter dit sit nie. Ons word bitter en kwaad vir die persoon en die omstandighede wat Hy gebruik. Ons probeer die verhouding verbreek, net om te vind dat dit ons volg. Geliefde gelowige, dit is die Here wat probeer om ons tot insig te bring, eers sagkens, maar dan 'n bietjie meer ferm. (Sien les 10, "Verskeie beproewings," want "My volk gaan onder omdat hulle nie aan My toegewy is nie. Omdat jy jou taak om hulle aan My toe te wy, verwerp het, verwerp ek jou…" Hosea 4:6.)

U laat my bekendes ver van my af staan. God moet dikwels 'n vriend of 'n geliefde verwyder om *Homself* eerste in ons lewens te plaas. Ons mag dalk in 'n koue huwelik wees of vervreem of geskei. Ons kinders, of ons ouers, praat dalk nie met ons nie. Moontlik mag ons broers of susters dalk ook nie met ons kommunikeer nie. "U laat my **vriende en my bure ver van my af staan**, die duisternis van die dood is my geselskap." Ps. 88:18. "U het my onder in die put laat beland, in 'n diepe duisternis. U gramskap rus swaar op my, U laat al U golwe oor my breek. *Sela. U laat my bekendes ver van my af staan en maak my vir hulle iets afskuweliks; ek sit vasgevang en kan nie uitkom nie." Ps. 88:6-8.

*Sela word dikwels gevind in die Psalms om die leser te vra om te oorweeg en na te dink oor wat nounet gelees is. Gehoorsaam dit deur te oordink wat geskryf is deur die Psalm digter. Herlees as jy moet. Wat is jou haas?

Hulle sal God sien. Hoe kan *ek* God sien? Eerstens, moet jy 'n wedergebore ondervinding hê; dan sal Hy inwendige suiwering aanbring. As ons nie God se weë verstaan nie, sal ons mismoedig word en baie twyfeling sal in ons gedagtes in sluip. "Geseënd is die wat *rein van hart* is, want **hulle sal God sien.**" Matt. 5:8. God wil eerste in ons lewens wees. (Sien die volgende les, "Jou Eerste Liefde," want "My volk gaan onder omdat hulle nie aan my toegewy is nie. Omdat jy jou taak om hulle aan my toe te wy verwerp het…" Hosea 4:6) Hy wil hê ons lewens moet Jesus Christus weerspieël.

Straal van blydskap. Wil jy die liefde en glans van die Here weerspieël? *Nou dadelik*, my suster in Christus, is jou kans; moet dit nie mis nie. Moenie omdraai nie; doen dit nou. Keer na Hom en Hom alleen. Doen dit nou dadelik! "Die wat swaar kry, *sien op na Hom* en **straal** van blydskap, hulle word nie teleurgestel in hulle verwagting nie." Ps. 34:5. Het jy jou onlangs jou gelaats uitdrukking gesien? Het dit geval? "Toe sê die Here vir Kain: Waarom is jy kwaad? Waarom is jy bedruk? Wag daar nie vir jou blydskap as jy goed doen nie? As jy nie goed doen nie - die sonde wag jou in daarbuite en hy wil jou in sy mag kry. Maar jy moet oor hom heers." Gen. 4:6. Hoe gaan dit met jou? As dit nie goed gaan met jou nie dan sê God, "die sonde wag jou in daarbuite." Dalk, het jy alreeds die sonde binne gelaat.

Bid nou. "Watookal dit neem om my hart sag te maak vir hierdie lesse, Here doen dit…"

Praktiese Aanwending

Die Woord aanhoor en nie doen wat dit sê nie. "Iemand wat altyd net die **woord aanhoor en nooit doen** wat dit sê nie, is soos een wat na sy gesig in 'n spieël kyk; Maar iemand wat hom verdiep in die volmaakte wet wat 'n mens vry maak, en hom daaraan hou en nie vergeet wat hy hoor nie, maar dit doen, hy sal gelukkig wees in wat hy doen." Jakobus 1:23-24.

Teen U alleen het ek gesondig. In orde om te herbou op die Rots, moet ons ons sondigheid voor God erken. Tensy ons verstaan dat ons sondaars is kan ons nie nog 'n tree neem nie. Soos jy hierdie les lees, word ons bewus gemaak van ons sonde of het jy verskonings gemaak of ander blameer? My geliefde as jy die wêreld navolg deur jou sonde te rasionaliseer en verskonings te maak en ter selfde tyd gou aan ander hul (vernaamlik jou man) sondes en tekortkominge uit te wys, is jy sekerlik oppad na 'n geestelike dood. In plaas daarvan om na ander te kyk wat in sekere areas gefaal het, kyk hard na jouself.

As jy onder sterk oortuiging is, hou nou op, gaan op jou knieë, en vra die Heilige Gees om **jou** te wys en **jou** te oortuig van **jou** sondigheid voor God. Vra Hom om jou oortredinge te openbaar en wie jy te na gekom het. Begin deur hierdie gebed te bid:

"Wees my genadig, o God, in u troue liefde, wys my oortredings uit in u groot barmhartigheid! Was my skoon van my skuld, reinig my van my sonde! ja, my oortredings ken ek en van my sonde bly ek altyd bewus. **Teen U alleen het ek gesondig**, ek het gedoen wat verkeerd is in u oë, U uitspraak is dus reg en u oordeel regverdig. Ek was al skuldig toe ek gebore is, met sonde belaai toe my moeder swanger geword het. Maar U verwag opregtheid diep in 'n mens se hart: laat ek dan diep in my binneste weet hoe U wil dat ek moet lewe. Neem tog my sonde weg dat ek rein kan wees, was my dat ek witter as sneeu kan wees. Laat my weer vreugde en blydskap belewe. U het my verbrysel; laat my weer jubel. Moet tog nie ag slaan op my sondes nie, wis al my skuld uit. Skep vir my 'n rein hart, o God, vernuwe my gees en maak my standvastig. Moet my tog nie van U af wegdryf en u Heilige Gees van my af wegneem nie!

Laat my weer die blydskap ervaar van iemand wat deur U verlos is, laat my U weer met toewyding dien. Dan sal ek oortreders leer wat U van 'n mens verwag; dat die sondaars hulle tot U sal bekeer. Red my van ondergang, o God, my Redder, dat ek kan jubel oor u verlossingsdaad. Here gee my die woorde om u lof te verkondig. 'n Offer wat U wil hê, o God, is verootmoediging: U sal 'n hart vol ootmoed en berou nie gering ag nie, o God." Ps 51:3-19.

Bely julle sondes. Sodra ons ons sondes bely, dan moet ons erken dat ons te kort skiet en ons sondes aan mekaar bely. Weer, as jou gewete verhard is, sal jy jou sonde minimaliseer, en jy sal *nooit* oorwinning oor dit in jou lewe hê nie! "**Bely julle sondes eerlik** teenoor mekaar en bid vir mekaar sodat *julle gesond kan word*. Die gebed van 'n gelowige het 'n kragtige uitwerking." Jakobus 5:16.

Met 'n woord gesond gemaak. Dit is God se Woord wat ons sal verander en genees. "Hy het hulle **met 'n enkele woord gesond gemaak**, hulle aan die dood laat ontkom." Ps.107:20. Ons moet begin om ons gedagtes te hernu. **Gebruik 3x5 kaarte, skryf die verse van hierdie les neer wat vir jou die grootste oortuiging in jou hart gebring het.** Doen dan dieselfde met elkeen van die daaropvolgende lesse. Hou hierdie kaarte in jou handsak en haal hulle uit so gereeld as wat die Heilige Gees jou aanspoor. As jy nie aangespoor word nie, bid dat jy sal wees.

Met God. Ons moet nie in die vlees optree nie. Ons moet "saam met God werk," in Sy rigting beweeg, en Sy Gees gebruik om te doen wat ons moet. "Jesus het reguit na hulle gekyk en gesê: 'Vir mense is dit onmoontlik, maar **vir God** is alles moontlik.'" Matt.19:26. "Jesus het reguit na hulle gekyk en gesê: 'Vir mense is dit onmoontlik maar nie **vir God** nie, want **vir God** is alles moontlik.'" Markus 10:27. "Daarop antwoord Hy: 'Wat vir die mense onmoontlik is, is **vir God** moontlik.'" Lukas 18:27. Enige ander plan sal ons uiteindelik uitmergel en veroorsaak dat ons opgee. "Wie op die akker van sy sondige natuur saai, sal van die sondige natuur **dood en verderf** oes. Maar wie op die akker van die Gees saai, sal van die Gees die ewige lewe oes." Gal. 6:8. Deur in die vlees op te tree sal net tydelike opervlakkige verandering bring teenoor 'n permanente innerlike verandering. "...want die sigbare dinge is **tydelik**, maar die *onsigbare* ewig." 2 Kor 4:18.

Al val die regverdige hoeveel keer. Wees bewus dat struikeling en mislukking sal kom, maar jy *moet weer opstaan.* "Al **val die regverdige** hoeveel keer, hy *staan weer op*..." Spr. 24:16. Almal sal val, maar wat jy doen **wanneer** jy val skei die regverdige van die onregverdige! Die hele tiende les in hierdie boek is gewy om ons intens bewus te maak van die beproewings van 'n Christelike lewe. Maar vir nou, laat ons bewus wees dat ons onsself vasdraai in ons sonde, totdat ons dit so haat dat ons aanhoudend na God uitroep om ons vir ewig uit hierdie versoekings te bevry. "Die oortreding van die goddelose agterhaal hom, hy draai hom vas in sy sonde." Spr. 5:22. Ek sê weer, ons moet "saam met God werk" wetende dat Hy die beste weet. "Ellende wag vir hom wat die Een verwyt wat hom gevorm het, 'n potskerf tussen potskerwe van klei. Durf die klei vir die een wat dit vorm sê: 'Wat maak jy?'" Jes. 45:9.

Roem oor my swakhede. Uiteindelik, wanneer ons, "deur Christus" die soete oorwinning behaal het, moet ons ons getuienis deel met almal wie Hy in ons lewens bring. Sommige vind dit maklik om Jesus Christus as hulle Redder te deel met almal wat hulle ontmoet. As jy so vuur en vlam is vir die Here, prys God! Ander misluk om hulle redding met enige iemand te deel; dit is hulle en die Here se geheim. Sonder twyfel, sal God vrouens in jou lewe bring wat 'n deur sal oopmaak om te deel wat Christus vir jou gedoen het. "...*In julle harte* moet daar net heilige eerbied wees vir Christus die Here. **Wees altyd gereed** om 'n antwoord te gee aan elkeen *wat van julle 'n verduideliking eis oor die hoop wat in julle is.* Maar doen dit met beskeidenheid en met eerbied..." 1 Pet. 3:15. Sal jy jou mond oopmaak? "Dit gaan goed met die mens vir wie die Here die oortreding nie toereken nie! Toe ek oor my sonde geswyg het, het my liggaam uitgeteer." Ps.32:1,3. Laat ons, ons lippe herskool om God se krag oor die sonde te deel deur onsself nederig te maak en te roem oor ons swakhede. "Sy antwoord was: 'My genade is vir jou genoeg. My krag kom juis tot volle werking wanneer jy swak is.' Daarom sal ek baie liewer **oor my swakhede roem,** sodat die *krag van Christus my beskutting kan wees.*" 2 Kor. 12:9.

Laat die Krag van Christus in My Woon...
Amen en Amen!

Persoonlike verbintenis: om te begin om my huis te bou of te herbou op die Rots. "Gebaseer op wat ek uit God se Woord geleer het, verbind ek my daartoe om my louwarmheid teen Christus te bieg en om die behoorlike stappe te neem om my gedagtes te hernu. Ek verbind my ook daartoe om die Here toe te laat om deur my te werk sodat ek die soete oorwinning oor my sondige lewe kan smaak. Ek verbind my daartoe om God die lof en die eer te gee wat Hy verdien deur my getuienis met ander te deel."

Datum:_____Geteken:_____

Waarskuwing: Die materiaal wat jy nounet gelees het en nog gaan lees is nie om met jou man te bespreek nie. Dit is nie net 'n voorstel nie, maar eerder 'n vereiste. Baie skadelike resultate het plaasgevind in huwelike en/of aan die vrouens wie onwetend of opsetlik die informasie wat geleer is gedeel het.

Sommige vrouens het die paragrawe teen hulle eie mans gebruik om hulle oor die kop te slaan met "jy moet…!" Ander wie 'n rein hart het, het gedeel wat hulle geleer het in nederigheid en hulle mans het dit per ongeluk teen hulle gebruik om hulle af te kraak.

Daarom, is dit noodsaaklik dat ek jou vra, as 'n suster in Christus, om hierdie verbintenis te teken voordat jy met die materiaal voortgaan aangesien ons mans "die mans sien hoe godvresend julle is en hoe voorbeeldig julle, julle gedra, sal hulle vir Christus gewen kan word deur die gedrag van hulle vrouens. Dit sal nie eens vir julle nodig wees om 'n woord te sê nie." 1Pet. 3:2.

As jy wonder hoe jy moontlik die versoeking kan weerstaan om jou man te vertel, laat my jou die uitkoms gee. "Geen versoeking wat meer is as wat 'n mens kan weerstaan, het julle oorval nie. God is getrou. Hy sal nie toelaat dat julle bo julle kragte versoek word nie; as die versoeking kom, sal Hy ook die uitkoms gee, sodat julle dit kan weerstaan." 1Kor: 10:13.

Deel hierdie materiaal, elke konsep en elke les, met soveel vrouens, jonger of ouer, as wat jy kan vind totdat alles uit jou sisteem is. Soos wat jy begin om hierdie lesse uit te leef in jou huis "sonder 'n woord" sal jou man heel moontlik vra wat het veroorsaak dat jy verander het. Op daardie punt, kan jy hom *kortliks* vertel, "Ek is besig om 'n werksboek vir vrouens te lees; daar is ook 'n handleiding vir mans. As jy belangstel, kan ek vir jou een kry" einde van die gesprek.

Persoonlike verbintenis: Om hierdie materiaal net met ander vrouens te deel. "Gebaseer op wat ek nounet gelees het, verbind ek myself daartoe om hierdie materiaal net met ander vrouens te deel. Ek verbind myself ook daartoe om stil te wees en nie hierdie materiaal te laat rond lê vir my man om per ongeluk of met opset te lees nie. As my man wel vra oor die positiewe veranderinge in my, verbind ek myself daartoe om gereed te wees met net die bogenoemde verklaring."

Datum:_____Geteken:_____

Jou Eerste Liefde

*"Maar Ek het teen jou
dat jy jou eerste liefde verlaat het."
Openbaring 2:4.*

Het jy jou eerste liefde verlaat? Wie is jou eerste liefde? Is dit jou baba, jou kind, of is jou man jou eerste liefde? Wie is regtig eerste in jou lewe? "Hy wat sy vader of moeder liewer het as vir My, is nie werd om aan My te behoort nie; hy wat sy seun of dogter liewer het as vir My, is nie werd om aan My te behoort nie." Matt. 10:37. Die Skrif in Openbaring sê: "Maar Ek het teen jou dat jy jou **eerste liefde** verlaat het." Open. 2:4.

Vuil klere. Vra jouself hierdie vrae; Is die dinge wat jy eerste plaas van ewige waarde? Sal wat jy vandag doen help om Sy Koninkryk te vermeerder? Streef jy na Sy geregtigheid? Onthou, ons geregtigheid is soos **vuil klere** (Jes. 64:6).

Wat sê die Here vir ons? Hy sê dat as ons ter enige tyd iets of iemand belangriker ag as ons liefde vir Hom of ons vehouding met Hom, is ons Sy liefde nie waardig nie.

Beywer allereers. Hy moet ons eerste prioriteit wees; eerste in ons dag en eerste in ons harte. "Nee, **beywer julle allereers** vir die koninkryk van God en vir die wil van God, dan sal Hy julle ook al hierdie dinge gee." Mat. 6:33.

Wat gebeur wanneer jy iemand bo die Here plaas? Wat doen Hy om jou terug te bring na Hom toe? Sommige van ons het ons mans eerste geplaas, en die Here het ons mans van ons weggevat! "U het my bekendes ver van my verwyder, my iets afskuweliks gemaak vir hulle; ek is ingesluit en kan nie uitkom nie; U het vriend en metgesel ver van my verwyder; my bekendes is in duisternis" Ps. 88:9,19.

Beteken dit dat ons nie na ons mans se belange moet omsien nie? Moet ons die houding inneem dat "ons die Here dien en nie vir jou nie"? God leer ons die perfekte balans in die volgende Bybel verse: "Vrouens, wees aan julle mans onderdanig, net **soos** julle **aan die Here** onderdanig is." Efe.5:22. En ook, "Vrouens, wees aan julle mans onderdanig soos **dit pas by mense wat in die Here glo**." Kol. 3:18. Ons moet onderdanig wees aan ons mans *omdat* ons die Here liefhet. Baie keer verdien ons mans nie ons toegewyde onderdanigheid nie; nogtans, ons Here verdien altyd onderdanigheid aan Sy Woord!

Dat die Woord van God nie belaster word nie. Die Here gee ons selfs 'n waarskuwing dat deur nie gehoorsaam of eerbiedig teenoor ons mans te wees nie, dit die Here sal oneer, selfs die Here en Sy Woord sal laster! Die balans is om die Here te eer deur gehoorsaam en onderdanig aan ons eie mans te wees "...aan hul eie mans onderdanig, sodat die **woord van God nie belaster word nie**." Titus 2:5.

Tevrede met 'n mens se lewe. Ons moet probeer om die Here te behaag; eerder as om te probeer om ons mans te behaag; dan sal die Here veroorsaak dat ons guns het met ons mans. "As die **Here tevrede** is met 'n mens se lewe, laat Hy selfs so 'n mens se vyande in vrede met hom lewe." Spr. 16:7. "Uiterlike skoonheid hou nie, 'n mooi voorkoms is nie alles nie; as sy die Here dien dan verdien 'n vrou om geprys te word." Spr. 31:30. "Vind jou vreugde in die Here, en Hy sal jou gee wat jou hart begeer." Ps. 37:4.

Gehoorsaamheid Eerder as Offerande!

Gehoorsaamheid is beter as offerande. "Nee, **gehoorsaamheid is beter as offerande**, om te luister is beter as die vet van ramme. Weerspannigheid is net so erg as die sonde van waarsêery eiesinnigheid net so erg as die bedrog van waarsêery; Omdat jy die woord van die Here verwerp het, het Hy jou as koning verwerp..." 1Sam. 15:22-23. "Om geregtigheid en reg te doen, is vir die Here verkiesliker as offers." Spreuke 21:3.

Getuienis: Ek het baie vrouens gesien wat "martelaars" is en ek was altyd bang dat ek een sou word. Aangesien ek nie geweet het hoe of hoekom ander vrouens so geword het nie; was dit moontlik dat ek ook in dieselfde lokval sou val. En ek het. Maar nou het ek die antwoord gevind - ons was nie gehoorsaam nie, ons het opgeoffer!

My man sou vir my gesê het "vat dit rustig," "rus," of "los dit tot môre," maar ek sou dit nie doen nie! Dit is opstandigheid! Ek het dit regverdig deur te sê: "Hy weet nie hoeveel werk ek het om te doen nie," of "Hy besef nie wat dit verg om hierdie huishouding aan die gang te hou nie," of "Hoe kan ek 'n middagslapie vat? Wie sal na die kinders kyk?"

Ek *was* reg: hy het nie geweet nie - maar God het! En Hy is my beskerming en my kinders se beskerming. En God in Sy soewereiniteit het *jou* man oor *jou* geplaas vir *jou* beskerming. God het ons mans oor ons geplaas vir ons fisiese beskerming, ons emosionele beskerming en ons geestelike beskerming, "Daar is immers geen gesag wat nie van God af kom nie, en die owerhede wat daar is, is daar deur die beskikking van God. 'n Mens hoef nie vir die owerhede bang te wees nie, want die owerheid is 'n dienaar van God tot jou beswil." Rom. 13:1-4. (Sien les 8, "Vrouens, Wees Onderdanig," omdat "My volk gaan onder omdat hulle nie aan My toegewyd is nie. Omdat jy die wil van God verontagsaam het…" Hosea 4:6. En vir meer inligting oor jou man as jou geestelike beskermer, sien les 9, "Geskikte Helper" onder die afdeling "Wie Behoort die Geestelike Leier te Wees?" en moet nie die getuienis misloop nie!). Opoffering, in plaas van gehoorsaamheid maak my 'n martelaar!

Jou uiterlike voorkoms. Baie vrouens dra kopbeddekings, net rompe, of ander fatsoenlike klere maar hulle is opstandig in hulle harte. Selfs al bedrieg jou uiterlike voorkoms ander om te dink dat jy onderdanig is, die Here ken jou hart! "Moenie na sy voorkoms of sy buitengewone lengte kyk nie, want Ek het hom nie gekies nie; Die Here kyk nie na dieselfde dinge as die mens nie. Die mens kyk na die **uiterlike**, maar die Here na die innerlike." 1 Sam. 16:7. *Ons bediening het nounet 'n telefoon oproep van 'n dame ontvang wat dogmaties was oor vrouens wat fatsoenlike klere moet dra (sy het selfs haar kinders tuisonderwys gegee). Tog, was sy besig om owerspel te pleeg met 'n getroude man. "Die hart is bedriegliker as enigiets anders, hy is ongeneeslik; wie kan hom verstaan?" Jer. 17:9.*

Daar is 'n storie van 'n klein seuntjie wie se pa aanhoudend vir hom gesê het om te "sit." Uiteindelik het die klein seuntjie gaan sit en die pa het geglimlag. Maar die seuntjie het gou uitgeroep, "Ek mag dalk aan die buitekant sit, maar aan die binnekant — staan ek!" Baie kere staan ons innerlik. Baie kere nadat ons die regte dinge gedoen het en saamgestem het met ons mans se planne roep ons uit, "maar ek stem nie saam nie!" Somtyds is dit ons houding wat hom vertel dat ons nie saamstem nie. Dit dames, is opstandigheid.

Ons sal saai wat ons maai. As jy 'n rebel met jou ouers was voordat jy getroud is, het jy heel moontlik met 'n rebel getrou. (Rebelle, soos Bill Gothard sê "soek hulle eie soort." Ek raai dit is God se manier om seker te maak julle is gelyk ingespan!) En miskien het jou man erger geraak vandat jy met hom getroud is. Miskien rebelleer hy teen alle goeie wysheid. Miskien het hy die opstandigheid so ver gevat as om teen sy belofte om getrou aan jou te wees, in opstanding te kom, wat die geval is met dié wat in geloof staan vir hulle huwelike om herstel te word.

Niks is onmoontlik nie. Wat doen jy as jou man teen God in opstanding kom? As jy 'n gelowige is, dan begin **jy** om gehoorsaam te wees. "Die ongelowige man is by God aanneemlik deur die band met die gelowige vrou." 1Kor. 7:14. Ja, dit is waar. Gehoorsaam nou en kyk hoe die Here jou man heilig maak. Klink dit vreemd? Klink dit onmoontlik omdat "hy so sleg is"? Dit is moontlik, omdat julle een vlees is. "Hulle is dus nie meer twee nie, maar een." Matt. 19:6. "Tog het die Here bepaal dat die vrou nie sonder die man sal bestaan nie, en die man nie sonder die vrou nie." 1Kor: 11:11. Kan net 'n halwe liggaam een pad gaan en die ander helfte 'n ander pad? Daarom, liewe suster, vertrou want "…as 'n mens nie glo nie, is dit onmoontlik om te doen wat God wil. Wie tot God nader, moet glo dat Hy bestaan en dat Hy die wat Hom soek, beloon." Heb. 11:6

Wie 'n eerbare lewe lei. Sodra jy gehoorsaam is, sal God jou man se hart draai. "Die wil van die koning staan onder die gesag van die Here; soos 'n stroom water lei Hy dit soos Hy verkies." Spr. 21:1. Onthou, net **"Wie 'n eerbare lewe lei**, sal hulp ontvang." Spr. 28:18. Baie vrouens sê dat hulle nie gehoorsaam aan hulle mans wil wees nie; wel, moet dan nie verbaas wees as hy ook nie gehoorsaam wil wees aan die Een wat oor hom is nie! "Christus is die hoof van **elke** man, en die man is die hoof van die vrou, en God is die hoof van Christus." 1Kor. 11:3. Moenie die verskoning gebruik dat jou man nie 'n Christen is nie en daarom hoef jy nie gehoorsaam aan hom te wees nie. Soek in die Skrif vir die uitsluitsel; dit is nie daar nie.

Onverdiende lyding. Maar wat as my man gemeen is? "Bediendes onderwerp julle met die die nodige ontsag aan julle werkgewers, of hulle nou goedhartig en vriendelik is, of onredelik. Dit is genade as iemand die pyn van **onverdiende lyding** verduur omdat hy aan God getrou wil wees. As julle gestraf word wanneer julle oortree het, watter verdienste is daarin as julle dit verdra? Maar om lyding te *verdra* wanneer julle goed doen, dit is genade van God." 1Pet. 2:18-20. Die Woord sê verder dat ons 'n voorbeeld het in die Here en Sy lewe. Hy vra ons om in Sy voetspore the volg soos ons hieronder sal sien. (As jy mishandel word sal jy hulp kry in les 4, "Goedhartigheid is op Haar Tong").

As Jy My Liefhet

Onder die Wet. Nadat jy God eerste geplaas het in jou lewe en dié wat gesag oor jou het begin gehoorsaam, moet jy die vals leer neerwerp wat sê: "Ek is deur genade gered, so dit is regtig OK om te sondig, omdat ek nie meer **onder die Wet** is nie." Kom ons soek in die Skrif vir die Waarheid:

Hulle dade weerspreek dit! "Hulle gee voor dat hulle God ken, maar hulle **dade weerspreek dit.** Hulle is verfoeilik en koppig en deug vir geen goeie werk nie." Titus 1:16.

Doen jy wat Sy Woord sê? "Watter sin het dit dat julle My aanspreek met 'Here, Here! en nie doen wat Ek sê nie'" Lukas 6:46.

Moet ons aanhou sonde doen? "Wat moet ons nou hiervan sê? **Moet ons aanhou sonde doen** sodat die genade kan toeneem? Beslis nie. Hoe kan ons wat dood is vir die sonde, nog daarin voortlewe?" "Wat beteken dit? Kan ons nou maar sonde doen omdat ons nie onder die wet van Moses staan nie maar onder die genade? Beslis nie." Rom. 6: 1-2,15.

Geloof sonder dade is dood. "Wat help dit, my broers, as iemand beweer dat hy glo, maar sy dade bevestig dit nie? Kan so 'n geloof 'n mens red?. So is die **geloof wat nie tot dade kom nie, ook dood**. "Jakobus 2:14-26.

Goeie werke is die "vrugte" van ons bekering. Nou vra jouself hierdie vrae:

Ontken my dade dat ek 'n volgeling van die Here is?

Gee genade my 'n lisensie om te sondig?

Aangesien ek 'n gelowige is, moet ek nie goeie werke hê nie?

Bely julle sondes. As hierdie vrae jou skuldig laat voel, doen dan wat die Woord sê: "**Bely julle sondes** eerlik teenoor mekaar en bid vir mekaar, sodat julle gesond kan word." Jakobus 5:16.

Ek het julle nooit geken nie. Baie mense glo dat jy jou lewe kan lei net soos wat jy wil en dan die koninkryk van die hemel sal binnegaan wanneer jy doodgaan; is dit waar? "Baie sal daardie dag vir My sê. 'Here, Here, het ons dan nie in u Naam gepreek nie, deur u Naam bose geeste uitgedryf en deur u Naam baie wonders gedoen nie?' Dan sal ek openlik vir hulle sê: **Ek het julle nooit geken nie**. Gaan weg van My af, julle wat die wet van God oortree.'" Matt. 7:22-23.

Gehoorsaamheid aan Sy Woord

"**Wysheid** is 'n vrou wat langs die straat staan en roep, sy laat haar stem hoor op die stadspleine, sy roep bo die rumoer uit, by die ingange van die stadspoorte sê sy wat sy te sê het: Julle onkundiges, hoe lank gaan julle nog vashou aan julle onkunde, gaan die grootpraters hulle pratery geniet en die swape 'n afkeer hê van kennis? **As julle luister na my teregwysing, gee ek julle my wysheid in oorvloed** en leer ek julle my woorde begryp. Ek het geroep en julle wou nie luister nie, ek het my hand uitgesteek en julle het dit nie gegryp nie. Julle het my raad alles in die wind geslaan, julle wou julle nie laat teregwys nie. Daarom **sal ek lag as die ongeluk julle tref, ek sal met julle spot wanneer die angs julle oorval**, wanneer daar nood en kwelling oor julle kom. Die angs sal soos 'n storm oor julle kom, die ongeluk sal julle tref soos 'n orkaan."

"Dan sal julle my roep en ek sal julle nie antwoord nie, julle sal my soek en my nie kry nie. **Julle het 'n afkeer van kennis gehad, julle het geweier om die Here te dien**, julle het my raad verontagsaam en elke teregwysing van my geminag. Julle sal die vrugte van julle optrede pluk, julle sal van julle eie planne walg. Die onkundiges se dwaling is hulle die dood, die dwase word vernietig deur hulle selfversekerheid, **maar wie na my luister sal veilig wees en hoef geen ramp te vrees nie**." Spr. 1:20-33.

Van harte gehoorsaam wees. "…van *harte* gehoorsaam geword aan die leer soos julle dit deur die oorlewering ontvang het." Rom. 6:17. En weer, "…die Here kyk nie na dieselfde dinge as die mens nie. Die mens kyk na die uiterlike, *maar die Here na die innerlike*." 1 Sam 16:7

Gehoorsaamheid het *vuurproef* nodig. "Geliefdes, moenie verbaas wees oor die **vuurproef** waaraan julle onderwerp word nie." 1Pet. 4:12.

Gehoorsaamheid *reinig* jou siel. "Noudat julle julle in gehoorsaamheid aan die waarheid **gereinig het**." 1Pet. 1:22

Gehoorsaamheid gee getuienis van Wie jou Vader is. "Maar wat ek julle beveel het is: Julle moet My gehoorsaam. Dan sal ek julle God wees en julle sal my volk wees. Maar julle moet leef soos Ek julle beveel sodat dit met julle goed kan gaan. Maar hulle het nie geluister nie en hulle nie aan My gesteur nie. Hulle was hardkoppig en moedswillig, hulle het hulle eie koppe gevolg, sodat hulle versleg het in plaas van verbeter." Jer. 7:23-24.

Jou ongehoorsaamheid prys eintlik die goddeloses. "Wie die wet van die Here verontagsaam, praat met *lof van goddelose mense*, wie die wet onderhou beveg hulle." Spr. 28:4.

Die gebede van die ongehoorsames is 'n afsku. "As iemand hom doof hou vir die wet van die Here, sal die Here 'n afsku hê van so man se gebed." Spr. 28:9.

Ons Voorbeeld is Christus

Hy was gehoorsaam *tot in die dood.* "het Hy Homself verder verneder. Ja Hy was gehoorsaam tot in die dood, ja, die dood aan die kruis." Fil. 2:5-11.

Geleer wat gehoorsaamheid is. "Hoewel Hy die Seun was, het Hy deur alles wat Hy gely het, *geleer* **wat gehoorsaamheid** is." Heb. 5:7-10.

Hy was gehoorsaam en onderdanig aan Sy gesag. "My Vader, as dit moontlik is, laat hierdie lydensbeker by my verbygaan. Moet nogtans nie doen soos Ek wil nie, maar soos U wil...My Vader, as hierdie lydensbeker nie by My kan verbygaan sonder dat Ek dit drink nie, laat U wil geskied." Matt. 26:39,42.

Ons moet onderdanig aan gesag wees. "Vrouens, wees aan julle mans onderdanig, net soos julle aan die Here onderdanig is...Soos die kerk aan Christus onderdanig is, moet die vrouens in alles aan hulle mans onderdanig wees." Efe. 5:22. "Daar is immers geen gesag wat nie van God kom nie, en die owerhede wat daar is, is daar deur die beskikking van God." Rom. 13:1.

Die geheim van sukses. "Liefde en trou is die paaie wat die Here bewandel met die wat sy *verbond en verordeninge bewaar*. Ter wille van u Naam, Here, vergewe my my sonde, want dit is groot. As iemand die Here dien leer hy watter pad hy moet kies, sodat hy voorspoed sal geniet en sy nageslag die land sal bly bewoon. Die Here neem **die wat Hom dien**, in sy *vertroue*." Ps. 25: 10-15.

Oordeel oor homself. Ongelukkig, stry en argumenteer meeste mense oor die ware betekenis van die Here se leer – en dit, sê God, is tot hulle *eie* vernietiging. "Maar jy moet jou nie inlaat met dwase strydvrae en geslagsregisters en met getwis en stryery oor die wet van Moses nie, want dit is nutteloos en sinloos. Met iemand wat na twee vermaninge nog skeuring veroorsaak, moet jy niks te doen hê nie, omdat jy weet dat so man op die verkeerde pad is. Deur sy sonde bring hy die **oordeel oor homself.**" Titus 3:9-11.

Tot verdigsels wend. In plaas daarvan om na die Waarheid te soek, wil hulle hê ander moet met hulle verkeerde idees of besluite saamstem. "Hulle sal hulle eie begeertes volg en vir hulle leermeesters bymekaarmaak wat net sal sê wat hulle graag wil hoor. Hulle sal die waarheid nie wil hoor en **hulle tot verdigsels wend,**" 2 Tim. 4:3-4.

Vir hom is dit onsin. Jy mag dit dalk moeilik vind om alles wat die Skrif sê te verstaan, maar ek waarborg jou, as jy **eers** begin om gehoorsaam te wees, sal jy verstaan. "Die mens wat nie die Gees van God het nie. Vir **hom is dit onsin** Hy kan dit ook nie verstaan nie, omdat dit geestelik beoordeel moet word. Die mens wat die Gees van God het, kan die waarde van alles beoordeel…" 1Kor. 2:14-15.

Lewe deur die Gees. "Ek sal my Gees in julle gee en Ek sal maak dat julle volgens my voorskrifte leef en my bepalings gehoorsaam." Eseg. 36:27. "Wat ek bedoel is dit: 'Laat julle lewe steeds deur die **Gees van God beheers** word, dan sal julle nooit swig voor begeertes van julle sondige natuur nie.'" Gal. 5:16. "Ons lewe deur die Gees; laat die **Gees ook nou ons gedrag bepaal**." Gal. 5:25.

Wees selfgedisiplineerd in jou gehoorsaamheid tot Sy Woord. "Moenie onverstandig wees nie, soos 'n perd of 'n muil wat met 'n stang in die bek beteuel moet word as jy hom wil lei." Ps. 32:9.

Gehoorsaamheid om uit ons Beproewings Gelewer te Word

Onthou dat net die *eerbares* uitgelewer sal word. "Wie 'n eerbare lewe lei, sal hulp ontvang; wie 'n oneerlike lewe lei, sal onverwags tot 'n val kom." Spr. 28:18.

God kyk toe en seën wat jy doen. "…en dat u met elkeen handel *volgens sy verdienste*." Ps. 62:12.

Moenie afdwaal nie. "Hulle moet net nie weer **afdwaal** nie. Waarlik, *uitkoms is naby* vir die wat Hom dien:" Ps. 85:8-9.

Wysheid is nodig. "Wie hom deur **wysheid** laat lei, is veilig." Spr. 28:26.

Hoor en wys eerbied. "Wie hom nie aan die woorde van die Here steur nie. sal die gevolge dra; wie eerbied het vir sy gebooie, sal die goeie vrugte pluk." Spr. 13:13

Streef na en volg wysheid. "Wie op homself vertrou, is 'n dwaas; wie hom deur wysheid laat lei, is veilig." Spr. 28:26.

As jy nie gehoorsaam nie, sal Hy jou disiplineer. "Ek sal nie sterwe nie, ek sal lewe en van die dade van die Here getuig. Die Here het my **swaar gekasty**, maar my nie aan die dood oorgegee nie." Ps. 118:17,18.

God is getrou aan Sy Woord. "As sy nakomelinge nie handel volgens my woord nie en nie lewe volgens my bepalings nie, as hulle my voorskrifte verontagsaam en my gebooie nie nakom nie, sal Ek hulle oortreding straf en hulle oor hulle sonde met swaar slae straf." Ps. 89:30-32.

Kom ons buig ons hoofde en bid Psalm 51 hardop: "Was my skoon van my skuld, reinig my van my sonde! Ja, my oortredings ken ek en van my sonde bly ek altyd bewus. Teen u alleen het ek gesondig, ek het gedoen wat verkeerd is in u oë. Skep vir my 'n rein hart, o God, vernuwe my gees en maak my standvastig. Moet my tog nie van U af wegdryf en u Heilige Gees van my af wegneem nie! Laat my weer die blydskap ervaar van iemand wat deur U verlos is, laat my U weer met toewyding dien. Dan sal ek oortreders leer wat U van 'n mens verwag; dat die sondaars hulle tot U sal bekeer. Die offer wat U wil hê, o God, is verootmoediging: U sal 'n hart vol ootmoed en berou nie gering ag nie, o God."

Mag God by jou wees soos wat jy streef om meer soos Christus te wees!

Persoonlike verbintenis om die Here eerste in my lewe te plaas: "Gebaseer op wat ek in die Bybel geleer het, verbind ek myself daartoe om alles te doen soos vir die Here. Ek sal aan die Here, en aan ander, my verbintenis aan Hom wys deur my gehoorsaamheid aan Sy Woord, en spesifiek, deur my onderdanigheid aan my man."

Datum:_____ Geteken:_____

'n Kalm en Rustige Gees

"Julle skoonheid moet veral innerlik wees:
blywende beskeidenheid en
'n gemoed wat kalm en rustig is.
Dit is vir God kosbaar."
1 Petrus 3:4

Dis deesdae gewild om 'n sterk houding te hê. Tog het Jesus ons geleer "Geseënd is die sagmoediges"! Sonder dat ons dit besef, het ons afgedwaal op gevaarlike gebied, "sinkende sand." Luidrugtige en opstandige vrouens is algemeen en aanvaarbaar. In televisie sitkoms word sulke vrouens snaaks gevind. Sagmoedig word nou as swak beskou. Wanneer mans van die Waarheid afdwaal, sal jy Christene hoor wat die vrou advies gee om "harde liefde" toe te pas; gebaseer op die boek *Love Must Be Tough.* In hierdie les gaan ons die Waarheid oor "harde liefde" soek in God se Woord. Is die sagmoediges nog steeds geseënd, of is die Bybel verouderd?

Harde Liefde

Liefde is geduldig. God gee vir ons 'n beskrywing van liefde. Kyk of jy die woord "hard" of enige ander woord, wat naastenby dieselfde is, kan vind. "Die **liefde is geduldig**; die liefde is vriendelik; dit is nie afgunstig nie, is nie grootpraterig nie, is nie verwaand nie. Dit handel nie onwelvoeglik nie, soek nie sy eie belang nie, **is nie liggeraak nie, hou nie boek van die kwaad nie**. Dit verbly hom nie oor onreg nie, maar verheug hom oor die waarheid. Dit bedek alles, glo alles, hoop alles, verdra alles. Die liefde vergaan nooit nie…" 1 Kor 13:4-8.

Dit beveel ek julle. Nog 'n nuwe idee in die kerk vandag is (saam met 'n titel van nog 'n gewilde boek) "liefde is 'n keuse." Lees die volgende vers saam met my om te sien of God sê ons kan "kies" om lief te hê. Of beveel

.

God dat ons dit doen as volgelinge van Christus? "**Dit beveel ek julle: Julle moet** *mekaar liefhê*!" Joh 15:17.

Julle moet julle vyande liefhê. Raad wat ons van vriende kry is om "onsself te beskerm" en "om nie lief te wees vir dié wat moeilik is om lief te hê nie." Moet ons hulle liefhê of nie? "Maar vir julle wat na My luister sê Ek: Julle moet **julle vyande liefhê**; doen goed aan die mense deur wie julle gehaat word; seën die mense deur wie julle vervloek word; bid vir die mense deur wie julle sleg behandel word." Lukas 6:27-28.

As julle net dié liefhet wat liefdevol is. In hierdie paragraaf is God selfs duideliker. Hy vermaan dié wat net lief is vir dié wat liefdevol is. "Maar ek sê vir julle: **Julle moet julle vyande liefhê**, en julle moet bid vir die wat julle vervolg. As julle net die liefhet wat vir julle liefhet, watter loon kan julle dan nog verwag? Maak die tollenaars nie ook maar net so nie?" Matt. 5:44-46.

Oorwin die kwaad deur die goeie. Die boek wat ons aanmoedig om "hard" met ons eggenote te wees, sê ons moet ons eggenote konfronteer om sodoende 'n krisis te veroorsaak. Met ander woorde, ons moet sake in ons eie hande neem. Lees hoe ons dit moet oorlaat aan die oordeel van God. Watse instruksies gee God aan ons? "Verbly julle in die hoop; staan vas in verdrukking; volhard in gebed. Seën julle vervolgers, ja, seën hulle, moet hulle nie vervloek nie. **Moenie kwaad met kwaad vergeld nie.** Moenie self wraak neem nie geliefdes, maar laat dit oor aan die oordeel van God. Daar staan immers geskrywe: Dit is my reg om te straf; Ek sal vergeld sê die Here. As jou vyand honger is, gee hom iets om te eet; as hy dors is gee hom iets om te drink; want deur dit te doen maak jy hom vuurrooi van skaamte. Moet jou nie deur die kwaad laat oorwin nie, maar **oorwin die kwaad deur die goeie.**" Rom. 12:12,14,17,19,21.

Hy het nie gedreig nie. Jy kan jouself dalk vra: "Hoekom moet ek soveel lyding deurmaak sonder dat ek die bevrediging van wraak kan kry?" Lees God se verduideliking vir jou lyding. "Juis hiervoor is julle ook geroep, omdat Christus self vir julle gely en so vir julle 'n voorbeeld gestel het, sodat julle in sy voetspore kan volg…Toe Hy beledig is, het **Hy nie terug beledig nie,** toe Hy gely het, het **Hy nie gedreig nie**, maar alles oorgelaat aan Hom (God) wat regverdig oordeel." 1Pet. 2:21-23.

Geseënd is die sagmoediges. As jy nie dinge in jou eie hande neem en 'n "harde houding" inneem nie, sal ander (selfs Christene) vir jou sê dat jy 'n deurmat is. Laat ek jou herinner wie Jesus sê geseënd is. **"Geseënd is die sagmoediges** want hulle sal die nuwe aarde ontvang." Matt. 5:5.

Die goedheid van God. Ons word bedrieg om te glo dat konfrontasie, onhartlikheid en deur ferm te wees, die ander persoon sal laat omkeer. As dit werk, hoekom sal God goedhartigheid gebruik om ons tot inkeer te bring? Sondaars gaan nie na die altaar toe om die Here te aanvaar omdat hulle dink dat hulle gekritiseer en gekasty gaan word nie, doen hulle? "God is ryk in goedheid, verdraagsaamheid en geduld! Sê dit vir jou niks nie? Besef jy nie dat **God jou deur sy goedheid** tot bekering wil lei nie?" Rom. 2:4.

Doen wat voor God reg is. Mense mag jou herhinner dat Jesus die tafels in die Tempel omgekeer het. Hulle sal hierdie voorbeeld gebruik om vir jou te sê dat jy die "reg" het om kwaad te wees vir ander. God sê Hy is 'n jaloerse God; kan ons dan ook jaloers wees? "elke mens moet maar te gewillig wees om te luister, nie te gou praat nie en nie te gou kwaad word nie; 'n *Mens* **wat kwaad word doen nie wat voor God reg is nie.**" Jakobus 1:19-20.

Daarom kan julle nie doen wat julle graag wil nie. Wanneer ons 'n impuls het om iets te sê of te doen aan 'n ander persoon wat alles behalwe sagmoedig is, dan swig ons voor ons sondige natuur en word ons nie deur die Gees van God gelei nie. "Wat ek bedoel, is dit: Laat julle lewe steeds deur die Gees van God beheers word, dan sal julle nooit swig voor begeertes van julle sondige natuur nie. Wat ons sondige natuur begeer, is in stryd met wat die Gees wil, en wat die Gees wil, is in stryd met wat ons sondige natuur begeer. Hierdie twee staan lynreg teenoor mekaar, en **daarom kan julle nie doen wat julle graag wil nie**…Die vrug van die Gees, daarteenoor, is liefde, vreugde, vrede, geduld, vriendelikheid, goedhartigheid, getrouheid, nederigheid en selfbeheersing." Gal. 5:16, 17, 22-23. Die ou gesegde, "doen aan ander soos wat jy wil hê ander moet aan jou doen" is op die Skrif gebaseer, "Behandel ander mense **soos julle self behandel wil word."** Lukas 6:31.

Die dwaling van beginsellose mense. God het ons gewaarsku dat ons nie moet luister of mense volg wat iets sê wat teenstrydig is met die Skrif nie

"Daarom, geliefdes, terwyl julle hierdie dinge verwag, moet julle julle daarvoor beywer om vlekkeloos en onberispelik voor God, en in vrede met Hom, te lewe. En beskou die geduld wat ons Here met ons het as geleentheid om gered te word. So het ons geliefde broer Paulus immers ook met die wysheid wat aan hom gegee is…daar is dinge in sy briewe wat moeilik is om te verstaan. Oningeligte en onstandvastige mense gee daaraan 'n verkeerde uitleg soos hulle trouens doen met die res van die Skrif, en dit tot hulle eie ondergang. Geliefdes, julle weet dit nou vooruit. Wees dus op julle hoede dat julle nie **meegesleep word deur die dwaling van beginsellose mense** en so van julle eie standvastigheid beroof word nie. Sorg daarenteen dat julle steeds toeneem in die genade en kennis van die Here en Verlosser, Jesus Christus." 2Pet. 3:14-18. As ons die Woord **ken**, is ons minder kwesbaar om foute as die Waarheid te aanvaar.

Wees volmaak. Sommige skrywers, en selfs sommige pastore, het ons vertel dat God nie verwag dat ons volmaak moet wees nie. Wat sê God Self? **"Wees julle dan volmaak** soos julle hemelse Vader volmaak is." Matt. 5:48.

Niemand sal die Here sien nie. Nog 'n uiters belangrike rede vir jou vreedsame optrede teenoor jou man of ander is sodat hulle Christus in ons sal sien. "Beywer julle vir vrede met alle mense asook vir 'n heilige lewe, waarsonder **niemand die Here sal sien nie**." Heb. 12:14.

Die boodskap van versoening. Ons moet ambassadeurs vir Christus wees van versoening. "Dit alles is die werk van God. Hy het ons deur Christus met Homself versoen en aan ons die **bediening van die versoening** toevertrou. Die boodskap van versoening bestaan daarin dat God deur Christus die wêreld met Homself versoen het en die mense hulle oortredings nie toereken nie. Die boodskap van versoening het Hy aan ons toevertrou. Ons tree dus op as **gesante** van Christus, en dit is God wat deur ons 'n beroep op julle doen. Ons smeek julle namens Christus: Aanvaar die versoening met God wat Hy bewerk het!" 2Kor 5:18-20.

Jy kan self ook in versoeking kom. Die volgende vers is 'n waarskuwing aan ons wanneer ons nie sagmoedig optree teenoor dié wat teen ons sondig nie. "Broers, as iemand in die een of ander sonde val, moet julle wat julle deur die Gees laat lei, so iemand in 'n gees van sagmoedigheid reghelp. En pas op: **Jy kan self ook in versoeking kom**.

Dra mekaar se laste, en gee op die manier uitvoering aan die wet van Christus." Gal. 6:1-2.

Die Here sal dit sien en dit sal verkeerd wees in sy oë. Baie vrouens is so bly wanneer hulle mans "kry wat hulle verdien" wanneer God hulle mans met finansiële moeilikheid of ander beproewings straf. Later draai dinge ten goede om. Hoekom gebeur dit? "Moet jou nie verheug oor jou vyand se val nie, moenie juig wanneer hy ondergaan nie. **Die Here sal sien wat jy doen, en dit sal verkeerd wees in sy oë.** *En hy sal jou vyand nie verder straf nie*" Spr 24:17.

Doen wat die Woord sê. Dit is belangrik dat ons die Waarheid sal leer en saamstem met wat ons in die Bybel lees, maar ons moet nie daar stop nie. "Julle moet **doen wat die Woord sê** en dit nie net aan hoor nie anders bedrieg julle julleself…en hom daaraan hou en nie vergeet wat hy hoor nie, maar dit doen, hy sal gelukkig wees in wat hy doen." Jakobus 1:22, 25. "As iemand **weet wat die regte ding is om te doen** en hy doen dit nie, is dit sonde." Jakobus 4:17.

Vergifnis

Baie vrouens vergewe nie hulle mans nie omdat hulle nie die ernstige gevolge van hulle onvergifnis ten volle verstaan nie. Kom ons soek in die Bybel om te sien wat God sê oor vergifnis:

Ons vra onsself gereeld die vraag: "Hoekom *moet* ek vergewe?"

Omdat God jou ook vergewe het. Deur Christus se dood aan die kruis, het God ons vergewe. "Wees goedgesind en hartlik teenoor mekaar, en vergewe mekaar soos **God julle ook in Christus vergewe het**." Efe. 4:32.

Tot vergewing van sondes. Jesus het Sy bloed vergiet om alle sondes te vergewe. "Byna alles word volgens die wet met bloed gereinig, en sonder die vergieting van bloed vind daar geen vergewing plaas nie." Heb. 9:22. "Want dit is my bloed, die bloed waardeur die verbond beseël word en wat vir baie vergiet word tot **vergewing van sondes**." Matt. 26:28.

Satan moet nie die oorhand kry nie. Ons moet ander vergewe, sodat Satan nie die oorhand oor ons kan kry nie. "Wat my betref, as ek iets moes vergewe, het ek dit klaar gedoen om julle ontwil. Daarvan is Christus my getuie. Die Satan moet **nie die oorhand oor ons kry nie.** Ons ken sy planne maar al te goed." 2 Kor: 2:10-11.

Julle Vader sal ook nie julle oortredinge vergewe nie. God het gesê dat Hy jou nie sal vergewe as jy nie ander kan vergewe nie. "As julle ander mense hulle oortredings vergewe, sal julle hemelse Vader julle ook vergewe. Maar as julle ander mense nie vergewe nie, sal **julle Vader ook nie julle oortredings vergewe nie.**" Matt. 6:14-15. Maak seker as jy vergewe is dit nie net praatjies nie. "So sal my Vader wat in die hemel is, ook met julle maak as julle nie elkeen sy broer van *harte vergewe nie.*" Matt. 18:35. (Lees die hele Matt. 18: 22-35.)

Bewys liefde aan hom, om die oortreder se hartseer te verlig. "…Nou moet julle so iemand liewer vergewe en **bemoedig**, anders kan hy so hartseer word dat hy heeltemal moed verloor. Daaom vra ek julle: **Bewys liefde aan hom.**" 2 Kor 2:7-8.

Maar moet die oortreder nie eers jammer wees voor ek vergewe nie?

Vader, vergewe hulle. Dié wat Jesus gekruisig het, het nie vir vergifnis gevra of berou getoon vir wat hulle besig was om te doen of gedoen het nie. As ons Christene is, is ons volgelinge van Christus; daarom moet ons Sy voorbeeld volg. "**Vader, vergewe hulle, want hulle weet nie wat hulle doen nie.**" Lukas 23:34. Toe Stefanus gestenig was, het hy net voor sy dood uitgeroep: "**Here, moet hulle tog nie hierdie sonde toereken nie!**" Handelinge 7:60.

Maar hoeveel keer verwag God van my om iemand anders te vergewe?

Sewentig keer sewe. Toe Petrus gevra het hoeveel keer hy sy broer moet vergewe, het Jesus geantwoord: "Ek sê vir jou, nie sewe keer nie, maar selfs **sewentig maal sewe** keer." Matt. 18:22. Dit is 490 keer!

Nie meer aan hulle sondes dink nie. Beteken vergifnis regtig dat ek van die sonde moet vergeet, selfs in 'n argument? "Ek sal hulle oortredings vergewe en **nie meer aan hulle sondes dink nie**" Jer. 31:34. "So ver as die ooste van die weste af is, so verwyder Hy ons oortredinge van ons af." Ps. 103:12. "Moenie kwaad met kwaad vergeld of belediging met belediging nie. Inteendeel, antwoord met 'n seënwens want *daartoe* is julle geroep, sodat julle die seën van God kan verkry." 1Pet. 3:9. Jy moet verstaan dat Satan ou oortredings in jou gedagtes sal inbring. Wanneer hy dit doen, moet jy weer vergewe. Baie van ons wat ons mans vir egbreuk vergewe het, ervaar "terugflitse" van die egbreuk nadat ons mans terug is by die huis. Dit is amper soos 'n soort *geestelike* oorlogs trauma. Ons weet ons moet altyd in die gees van vergifnis loop.

Hoe kan ek vergewe soos wat God my in Sy Woord gevra het?

God alleen. Net God kan jou help om dit te doen. Jy moet *nederig* word en Hom vra om jou die genade te gee. "*Wie kan sondes vergewe* behalwe **God alleen**?" Markus 2:7.

Maar aan die nederiges gee Hy genade. Hoe kry ek die genade wat ek benodig? "God weerstaan die hoogmoediges, maar aan die **nederiges gee Hy genade**. Onderwerp julle daarom in nederigheid aan die kragtige hand van God, sodat Hy julle kan verhoog op die tyd wat Hy bestem het." 1Pet. 5:5-6.

Hy het hulle laat knak. Hoe kan ek nederigheid verkry? "Want hulle het hulle verset teen die bevele van God, hulle het die leiding van die Allerhoogste in die wind geslaan. **Hy het hulle laat knak** *onder swaarkry*, hulle het inmekaargesak en niemand het gehelp nie. Maar in hulle nood het hulle na die Here geroep om hulp, en Hy het hulle bevry uit hulle ellende." Ps. 107:11-13. "En tog, toe hulle siek was, het ek getreur soos oor 'n sterfgeval: rouklere aangetrek en myself **gekasty** *deur nie te eet nie*. Ek het sonder ophou vir hulle *gebid*." Ps 35:13. Ons kan werk, vas en bid om nederigheid te verkry. Ek het gevind dat God baie keer siekte in my of my kinders veroorsaak om my stil en nederig te kry.

Wanneer moet ek diegene vergewe wat my seergemaak het?

Moet ek nie eers skuldig daaroor voel nie?

Maak *eers* **vrede met jou broer.** "As jy dus jou gawe na die altaar toe bring en dit jou daar byval dat jou broer iets teen jou het, laat staan jou gawe daar by die altaar en gaan **maak eers vrede met jou broer** en kom dan en bring jou gawe." Matt. 5:23-24. As jy nie iemand anders vergewe het nie, veral nie jou man nie, moet jy om vergifnis vra.

Bitterheid. Om iemand nie te vergewe nie, veroorsaak bitterheid. Die definisie van bitterheid is "gif"! "Moet nie **verbitter** of opvlieënd wees of woedend word nie; moenie vloek of skel nie; moet niks doen wat sleg is nie." Efe. 4:31. Deur iemand anders nie te vergewe nie, vreet aan jou, nie die ander persoon nie. "Net 'n mens self ken die bitterheid van sy eie gemoed." Spr. 14:10. "Hy ken immers die geheime van die hart." Ps. 44:21.

'n Veronregte broer. Maak seker dat jy van die volgende Bybelse riglyne kennis neem wanneer jy om vergifnis vra. Ek het gehoor dat baie mense sê dinge het slegter geword nadat hul om vergifnis gevra het of dat dit geen goed gedoen het nie. Ek kan uit ondervinding praat. Partykeer, wanneer ek iemand anders om vergifnis gevra het, het ek dit op die verkeerde manier gedoen en het ek die persoon verder veronreg. "'n **Veronregte broer** is ontoegankliker as 'n vestingstad; rusie is soos die sluitbalk van 'n fort." Spr. 18:19

Neem elke gedagte gevangene. Neem jou gedagtes gevange en kyk na jou oortredings soos God dit sien en deur die oê van die ander persoon. "...neem **elke gedagte gevange** om dit aan Christus gehoorsaam te maak." 2 Kor. 10:5.

Mense se guns. God ken ons motiewe en ons harte. "...maar die Here kyk na die hart." 1 Sam. 16:7. "...Moenie net werk om deur julle eienaars raakgesien te word nie en so in **mense se guns** te kom nie, werk soos slawe van Christus wat van harte die wil van God doen." Efe 6:5-6. "Die dwaas stel nie belang in insig nie, hy wil net sy eie opinie bekend maak." Spr. 18:2.

Elke ligsinnige woord. Elke woord wat jy sê moet versigtig gekies word. Berei *elke* woord voor. "Dit sê ek vir julle: 'Van **elke ligsinnige woord** wat die mense sê, sal *hulle rekenskap moet gee* op die oordeelsdag.'" Matt. 12:36. Begin deur neer te skryf wat **jy** gaan sê. Lees dan dit wat jy geskryf het hardop, plaas jouself in die ander persoon se skoene en hoor dit uit sy oogpunt. Klink dit beskuldigend? Vra vir God om die regte woorde in jou mond te sit.

Baie praat. "Met **baie praat** bly die sonde nie uit nie." Spr. 10:19. "Wie aanhou onsin praat, kom self tot 'n val." Spr. 10:10. Sê net wat *jy* gedoen het; moenie 'n situasie veroorsaak met iets soos, "Toe jy dit, en so en so, wel toe het ek…"

Hy het nie gedreig nie. "Kom betyds tot 'n skikking solank jy nog saam met hom op pad hof toe is …" Matt. 5:25. As die ander persoon begin om met jou te baklei, moenie jou mond oopmaak behalwe om saam te stem nie. "Toe Hy beledig is, het Hy nie terug beledig nie, toe Hy gely het, het **Hy nie gedreig nie**…" 1Pet 2.23.

Ek is nie meer werd. Die verlore seun het sy woorde voorberei nadat hy besluit het om terug te keer huistoe en het hulle nederig geuiter: "Ek sal dadelik na my pa toe teruggaan en vir hom sê: 'Pa, ek het teen God en Pa gesondig! **Ek is nie meer werd** om Pa se seun genoem te word nie. Behandel my soos een van Pa se dagloners'" Lukas 15:18-19. God *sal* dié wat neergebuig is ophef!

Soet en geneeskragtig. Maak jou woorde soet en vriendelik. "en as hy sy woorde reg kies, kan hy ook ander leer." Spr. 16:21. "Aangename woorde is heuning, **soet** en geneeskragtig **vir die mens**." Spr. 16:24.

Pas Hierdie Dinge Toe

"Deur dit te doen, het Hy ons die kosbaarste en allergrootste gawes geskenk wat Hy belowe het. Daardeur kan julle die verderf ontvlug wat deur begeerlikheid in die wêreld werksaam is, en deel kry aan die Goddelike natuur. En juis om hierdie rede moet julle alles in die stryd werp om julle **geloof** te verryk met **deugsaamheid**, die **deugsaamheid** met **kennis**, die **kennis** met **selfbeheersing** met **volharding** met **godsvrug**, die **godsvrug** met **liefde onder mekaar** en die liefde onder mekaar met **liefde vir alle mense**. As julle dit alles besit en dit neem steeds toe, sal julle met ywer en met vrug ons Here Jesus Christus beter leer ken. Iemand wat nie hierdie dinge sy eie gemaak het nie, is kortsigtig;

nog erger, hy is blind en het vergeet dat hy van sy vroeëre sondes gereinig is…as julle hierdie dinge doen sal julle nooit struikel nie." 2Pet. 1:4-10.

Lê Jou Daarop Toe

"Wie die goeie **nastreef**, kan goedkeuring verwag." Spr. 11:27.

"**Lê jou daarop toe** om jou tot beskikking van God te stel as 'n arbeider wat die goedkeuring van God wegdra, 'n arbeider wat hom vir sy werk nie hoef te skaam nie, wat die woord van die waarheid suiwer verkondig." 2Tim 2:15.

"Ek, druk julle dit dit op die hart, ek wat 'n gevangene is omdat ek die Here dien: Laat julle lewenswandel in ooreenstemming wees met die roeping wat julle van God ontvang het. Wees altyd beskeie, vriendelik en geduldig, en verdra mekaar in liefde. **Lê julle daarop** toe om die eenheid wat die Gees tussen julle gesmee het, te handhaaf deur in vrede met mekaar te lewe." Ef 4:1-3.

In Jou Geloof

"Die **geloof** kom dus deur die prediking wat 'n mens hoor, en die prediking wat ons hoor, is die verkondiging van Christus." Rom. 10:17.

"Wees waaksaam, staan vas in die **geloof**, wees manmoedig, wees sterk! Laat alles by julle in liefde geskied." 1Kor 16:13.

"Daarby moet julle altyd **geloof** as skild in die hand hê, want daarmee sal julle al die brandpyle van die Bose kan afweer." Efe. 6:16.

"'n Liggaam wat nie asemhaal nie, is dood. So is die **geloof** wat nie tot dade kom nie, ook dood." Jak 2:26.

Knap Vrouens

"'n **Knap** vrou is baie werd, baie meer as edelstene. Haar man steun op haar en pluk die vrugte van haar werk." Spr. 31:10-11.

"Daar is baie **knap** vrouens, maar jy oortref hulle almal!...as sy die Here dien, dan verdien 'n vrou om geprys te word." Spr. 31:29-30.

"Verder, broers, alles wat waar is, alles wat edel is, alles wat reg is, alles wat rein is, alles wat mooi is, alles wat prysenswaardig is - watter **deug** of lofwaardige saak daar ook mag wees - daarop moet julle julle gedagtes rig." Fil 4:8.

Pas Kennis Toe

"Aanvaar wat ek julle leer, dit is meer werd as silwer, **kennis** is meer werd as die fynste goud." Spr. 8:10.

"Dit is die wyse man wat sterk is, die een wat **kennis** het, wat werklik mag het. Jy maak oorlog na beraadslaging, en die *oorwinning* kom deur baie raadgewers." Spr. 24:5-6.

"Party van hulle dring in die huise in en kry liggelowige vroue wat met sonde belaai is en deur allerlei sinlike begeertes gedryf word, in hulle mag, vroue wat altyd iets wil leer, maar tog nooit tot die **kennis** van die waarheid kan kom nie." 2Tim 3:6-7.

Dan Selfbeheersing

"'n Geduldige mens het meer waarde as 'n bedrewe vegter, 'n mens met **sefbeheersing** meer as iemand wat 'n stad inneem." Spr. 16:32.

"Ek het gesê: 'Ek wil **sorgvuldig let op my lewe** en nie sondig met wat ek sê nie. Ek wil nie 'n woord praat as 'n slegte mens my teëstaan nie.'" Ps. 39:1. "Wie iemand so opvoed dat hy 'n ligsinnige mens word, moet die verwyt daarvoor dra; wie iemand so leer dat hy 'n goddelose word doen dit tot sy eie skande. Moenie 'n ligsinnige mens probeer opvoed nie, hy sal jou daarvoor haat. Voed 'n wyse op en hy sal lief wees vir jou. Gee jou aandag aan 'n wyse mens, en hy kry meer wysheid, leer 'n regverdige en sy kennis vermeerder." Spr 9:7-9.

"'n Stad sonder 'n muur om hom te beskerm so weerloos is 'n mens as hy nie **selfbeheersing** het nie." Spr. 25:28.

Dan Volharding

"Want, soos julle weet as julle geloof die toets deurstaan het, stel dit julle in staat om te **volhard.**" Jak 1:3.

"Julle sal ter wille van my Naam deur *almal* gehaat word. Maar wie tot die einde toe **volhard**, sal gered word." Matt. 10:22.

"Dink terug aan vroeër dae toe God julle tot die lig gebring het, hoe julle in die stryd **staande** gebly het toe julle baie moes ly." Heb. 10:32.

Dan Toewyding Aan God

"Maar van onheilige en sinlose verdagsels moet jy wegbly. Oefen jou liewer om in **toewyding** aan God te lewe. Om jou liggaam te oefen, het wel 'n bietjie waarde, maar om in **toewyding** aan God te lewe, het in alle opsigte groot waarde, want dit bevat 'n belofte van lewe, vir nou en die toekoms." 1Tim. 4:7-8.

"Maar jy, man van God, moet van hierdie dinge af wegvlug. Streef na opregtheid, **toewyding** aan God, geloof, liefde, volharding, minsaamheid." 1Tim 6:11.

"Dit voed ons op om die goddelose leefwyse en wêreldse se begeerlikhede te laat vaar en met selfbeheersing, opregtheid en **godsvrug** in die teenwoordige wêreld te lewe." Titus 2:12.

En in Godsvrug, Goedgesindheid

"Ten slotte: Wees almal eensgesind, medelydend, **liefdevol**, goedhartig, nederig." 1Pet. 3:8.

"As sy praat is dit met wysheid; as sy leiding gee is dit met **liefde**." Spr. 31:26.

"Julle is die uitverkore volk van God wat Hy baie liefhet. Daarom moet julle meelewend, **goedgesind**, nederig, sagmoedig en verdraagsaam wees. Wees geduldig met mekaar en vergewe mekaar as die een iets teen die ander het. Soos die Here julle vergewe het, moet julle mekaar ook vergewe. Bo alles dit moet julle mekaar *liefhê*. Dit is die band wat julle tot volmaakte eenheid saambind." Kol. 3:12-14.

En Uiteindelik, Liefde

"Want die **liefde** bedek baie sondes." 1Pet 4:8.

"Julle moet julle vyande **liefhê.**" Matt. 5:44.

"…**liefdevol** teenoor hulle mans." Titus 2:4.

"Ek gee julle 'n nuwe *gebod*: julle moet mekaar **liefhê.** Soos Ek julle liefhet, moet julle mekaar ook **liefhê.**" Joh 13:34.

"Die **liefde** is geduldig, die **liefde** is vriendelik; dit is nie afgunstig nie, is nie grootpraterig nie, is nie verwaand nie. Dit handel nie onwelvoeglik nie, soek nie sy eie belang nie, is nie liggeraak nie, hou nie boek van die kwaad nie. Dit verbly hom nie oor onreg nie, maar verheug hom oor die waarheid. Dit bedek alles, glo alles, hoop alles, verdra alles.

"Die **liefde** vergaan nooit nie…" 1Kor 13:4-8.

Ja, Hulle Sal Weet Dat Ons Christene Is Deur Ons Liefde!

Persoonlike verbintenis: Om te begeer om sagmoedig en stil te wees. "Gebaseer op wat ek geleer het in God se Woord, verbind ek myself om alles te doen wat ek geleer het, om gewillig te wees om te luister en nie te gou te praat nie. Ek sal diegene vergewe wat my te na gekom het en doen wat ek kan om met die wat ek te na gekom het, te versoen."

Datum:_____Geteken:_____

Goedhartigheid Is
Op Haar Tong

"As sy praat, is dit met wysheid;
as sy leiding gee, is dit met liefde."
Spreuke 31:26

Spraak is een van dié belangrikste aspekte van 'n huwelik en dit demonstreer die karakter van 'n goddelike vrou. In die wêreld vandag, het Satan ons weereens bedrieg; volgens "raadgewers" en "huweliks beraders" is dit 'n *tekort* **aan kommunikasie** wat vernietig. Wanneer ons in die Bybel soek, wat vind jy wat God sê oor spraak? Volg my terwyl ons saam, die **Waarheid** ontdek:

Dit is nie 'n tekort aan kommunikasie nie!
Ons moet oppas *hoeveel* ons sê!

Baie woorde. Dit is nie aleenlik net 'n *tekort* aan kommunikasie wat probleme veroorsaak nie, maar wanneer daar baie praat en besprekings is, kan oortreding (oortreding van God se Wette) nie vermy word nie. "Met **baie praat** *bly die sonde nie uit nie*." Spr. 10:19.

Bly stil. Ander sê ons moet ons menings lig en deel wat ons dink, maar God sê: "*'n Verstandige mens* **swyg**." Spr. 11:12. "Wie sy **mond in bedwang** hou *behou sy lewe*; wie sy **mond nie kan hou** nie, gaan sy *ondergang tegemoet*." Spr. 13:3.

Hou jou mond toe. Eintlik sê God dat ons wysheid toepas en wys voorkom as ons niks sê nie. "As 'n dwaas **nie praat** nie, kan selfs hy *aangesien word vir 'n wyse*, en as hy **sy mond toehou**, vir 'n *verstandige mens*." Spr. 17:28. "Laat julle **'ja' eenvoudig 'ja' wees en julle 'nee' 'nee'**. Wat *meer gesê* word *as dit*, kom *van* die **Bose**." Matt. 5:37.

Sonder 'n woord. God praat direk met vrouens: "Vrouens, julle moet aan julle mans onderdanig wees. As daar van julle is met mans wat nie die Woord van God glo nie, en die mans sien hoe godvresend julle is en hoe voorbeeldig julle julle gedra, sal hulle vir Christus gewen kan word deur die *gedrag van hulle vrouens*. Dit sal **nie eens nodig wees vir julle om 'n woord te sê nie.**" 1Pet. 3:1-2. "…moet die *vrouens* ook in julle *byeenkomste* **stilbly.**" 1Kor. 14:34.

Blywende beskeidenheid en kalmte van gees. 'n Stil vrou is vir God kosbaar. Is dit jy? "…**blywende beskeidenheid en 'n gemoed wat kalm en rustig is.** Dit is vir God *kosbaar*." 1Pet. 3:4 NLV. "Bewaar wat aan jou toevertrou is, vermy die **onheilige sinlose praatjies en die redenasies** van die '*kennis*', soos dit *verkeerdelik* genoem word. Daar is mense wat daardie '*kennis*' aanhang en so van die *geloof afgedwaal* het." 1Tim. 6:20.

God sê ons moet versigtig wees met *wat* ons sê

Hou jou mond en tong in toom. Hoeveel keer het jy al in die moeilikheid gekom met die woorde wat jy gespreek het? "Daar kom wysheid uit die mond van die regverdige, **'n tong wat kwaad stig**, sal *uitgesny word*." Spr. 10:31. "**Praat sonder om te dink** kan soos *dolksteke* wees; **wyse** mense *bring genesing* met wat hulle **sê**." Spr. 12:18. "Wie sy **mond en sy tong in toom hou**, hou hom *uit gevaar*." Spr. 21:23.

Wat by die mond uitkom? Die stelling is duidelik. Wat jy sê is baie belangrik. "Op grond van **jou eie woorde** sal jy *vrygespreek* of *veroordeel* word." Matt. 12:37. "Dit is nie wat by die mond ingaan wat die mens onrein maak nie. Maar **wat by die mond uitkom**, dit maak 'n *mens onrein*." Matt. 15:11. "…maar nou moet julle *al hierdie dinge laat staan*: woede, haat, **nyd** en **gevloek**…" Kol. 3:8.

Skenk aandag aan jou woorde. Hierdie vers beskryf twee soorte vrouens. Watter een is jy? "'n **Knap vrou** gee haar man *hoë aansien;* een wat haar man **in die skande steek**, is vir hom soos *vretende* kanker." Spreuke 12:4. "Wie **ag gee op die woorde** van die Here, sal *voorspoed geniet*." Spr. 16:20.

Woorde wat reg gekies is. As jy jou man onteer het met wat jy vir (of oor) hom gesê het, of in jou houding teenoor hom, is God getrou om genesing te bied. "'n **Vrolike mens** is 'n *gesonde* mens, 'n neerslagtige mens raak uitgeput." Spr. 17:22. "**Aangename woorde** is *heuning, soet en geneeskragtig vir die mens.*" Spreuke. 16:24. "**En as hy sy woorde reg kies,** *kan hy ook ander leer.*" Spr. 16:21.

Eerlike mense. Is daar enige iemand wat nie 'n vriendelike woord waardeer nie? "**Eerlike mense** *geniet* die *koning se goedgesindheid*; hy *hou* van mense wat die **waarheid praat**." Spr. 16:13. "…en **sing** onder mekaar **psalms, lofgesange** en ander **geestelike liedere**; sing met julle hele hart tot eer van die Here." Efe. 5:19.

Klaar met die dinge van 'n kind. Het jy volwasse geword? Of is jy nog 'n kind wat dinge sê wat ander seermaak? Een van die grootste leuens wat ons as kinders geleer het was *Stokke en klippe mag my bene breek, maar woorde sal my nooit seermaak nie.* Ons het seker nog steeds nie herstel van goed wat vir ons as kinders gesê is nie. "Toe ek 'n kind was, het ek **gepraat soos 'n kind**, geredeneer soos 'n kind. Maar noudat ek 'n man is, is ek klaar met die *dinge van 'n kind.*" 1Kor. 13:11.

Argumente en twis is NIE goed vir enige huwelik nie!

Staak die getwis. Die definisie van twis is 'n verlengde stryd vir mag en meerwaardigheid. "Liewer 'n stukkie droë brood met *vrede* daarby as 'n huis vol kos met 'n **getwis** daarby." Spr. 17:1. ('n Huis met luidrugtige en oproerige kinders, is als behalwe stil. Maak seker jou kinders is stil en onder jou beheer! Sien les 14, "Jou Ma se Leringe.") "Om **rusie** te begin, is om 'n damwal te breek; **staak liewer die getwis** voor die vloed jou tref'" Spr. 17:14. "'n *Dwaas* praat hom in 'n **rusie** in, hy soek slae met wat hy sê." Spr.18:6.

Is jy tevrede? "Ek is dus **tevrede** met my swakhede, *beledigings, ontberings, vervolgings, en benoudhede* ter wille van Christus, want wanneer ek swak is, juis dán is ek sterk." 2Kor. 12:10 NLV. Hierdie vers lyk so ongelooflik onbereikbaar, maar dit is iets waarna ons moet streef.

Kom ons gaan deur van die ander verse saam met hul praktiese aanwending…

Wees altyd bly. Die eerste stap tot oorwinning is om die Here te dank vir alle teenspoed. "**Wees altyd bly** in die Here! Ek herhaal wees bly!" Fil 4:4. Hou aan om Hom te dank, in jou gedagtes of hardop, afhangende van die omstandighede.

Veronregte. "'n **Veronregte** broer is ontoeganklier as 'n vestingstad; rusie is soos die sluitbalk van 'n fort." Spr. 18:19. Moet jouself asseblief nie toelaat om veronreg te word deur iets wat vir jou gesê is of hoe dit gesê is nie; in plaas daarvan luister met 'n oop hart.

Moet nie antwoord voor jy gehoor het nie. "Wie **antwoord voor hy die vraag gehoor het**, is dwaas en kom in skande" Spr. 18:13. Wanneer jy iemand in die rede val wat met jou praat, vlam humeure gewoonlik op! Weereens, luister na diegene wat tyd afstaan om met jou te praat, luister altyd vir die Waarheid in wat hul sê.

Die Waarheid sal jou vrymaak. "…en julle sal die Waarheid ken, en **die Waarheid sal julle vry maak**." Joh. 8:32. Somtyds is dit moeilik om die Waarheid aan onsself te erken en veral aan iemand anders. Maar as jy dit eers probeer het, sal jy saamstem dat dit die mees bevrydendste ervaring op aarde is! Moenie bang wees om die waarheid oor jouself te praat nie; doen dit net!

Kom betyds tot 'n skikking. Stem saam met jou man en ander, veral wanneer hulle kwaad is. "**Kom betyds tot 'n skikking** solank jy nog op pad saam met hom hof toe is…" Spr. 20:3. "Dit is *eerbaar* om 'n **rusie** te vermy; enige *dwaas* kan 'n **rusie** begin." Matt. 5:25 Afr 83. Gewoonlik gaan die een wat kwaad is tekere oor iets wat waar is of sommige waarhede as grondslag het. Wanneer jy nederig genoeg is om met die ander persoon saam te stem, veral wanneer daardie persoon buite beheer is, bereik jy geestelike volwassenheid.

Gaan nog 'n kilometer . Nadat jy met die ander persoon saamgestem het, is daar nog 'n stap; jy moet toevoeg tot die belediging of kritiek. "Maar ek sê vir julle: Julle moet julle nie teen 'n kwaadwillige **mens verset** nie. As iemand jou op die regterwang slaan, **draai** ook **die ander**

wang na hom toe. As iemand jou **hof toe wil** vat om jou onderklere te **eis, gee hom** ook jou boklere. As iemand jou **dwing** om sy goed een kilometer ver te dra, **dra** dit vir hom **twee** kilometer." Matt. 5:39-41. Hierdie toevoeging tot die belediging of kritiek moet ook in die vorm van 'n kompliment aan die beskuldiger wees. "...moenie kwaad met kwaad vergeld of belediging met belediging nie. Inteendeel, **antwoord met 'n seënwens**, want daartoe is julle geroep, sodat julle die seën van God kan verkry." 1Pet. 3:9.

*Dit mag dalk onmoontlik voorkom of te ongelooflik om te glo; maar ek is nie die enigste vrou wat hierdie pad moes stap nie. Baie van ons se mans het daardie tyd ook saam met ander vrouens gebly. Hopelik, sal dit jou aanmoedig. Jy moet glo dat jy **kan** doen wat die Woord vra, maak nie saak hoe jy voel nie.*

Bely ons sondes. "Maar as ons ons **sondes bely** - Hy is getrou en regverdig, Hy vergewe ons ons sondes en reinig ons van alle ongeregtigheid." 1Joh 1:9. Belydenis is goed vir die siel; dit werk die heiligmaking van ons redding uit. "My geliefdes, julle was altyd gehoorsaam wanneer ek by julle was. Des te meer moet julle gehoorsaam wees noudat ek nie daar is nie. Julle moet julle met eerbied en ontsag daarop toelê om as verloste mense te lewe..." Fil. 2:12.

Elimineer konstante wrywing. Is daar konstante wrywing in jou huis? "Die praktyke van die sondige natuur is algemeen bekend: ...**towery, vyandskap, haat, naywer, woede, rusies, verdeeldheid**..." Gal. 5:19-21. "As iemand 'n ander leer verkondig en **nie hou by die gesonde woorde** van ons *Here Jesus Christus* en by die **leer van ons godsdiens** nie, is hy verwaand en weet hy niks. Hy het 'n sieklike beheptheid met twisvrae en met **stryery** oor woorde. Daaruit ontstaan afguns, **twis, beledigings, gemene verdagmakery, voortdurende rusie** van mense wat verstandelik verward en van die waarheid beroof is..." 1Tim. 6:3-5.

Nie teëpraterig nie. "Moet jou nie met *dwase en sinlose strydvrae* inlaat nie, want jy weet tog dat dit net **rusies** veroorsaak. En 'n dienaar van die Here moenie **rusie** maak nie. Inteendeel, hy moet vriendelik wees teenoor almal, bekwaam om ander te leer en iemand wat onreg kan dra." 2 Tim. 2:23. "Die slawe moet in alles aan hulle eienaars onderdanig wees en hulle eienaars tevrede stel. Hulle moenie **teëpraat.**" Titus 2:9.

Nie te gou kwaad word nie. Party mense sê dat, aangesien Jesus kwaad geword het en die tafels in die tempel omgegooi het, ons ook kan kwaad word. "My liewe broers, dit moet julle in gedagte hou: elke mens moet maar te gewillig wees om te luister, *nie te gou praat nie* en *nie te gou kwaad word nie*. 'n **Mens wat kwaad word**, doen nie wat voor **God reg is nie**." Jak 1:19-20.

Twee van julle saamstem. Julle moet probeer om 'n *ooreenkoms* te bereik in plaas van *onenigheid*. "Verder verseker Ek julle: As **twee van julle** op aarde oor enige saak **saamstem** en daaroor bid, sal my Vader wat in die hemel is, hulle dit laat kry." Matt. 18:19.

God is baie spesifiek oor *hoe* ons moet antwoord!

Dink jy voor jy antwoord? Wanneer toorn of woede teen ons gemik word, vertel God ons hoe om te reageer om Hom sodoende te verheerlik as Christene. "'n **Sagte antwoord** laat *woede* bedaar; 'n **krenkende antwoord** laat *woede* ontvlam." Spr. 15:1. "'n Regverdige mens **dink voor hy antwoord**; goddelose mense sê net slegte dinge." Spr. 15:28.

Antwoord jy voor jy luister? Hoeveel keer het jy 'n ander persoon onderbreek voordat jy geluister het na wat hulle wou sê? "Wie antwoord **voor hy die vraag gehoor** het, is *dwaas* en kom in die *skande*." Spr. 18:13. "Met geduld kan iemand in 'n magsposisie tot ander insigte gebring word; met 'n **verstandige benadering** word *weerstand afgebreek*." Spr. 25:15. (Of "versigtige **benadering**" in die NLV)

Wees tevrede - moet NOOIT murmureer of kla nie!

Sonder kla of teëpraat. Selfs al hou ons op om met die ander persoon te baklei, hou ons miskien aan om baie saggies of agter die persoon se rug, te kla of teë te praat. "Sonder hout bly 'n vuur nie brand nie; **sonder 'n kwaadstoker** hou 'n rusie nie aan nie." Spr. 26:20. "Doen alles sonder **kla of teëpraat**." ("**Murmurering en teëspraak**" AFR 53 Vertaling) Fil. 2:14.

Leer **om vergenoeg te wees.** "Nie dat ek dit uit gebrek sê nie, want ek het *geleer* **om vergenoeg** te wees met die *omstandighede waarin ek is*." Fil. 4:11. "…wees **tevrede** met *wat julle het*. Want God self het gesê: "Ek sal jou nooit verlaat nie, jou nooit in die steek laat nie." Heb. 13:5. (*My oorlede ouma Brown was 'n vrou wat die vrug van tevredenheid demonstreer het. Maak nie saak wat sy gedoen het nie, of dit nou vloere skrop op haar hande en knieë was of as sy met haar handewerk besig was, sy was gelukkig. Sy het nooit gekla nie. Sy het gesê sy het nooit gedink oor waar sy eerder wou wees of wat sy eerder sou wou doen nie*) "Die godsdiens is 'n groot wins as iemand **tevrede** is met wat hy het." 1Tim. 6:6.

Skynheilige woorde breek mense. Spreuke vertel ons ook wat ons spraak aan ons mans se gees kan doen. "Kalmerende woorde bring lewe, *skynheilige* woorde **breek mense.**" Spr. 15:4. *Die definisie van skynheilig is "huigelary."*

Jou tong: klein, maar dodelik!

Uit die hel aan die brand gesteek. "So is die **tong** ook maar 'n klein liggaamsdeeltjie, en tog het dit groot mag. 'n Klein vuurtjie kan 'n groot bos aan die brand steek. Die **tong** is ook *'n vuur, 'n wêreld vol ongeregtigheid,* die deel van die liggaam wat die *hele mens besmet.* Dit *steek die hele lewe,* van die geboorte af tot die dood toe, *aan die brand,* en self word dit uit die **hel aan die brand gesteek.**" Jak. 3:5-6.

Lof en vloek. "maar *geen mens* kan die **tong** tem nie. Dit is *'n rustelose kwaad, vol dodelike gif.* Met die tong loof ons die Here en Vader, en met die tong vloek ons die mense wat as die beeld van God gemaak is. Uit dieselfde mond kom **lof en vloek.** My broers so moet dit nie wees nie. 'n Fontein laat tog nie uit dieselfde oog *vars en brak water* opborrel nie." Jak. 3:8-11. Maar dank die Here dat "Niks vir God onmoontlik nie." Lukas 1:37.

Ek wil nie 'n woord praat nie. Hier is 'n ontnugterende gedagte: "Daar is nog nie 'n woord op my **tong** nie of U, *Here, weet wat dit gaan wees.*" Ps. 139:4. "Ek het gesê: 'Ek wil sorgvuldig let op my lewe en *nie sondig* met wat ek **sê** nie. **Ek wil nie 'n woord praat** as 'n slegte mens my teëstaan nie.'" Ps. 39:1.

Wat dink God van 'n tong wat lieg?

Waarvan Hy 'n afsku het. Ons het geen idee hoe leuens ons getuienis as gelowiges kan beinvloed nie. "*Kalmerende* **woorde** *bring lewe,* skynheilige woorde breek mense." Spr. 15:4. "Die *Here haat* ses dinge nee, daar is sewe waarvan **Hy 'n afsku het**: oë wat straal van hoogmoed, **'n tong wat lieg**…" Spr. 6:16-17.

Ses dinge wat die Here haat. Laat ons voortgaan om nog verse in Spreuke te lees wat ons meer vertel van lieg. "Die Here haat ses dinge nee, daar is sewe waarvan **Hy 'n afsku het**: oë wat straal van hoogmoed, **'n tong wat lieg**, *hande wat met bloed bevlek is…*" Spr. 6:16-18. Meeste van ons is pro-lewe; maar het ons tyd gevat om te verstaan wat die vers vir ons sê? God haat nie net leuens en dink dit is 'n gruwel nie, maar Hy vergelyk 'n leuenaar met 'n aborteur! "*Red my uit* die mag van **leuenaars,** Here, uit die mag van **bedrieërs**." Ps. 120.2.

Die vader van die leuen. Ons wil nooit lieg nie want die *duiwel* is die *vader* van leuens! "Julle is kinders van *die duiwel; hy is julle vader,* en julle wil doen wat julle vader wil hê julle moet doen. Hy was van die begin af 'n moordenaar. En hy *staan nie aan die kant van die waarheid nie,* omdat daar *geen waarheid in hom* is nie. Wanneer hy **leuen**taal praat, is dit *volgens sy aard,* want hy is 'n **leuenaar** en die *vader* van die **leuen."** Joh 8:44.

Wat het praat met misbuik te doen?

Soek slae. Hoeveel keer het ons ons mans aangehits met ons wrede woorde of snyende aanmerkings? "Wie aanhou **onsin praat,** kom tot '*n val.*" Spr. 10:8. "'n **Dwaas praat** hom in 'n rusie in, hy soek **slae met wat hy sê.**" Spr. 18:6

Mond in bedwang. "Wie sy **mond in bedwang** hou, behou sy *lewe*; wie sy **mond nie kan hou nie**, gaan sy *ondergang* tegemoet." Spr. 13:3. Wanneer jy gou is om jou man te oordeel, te verkleineer, of uit te daag, kan jy dalk vir slae soek. In plaas daarvan, wees stil. "'**n Sagte antwoord** laat *woede* bedaar; 'n **krenkende woord** laat *woede* ontvlam." Spr. 15:1.

Om op te som

1. **Let op hoeveel jy sê** - met **baie woorde** *bly die sonde nie uit nie.* In plaas daarvan, laat jou kommunikasie wees "**Ja, ja**"of "**Nee, nee**"- *enigiets meer* as dit sal lei tot *sonde.*

2. **Wees versigtig** *wat* **jy sê** - op grond van **jou eie woorde** sal jy *vrygespreek* of *veroordeel* word! Vrouens julle moet aan julle mans onderdanig wees. As daar van julle is met mans wat nie die woord van God glo nie, en die mans sien hoe godvresend julle julle gedra, sal hulle vir Christus gewen kan word deur die gedrag van hulle *vrouens.* Dit sal **nie eens vir julle nodig wees om 'n woord te sê nie.**

3. **As genesing nodig is,** onthou **aangename woorde** is *heuning* **soet** en *geneeskragti*g vir die mens. En as hy sy **woorde reg kies,** kan hy ook ander leer.

4. **Moet nie stry nie** - stem *gou* saam met jou **vyand!**

5. **Dink voordat jy antwoord.** Gee 'n **sagte antwoord, oorweeg** (dink 'n rukkie) **hoe jy moet antwoord,** en moenie **antwoord voordat jy nie geluister het nie**, dit is *dwaas* en *skandelik!*

6. **Neem tyd om te leer om te tevrede te wees.** Tevredenheid word aangeleer. Jy moet leer om in *enige omstandighede,* **tevrede** te wees.

7. **Laat julle deur die Gees lei.** As iets vir ons maklik is om te doen in die vlees, is dit *van die vlees.* As iets moeilik is om te doen en ons moet krag kry van die Heilige Gees, is dit **gelei deur die Gees.** "Wat ek bedoel, is dit: Laat julle lewe steeds deur die Gees van God beheers word, dan sal julle **nooit** *swig voor begeertes van julle sondige natuur nie.*" Gal. 5:16-17.

> *Laat ons eerstens daarna streef om wys voor te kom
> deur stil te bly. Volgende, laat ons seker maak dat
> wanneer ons praat dit met wysheid, vriendelikheid
> en vir opbouing is. Laat ons woorde aangenaam
> en sagmoedig wees. Laat ons 'n "kroon"
> vir ons mans wees en "kosbaar" vir God.*

Persoonlike verbintenis: Om my mond oop te maak met wysheid en goedhartigheid. "Gebaseer op wat ek uit God se Woord geleer het, verbind ek myself daartoe om stil te bly, te wag voordat ek antwoord, en slegs aangename woorde te spreek."

Datum:_____ Geteken:_____

Mag God by jou wees soos jy daarna streef om meer soos Christus te wees!

Wen Sonder 'n Woord

"Vrouens, julle moet aan julle mans onderdanig wees.
As daar van julle is met mans wat nie die woord van God
glo nie, en die mans sien hoe godvresend julle is en hoe
voorbeeldig julle julle gedrasal hulle vir Christus gewen
kan word deur die gedrag van hulle vrouens. Dit sal
nie eens vir julle nodig wees om 'n woord te sê nie..."
1Petrus 3:1.

Baie van ons sit met die dilemma dat ons mans blatant, of in die geheim, aan God se Woord ongehoorsaam is. Dit is nie net kommerwekkend nie, maar ook nogal frustrerend. Dit is veral waar as jy probeer het om daaroor te redeneer en jou kommer oor sy welstand en jou familie se welstand te deel. Maar in hierdie les sal jy leer, deur die Bybel, dat alles wat jy graag vir jou man wil sê, eerder vir God gesê moet word.

In die les sal ons van God se Woord leer (en van die baie "slegte vrugte" van ons aksies), dat aangesien ons mans ons outoriteit is, ons woorde nie net nutteloos is nie, maar ook potensieel gevaarlik. Die Woord van God sê dat ons ons mans sonder 'n woord moet wen en met 'n eerbiedige houding, maak nie saak wat hulle doen nie.

Moet ek nie met my man praat oor my bekommernisse nie?

Vra vir God om met jou man te praat. Ons het nou net gelees dat wanneer ons mans ongehoorsaam is aan die Woord, ons gehoorsaam moet wees en besluit om hulle sonder 'n woord te wen. Maar, is daar enigiets anders wat ons kan doen? Ja, ons kan boontoe gaan; ons kan na ons Hemelse Vader toe gaan en ons op *Hom* beroep. Vra vir God dat Christus (wat direk oor alle mans is) met jou man praat oor wat op jou hart is aangesien dit die orde van gesag is. "Ek wil egter hê julle moet weet dat Christus die hoof is van elke man, en 'n man die hoof van sy vrou, en God die hoof van Christus." 1Kor. 11:3.

Jy moet die regte houding hê. "Elke mens moet hom onderwerp aan die owerhede wat oor hom gestel is. Daar is immers geen gesag wat nie van God kom nie, en die owerhede wat daar is, is daar deur die beskikking van God. Wie hom teen gesag verset, kom dus in opstand teen die ordening van God; en wie in opstand kom, sal sy verdiende straf kry." Rom. 13:1-2.

Draai jou man se rigting, *alleenlik deur gebed,* **na God toe.** Jy moet verstaan dat jy nie verantwoordelik is vir wat jou man doen of nie doen nie; hy is teenoor God aanspreeklik vir sy aksies. "Maar 'n mens word **verlei** deur sy *eie begeertes* wat hom aanlok en saamsleep." Jak.1:14.

Kom uit sy pad uit. "Gelukkig is die mense wat nie optree volgens die raad van die goddeloses, of **rondstaan op die pad van die sondaars,** of sit in die vergadering van spotters nie, maar vreugde vind in die gebooie van die Here en Sy voorskrifte dag en nag oordink." Ps. 1:1-2NLV. Kom uit jou man se pad uit; jy het nie gesag oor hom nie! Die tweede lyn sê vir ons wat ons *moet doen* – oordink Sy Woord dag en nag. Los jou man vir God; God moet die Een wees wat die verandering in jou man teweeg bring. Jou man kan homself nie eers verander nie.

Los hom uit en bid! Jy kan help om jou huis te genees deur jou gebede: "Bely julle sondes eerlik teenoor mekaar en bid vir mekaar, sodat julle gesond kan word. Die *gebed* van 'n gelowige het 'n kragtige uitwerking." Jak. 5:16.

Oorwin die kwaad deur die goeie. Wees versigtig hoe jy teenoor die kwaad reageer *wanneer* dit voorkom: "Moet jou nie deur die *kwaad laat oorwin nie,* maar **oorwin die kwaad deur die goeie.**" Rom. 12:21. Weereens, daar *sal* moeilikheid wees! "...want soos julle weet, as julle **geloof die toets** deurstaan het, stel dit julle in staat om te *volhard.*" Jak. 1:3. Gebruik hierdie geleentheid om 'n seëning oor jou man te bid. "...moenie kwaad met kwaad vergeld of belediging met belediging nie. Inteendeel, *antwoord met 'n seënwens,* want daartoe is julle geroep, sodat julle die seën van God kan verkry." 1Pet. 3:9.

Konsentreer daarop om dié lief te hê wat moeilik is om lief te hê: Wanneer jy jou man liefhet en respekteer, selfs wanneer hy moeilik en onvriendelik is, bewys jy aan hom onvoorwaardelike liefde. "As julle net dié liefhet wat vir julle liefhet, watter loon kan julle dan nog verwag? Maak die tollenaars nie ook maar net so nie?" Matt. 5:46. Gee vir God jou seer. Hy sal jou help om jou man lief te hê.

Die boodskap van versoening. As kinders van God, moet ons ambassadeurs van God se liefde wees en dit sal ander na Christus toe lei. "Ons tree dus op as **gesante** *van* **Christus**...en aan ons die **bediening van die versoening** toevertrou...*en die mense hulle oortredings nie toereken nie*, die boodskap van versoening het Hy aan ons toevertrou." 2Kor. 5:18-20. Tel jy jou man se oortredinge? Onthou God se genade is elke oggend nuut.

Ons eerste sendingveld. Jy mag jouself afvra, "Hoekom moet ek in bediening wees vir my man?" God gee ons gesinne aan ons as ons eerste "sendingveld" voordat ons effektief kan wees met ander. Maar ons wil natuurlik voor God uitjaag voordat ons weklik gereed is. As jong vroue, moet ons bediening by *die huis* wees. Soos ons kinders grootword, word ons die ouer vrouens. "Ouer vrouens moet...goeie raad kan gee, sodat hulle die jonger vrouens kan **leer** om liefdevol teenoor hulle mans en kinders te wees, verstandig en kuis, goeie huisvrouens, onderdanig aan hulle mans. Dan sal die woord van God nie in diskrediet kom nie." Titus 2:3.

God wil ons tevredenheid leer, *voordat* **Hy ons mans sal verander.** Om die punt verder te bewys, kan ons na Paul se lewe kyk: "Ek sê dit nie omdat ek gebrek ly nie, want ek het geleer om my in **alle omstandighede te behelp**. Ek weet wat armoede is en ek weet wat oorvloed is; van alles het ek **ondervinding**: om genoeg te hê om te eet sowel as om honger te ly, om oorvloed te hê sowel as om gebrek te ly." Dan gaan hy voort en sê dié vers wat ons so dikwels hoor: "Ek is tot alles in staat deur Hom wat my krag gee." Fil. 4:11-13.

Jy moet op die regte manier veg. Doen wat God sê - dit **sal** werk! Moenie probeer om jouself te verdedig nie. "Ten slotte: Wees almal eensgesind, medelydend, liefdevol, goedhartig, nederig. Moenie *kwaad vir kwaad vergeld of belediging met belediging nie*. Inteenteel, **antwoord**

met 'n seënwens, want daartoe is julle geroep, sodat julle die **seën van God kan verkry**." 1Pet. 3:8-9.

Dit is 'n geestelike stryd. "Of dink jy Ek kan nie my Vader om hulp vra nie? Hy sal *dadelik* vir My meer as twaalf legioene engele beskikbaar stel?" Matt 26:53. Ons Hemelse Vader sal die engele opdrag gee om namens ons te veg in die "hemele" waar die "regte stryd" besig is om te woed. "Ons stryd is **nie teen vlees en bloed nie,** maar teen elke mag en gesag, teen elke gees wat heers oor hierdie sondige wêreld, teen elke bose gees in **die lug.**" Efe. 6:12. Bid Psalm 91 oor jou familie.

Jou man is nie die vyand nie. "Julle weet tog: as julle julle aan iemand onderwerp om hom as slawe te gehoorsaam, is julle die slawe van die een aan wie julle gehoorsaam is. As dit die sonde is beteken dit vir julle die dood; as dit gehoorsaamheid aan God is, beteken dit vryspraak en lewe." Rom. 6:16. Wanneer 'n persoon in sonde vasgevang is, is hy regtig net 'n slaaf van die duiwel. Ons mag dink hy wat sondig is aaklig, maar ons is ook, as ons voortgaan om met wraak te reageer. Onthou, dit behoort aan Hom! "Die **wapens van ons stryd** is nie die wapens van die mens nie, maar die **wapens van God** wat *vestings kan vernietig*." 2Kor. 10:4. Wil jy nie eerder by die kernoorsaak uitkom en nie net die simptome van jou probleme nie?

Verbind jouself. Verbind jouself, ongeag die gevolge en los die resultate vir God. "Ons het ons God vir wie ons dien. Hy het die mag om ons te red uit die brandende oond, en Hy sal ons ook red uit u mag. Selfs as Hy dit nie doen nie, moet u weet dat ons u god nie sal dien nie, die goue beeld wat u laat oprig het, nie sal aanbid nie." Dan 3:17. Hierdie seuns het geglo dat God hulle sou uitlewer; maar ongeag die gevolge, het hulle besluit om te gehoorsaam. Selfs al moes hulle in die oond doodgaan, hulle sou doen wat hulle geweet het God wou gehad het hulle moet doen en hulle het die resultate vir God gelos. Die seuns het nie dood gegaan nie , maar die koorde wat hulle vasgebind het was losgemaak deur hulle geloop in die vuur. Het jy koorde van sonde of bekommernis wat jou bind? God sal jou uitlewer. **Dit is Sy stryd! Roep die Heer van die Leërskare aan - Hy is die Krygsman.**

Berei voor vir Oorlog deur Jou Wapenrusting aan Te Trek

Die listige aanslae van die duiwel. "Verder nog dit: Soek julle krag in die Here en Sy groot mag. Trek die volle wapenrusting aan wat God julle gee, sodat julle op julle pos kan bly ondanks die listige aanslae van die duiwel." Efe. 6:10-11. Onthou wie die regte vyand is - Satan, nie jou man nie.

Die volle wapenuitrusting van God. "Ons stryd is nie teen vlees en bloed nie, maar teen elke mag en gesag, teen elke gees wat heers oor hierdie sondige wêreld, teen elke bose gees in die lug. Trek daarom die volle wapenuitrusting aan wat God julle gee, sodat julle weerstand kan bied in die dag van onheil" Efe. 6:12-13. Jy moet die <u>vrees</u> weerstaan wat veroorsaak dat jy weghardloop of opgee; nadat julle die stryd tot die einde gevoer het, nog op julle pos kan bly staan. Psalm 37 is goed om te bid as jy deur vrees geteister word.

Staan vas. "Staan dus vas deur waarheid as gordel om julle heupe te dra…" Efe.6:14NLV. Mense praat van "stap in geloof." Somtyds is dit beter om te stop en vas te staan! Dit mag die verskil wees tussen op God vertrou en God uit te lok. Somtyds voel dit asof ons 'n "stap in geloof" neem, maar eintlik gooi ons onsself van 'n krans af, soos Satan vir Jesus gesê het om te doen.

Ons moet die Here vra of ons moet "stap" in geloof of "staan" in geloof. Ons oortuigings moet dit vir ons moontlik maak om te "staan" vir wat reg is. As ons beweeg kan ons dalk van 'n krans afval. As God teenspoed in ons lewens bring, sal ons <u>staan </u>ons getuienis wees. Maar, soos jy later in die les sal sien, word ons partykeer gevra om op water te loop, soos Petrus gevra was. Onderskeiding word dan benodig. Een aanwyser wat ons kan help om God se leiding te onderskei is dringendheid. Ons vlees veroorsaak dringendheid. God sê egter gewoonlik om te wag.

Sy vryspraak. "…trek God se vryspraak as borsharnas aan." Efe. 6:14NLV. God praat van Sy vryspraak, nie ons sin nie. Hy sê vir ons in Sy Woord dat ons beste dade soos "vuil klere" is." (Jes. 64:6).

Loop in vrede. "Trek die bereidheid om die Goeie Nuus van vrede te verkondig, aan julle voete…" Efe. 6:15NLV. Dit sê in die Saligsprekinge (ook bekend as die "Agt-salighede" Mat.5:1-12), "Geseënd is die vredemakers!" In 1Petrus 3:15 sê dit "Wees altyd gereed om 'n antwoord te gee aan elkeen wat van julle 'n verduideliking eis oor die hoop wat in julle lewe. Maar doen dit met beskeidenheid en met eerbied vir God." Ons moet wag todat die "deur" oopgemaak word en dan met beskeidenheid en eerbied teenoor elke persoon voortgaan.

Skild van die geloof. "Dra onder alle omstandighede die skild van die geloof. Daarmee kan julle al die *brandpyle blus wat die* Bose *afskiet*." Efe. 6:16NLV. Jy moet geloof hê, nie in jouself of iemand anders nie - geloof in God, in Hom alleen! Omstandighede het niks met geloof te doen nie. Glo in Sy Woord alleen vir die Waarheid oor jou situasie.

Verlossing as Helm. "Gebruik God se verlossing as 'n helm…" Efe. 6:17NLV. Jy moet gered wees. Jy moet een van Sy kinders wees om regtig 'n moeilike geestelike stryd te wen. Dit is so maklik as om nou dadelik met God te praat. Sê net vir Hom in jou eie woorde dat jy Hom nodig het. Vra Hom om Homself vir jou 'n werklikheid te maak. Gee Hom jou lewe, 'n lewe wat opgemors is, vra die Here om dit nuut te maak. Sê vir Hom jy sal alles doen wat Hy vra, aangesien Hy nou jou Here is. Vra Hom om jou te "red" van jou situasie en die ewigheid wat wag vir almal wat nie Sy geskenk van die ewige lewe aanvaar nie. Dank Hom vir Sy dood aan die kruis, Sy gestorte bloed en die dood wat Hy vir jou gesterf het. Jy kan nou glo dat jy nooit alleen sal wees nie; God sal altyd saam met jou wees en jy sal die ewigheid in die Hemel saam met Hom spandeer!

Swaard van die Gees. "En gebruik die swaard van die Gees, dit is God se Woord." Efe. 6:17NLV. Dit is presies wat ons julle leer. Gebruik Sy Woord vir 'n stryd wat gewen sal word. Wanneer die stryd die Here sin is, is die Oorwinning ons sin! Skryf die verse wat jy nodig het om jou te help met die stryd, op 3x5 kaarte. Hou hulle ten alle tye by jou in jou handsak. Wanneer jy voel jy word aangeval, soos vrees of die versoeking om met jou man te praat wanneer jy beveel is om stil te bly, kan jy die verse lees wat betrekking het op jou probleem. Roep uit tot God. Staan vas in die geloof. "Laat jou lewe aan die Here oor en vertrou op Hom; Hy sal sorg." Ps. 37:5.

Bid ten alle tye. "Doen alles deur gebed en smeking. Laat die Gees julle elke keer in gebed lei." Efe. 6:18NLV. Bid diep vanuit jou Gees. Jy moet vasgestelde tye hê om te bid, drie keer 'n dag (soos Daniel). Dit was een van die redes waarom hy in die leeukuil gegooi is. En moenie bekommerd wees as jy "in die gees" in die leeukuil gegooi word nie; God sal die leeus se monde toemaak!

Bly op julle hoede. "Bly in alle omstandighede op julle hoede en bid vir almal wat aan God behoort." Efe. 6:18NLV. Elke keer wat vrees jou oorweldig, bid vir 'n ander persoon wat jy weet met vrees of een of ander swakheid worstel. Bid hierdie vers vir hulle: "Sy antwoord was: 'My genade is vir jou genoeg. My krag kom juis tot volle werking wanneer jy swak is.' Daarom sal ek baie liewer oor my swakhede roem, sodat die krag van Christus my beskutting sal wees." 1Kor. 12:10. Nadat jy vir iemand gebid het, bel hulle en beur hulle op.

Bid vir die wat julle vervolg. God vra ook dat ons vir iemand anders bid - ons vyande. Elkeen van hulle. Bid vir hulle en vra God om jou te wys wat Hy wil hê jy moet doen om hulle te seën. Eers nadat Job vir sy sogenaamde vriende begin bid het, Het die Here als herstel wat Job verloor het. "Nadat Job vir sy vriende gebid het, het die Here die omstandighede van Job verander en hom twee keer soveel gegee as wat hy gehad het." Job. 42:10. "Maar ek sê vir julle: Julle moet julle vyande liefhê, en julle moet bid vir die wat julle vervolg." Hy gaan aan en verduidelik hoekom: "sodat julle kinders kan wees van julle Vader in die hemel." Matt. 5: 44-45.

Ek het die vers gelees net nadat Dan weg was, daarna het ek die Here gevra om my te wys hoe ek Dan kon seën. Die Here het my gewys dat alhoewel dit somer was, hy warm leer skoene gedra het. Ek het by 'n winkel gestop en vir hom 'n paar 88¢ rubber sandale gekoop. Toe ek dit vir hom gegee het, het sy gelaatsuitdrukking (wat nogal koud was) gesmelt! Dit was 'n klein gebaar van my kant af, maar dit het boekdele in sy hart gespreek.

Ken God se Woord

Dit sal nie onverrigter sake na My toe terugkeer nie. Jy moet God se Woord ken en leer. Jy moet begin om die geseënde beloftes van God te vind. Die beginsel is dat wanneer jy Sy Woord aan Hom herhaal in gebed, dit nie onverrigter sake terugkeer nie. Dit is Sy belofte aan jou! "So sal die woord wat uit my mond kom ook wees: dit sal nie *onverrigter sake na my toe terugkeer nie*, maar dit sal **doen** wat Ek gedoen wil hê en tot **stand** bring waarvoor Ek dit gestuur het." Jesaja 55:11. Sy begeerte is vir jou om die kwaad van hierdie wêreld te oorkom. Jy moet doen wat deur God Homself gewaarborg word – aanvaar geen namaaksels of vervalsings nie. Gebruik Sy Woord in gebed.

Streef na insig. God sê dat as jy soek, sal jy vind. God se Woord gee wysheid. Deur in diepte na die betekenis te kyk, sal jy 'n beter begrip kry van die Waarheid. "Ek sê vir julle: Vra, en vir julle sal gegee word. **Soek**, en *julle sal kry*. Klop en vir julle sal oopgemaak word." Lukas 11:9. Sodra jy weet wat om te doen, kan jy dit in jou lewe toepas. "Daar is **verstand** nodig om 'n huis te *bou*, **insig** om sy *fondamente te lê*, **kennis** om sy *kamers te vul* met allerhande *kosbare en mooi goed.*" Spr. 24:3-4.

Lees die Woord met Vreugde. Merk die spesiale verse in jou Bybel. "Vind jou **vreugde** in die Here, en Hy sal jou gee wat jou hart begeer." Ps. 37:4. Neem tyd om die verse te merk vir vinnige verwysing in tye van nood of wanneer jy iemand wat jy ontmoet na die Waarheid lei. Wat het Jesus geantwoord toe Satan probeer het om Hom te versoek? "Maar Jesus antwoord hom: 'Daar is geskrywe…Daar is geskrywe…Daar is geskrywe…'" Lukas 4:4,8,10. *Gebruik 'n geel kryt of spesifieke kleure vir verskillende beloftes.* Wanneer die duiwel jou weer aanval, kom teen hom met: "Daar is geskrywe…Daar is geskrywe…Daar is geskrywe…"!

Dag en nag oordink. Memoriseer die beloftes wat jy vind sodat die geseënde vesekering daarvan in jou siel kan insink. Jy moet God se beloftes leer en ken as jy ooit op Hom alleen wil staat maak. "…maar wat in die woord van die Here sy vreugde vind, dit d**ag en nag oordink.** Hy is soos 'n boom wat by waterstrome geplant is, wat op die regte tyd vrugte dra en waarvan die blare nie verdroog nie. Hy is voorspoedig in alles wat hy aanpak." Ps. 1:2. *Gebruik 3x5 kaarte en skryf die vers uit. Hou dit in jou handsak vir die tye wat jy "wag."*

Geestelike Oorlogvoering deur Jou Gedagtes Gevangene te Neem

Jou stryd sal in jou gedagtes gewen of verloor word. "Daarmee vernietig ons die **redenasies** en elke hooghartige aanval wat teen die kennis van God gerig word. Ons neem **elke gedagte gevangene** om dit aan Christus gehoorsaam te maak. Ons is ook gereed om met elke ongehoorsaamheid af te reken sodra julle eie gehoorsaamheid volkome is." 2Kor. 10:5-6. Moenie in die vyand se hand speel nie. Moenie bose gedagtes vermaak nie, neem jou gedagtes gevangene!

Oorwin die kwaad deur die goeie. Satan weet dat as hy kan verdeel, kan hy oorwin. Meeste van ons speel reg in sy hande, die hande van die vyand. Die Skrif sê vir ons, "Moenie jou deur die kwaad laat oorwin nie, maar **oorwin die kwaad deur die goeie.**" Rom. 12:21. Dit is so kragtig!

Maak nie saak hoe sleg dinge lyk nie, God is in beheer. Ons kan vertroosting vind in die wete dat God in beheer is, nie ons nie en beslis nie Satan nie. "'Simon, Simon!' het Jesus gesê. 'Luister! Die Satan het daarop *aangedring* om julle soos koring te sif. Maar Ek het vir jou gebid dat jou geloof jou nie begewe nie. As jy weer tot inkeer gekom het, moet jy jou broers versterk.'" Lukas 22:31-32.

Sifting. Jesus het geweet wat die uitkoms sou wees, maar Petrus moes steeds deur die "siftingsproses" gaan om gereed te wees vir God se roeping op sy lewe. Sal jy gereed wees wanneer Hy jou roep? "En die volharding moet end-uit volgehou word sodat julle tot volle **geestelike rypheid** kan kom sonder *enige tekortkoming*." Jak. 1:4.

Die sleutels van die Hemel

Jesus het vir ons die sleutels van die hemel gegee – gebruik jy hulle? "Ek sal aan jou die *sleutels* van die koninkryk van die *hemel* gee, en wat jy op die aarde **toesluit**, sal in die hemel toegesluit bly; en wat jy op die aarde oopsluit sal in die hemel **oopgesluit** bly." Matt. 16:19.

Verwyder die bose. Jy moet eers die "sterk man" vasbind - dit is, die gees wat 'n houvas op die persoon het vir wie jy bid. Soek 'n vers wat jy kan bid wat van toepassing is. "Bowendien kan *niemand* in 'n sterk man se huis…ingaan en sy goed vat as hy nie *vooraf* **die sterk man vasbind nie**…" Mark 3:27.

Vervang die bose met die goeie. Dit is baie belangrik! "Wanneer 'n onrein gees uit die mens uitgaan, swerf hy deur dor streke op soek na 'n rusplek. As hy dit nie kry nie, sê hy: '*Ek gaan terug na my huis toe waar ek uitgegaan het.*' Hy kom dan terug en kry dit skoon en aan die kant. Dan gaan haal hy sewe ander geeste, nog slegter as hy self, en hulle trek in en gaan woon daar. Aan die einde is so'n man *slegter daaraan toe as aan die begin.*" Lukas 11:24-26.

As jy faal om te vervang. As jy faal om te vervang wat jy verwyder het, sal dit erger raak as voor jy gebid het. Jy moet altyd die bose met iets goeds vervang. Dit is die rede waarom so baie wat op diëte gaan altyd vetter word. Hulle hou op om al die "slegte kos" te eet of probeer om glad nie te eet nie, maar hulle vervang dit nooit met iets goeds soos gebed, stap, oefening, of om gesonde kos te eet nie. Nog 'n voorbeeld is iemand met 'n baie olierige vel. Hulle skrop dit met seep en sit miskien alkohol op om die olie op te droog. Dan na 'n paar uur is dit olieriger as ooit! Dermatoloë sê jy moet die olie wat jy verwyder het met 'n klein tikkie room vervang.

Vervang die leuens met die Waarheid - die Waarheid wat alleenlik in Sy Woord gevind word. Tensy dit wat jy hoor, wat jy lees en wat aan jou vertel word ooreenstem met die beginsels in God se Woord, IS DIT LEUENS!

Vervang die "arm van die vlees" met die Here. Vervang vertroue in "die arm van die vlees" (jy, 'n vriend, wie ookal) met vertroue in die Here. "Verder nog dit: Soek julle krag in die Here en in Sy groot mag…" Efe. 6:10.

Vervang weghardloop met na Hom toe hardloop! "God is vir ons 'n toevlug, en 'n beskerming; Hy was nog altyd bereid om te help in nood." Ps. 46:2. Hardloop na die boek van Psalms! *Lees die Psalms wat ooreenkom met die datum plus 30 (30,60,90, ens), lees dan die hoofstuk van Spreuke wat ooreenkom met die datum. (bv. op die 5de van die maand sal jy die 5de, 35ste, 65ste, 95ste, 125ste Psalm lees en die 5de hoofstuk van Spreuke). 'n Maklike manier om te onthou is om aan die onderkant* *van die Psalm te skryf waarnatoe om te blaai (bv aan die onderkant van die 6de Psalm sal jy 36 skryf, dan aan die onderkant van 36 sal jy 66 skryf en so aan. Wanneer jy by 126 kom sal jy Spr. 6 skryf). Psalm 119 is gereserveer vir die 31ste dag van die maand.*

Vervang uitroep na ander met uitroep na Hom! Hy belowe Hy sal jou hoor en jou onmiddelik oplig! Maar jy *moet* uitroep! Moenie by jouself dink: "Wel, God het my nie in die verlede gehelp nie!" As Hy nie gehelp het nie is dit eenvoudig omdat jy nie gevra het nie. **"Vra,** *en vir julle sal gegee word*; soek, en julle sal kry; klop, en vir julle sal oopgemaak word, want elkeen wat vra, ontvang; en elkeen wat soek, kry; en vir elkeen wat klop, sal oopgemaak word." Matt. 7:7. Hy is getrou!

Watter "kondisie" word benodig om gehoor te word?

Jou begeertes met Sy wil. Daar is 'n voorwaarde waaraan voldoen moet word voordat ons kry wat ons wil hê. "As julle in My bly en my woorde in julle, vra dan wat julle wil hê, en julle sal dit kry." Joh. 15:7. Wanneer jou hart in Jesus alleen rus en *jou wil* is gesentreerd in *Sy wil*, het jy Hom die Here van jou lewe gemaak. Om Sy wil te ken moet jy Sy Woord ken. Dit is Sy wil dat jou huwelik genees sal word. Hy haat egskeiding en sê dat ons moet versoen, maar Hy het voorwaardes.

Die voorwaardes vir die seëning. Elke belofte wat deur God gegee word, het 'n kondisie vir daardie seëning. Baie wil die seëning gedeelte van 'n Skrifgedeelte eis maar ignoreer die voorwaarde. Jy kan nie die belofte eis en kies om die kondisie te ignoreer nie.

Kondisie - "Glo in die Here Jesus...

           Belofte - en jy sal gered word." Handelinge 16:31.

Kondisie - "Vind jou vreugde in die HERE...

           Belofte - en Hy sal jou gee wat jou hart begeer." Ps. 37:4.

Kondisie- "Gee leiding aan 'n jongmens oor hoe hy moet leef...

Belofte - en hy sal ook as hy al oud is nie daarvan afwyk nie." Spr. 22.6.

Belofte - "…God laat alles ten goede meewerk…

Kondisie – "vir die wat Hom liefhet…"

"…die wat volgens sy besluit geroep is." Rom. 8:28.

Oor wie my Naam uitgeroep is. "…en My volk oor wie **My naam uitgeroep** is, toon berou en bid en vra na my wil en draai terug van hulle bose weë af, sal Ek luister uit die hemel en hulle sonde vergewe en hulle land laat herstel" 2Kro. 7:14. Sodra jy na Hom uitroep, sal Christus se Naam oor jou uitgeroep word. 'n Christen is 'n "volgeling van Christus." Onthou, jy moet een van Sy kinders wees. Praat nou dadelik met Jesus. Vra Hom om jou te vergewe vir jou sondes en jou Redder te wees.

Berou toon (jouself verootmoedig). "…en My volk oor wie **My naam uitgeroep** is, **toon berou** (*hulle verootmoedig, NLV*) en bid en vra na my wil en draai terug van hulle bose weë af, sal Ek luister uit die hemel en hulle sonde vergewe en hulle land laat herstel" 2Kro. 7:14. Eiewillige, hoogmoedige mense verstaan somtyds die Woord sonder die Gees, maar om die gedagtes van God te ken moet ons **berou** toon en op God se Gees wag.

Nederigheid sal getoets word. "…Hy mag jou **nederig** maak, jou **toets**, om te weet *wat in jou hart was*, of jy *Sy gebooie sal gehoorsaam* of nie." Deut. 8:2.

Ootmoed sal jou red. "Wanneer mense *val* en jy vra dat hulle opgetel word, sal God hulle, die **ootmoediges**, *red*." Job 22:29.

Ootmoedigheid sal jou hart versterk. "U het die *gesmeek* van die **hulpeloses** *gehoor*, Here. U gee hulle nuwe *moed*. U *verhoor* hulle gebed…" Ps. 10:17.

Hy leer en lei die nederiges. "Mag Hy die **nederiges** op die regte weg *lei*, en vir die wat **beskeie** is, *sy pad* **leer**." Ps. 25:9NLV.

Die wat verdruk word sal die land besit. "Die wat nou **verdruk** word sal die *land besit* en hulle verlustig in hulle welvaart…" Ps. 37:11.

Nederiges sal verhef word. "Hy het prinse onttroon en **nederiges verhef**." Luk 1:52NLV.

Aan nederiges gee Hy genade. "Maar die genade wat Hy gee, is nog groter. Daarom sê Hy: 'GOD WEERSTAAN HOOGMOEDIGES, MAAR AAN **NEDERIGES** *GEE* HY *GENADE*.'…Onderwerp julle in nederigheid voor die Here, en Hy sal julle verhoog." Jak. 4:6,10.

Nederigheid is gewortel in die gees. "Ten slotte: Wees almal eensgesind, medelydend, liefdevol, goedhartig, **nederig**…" 1Pet. 3:8.

Lewe deur die Gees: As jy met die Heilige Gees vervul is, stel dit jou in staat om deur die Gees te lewe, nie met sonde en vleeslike begeertes nie. Baie kerke is geesdriftiglik "Gees vervuld". In 1 Korintiërs hoofstuk 13 word gesê dat "liefde" beter is as die gawe van spreek in tale. Enige talent of gawe wat ons ontvang kan partykeer veroorsaak dat ons hoogmoedig word. Wanneer jy iemand anders se belangrikheid oordeel of hul geestelikheid meet aan of hulle Gees vervuld is of nie, stel jy jouself op vir die val van hoogmoed. "Moenie *oordeel nie*, en oor julle sal nie *geoordeel* word nie…" Lukas 6:37.

"Ek sal **my Gees** in julle gee en Ek sal *maak* dat julle volgens my *voorskrifte* **leef** en *my bepalings gehoorsaam en nakom*." Ezek. 36:27.

"Laat julle lewe steeds deur die **Gees van God beheers** word, dan sal julle nooit swig voor *begeertes van julle sondige natuur nie*." Gal. 5:16.

Bid. "…en my volk oor wie my Naam uitgeroep is, toon berou **en bid** en vra na my wil en draai terug van hulle bose weë af, sal Ek luister uit die hemel en hulle sonde vergewe en hulle land laat herstel." 2Kro. 7:14. *By 'n "Restore Ministries Home Fellowship," het vrouens gebid dat die baarmoeders van die "vreemde vrouens" by wie hulle mans was, "gesluit" sou word. Almal was gesluit, behalwe een. God het die kind gebruik as die instrument om daardie familie te herstel.* Ons kan altyd op God vertrou om alles ten goede te laat meewerk as "…ons weet dat God alles ten goede laat meewerk vir die wat **Hom liefhet,** die wat volgens **sy besluit** geroep is." Rom. 8:28.

Wag. Baie keer sal die stryd aanhou woed namens jou. Jy moet ook onthou dat daar dalk baie "gevegte" is wat geveg (en gewen) moet word in die oorlog teen jou huwelik. Onthou net; *Wanneer die geveg die Here sin is, is die oorwinning ons sin!* (1Sam. 17:47). Net soos regte oorloë, word al die gevegte nie deur dieselfde kant gewen nie, so moenie moed verloor as jy tekort skiet en foute gemaak het nie. Ons kan troos vind in die wete dat Hy ons onmiddelik hoor - maar daar *is* 'n stryd wat gevoer word. In die boek van Daniël het 'n engel met hom gepraat en ons hierdie insig gegee: "...van die **eerste oomblik** af dat jy jou **ingespan** het om insig te kry en jou voor jou God **verootmoedig** het, *is jou gebede verhoor.* Ek het gekom in antwoord op jou gebede. Die engel van die Persiese ryk het my *een en twintig* dae lank teruggehou." Dan 10. 12-13. Dit kan tyd neem om die gevegte te wen; moenie moeg word nie. "Wat julle betref broers: moenie moeg word om goed te doen nie." 2Tes. 3:13.

Sy tydberekening. Een ding wat jy moet verstaan: Dit lyk of God aan een ding op 'n slag werk. Ons moet *saam* met Hom werk volgens Sy tydsberekening. Dit beteken nie ons moet *wag om te bid* nie; dit beteken net ons moet vir God wag om die situasie op die regte tyd te verander. Dank God dat Hy nie al my sondes (deur oortuiging) op een slag op my gooi nie! Gebruik die tyd terwyl jy wag om te bid. As jy nie hierdie belangrike punt verstaan nie mag jy dalk moeg word en nie in staat om te oorkom nie. "Elkeen wat die **oorwinning** behaal, sal dit *alles* **kry.**" Open. 21:7.

Twee of drie vergader. Vind twee ander vrouens wat saam met jou sal bid. "Maar Moses se arms het begin moeg word. Hulle het toe 'n klip gevat en dit agter hom neergesit sodat hy daarop kon gaan sit. Aäron en Hur het sy arms van weerskante af ondersteun sodat sy arms regop gebly het tot sononder...Solank Moses sy hande opgehou het, was Israel die sterkste, en wanneer sy hande gesak het, die Amalakiete (vyande)." Eks. 17:11-12. Vind **twee** ander *vrouens* om jou op te hou sodat jy nie te moeg raak nie. Bid en vra God om jou te help om **twee** ander vrouens te kry wat eensgesind is.

Die krag van drie. "**Een** alleen kan *oorweldig* word, **twee** saam kan *weerstand* bied. 'n **Driedubbele** tou *breek nie maklik nie*."Pre. 4:12.

Om op te help. "**Twee** vaar *beter* as **een**. Hulle *inspanning kom tot iets*. As die een *val,* kan die *ander hom ophelp*. Maar as een val wat alleen is, is daar niemand om hom op te help nie." Prediker. 4:9-10.

Hy is by jou. "Want waar **twee** of **drie** in my Naam *saam* is, daar is Ek by hulle." Matt. 18:20. "Toe het koning Nebukadnesar verskrik opgespring en vir sy raadgewers gevra: 'Het ons dan nie **drie manne** vasgebind in die oond gegooi nie?' Hy sê toe: 'Maar ek sien dan **vier manne** vry en ongedeerd rondbeweeg in die vuur, en die **vierde** lyk soos 'n *hemelwese*!'" Dan 3:24-25. Jy is nooit alleen nie!

Saamstem. "Verder verseker Ek julle: As **twee** van julle op aarde oor **enige saak** *saamstem* en daaroor bid, sal my Vader wat in die hemel is, hulle dit laat kry." Matt. 18:19. Wanneer jy worstel om vrede te kry oor iets, bel iemand wat by jou staan en bid in ooreenstemming.

Tree in die bres. "Ek het iemand tussen hulle gesoek wat 'n muur sou bou en vir die stad **in die bres** sou **tree** dat dit nie vernietig word nie, maar Ek het *niemand gekry nie.*" Eseg. 22:30.

Bid vir mekaar. "Bely julle sondes eerlik teenoor mekaar en *bid vir mekaar*, sodat julle gesond kan word. Die gebed van 'n gelowige het 'n kragtige uitwerking." Jak. 5:16. Om teenoor 'n eendersdenkende vrou te bely, is die beste manier om 'n suiwer hart te kry.

Doen jou belydenis. Esra het geweet wat om te doen as hy gebid het. "Terwyl Esra voor die tempel gekniel en gebid en **belydenis gedoen** het, hy het gehuil…" Esra 10:1.

En vra na My wil. "…en my volk oor wie my Naam uitgeroep is, toon berou en bid en **vra na my wil** en draai terug van hulle bose weë af, sal Ek luister uit die hemel en hulle sonde vergewe en hulle land laat herstel." 2Kro. 7:14.

"Die wat swaar kry, **sien op na Hom** en **straal** van blydskap." Ps. 34:6.

"Soek hulp en beskerming by die Here, soek *gedurig* **sy teenwoordigheid**." 1Kro. 16:11.

"…**en vra na my wil**; In hulle nood sal hulle my *hulp kom vra*." Hosea 5:15.

En draai terug van hulle bose weë. "…en my volk oor wie my Naam uitgeroep is, toon berou en bid en vra na my wil **en draai terug van hulle bose weë** af, sal Ek luister uit die hemel en hulle sonde vergewe en hulle land laat herstel." 2Kro. 7:14. Die Skrif is nie net vir die kop nie; dit is ook vir die hart en die wil. Om die volle impak van die Skrif te kry, moet ons ons lewe en wil oorgee aan die leiding van die Heilige Gees. Ons moet gewillig wees om oor gemaak te word.

Vir wie hoor die Here? Wie red die Here? "Die HERE sorg vir die **regverdiges** en *luister* na hulle **hulpgeroep**." Ps. 34:16. "As die **regverdiges** om hulp roep, *hoor* die HERE hulle en red Hy hulle uit al **hulle benoudhede**." Ps. 34:18.

Wie sal Hy nie antwoord nie? Wanneer jy in sonde is, sal Hy nie antwoord nie, selfs al roep jy tot Hom. "Wanneer hulle tot die HERE roep, sal *Hy hulle nie antwoord nie*. Dan sal Hy Hom nie aan hulle openbaar nie, want hulle het **verkeerd gehandel**." Miga 3:4.

Almal het gesondig. Ons almal het gesondig en kom nie naby die glorie van God nie, maar God het sy Seun gestuur. "Daarom het God sy Dienaar na die wêreld toe laat kom en **Hom** heel eerste na julle toe *gestuur* om vir julle tot 'n seën te wees deur elkeen van julle van sy **verkeerde paaie** af *terug te bring*." Hand 3:26.

Gehoorsaamheid is beter as offererande. "Nee, **gehoorsaamheid is beter as offerande**, om te luister is beter as die vet van ramme. Weerspannigheid is net so erg as die sonde van waarsêery; eiesinnigheid net so erg as die bedrog van afgodery." 1Sam 15:22. Weet jy wat die regte ding is om te doen, en tog doen jy dit nie? Wees gehoorsaam! "As iemand weet wat die regte ding is om te doen en hy doen dit nie, is dit sonde." Jak. 4:17.

Begin deur Psalm 51: 4-6 te bid. "Was my skoon van my skuld, reinig my van my sonde! Ja my oortredings ken ek en van my sonde bly ek altyd bewus. Teen U alleen het ek gesondig, ek het gedoen wat verkeerd is in u oë, U uitspraak is dus reg en u oordeel regverdig."

Wanneer hou jy op om te bid? Nooit! Ons het 'n wonderlike voorbeeld van die feit dat God nie altyd "nee" bedoel wanneer ons onbeantwoorde gebede het nie. Lees Matt. 15:22 om te sien hoe die Kanaäniete vrou aangehou het om Jesus te smeek vir haar dogter se genesing. Die resultaat van haar geloof: "'…Mevrou,' sê Jesus vir haar, '**jou geloof is groot**. Jou wens word vervul.' Van daardie oomblik af was die dogter gesond."

Hou aan. Wanneer ons bid vir iets wat ons seker is is in God se wil, maar dit lyk asof Hy ons nie gehoor het nie of Hy het, wat ons dink is "Nee" gesê, mag Hy dalk bedoel dat ons moet aanhou vra, wag, smeek, vas, glo, huil en onsself en ons siele neerwerp voor Hom!

Die stryd vir sy siel. Is julle onder 'n ongelyke juk? Vrouens, is die regte stryd in jou huis 'n stryd vir jou man se siel? Is julle onder 'n ongelyke juk? Luister na hierdie aanhaling uit die boek "*Prayer, Asking and Receiving*" deur John Rice. "As 'n Christen vrou uit-en-uit vir God is…kan sy haar man gouer wen as iemand anders. Bid hierdie eenvoudige gebed van belydenis. Bedoel dit vanuit jou siel. Erken in hierdie woorde, jou mislukkings, jou onvrugbaarheid, jou oppervlakigheid as 'n Christen, jou tekort om vrugte te dra. Bid dit nou in jou hart. Ek versoek jou vandag, gaan smeek vir dit, pleit daarvoor, met belydenis, met trane, met 'n siel in barensnood, totdat God uit die Hemel antwoord." Onthou jy het 'n belofte dat "…jy gered sal word, jy en jou hele huisgesin.**" Hand 11:14. Onthou 'n man word **aanneemlik deur sy gelowige vrou.** "Die ongelowige man is by God *aanneemlik deur die band met die gelowige vrou*…Jy, vrou, weet immers nie of jy jou man sal red nie." 1Kor 7:14-17.

Trane, roep uit, huil. Hieronder is Bybel verse wat jou sal help verstaan dat absolute opregtheid nodig is as jy na God toe uitroep (veral vir ons mans se redding of vir 'n moeilike of stukkende huwelik). Soos wat jy deur die verse lees, merk die wat jou hart aanraak en memoriseer hulle gedurende jou gebeds tyd op jou knieë voor die Here. Daar word vir ons gesê om te bid en na Hom toe uit te roep.

"Ek is *uitgeput van verdriet;* ek huil die *hele nag* deur, ek deurweek my bed met **trane.**" Ps. 6:7.

"*Dag en nag* is ek in **trane**, want sonder ophou sê hulle vir my…" Ps. 42:4.

"U het op my **trane** gelet. In *u boek* staan hulle opgeteken." Ps. 56:9.

"Wie met **trane** saai, sal die oes met gejuig inbring." Ps. 126:5.

Haar trane. Jesus het Maria Magdalena geprys oor haar trane. "…en gaan staan agter Jesus by sy voete en huil, sodat *haar **trane*** op *sy voete* begin drup het. Daarna het sy *Sy voete* met haar hare afgedroog, hulle gesoen en met die reukolie gesalf." Lukas 7:38, 44.

Roep al die klaagvroue. Vrouens was eintlik geroep, in tye van nood, sodat hulle namens iemand anders, na God toe uitgeroep het! "So sê die Here die Almagtige: Luister goed! Roep al die **klaagvroue** dat hulle kom, laat kom die vroue wat weet hoe om **klaagliedere** te sing…**Leer julle dogters…om te kla**" Jer. 9:17-20. "Maar nou sê die Here: 'Kom met julle hele hart terug na My toe, vas, **huil** en **treur!**'" Joël 2:12.

Na wie toe roep ons uit? Dit lyk asof mans ons trane haat. Somtyds hou hulle hulle afstand want hulle weet nie wat om met 'n vrou te doen wat huil nie, of omdat die vrou haar trane gebruik het om hulle te manipuleer. Maar die rede vir ons mans se afsydigheid teenoor ons trane kan, by tye, wees omdat God 'n jaloerse God is en daai trane aan Hom behoort. "Dan sal jy roep, en die HERE sal antwoord, **jy sal** om hulp **roep,** en Hy sal sê: 'Hier is ek.'" Jesaja. 58:9. "*Moenie ophou* om die HERE ons God vir ons om **hulp te smeek** nie…" 1Sam. 7:8. Dit mag lank vat voor jy die oorwinning in die vlees sien manifesteer, maar jy moet aanhou hoop in die dinge wat *nie gesien* kan word nie. Glo in God. Huil slegs by Hom. Hy het die mag om dinge te verander.

Geloof. Lees oor verskillende moeilike situasies in die Bybel en identifiseer jou situasie met hulle. Om van sy groot krag te leer, lees hoe Jesus die golwe stil gemaak het. Om te weet dat Hy so baie kan doen met so min, lees hoe hy vyf duisend mense gevoer het met vyf gars brode en twee klein vissies. Sodat jy nooit sal twyfel in Sy genade vir jou en jou situasie, lees hoe Jesus die melaatses genees het, siekes gesond gemaak het, die oê van blindes oopgemaak het en die gevalle vrou vergewe het. Kom ons kyk na 'n paar getroue mans wat groot uithouvermoë gedurende hulle beproewings en proefnemings gehad het.

Petrus, 'n voorbeeld van geloof. Lees die verhaal van Petrus in Mattheus 14, begin by vers 22. Jesus het Petrus gevra om op die water te loop. As Hy jou vra om op water te loop, gaan jy uit die boot klim? Kyk: wanneer Petrus na Jesus uitroep, word dit altyd gevolg met die woord *onmiddelik.* Onmiddelik het Jesus met hulle gepraat en vir hulle gesê om moed te hou. En dan later wanneer Petrus begin sink, roep hy uit na die Here toe en "onmiddelik het Jesus sy hand uitgestrek en hom beet gekry!" Matt. 14:31.

Vrees. 'n Vraag wat ons onsself moet vra is , "Hoekom het Petrus gesink?" "Maar toe Petrus sien hoe sterk die wind is, het hy bang geword." Matt. 14:30. As jy na die situasie kyk en die stryd wat teen jou woed, sal jy sink! Petrus het sy oê van die Here af geneem en die resultaat was vrees! Dit sê "hy het bang geword." As jy jou oê van die Here af neem, sal jy ook bang word.

Jou getuienis. Hoe het die ander in die boot reageer? (Het jy vergeet dat daar ander was wat nie uit die boot geklim het nie?) Dit sê, "Die manne in die skuit het voor Jesus gekniel en gesê: 'U is waarlik die Seun van God'" Matt. 14:33. Is jy gewillig om toe te laat dat God jou gebruik om Sy goedheid te wys, Sy liefdevolle goedheid, Sy beskerming, om ander na Hom toe te trek? Daar is 'n groot beloning! Dit is evangelisasie. Ander sal na jou toe kom wanneer hulle moeilikheid het omdat hulle jou vrede sien, ondanks jou omstandighede.

Die wind het gaan lê. "Hulle het toe in die skuit geklim, en die wind het gaan lê." Matt. 14:32. Jou stryd sal nie vir altyd aanhou nie. Hierdie toets was nodig om Petrus sterk genoeg te maak om die "rots" te wees waarvan Jesus gepraat het. Satan (en ander wat vir hom werk) sal jou vertel dat jy in jou beproewing sal bly tensy jy weghardloop, ingee of opgee. God se plan is nie dat ons in die "donker dieptes sal bly nie." In Ps. 23:4 sê dit dat al gaan ek "*deur* donker dieptes." Satan wil hê ons moet dink dat God wil hê dat ons daar *moet bly*! Hy wil 'n 'hopelose' prentjie skilder! God is ons hoop. En ons hoop is ons geloof in Sy Woord wat in ons harte gesaai is.

Abraham. 'n Tweede voorbeeld is toe Abraham omtrent 90 jaar oud was en steeds sonder die kind was wat God hom beloof het, "Hy het gehoop toe daar geen hoop meer was nie." Rom. 4:18. Is dit nie goed nie? Selfs toe daar geen hoop meer was nie, het hy aangehou om in God te glo en in Sy Woord. Ons moet dieselfde doen.

As jy 'n tekort aan geloof het. As jy 'n tekort aan geloof het vra vir God. Daar is selfs 'n styd vir jou geloof. "In die **goeie wedloop van die geloof**..." 1Tim. 6:12. "Ek het die **goeie wedloop** afgelê; ek het die wenstreep bereik; ek het **gelowig** end-uit volgehou." 2Tim. 4:7. Sonder die mense se geloof het selfs Jesus minder krag gehad. "En Hy (Jesus) kon **geen wonderwerk doen** nie behalwe dat Hy sy hande op 'n paar siekes gelê het en hulle gesond gemaak het. Hy was verbaas oor hulle **ongeloof**." Markus 6:5. Tree op volgens die geloof wat jy het. "'Omdat julle geloof te klein is,' sê Hy vir hulle. 'Dit verseker Ek julle: As julle maar **geloof het so groot soos 'n mosterdsaadjie,** sal julle vir hierdie berg sê: 'Gaan staan daar anderkant!' en hy sal gaan. *Niks* sal vir julle onmoontlik wees nie.'" Matt 17:20

Nabootsers van geloof. Ons moet die mense in die Bybel, wat geloof gehad het, naboots, dit sal ons goed doen, (jy kan die Geloofsvoorbeelde in Hebreërs, hoofstuk 11 vind). Ons moet optree volgens God se beloftes deur "...die voorbeeld **na te volg** van die wat deur **geloof en geduld** *deel gekry* het aan die *dinge wat God beloof het*." Heb. 6:12. Daar is baie vrouens wat die beginsels in hierdie werkboek gevolg het en oorwinning gehad het oor 'n moeilike of self gebroke huwelik. Sommige van hulle getuienis is aan die einde van die les om jou in jou geloof aan te moedig. Soos wat die liedjie sê "What He's done for others, He'll do for you!"

Dubbelhartig en twyfelagtig. Jy moet nie dubbelhartig wees nie. Jou verstand moenie wankel of in God twyfel nie. "Maar 'n mens moet **gelowig bid** en *nie twyfel nie,* want iemand wat twyfel, is soos 'n brander in die see wat deur die wind aangejaag en heen en weer gedryf word. So 'n mens wat altyd aan die twyfel is en *onbestendig is in al sy doen en late*, moet nie dink dat hy iets van die Here sal ontvang nie." Jak.1:6-8. "Al u bepalings wil ek een vir een opnoem." Ps. 119:13. As jy sukkel met dubbelhartigheid moet jy God se Woord (die Waarheid) lees en daaroor mediteer. Jy moet jouself afsonder van mense wat vir jou iets sê wat teenstrydig is met dit waarvoor jy staan. En praat altyd die "Waarheid".

Geloof sonder dade. "Maar iemand kan miskien sê, 'Die een het die geloof en die ander het die dade. Goed wys dan vir my jou geloof wat sonder dade is, en ek sal jou *my geloof wys uit my dade.*'" Jak.2:18. Wys ander dat jy geloof het deur jou dade. As jy glo dat jou man die geestelike leier en priester van jou huis gaan wees, tree dan so op. As jy glo hy gaan 'n goeie voorsiener wees, praat dan so oor hom en met hom. "*Jou dwaas*, wil jy 'n bewys hê dat **geloof sonder dade nutteloos is**?" Jak 2:20. As jy glo dat dit waarvoor jy bid gaan gebeur, behandel dan die persoon asof hulle verander het! As jy glo jou man sal 'n Christen word, tree dan so op.

Dinge wat ons nie sien nie. Baie mag jou dalk vra of jy enige verandering kan *sien*. Deel hierdie Verse met hulle. "Om te **glo,** is om seker te wees van die dinge wat ons **hoop**, om oortuig te wees van die *dinge wat ons nie sien nie.*" Heb. 11:1 "...want ons lewe deur geloof, nie deur sien nie..." 2Kor. 5:7. **Bly standvastig in jou geloof.** Herinner jouself aan die wat oorkom het en die oorvloedige lewe gekry het wat God belowe het. "Bly **standvastig in die geloof** en staan hom teë. En moenie vergeet nie: dwarsdeur die wêreld moet julle medegelowigs **dieselfde** soort **lyding** verduur." 1Pet. 5:9.

Die Woord. Hoe kan ons geloof verkry, of ons geloof vermeerder? "Die **geloof kom** dus *deur* die prediking wat 'n mens *hoor,* en die prediking wat ons hoor, is die *verkondiging van Christus.*" Rom. 10:17. Lees Sy Woord en die getuienis van ander. Omring jouself met getroue *vroue* wat saam jou kan staan. Die wat gestaan het vir wat die Skrif sê in die middel van teenspoed sal jou leer en jou ophou. Die beste ding wat jy kan doen as jy voel jou geloof raak op, is om die bietjie wat jy oorhet, weg te gee. Bel iemand wat jy kan aanvoel bemoediging nodig het, en gee haar die res van jou geloof. Jy sal die telefoon neersit en verheug wees omdat God jou geloof sal opvul.

Gehoorsaamheid. Moenie vergeet dat gehoorsaamheid aan God van kardinale belang is om die oorwinning te behaal. Moenie vergeet wat Jesus gesê het nie: "Nie elkeen wat vir My sê: 'Here, Here,' sal in die koninkryk van die hemel ingaan nie, maar net hy wat die wil doen van my Vader wat in die hemel is. Dan sal Ek openlik vir hulle sê: 'Ek het julle nooit geken nie. GAAN WEG VAN MY AF, JULLE WAT DIE WET VAN GOD OORTREE.'" Matt. 7:21, 23.

In God se wil. As jou hart jou oortuig dat jy nie in God se wil is nie, dat jy nie sy gebooies onderhou nie en dat jy nie vir dinge vra volgens Sy wil nie, dan sal jy natuurlik geen vertroue hê nie, geen geloof om jou versoek van die Here te ontvang nie. Vra God om jou voetstappe te rig en om jou wil te verander na Sy wil. "…Maar nogtans nie doen wat Ek wil nie , maar wat U wil." Markus 14:36.

Gebed *en* vas. Jesus het vir die apostels gesê, "Maar hierdie geslag gaan nie uit *behalwe* deur **gebed en vas** nie" Matt. 17:21 AFR53. As jy vurig gebid het en jou weë gesuiwer het, dan kan vas nodig wees. Daar is verkillende lengtes van vas.

Drie-dae vas. Ester het "vir guns" van haar man, die koning gevas. Sy het vir 3 dae gevas "vir guns". "Gaan maak al die Jode wat in Susan is, bymekaar en **vas** ter wille van my. Julle moet *drie dae*, dag en nag, niks eet en drink nie. Ek en my kameerpersoneel sal ook **vas**." Ester. 4:16. Hierdie vas (of die 7 dae vas) het nog 'n voordeel. Die wat twisgierig is of nie kan ophou praat nie, sal te swak word om te praat. Daarom sal jy leer om nie te argumenteer nie, en jy sal stiller word.

Een-dag vas. Die een dag vas begin in die aand na aandete. Jy drink net water totdat die 24-uur periode verby is; dan eet jy die volgende dag se aandete. Jy vas en bid gedurende hierdie tyd vir jou petisie. Die vas kan 'n paar keer 'n week gedoen word.

Sewe-dag vas. Daar is 'n vas wat vir 7 dae aanhou. Dit wil voorkom asof sewe dae voltooiing voorstel. "By die aanhoor van die woorde het ek gaan sit en gehuil en **dae lank** getreur. Ek het **gevas en** tot die God van die hemel **gebid**." Neh. 1:4. Gewoonlik is dit gedurende groot smart dat jy "geroep" word om vir sewe dae te vas. Wanneer jy honger of swak is, gebruik daardie tyd vir gebed en om Sy Woord te lees. "My knieë **knak al soos ek gevas het**, my liggaam is uitgeteer en maer." Ps. 109:24.

'n Somber gesig. Bly so stil as moontlik oor jou vas. Gedurende die vas, moet jy stil wees, nooit kla of aandag trek nie. "As julle **vas,** moet julle nie soos *skynheiliges* met **lang gesigte** rondloop nie. Hulle mismaak hulle gesigte *sodat die mense kan sien* hulle vas. Dit verseker Ek julle: Hulle het hulle *beloning klaar weg.* Nee, as jy vas, versorg jou hare en was jou gesig *sodat niemand kan sien dat jy vas nie*, behalwe jou Vader wat jy nie kan sien nie. *Jou Vader wat sien wat verborge is, sal jou beloon.*" Matt. 6:16-18.

Die Here sal die stryd stry. Staan en kyk! Sodra jy weet dat jy gebid het volgens wat ons deur die Skrif gelees het, doen dan soos dit sê - "Julle hoef nie te *veg* nie, neem net posisie in en *staan en kyk* na die oorwinning van die Here vir julle onthalwe." 2Kron. 20:17.

Niemand moet op homself trots wees nie.   God sê ons is 'n hardkoppige volk. Wanneer die stryd oorwin is of wanneer die oorlog verby is, laat ons net op Hom trots wees. Laat ons nederig bly. "Julle is inderdaad uit genade gered, deur geloof. Hierdie redding kom nie uit julleself nie; dit is 'n **gawe van God**. Dit kom nie deur julle eie verdienste nie, en daarom het *niemand enige rede om op homself trots te wees nie.*" Efe. 2:8-9. "Wanneer die Here jou God hulle verdryf het, moet jy nie sê: 'Die Here het my hierdie land in besit laat neem omdat ek **volmaak** is' nie, want die Here het hierdie nasies verdryf *omdat hulle so goddeloos is.* Dit is nie omdat jy volmaak en **opreg** is dat jy sal ingaan om hierdie land in besit te neem nie. *Omdat hierdie nasies so goddeloos* is,…Jy is 'n **hardkoppige volk.**" Deut. 9:4-7. Almal het gesondig en kom nie naby die glorie van God nie, so laat ons onthou wanneer die stryd gewen is, is ons geregtigheid niks anders as vuil klere nie.

Intensiteit van jou beproewings is 'n teken dat jy na aan die oorwinning is. Jou beproewings mag vererger wanneer jy na aan die oorwinning is. "Daarom, hemel en die wat daarin bly, **verheug** julle. Maar vir julle, land en see, wag daar ellende omdat die duiwel na julle toe gekom het met groot woede en met die *wete* dat hy **min tyd** het." Open. 12:12. **Kom ons begin ons verbintenis deur Sy Woord te bid…**

"Liewe Hemelse Vader, ek gaan in my bid kamer in, en noudat ek die deur toegemaak het, bid ek tot U, My Vader, in die geheim. Soos U my hier in die geheim sien, sal U my openlik vergoed. Daar word geskryf dat 'as julle glo, sal julle alles ontvang wat julle in gebed vra.' (Matt. 21:22) O God, U is my God; Vroeg sal ek na U soek, my siel verlang na U in die droeë en dorstige land waar geen water is nie. Here daar is niemand anders as U wat kan help in die stryd van die kragtige teen die wat geen krag het nie; help ons, O Here ons God, want ons vertrou op U, en in U naam kom ons teen die oormag. O Here, U is my God; laat geen mens teen U seëvier nie. U oeë is oral op die aarde sodat U dié kan help wat met hulle hele hart op U vertrou. Deursoek my hart.

Ons leef in 'n menslike liggaam, maar ons voer nie die stryd met menslike wapens nie. Die wapens van ons stryd is nie die wapens van die mens nie, maar die kragtige wapens van God wat vestings kan vernietig. Daarmee vernietig ons die redenasies en elke hooghartige aanval wat teen die kennis van God gerig word. Ons neem elke gedagte gevange om dit aan Christus gehoorsaam te maak. Ons is ook gereed om met elke ongehoorsaamheid af te reken sodra julle eie gehoorsaamheid volkome is.

O maak 'n einde aan die boosheid van die goddelose, maar ondersteun die regverdiges. Vir slegte tyding is ek nie bang nie, ek is gerus, ek vertrou op die Here. Ek voel veilig en is sonder vrees en sien die neerlaag van my vyand. Laat my man se fontein geseënd wees en laat hy verheug wees oor sy eie vrou. Laat ek, liewe Here, so vol liefde, so mooi soos 'n takbok, soos 'n ribbok wees; laat my skoonheid veral innerlik wees: blywende beskeidenheid en 'n gemoed wat kalm en rustig is, want dit is vir U kosbaar. 'n Mens se lewe lê oop voor die Here, elke tree wat jy gee, sien Hy.

Dit verseker Ek julle: Wat julle ook al op die aarde toesluit, sal in die hemel toegesluit bly; en wat julle ook al op die aarde oopsluit, sal in die hemel oopgesluit bly. Ek vra U, Hemelse Vader, om Satan te bestraf en te bind in die naam en deur die bloed van my Here Jesus Christus. Versper sy pad met doringtakke en kamp hom af sodat hy nie sy planne kan uitvoer nie. Die Here het vir my gesê: 'Gaan knoop weer 'n liefdesverhouding aan met 'n man wat vir ander vrouens lief is en egbreuk pleeg.' Daarom sal ek mooi met hom praat. Daarom sal 'n man sy vader en moeder verlaat en saam met sy vrou lewe, en hulle sal een word.

Toe daar geen hoop meer was nie, het Abraham nog gehoop en geglo. Hy het nie in ongeloof begin twyfel aan die belofte van God nie, maar hy is in sy geloof versterk en het aan God die eer gegee. Hy was ook ten volle daarvan oortuig dat God mag het om te doen wat Hy beloof het. Ons is immers gered, en ons het nou hierdie hoop. Wat 'n mens al reeds sien, hoop jy tog nie meer voor nie. Wie hoop nog op wat hy reeds sien? Maar as ons hoop op wat ons nie sien nie, wag ons daarop met volharding. As ek darem nie geglo het dat ek die goedheid van die Here sal sien in die land van die lewendes nie! Vertrou op die Here! Wees sterk en hou goeie moed! Ja, vertrou op die Here. Maar die wat op die Here vertrou, kry nuwe krag. Hulle vlieg met arendsvlerke, hulle hardloop en word nie moeg nie, hulle loop en raak nie afgemat nie. Van ouds af het niemand so iets gehoor nie, het niemand so iets verneem nie, het geen oog 'n God gesien wat vir die wat op hom vertrou, doen wat U doen nie. U goedheid en liefde sal my hele lewe lank by my bly en ek sal tuis wees in die huis van die Here tot in lengte van dae. Amen"

Persoonlike verbintenis: Om eerder in gebed met ons Vader te praat as om vinnig met ons mans te praat. "Gebaseer op wat ek uit God se Woord geleer het, verbind ek myself daartoe om God toe te laat om my man deur Sy Heilige Gees te verander. Ek sal eerder my begeertes en bekommernisse in gebed opdra deur die Woord te bid. Ek verstaan dat die enigste manier om my man na geregtigheid te wen, 'sonder 'n woord' is en deur my eerbiedige en nederige gees"

Datum:_____Geteken:_____

'n Twisgierige Vrou

"Die gedrup uit 'n dak wat lek op 'n reëndag,
so is 'n vrou wat aanhou kyf.
Wie haar probeer keer, kan net so wel
die wind probeer keer
of olie met sy hand probeer vashou."
Spreuke 27:15-16.

Vra jouself, "Is ek 'n twisgierige vrou?"

Miskien is daardie vraag moeilik om te antwoord omdat jy nie presies seker is wat 'n twisgierige vrou is nie. As ons in die Strong's Concordance kyk, beteken die woord twisgierig (contention) "midyan" (mid-yawn) wat beteken **'n geskil, argumenteer, onmin, of 'n bakleierige gees.**

Is jou gesprekke met jou man gewoonlik of baie keer 'n **kompetisie** om te sien wie sal wen of sy of haar sin kry? Wen jy meeste van die tyd? *Ek erken dat ek 'n twisgierige vrou was en dat ek dikwels gewen het - of miskien meeste van die tyd. Maar, eintlik, het ek verloor! Ek het my man verloor en die familie wat ons gehad het.* God waarsku ons in Sy Woord oor die twisgierige vrou. Die Bybel sê dat ons onder gaan omdat ons nie wysheid besit nie (Hosea 4:6). Is jy bewus van God se waarskuwings?

Staak die getwis. Laat my hierdie vraag vra: **Argumenteer** jy ooit met jou man? "Om rusie te begin, is om 'n damwal te breek; **staak liewer die getwis** voor die vloed jou tref." Spr. 17:14. Tog sê die wêreld, en die sogenaamde huweliks deskundiges, vir ons dat 'n goeie argument eintlik goed is vir die huwelik - moet dit nie glo nie!

Vol kos met 'n getwis. Is daar **twis** in jou huis? "Liewer 'n stukkie droë brood met vrede daarby as 'n huis **vol kos met 'n getwis** daarby." Spr. 17:1. Is jy die vrou met blywende beskeidenheid en kalmte van gees,

.

waarvan in 1Pet. 3:4 gepraat word, wat by God groot waarde het? Of is jy 'n twisgierige vrou? Is jou kinders respekvol en gehoorsaam? Of is jou kinders lawaaierig en weerbarstig? Moeders, hulle kyk na jou voorbeeld. (Sien les 15 "Jou ma se Leringe" want "My volk gaan onder omdat hulle nie aan My toegewy is nie. Omdat jy die wil van God verwerp het…" Hosea 4: 6.

Het jy 'n gees wat wil rusie maak? "Moet jou nie met dwase en sinlose *strydvrae* inlaat nie, want jy weet tog dat dit net **rusies** veroorsaak. 'n Dienaar van die Here moenie **rusie** maak nie. Inteendeel, hy moet vriendelik wees teenoor almal, bekwaam om ander te leer en iemand wat onreg kan dra." 2 Tim. 2:23. Is jy 'n "ek weet alles?" Het jy dwars opmerkings vir baie van die dinge wat jou man sê? God sê ons moet, "As iemand 'n regsaak teen jou begin, kom betyds tot 'n skikking solank jy nog saam met hom op pad hof toe is, sodat hy jou nie voor die regter bring en die regter jou aan die polisie oorgee en die jou in die tronk sit nie." Matt. 5:25. *Pas op vir die skei hof!*

Is jy teëpraterig? "Die slawe moet in alles aan hulle eienaars onderdanig wees en hulle tevrede stel. Hulle moet nie teëpraat nie." Titus 2:9. Is jy Jesus se slaaf? Het jy jou gekoop met 'n prys? Dan is jy dit aan **Hom** verskuldig om nie teë te praat nie.

Noudat ons verstaan wat dit beteken om twisgierig te wees, kom ons kyk wat God daaroor sê. God noem 5 keer in Sy Woord hoe aaklig 'n twisgierige vrou is.

Gedrup van 'n dak. Het jy al ooit 'n druppende kraan gehad wat jou mal maak? "die **gekyf** van 'n **vrou** is soos die **gedrup van 'n dak wat lek**." Spr. 19:13. Somtyds verg dit iemand om aandag te vestig op die drup (miskien 'n vriend of jou skoonpa) vir jou man om ag te slaan op die gedrup, maar sodra hy het, sal dit al wees wat hy hoor!

Bo-op 'n dak. Het jy al ooit gewonder hoekom mans uit hulle huise trek en, baie keer, saam met 'n prostituut intrek? "Liewer **bo-op 'n dak** *woon* as saam met 'n **twisgierige vrou** onder een dak." Spr. 21:9.

In 'n woestyn. Weer, 'n man sal liewer sonder water in die hitte van 'n woestyn bly as saam met 'n vrou wat hom en sy outoriteit uitdaag.

"Liewer in 'n **woestyn** woon as by 'n **twisgierige vrou** wat aanhou neul." Spr.21:19.

Weer, bo-op 'n dak bly. God is so onwrikbaar oor hierdie vers dat Hy dit herhaal. Luister jy? "Liewer **bo-op 'n dak** *woon* as saam met 'n **twisgierige vrou.**" Spr. 25:24.

Wie kan haar probeer keer? Hier, vertel God ons weer van die gedrup van 'n twisgierige vrou. Kan jy jou voorstel hoe dit uiteindelik 'n dak sal word wat lek, en veroorsaak dat die persoon uiteindelik uittrek? Maar hoekom maak die man nie net die dak reg nie? Omdat God sê dit is onmoontlik. Dit is soos om die wind te keer of olie met jou hand te probeer vashou. "Die *gedrup* uit 'n dak wat lek op 'n reëndag, so is 'n **vrou wat aanhou kyf. Wie haar probeer keer**, kan net so wel die wind probeer keer of olie met sy hand probeer vashou." Spr. 27:15-16. Onmoontlik!

Soos wat ons duidelik kan sien, om saam met 'n twisgierige vrou te lewe is niks minder as 'n nagmerrie nie, nie net vir ons mans nie maar ook vir ons kinders. Kom ons bid en vra God se vergifnis. Kom ons bid ook vir sy genade om vroue te word met blywende beskeidenheid en stilheid van gees wat aanneemlik vir God sowel as vir ons mans sal wees.

Skinder

Hy pluk die vrugte van haar werk. Nog 'n manier wat ons ons mans se vertroue kan verloor is deur oor hom met ander te praat. "Haar man steun op haar en **pluk die vrugte van haar werk.**" Spr. 31:11.

Iemand wat skinder, bring verwydering tussen vriende. Het jy vir ander van jou man se swakhede vertel? Of, het jy vir ander iets vertel wat hy vir jou in vertroue vertel het? Onthou dat, "iemand wat *skinder*, **bring verwydering tussen vriende.**" Spr. 16:28.

Iemand wat loop en skinder lap geheime uit. Een van die mees algemene strikke waarin vrouens val is om oor die telefoon te skinder. Gehoorsaam God se gebooie: "Iemand wat loop en *skinder* **lap geheime uit,** bly weg van iemand wat baie praat." Spr. 20:;19. Die Griekse woord vir 'n skindertong in die Strong's Concordance is *rakiyl* (raw-keel) wat beteken om te skinder, om stories aan te dra, 'n nuusdraer. *Ek het 'n vriendin gehad wat met my "gebeds bekommernisse" gedeel het wat niks anders as skinder was nie. Ek moes haar vertel het dat, agv **my** swakheid, ons nie meer die vriendinne kon wees wat ons was nie.*

Wil ek uitwis. Volgens God se beskrywing van 'n verworpeling in die boek van Romeine, word 'n **lasteraar** gelys saam met 'n skinderbek. (Rom. 1:29-32.) Ander mag dalk nie weet dat jy 'n skinderbek is wat ander laster nie, maar dit sê "Wie *sy* naaste beskinder **wil ek uitwis.**" Ps. 101:5.

Wie skinderstories versprei is 'n dwaas. Jy hoef nie in besonderhede in te gaan om 'n gebeds versoek te deel nie - moenie 'n dwaas wees nie. "wie **skinderstories versprei is 'n dwaas.**" Spr. 10:18.

Lastering moet van julle verwyder word. Kom ons verwyder hierdie tipe gespreke van ons. "Alle bitterheid en woede en toorn en geskreeu en **lastering** moet van julle verwyder word, saam met alle boosheid" Efe. 4:31 Afr53.

Een wat haar man in die skande steek. Jy mag vind soos jy ontslae raak van hierdie tipe "deel", dat jy niks het om vir jou vriende te sê nie. As jy in die versoeking kom om weer terug te gaan na jou ou maniere, sal God getrou wees om jou te leer om eerder op te bou as om jou man in die skande te steek. "'n Knap vrou gee haar man hoë aansien; een wat haar man in die **skande steek**, is vir hom soos *vretende kanker*." Spr. 12:4.

Moet **nooit** oor jou man in 'n negatiewe manier praat nie of sy geheime uitlap nie.

God sê vir ons:

Dat ons hom van sy naaste vriende sal verwyder.

Dat niemand met ons moet assosieer nie – veral nie ander Christene nie.

Skinder is 'n eienskap van 'n verworpene!

God *sal* ons vernietig!

Dat ons dwaas optree.

Sing onder mekaar psalms. In plaas daarvan, laat ons met hierdie gedrag ophou en praat "...en sing onder mekaar psalms, lofgesange en ander geestelike liedere; sing met julle hele hart tot eer van die Here." Efe. 5:19.

Waar Begin Ons?

Vanaand, wanneer jou man huistoe kom, gaan vra hom om vergifnis vir jou twisgierigheid. Moet nie aan en aan gaan met jou "klein toesprakie" nie; sê net kortliks vir hom dat God jou skuldig laat voel het oor jy luidrugtig en teëpraterig is, en, met die Here se hulp, bid jy vir verandering. Gee hom 'n soen en verlaat die kamer! Dan, verduidelik aan jou kinders hoe God jou gaan help om te verander.

Maak vrede. As jy nie "gelei" voel om dinge reg te maak nie, moenie weer terug gaan kerk toe nie. "'As jy dus jou gawe na die altaar toe bring en dit jou daar byval dat jou broer iets teen jou het, laat staan jou gawe daar by die altaar en gaan maak *eers* vrede met jou broer en kom dan en bring jou gawe.'" Matt. 5:23-24.

Genade aan die nederiges. Wees ook seker dat jy nederig is; moenie te trots wees om te erken dat jy n' twisgeirige vrou is nie. "God weerstaan die hoogmoediges, maar aan die nederiges gee Hy genade. Onderwerp julle daarom in nederigheid aan die kragtige hand van God, sodat *Hy* julle kan verhoog op die tyd wat Hy bestem het." 1Pet. 5:5-6

Die Bron Van Jou Twisgierigheid... Jou Selfbeeld

"Ek, Nebukadnesar, prys en eer en loof die koning van die hemel. Alles wat **Hy** doen, is reg, sy optrede is regverdig. **Hy** het die mag om *hoogmoediges te verneder.*" Daniel 4:37.

Hoekom is so baie vrouens twisgierig? Ons as vrouens is twisgierig omdat ons die leuen glo oor selfbeeld. Ons as Christen vrouens, het die wêreld en die wêreld se denke nagevolg. Die boeke wat ons lees, die beraders wat ons opsoek, die leermeesters en die klasse wat ons bywoon weerspieël nie God se Woord nie, wat *rein* en *onversetlik* is. Hulle het vir ons 'n "Verchristelike" **wêreld** siening gegee.

Gif wat in sjokolade gedoop is, is nog steeds gif! My susters in Christus, die dodelike wêreld sienings is meer gevaarlik wanneer hulle in Christelikheid gedoop is omdat ons dit opeet! Ons is gebreinspoel om te dink dat "selfliefde" en "selfbeeld" goed is. In plaas daarvan, is dit die hoë plek waar ons onself sit voor ons val.

Dit is die bron van ons twisgierige houding. 'n "Weet-dit-alles" sal argumenteer en wil haar eie sin hê, omdat sy dink dat sy reg is. Wanneer sy verkeerd is, moet haar selfbeeld beskerm word. Daar is nooit 'n nederige woord of 'n "ek is jammer" nie. Die twisgierige vrou is gekondisioneer om te dink dat as sy om verskoning vra, dit te vernederend sal wees. Trots sal haar leer om aanhoudend op haar voetstuk te klim, net om weer en weer af te val.

Wat is die kuur? "Toe hulle by Mara aankom, kon hulle nie die water drink nie, omdat dit bitter was. Daarom het hulle die plek Mara genoem." Eksodus 15:23. Moses het 'n boom in die water gegooi, 'n voorstelling van die kruis van Golgota. Jy moet ook die kruis van jou bitterheid ingooi. Christus is dood om jou van alle sonde vry te spreek, insluitende jou twisgierigheid, jou teëpratery en jou trotse, selfgesentreerde optrede.

Hier is God se voorskrif. God het gesê as ons onself *nederig* maak, Sy aangesig soek en van ons bose weë wegdraai, Hy ons gesond sal maak. In plaas daarvan, hou ons aan om die "raad van die goddeloses te volg." (Ps. 1:1). As ons ons "vertroue in mense stel" (Jer. 17:5) sal ons die gevolge daarvan dra, wat net oppervlakige genesing is! "Hulle het 'n goedkoop raad vir die wonde van my volk." Jer. 8:11.

Kyk na al die sielkunde in die kerk. Dit is uiters gevaarlik vir Christene om voor te gee asof die mens se idees of sielkunde God se Woord is. Dit is ook gevaarlik om God se Woord te gebruik om huidiglike wêreld sienings in die kerk te bevorder. "'Die profeet wat 'n droom gehad het, mag vertel wat hy gedroom het, maar hy wat my woord ontvang het, moet my woord eerlik oordra. 'n Mens kan nie strooi met die beste koring vergelyk nie,' sê die Here...Daarom, sê die Here, is Ek teen die profete wat herhaal wat ander sê en dan voorgee dat dit van My af kom. Kyk sê die Here, Ek is teen die profete wat hulle eie stories vertel en dan sê: 'Die Here sê so.'" Jer. 23:28, 30, 31. Wat het sielkunde (strooi) in gemeen met God se Woord (koring)?

Leer en moedig jy jou kinders aan om 'n selfbeeld te hê? Die woord "selfbeeld" moet Christene laat ineenkrimp want dit is net 'n ander woord vir "trots". Dit is 'n wolf in skaapsklere! Jy sal gou 'n kind sien wat so selfgesentreerd is dat ander nie eens van hom hou nie. Dit is absurd om te dink dat 'n kind opgebou moet word om goed oor homself te voel, asof 'n kind nie alreeds selfgesentreerd is nie! Vanaf geboorte wil 'n kind sy eie sin hê, so dan huil hy. Sal 'n tweejarige nie skree en stuipe kry totdat hy kry wat hy wil hê nie?

Bou jou kind se selfbeeld. Daar is boeke en boeke en nog meer boeke geskryf vir Christene deur Christene, maar baie van die onderrig is **nie** wat God in Sy Woord leer nie. Kom ons kyk wat God sê oor die opbou van ons kinders se selfbeeld. Kom ons vind uit hoekom ons versigtig moet wees om nie te sê, "Ek het my *trots*!" en "Ek is so *trots* op jou" nie.

Trots is 'n sonde. Die trots wat die engel Lucifer gedemonstreer het, wie later Satan geword het, was die eerste sonde wat ooit gepleeg was. "Jou prag het jou hooghartig laat word jou stralende glans het jou jou wysheid laat verloor. Ek het jou op die grond gegooi." Eseg. 28:17. Satan het gesê "Ek klim op tot bokant die wolke ek word soos die Allerhoogste self." Jesaja 14:14. Tog prys ons ons kinders vir hulle skoonheid en ons leer hulle om te "gaan vir die hoogste." om te "reik na die sterre" en "in jouself te glo."

"Selfbeeld" is 'n leun gevorm deur die Skrif te verdraai. Satan het die Skrif gebruik toe hy Jesus in die woestyn versoek het. Hy verdraai dit net 'n bietjie deur dit 'n halwe waarheid te maak. Maar ons weet dat alles wat half waar is, 'n leuen is, wie kan van Abram en Sara vergeet ("sy is my suster" Gen. 12:19).

"Jy moet jou naaste liefhê soos jouself." (Matt. 22:39) Diegene wat 'n graad in sielkunde het sal jou probeer vertel dat die vers beteken jy moet jouself liefhê voordat jy enige iemand anders kan liefhê. Met ander woorde, "self-liefde" word eers benodig omdat sommige van ons, of meeste van ons, onsself haat. Is dit die Waarheid of 'n leun? Dit is 'n leun! Hoekom? Omdat dit God se Woord weerspreek.

NIEMAND het ooit gehaat nie! "Want **niemand** het nog ooit sy eie liggaam *gehaat* nie. Inteendeel hy voed en versorg dit..." Efe. 5:29. In plaas daarvan leer Jesus ons dat ons wat *nederig* is, geseënd sal wees. Ons moet aan ander dink as meer belangrik as onsself. Diegene wat beoog om selfmoord te pleeg word deur die wêreld vertel dat hulle hulleself *haat,* maar dit is teenstrydig met die Woord van God. Onthou, God het gesê *"niemand* het nog ooit sy eie liggaam gehaat nie!" Diegene wat selfmoord wil pleeg, wil nie meer pyn hê nie. Die pyn is so erg dat hulle net wil hê dit moet ophou.

As daar 'n "doodsgees" in jou huis is, kyk of die sonde nie deur 'n familie lid oorgedra is nie. 'n Persoon wat dreig om selfmoord te pleeg, roep om hulp. Help hulle met liefde en die Waarheid. Moedig hulle aan om Bybel verse oor Christus se liefde vir hulle te memoriseer en die tydelike natuur van beproewings. Satan wil hê hulle moet hopeloos voel - gee hulle hoop! (Sien les 10, "Allerlei beproewings."). Moedig hulle dan aan om met "danksegging," God vir *alles* te bedank, insluitende die beproewings, "wetende dat God alles ten goede laat meewerk ." (Rom 8:28).

Selfsug of eersig. "Moet niks uit selfsug of eersig doen nie, maar in *nederigheid* moet die een die ander hoër ag as homself. Julle moenie net elkeen aan sy eie belang dink nie, maar ook aan die van ander." Fil. 2:3. "Geseënd is die *sagmoediges,* want hulle sal die nuwe aarde ontvang." Matt. 5:5. Hierdie verse uit die Skrif is so teenstrydig met die manier wat Christene van vandag praat as gevolg van die invloed van sielkunde onder gelowiges. As hierdie selfvoldoening aan God se Woord jou nie laat sidder nie, dan behoort dit.

Die laaste sal eerste wees. Ons leer ons kinders dat om eerste te wees hulle doel moet wees en dat ons niemand tevrede kan stel tensy ons onsself tevrede stel nie. Die Waarheid is, "Maar baie wat eerste is, sal laaste wees, en wat laaste is, eerste." Mat. 19:30. "As iemand die eerste wil wees, moet hy die laaste en almal se dienaar wees." Markus 9:35. Help jou kinders om Christusgelykvormigheid te verkry deur hierdie verse te deel in plaas daarvan om die wêreld se uitdrukkings af te rammel wat ons gehoor het.

Die wêreld vertel ons om goed van onsself te praat maar Jesus het gesê, "Wie hoogmoedig is, sal verneder word, en wie nederig is, sal verhoog word." Matt. 23:12.

Leer van Nebukadnesar; sy kleinseun het nie. Nebukadnesar (sien hierdie afdeling se eerste Vers), wat trots op sy mag en sy rykdom was, was gemaak om soos die beeste van die veld te wees en gras te eet. Sy kleinseun het geweet van sy kastyding van die Here; maar hy het nogsteeds sy oupa se weë gevolg, "Maar u, Belsasar wat hom opgevolg het, u het u nie **verootmoedig** nie, alhoewel u dit alles weet, U het verwaand opgetree teenoor die Here in die hemel…" Dan. 5:22-23.

Hoogmoed is sonde - dit sal veroorsaak dat God jou nederig maak. Jy mag dink dat seker dinge wat jy deurmaak vernederend is, maar God bedoel dit ten goede vir jou. Hy wil jou nie verneder nie; Hy wil jou nederig maak. "Van binne af, uit die hart van die mens, kom die slegte gedagtes…hoogmoed." Markus 7:21. "Die wêreldse dinge - alles wat die sondige mens begeer, alles wat sy oê sien en begeer, al **sy GESTELDHEID op besit** - *kom nie van die Vader nie*, maar uit die wêreld." 1Joh 2:16. Hoogmoed is nie van God af nie!

Sal verneder word. "Elkeen wat hoogmoedig is, sal verneder word; en hy wat nederig is, sal verhoog word." Luk. 14:11. Ons vertel vir ander om met lof oor hulleself te praat net om 'n strik vir hulleself te stel! "…hy wou nie na die hemel opkyk nie…elkeen wat hoogmoedig is, sal verneder word; en hy wat nederig is, sal verhoog word." Luk. 18:14. Ons sê vir ander om selfvertroue te hê en trots te wees!

Waarom stel jy jou aan? "Wie maak jou so belangrik? En wat besit jy wat jy nie ontvang het nie? As jy dit dan ontvang het, **waarom stel jy jou so aan**…?" 1Cor. 4:7.

In plaas daarvan moet ons die eie self laat doodgaan. "want julle het gesterwe, en julle lewe is saam met Christus verborge in God." Kol. 3:3. "…En Hy het vir almal gesterwe, sodat die wat lewe, nie meer vir hulleself moet lewe nie, maar vir Hom wat vir hulle gesterf het en uit die dood opgewek is." 2Kor. 5:15.

Wat God wil hê. "Maar Jesus het na Petrus toe gedraai en vir hom gesê: "Moenie in my pad staan nie, Satan! Jy is vir my 'n struikelblok, want jy dink nie aan **wat God wil hê nie**, maar aan wat die *mense wil hê*. Toe sê Jesus vir sy dissipels: 'As iemand agter My aan wil kom moet hy *homself* verloën, sy kruis opneem en My volg, want wie sy lewe wil behou, sal dit verloor; maar wie sy lewe ter wille van My verloor, sal dit terugkry.'" Mat. 16:23.

Paulus was 'n goeie voorbeeld van hoe ons Christus eerste moet plaas. "want om te lewe, is vir my Christus, en om te sterwe, is vir my wins." Fil. 1:21.

Soos wat ons onsself nederig maak, is God vry om ons te verhoog. "...Almal moet trouens teenoor mekaar *nederig* wees en mekaar help, want 'God **weerstaan** die *hoogmoediges*, maar aan die *nederiges* gee hy **genade**.' Onderwerp julle daarom in nederigheid aan die kragtige hand van God, sodat **Hy** *julle kan verhoog* op die tyd wat Hy bestem het..." 1Pet. 5:5-6. "God weerstaan hoogmoediges, maar aan die *nederiges* gee Hy genade...Onderwerp julle in *nederigheid* voor die Here, en **Hy** *sal julle verhoog*." Jak 4:6,11. "Ek is tot alles in staat *deur Hom* wat my krag gee." Fil. 4:13. Verhef Christus bo jouself.

Jesus moet ons voorbeeld wees. Ons moet altyd na die Here kyk, in alle dinge, en die manier hoe Hy op die aarde geloop het. "Dieselfde gesindheid moet in julle wees wat daar ook in Christus Jesus was: Hy wat in die gestalte van God was, het sy bestaan op Godgelyke wyse nie beskou as iets waaraan Hy Hom moes vasklem nie, maar Hy het Hom*self* **verneder** deur die gestalte van 'n slaaf aan te neem en aan mense gelyk te word. En toe Hy as mens verskyn het, het Hy Homself verder *verneder*. Hy was gehoorsaam tot in die dood, ja die dood aan die kruis. Daarom het God Hom ook tot die hoogste *eer verhef* en Hom die Naam gegee wat bo elke naam is." Fil 2:5-9

Daniël ook. "...van die eerste oomblik af wat jy jou ingespan het om insig te kry en jou voor jou God te *verootmoedig* het, is jou gebede verhoor..." Dan 10:12.

Wat sal ons doen as ons hoogmoedig was?

Leer by die Here. "Neem my juk op julle en *leer van* **My**, want ek is sagmoedig en *nederig* van hart…" Mat. 11:29.

Roem in die Here. "*Hy wat roem*, moet **in die Here roem**. Die man wat die proef deurstaan het, is nie die een wat *homself* prys nie, maar die een wat deur die **Here geprys word**." 2Kor 10:17-18.

Moenie jouself prys nie. "*Laat dit aan 'n ander* oor om jou te *prys*, **moet dit nie self doen nie**, laat dit uit 'n ander se mond kom nie uit joune nie." Spr. 27:2.

En as jy jouself nie nederig maak nie?

"**Ellende** wag vir die wat dink hulle het die wysheid in pag, wat dink hulle het baie verstand." Jes. 5:21.

"Jy sien self: vir iemand wat dink hy het die wysheid in pag, is daar minder hoop as vir 'n dwaas." Spr. 26:12.

"As iemand hom verbeel hy is iets en hy is niks, **bedrieg hy homself**." Gal. 6:3.

"God *luister nie na hol woorde* nie, die Almagtige slaan daar geen ag op nie." Job 35:13.

"Ons het almal geword soos mense wat onrein is, ons *beste dade* is soos **vuil klere**; ons is amal soos verdroogde blare, ons word deur ons sondes weggewaai soos deur 'n wind." Jes. 64:6.

"'n *Gierige* mens veroorsaak **rusie**; een wat op die Here vertrou, is voorspoedig. Wie op *homself vertrou*, is 'n **dwaas**; wie hom deur wysheid laat lei, is veilig." Spr. 28:25-26.

"Hy sê toe vir hulle, 'Julle is die wat julle voor die mense as goeie mense voordoen, maar God ken julle harte. Wat deur die mense as *belangrik* **beskou** word, is 'n **gruwel** voor God.'" Lukas 16:15. "Hy het jou laat *swaarkry*, laat honger ly…" Deut. 8:3.

Kan jy enige Verse sien waar God ons instruksie gee om ons selfbeeld op te bou? Kan jy enige plek in die Bybel kry waar God ons instruksie gee om ons kinders te leer om selfagting te hê? Moet ons trots wees oor wat ons gedoen het, of gemaak het, of bereik het? Wat sal ons vleitaal aan ander doen, veral ons kinders?

Persoonlike verbintenis: Om my twisgierige maniere te laat staan. "Gebaseer op wat ek uit God se Woord geleer het, verbind ek myself daartoe om my gedagtes te hernu en 'n doener van die Woord te wees deur my twisgierige maniere te laat staan."

Datum:_____Geteken:_____

Rein en Respekvol

*"...en die mans sien hoe godvresend
julle is en hoe voorbeeldig julle julle gedra."*
1Petrus 3:1-2

Verstaan ons regtig die ware betekenis van rein wees? Daar word regtig nie daarvan gepraat in vandag se dae nie. En om respekvol teenoor enige iemand anders as onsself te wees, is heeltemal uit ons denkwyse elimineer. Kom ons begin om in God se Woord te soek hoe baie belangrik dit is om "kuis" en 'eerbiedig" te wees:

Rein

Wat is reinheid?

Daar is drie verwysings in die Skrif wat na *reinheid* verwys. Kom ons kyk na die twee wat spesifiek na vrouens verwys:

En die mans sien hoe godvresend julle is en hoe voorbeeldig julle julle gedra. "Vrouens, julle moet aan julle mans onderdanig wees. As daar van julle is met mans wat nie die woord van God glo nie, en die mans sien hoe *godvresend* julle is en hoe **voorbeeldig** *julle julle gedra,* sal hulle vir Christus gewen kan word deur die gedrag van julle vrouens. Dit sal nie eens vir julle nodig wees om 'n woord te sê nie." Die Afr 53 vertaling stel dit so: "as hulle jul **reine,** godvresende wandel aanskou het." 1Pet. 3:1-2

Verstandig en kuis. "Net so moet jy ook vir die ouer vroue sê hulle gedrag moet die wees van mense wat 'n heilige lewe lei...verstandig en **kuis**..." Titus 2:5.

Stongs Concordonce definieer die woord *rein* as: **skoon, onskuldig**, beskeie, perfek, suiwer. Die Webster Woordeboek definieer *rein* op twee maniuere: 1. Onskuldig van enige onsedelike seksuele omgang (ontug);

.

onskuldig as **'n manier van spraak** (herlees les 4, "Goedhartigheid is op Haar Tong.") 2. Trek beskeie aan, **beheersd**, suiwer, **ongetooid**.

Die Webster Thesaurus definieer *rein* as: **skoon, opreg**, onberispelik, suiwer, **blaamloos, onskuldig, onbesoedel, maagd, deugsaam**. Nou sal ons soek, leer, en in diepte kyk na hierdie vet gedrukte woorde wat gebruik is om die woord *kuis* te definieer. Eerstens, wat sê die Skrif daarvan om **onskuldig** te wees, bedoelend vry van skuld of sonde? Kom ons kyk na Daniel.

Daniël

Omdat hy nie oortree het nie. Daniël is 'n voorbeeld van 'n onskuldige man. Ons is baie bewus van sy lewe van aanhoudende beproewing, maar as gevolg van sy **onskuld** *het God hom uitgelewer.* "My God het sy engel gestuur om die bekke van die leeus toe te sluit sodat hulle my niks kon aandoen nie, want Hy het gevind dat ek nie teen Hom **oortree het nie**. Ook teenoor u het ek niks verkeerd gedoen nie, U Majesteit." Dan. 6:22. Wat sê die Skrif van **blaamloos** wees (wat beteken vry van foute)? Kom ons kyk na Job.

Job

Vroom en opreg, hy dien My en vermy die kwaad. Job is 'n voorbeeld van 'n onskuldige man wat die Here behaag het. "Die Here vra toe vir die Satan: 'En my dienaar Job, het jy hom raakgesien? Sy gelyke kry jy nie op die aarde nie: hy is *vroom* en opreg, hy **dien My** en **vermy die kwaad**.'" Job. 1:8.

Wat was die geheim van Job se onberispilike lewe? Hy het die Here gedien. Ons moet ook die Here dien bo alles. "As *sy* die **Here dien**, dan verdien 'n *vrou* om *geprys* te word." Spr. 31:30.

Job het weg gebly van die kwaad af. "**Bly weg van die kwaad af** en *doen wat goed* is." 1Pet. 3:11. Wanneer jy weg bly van die kwaad af, moet jy dit met iets goeds vervang. (Sien les 5, "Wen Sonder 'n Woord," "My volk gaan onder omdat hulle nie aan my toegewy is nie. Omdat jy jou taak om hulle aan my toe te wy verwerp het…" Hosea 4:6). Daarom, was Job deur God geseën. "Dit *gaan goed* met die wat **onberispelik** lewe."

Ps. 119:1. Ons sal ook geseën word as ons hierdie drie dinge toepas: onberispelik lewe, die Here dien, die Here vrees en wegdraai van sonde.

Ons is ook baie bewus van Job en sy moeilike omstandighede. Sy vrou het hom nie ondersteun nie. Onthou, sy het vir Job gesê "vervloek God en sterf!" As ons mans ons nie ondersteun of ons verlei om weg te draai van ons verhouding met die Here, moet ons nie toelaat dat dit ons ontnugter nie. Ons moenie toelaat dat dit ons keer om in geloof te loop nie. Wat van Paulus se onberispelike lewe?

Paulus

Aangesien die Skrif vir ons sê dat Paulus 'n onberispelike lewe gelei het, moet ons kyk na dit wat hy gedoen en gesê het. " Ook bid ek [Paulus] dat julle liefde al hoe meer sal toeneem in *begrip* en *fyn aanvoeling*, sodat julle die dinge sal kan onderskei waarop dit werklik aankom. Dan sal julle op die dag wat Christus kom, **onberispelik** en **sonder blaam** wees." Fil 1:9-10. Ware kennis is kennis van dit wat goed is. Dit is nie die nonsens wat vandag se wêreld so bemoeid mee is nie. Dit is nie die kennis van die kwaad wat die koerante ons so duidelik gee nie. En, dit is nie die dwelm en seks opvoeding wat ons kinders aan bloot gestel is nie. Dit is kennis van die Skrif; dit is kennis van wat goed is. Paulus sê ook dat ons "onderskeiding" met daardie kennis nodig het. Ons sal later onderskeiding in hierdie les bestudeer.

Ons Dogters

Om ons dogters te help om rein te bly, en ander jong dames aan te moedig om dieselfde te doen, moet 'n belangrike doel wees vir Christelike vrouens vandag.

Onbesoedel word gedefinieer as "sonder 'n merk." Die liefde wat vrouens in die Hooglied van Salomo in die Bybel ervaar was 'n resultaat van haar toewyding tot reinheid. Wil jy daardie tipe liefde vir jou dogters en die ander jong vrouens in jou lewe hê? Hooglied van Salamo 6:9 sê, "maar sy, my duif, my **volmaakte**, is *enig...*" Sy was spesiaal en sy was afgesonder (heilig). Was sy nie ook op 'n spesiale wyse behandel nie?

Jesus - heilig, skuldeloos, sonder smet. Ons voorbeeld as Christene, "navolgers van Christus," is Jesus Homself wat beskryf is as " skuldeloos en sonder smet" "Vir ons was so 'n hoëpriester nodig, een wat heilig, skuldeloos en **sonder smet** is…" Heb. 7:26.

Maagd. 'n Maagd is 'n vrou wat onaangeraak is. Die priesters in die Ou Testament moes 'n maagd neem as gevolg van wat "onreinheid" aan hulle kinders sou doen. "Die hoëpriester mag net met 'n **maagd** trou -anders is sy nageslag ontwy…" Lev. 21:13.

In vandag se dae het maagdelikheid amper uitgesterf. Ons as Christene het die wêreld gevolg en ook ons morele standaarde verlaag. 'n Vrou moet *onaangeraak* wees! Dit beteken nie net 'n meisie wat nie "al die pad gegaan het nie." Dit beteken onaangeraak." Dit is onmoontlik as 'n meisie met iemand uitgaan.

Dames, uitgaan is 'n 20ste-eeuse uitvinding. As 'n ma, heroorweeg hierdie idee van uitgaan. Ons moet uitgaan ophou teen die Lig van die Skrif. Ons moet mooi kyk na die vrot vrugte wat onstaan uit hierdie gevaarlike gewoonte. Moedig die idee van "hofmaak" by jou dogter aan en laat sy die uitgaan spaar tot *na* sy getroud is.

Knap beteken uitstekend. Knap en uitstekend is woorde wat verwisselbaar in die Skrif gebruik word. Rut is 'n voorbeeld van 'n knap en uitstekende vrou, in die Bybel. "Moet nou nie verder bekommerd wees nie, my dogter. Alles wat jy my vra, sal ek doen, want al die mense weet dat jy 'n **goeie [knap]** vrou is." Rut 3:11.

Selfs in Salomo se tyd was 'n uitstekende of knap vrou moeilik om te vind; sy is nou selfs moeiliker om te vind. Ons het ernstig jonger knap vrouens nodig vir ons seuns om mee te trou en ouer knap vrouens om die jonger vrouens te leer. "'n **Knap** vrou is baie werd" Spr. 31:10. In die AFR53 vertaling staan: "Wie sal 'n **deugsame** vrou vind?"

Hoekom sou 'n man 'n knap vrou wou hê? Omdat "'n **Knap** (of **deugsame**) vrou gee haar man *hoë aansien*…" Spr. 12:4.

God het ons geroep om vrouens van deugsaamheid en uitmuntenheid te wees. Ons moet vrouens wees wat onbesoedeld, onskuldig en smetloos is. Die wêreld het ons egter probeer oorreed dat mans en vrouens dieselfde is; hulle is nie! Die wêreld sê die vrou moet soos 'n hoer optree - voor en na die huwelik. Dit, sê die wêreld, sal jou man weerhou van egbreek. Die wat hierdie leun glo en soos hoere opgetree het, het gevind dat net die teenoorgestelde waar is! Dit het hulle honger gemaak vir hoere!

Die Ontroue Vrou

Wat is die vrugte daarvan om hoere en hulle maniere na te boots? Is daar nie *meer* mans betrokke in owerspel as ooit tevore nie? Is owerspel nie aan die orde van die dag, selfs in die kerk nie? As ons klere koop en dra wat 'n prostituut of middelblad naboots, as ons vir fotos poseer wat lyk asof ons vir 'n wulpse tydskrif poseer, sal ons nie behandel word soos die hoere nie? Daardie vrouens kry seer; hulle word gebruik, nie liefgehê, deur die mans wat om hulle swerm. Jak 4:4 sê, "Weet julle nie, julle ontroues, dat *vriendskap met die wêreld* vyandskap teen God is nie? Wie 'n vriend van die wêreld wil wees, **wys daarmee**e dat hy 'n *vyand van God is"*

Volgende keer wat jy in die versoeking kom om 'n kledingstuk te koop wat 'n hoer sou dra, of jou man verlei soos wat 'n hoer sou, vra jouself of jy jouself nie opstel vir sy ontrouheid nie. Laat ons liewer hoër styg as dié in die wêreld. Selfs die vrouens in die kerk word bedrieg.

As jy in hierdie lokval geval het, sal jy sonder twyfel ook ander eienskappe van die ontroue vrou hê. Vra jouself hierdie vrae:

Is jou woorde soet en helend? Dit sê, "Maar agterna is alles so **bitter** soos wildeals; sy (die slegte vrou) is so gevaarlik soos die **skerpste** swaard." Spr. 5:4. (Sien les 4, "Goedhartigheid Is op Haar Tong," "My volk gaan onder omdat hulle nie aan My toegewy is nie. Omdat jy jou taak om hulle aan my toe te wy verwerp het..." Hosea 4:6.)

Is jou leefwyse ferm, op die rots gevestig? "Sy **hou jou weg** van die pad van die lewe af, sy laat jou dwaal, en *jy weet dit nie.*" Spr. 5:6.

Is jou motief om "te gee" of "te kry" van jou man? "So laat sy **die jongman swig** vir haar listigheid, so *verlei sy hom met haar gladde tong.*" Spr. 7:21.

Is jy sagmoedig en stil? "Sy is **luidrugtig** en **uitdagend**; *haar huis is te nou vir haar.*" Spr. 7:11. (Sien les 14, "Die Maniere van Haar Huishouding" "My volk gaan onder omdat hulle nie aan My toegewy is nie. Omdat jy jou taak om hulle aan my toe te wy verwerp het..." Hosea 4:6.)

Is jy nederig; kan jy erken wanneer jy verkeerd is? "Die ontroue vrou het haar eie manier: sy eet en vee haar mond af en sê: '**Ek het niks verkeerds gedoen nie**'" Spr. 30:20.

As jy uitgevind het, deur hierdie vrae, dat jy meer soos 'n hoer of 'n ontroue vrou voorgekom het as 'n uitstekende of knap vrou, dan is dit tyd om te bieg. "Bely julle sondes eerlik teenoor mekaar en bid vir mekaar, sodat julle gesond kan word. Die gebed van 'n gelowige het 'n kragtige uitwerking." Jak. 5:16.

Dit sal wys wees om aan 'n ander vrou te bieg wat jou berou sal verstaan. As jy aan jou man bieg, mag jy deurmekaar raak. Hy mag vir jou sê dat hy van jou hou net soos wat jy is - verleidelik, vleiend, verloklik - omdat hy deur "sy eie sonde vasgedraai is" (Spr. 5:22)

Deugsaamheid

As 'n godelike vrou, wees versigtig waaroor jy praat, veral met jou man. Moet nooit vir hom sê om na 'n vrou te kyk wat onbetaamlik aangetrek is of aantreklik is nie; jy moedig hom aan om te begeer. As jy van perverse dinge praat wat jy in die koerant gelees het of op die nuus gesien het of van gehoor het, sal jy die Heilige Gees in jou en in jou man verpletter. Laat jou spraak suiwer en respekvol wees. "Daar is baie **knap** vrouens, maar jy oortref hulle almal!" Spr. 31:29. Hierdie dogter in Spreuke 31 het beter as haar susters gedoen. Hoekom? Want "**Uiterlike skoonheid** *hou nie,* 'n **mooi voorkoms** *is nie alles nie,* as **sy die Here dien**, dan verdien 'n vrou om *geprys te word.*" Spr. 31:30.

Verryk julle geloof met deugsaamheid. "En juis om hierdie rede moet julle alles in die stryd werp om julle geloof te verryk met **deugsaamheid**, die **deugsaamheid** met kennis." 2Pet. 1:5. Ons sien dat die fondasie van deugsaamheid geloof is, ons geloof in die Here wat ons deur genade gered het. Slegs nadat jy geloof verkry het kan jy deugsaamheid byvoeg. Saam met deugsaamheid, voeg jy kennis by. Kennis sal jou help om te weet watter Verse om op te staan. 'n Skoon lewe is rein en onskuldig. God sê ons moet drie **skoon** dinge hê:

Die vrees van die Here. "Die *vrees van die Here is* **rein:** dit bestaan tot in ewigheid." Ps. 19:9 AFR53.

Rein hande. "Wie mag in sy Heiligdom gaan staan? Die een wie se *hande* **rein** is en wie se hart suiwer is." Ps. 24:3-4.

'n *Rein hart*. "Skep vir my 'n **rein** *hart*, o God…" Ps. 51:10. Wanneer jy rein voor die Here is dan kan jy die seëninge van die Here ontvang: Hy sal goed vir jou wees. "God is vir Israel baie goed, vir *die* wat **rein** van *hart* is!" Ps. 73:1.

Diskresie

Diskresie is 'n *aksie* wat op versigtigheid gebaseer is. Kom ons kyk na ander woorde waarmee ons meer vertroud is. Dan kan ons 'n beter begrip hê oor diskresie en om diskreet te wees. Diskreet in die thesaurus word definieer as: oplettend, versigtig, bedagsaam, **oordeelkundig**, omsigtig, verstandig, wys, apart, afsonderlik, versigtig, **veral in spraak.**

Verstand en wysheid. Deur Josef se lewe van beproewings en verdrukking, het hy verstand bekom sowel as wysheid. "Die farao het daarop vir Josef gesê: 'God het jou dit alles bekend gemaak. Daaruit is dit duidelik dat niemand soveel **verstand** en wysheid as jy het nie'" Gen. 41:39.

Verstandig hoor praat. Jesus het die hart van die man gesien deur sy verstandige antwoord. "Toe Jesus hom so **verstandig** hoor praat, sê Hy vir hom, 'Jy is nie ver van die koninkryk van God af nie.'" Markus 12:34.

Leer oorleg. Ons word gesê dat deur die Spreuke te leer, ons oorleg sal leer. "[Spreuke]…wie nog nie kennis het nie, sal verstandig word, jongmense sal leer om met kennis en **oorleg** op te tree." Spr. 1:4. Lees Spreuke daagliks, een hoofstuk vir elke dag van die maand (bv., op die 12de van die maand, lees hoofstuk 12 van Spreuke).

Oordeelkundigheid sal oor jou wag hou. Deur oordeelkundig te wees, word jy beskerm. "**oordeelkundigheid** sal oor jou <u>wag hou</u> en verstandigheid sal jou bewaak…" Spr. 2:11-12.

Mooi lewe. Oorleg is ook die lewenslyn na jou siel toe. "My seun, behou die takt en die **oorleg**; moet dit nie uit die oog verloor nie, dit sal vir jou 'n **mooi lewe** verseker en soos 'n pragtige halssnoer vir jou wees; jy sal jou pad veilig loop en jou voet nie stamp nie; jy sal nie bang hoef te wees as jy gaan slaap nie; as jy gaan lê sal jy rustig slaap." Spr. 3:21-22.

Slaan ag op wysheid en goeie raad. Die fondasie van diskresie is wysheid en goeie raad. Wanneer jy hulle verkry het, sal jy diskresie kan gebruik. "My seun, slaan ag op die *wysheid* wat ek jou leer, *luister* na my *goeie raad.* Dan sal jy self met **oorleg** kan optree en met die nodige kennis praat." Spr. 5:1-2.

Onderrig te gee of oor die man gesag uit te oefen nie. Diskresie sal ook help om jou lippe te leer om die kennis wat jy in die Skrif gevind het, te reserveer, veral met jou man. "Ek laat haar nie toe om daar **onderrig te gee of oor die man gesag uit te oefen nie**; sy moet stil wees." 1Tim. 2:12. (Vir meer kennis, sien les 4, "Goedhartigheid is op Haar Tong," "My volk gaan onder omdat hulle nie aan My toegewy is nie. Omdat jy jou taak om hulle aan my toe te wy verwerp het…" Hosea 4:6.)

'n Vrou sonder oordeel. Die volgende is 'n ongelooflike helder prentjie waaroor jy moet nadink wanneer jou woorde en aksies 'n tekort aan oordeel het. "Die skoonheid van 'n vrou sonder **oordeel** is soos 'n goue ring aan 'n vark se snoet." Spr. 11:22.

Respekvol

Noudat ons geleer het wat dit beteken om rein te wees, moet ons ook die ware betekenis van respek verstaan. In die wêreld vandag word daar gesê dit is iets wat *ons* van iemand moet *eis* en dat *ons* respek vir *onsself* moet hê.

Kom ons begin deur om na woorde te kyk wat eenders is om 'n dieper begrip te kry van die woord *respek*. Die definisie van *respek* is: spesiale agting of konsiderasie waarmee een persoon *'n ander persoon* ag; om na te kyk.

Die woord *respek* in die thesaurus word gedefinieer as: bewondering, **bedagsaam, agting, eer**, **eerbied**, admireer, **waardeer**, notisie, prys, **koester**, ophou, waardeur. Die antoniem (woorde wat die teenoorgestelde beteken) is **veragting, blaam, berisping.** Ons sal die woorde wat in vet letters is in meer diepte bestudeer.

Kom ons wees bedagsaam. Wat sê die Skrif oor **bedagsaamheid**? Om *bedagsaam* te wees word gedefinieer as sorgsaam teenoor ander. Hebreërs sê ons moet ons mans en ander *aanmoedig*. Deur ons optrede, kan ons hulle stimuleer om ons lief te hê en goeie dade te wil doen. "Laat ons ook na mekaar omsien deur mekaar *aan te spoor tot liefde en goeie dade*." Heb. 10:24.

Die praktyke van die sondige natuur is duidelik: Hier is 'n lys van sondes soos in Galasiërs opgeneem. "Die praktyke van die sondige natuur is algemeen bekend: onsedelikheid, onreinheid, losbandigheid, afgodsdiens, towery, vyandskap, haat, naywer, woede, rusies, verdeeldheid, skeuring, afguns, dronkenskap, uitspattigheid en al dergelike dinge. Ek waarsku julle soos ek julle vroeër gewaarsku het...Wie hom aan sulke dinge skuldig maak, sal nie die koninkryk van God as erfenis verkry nie." Lees weer en onderstreep daardie sondes wat gewoonlik deur mans gepleeg word - die wat ons in die kerk *regte* sondes noem. Volgende, omkring die sondes wat ons neig om in die kerk te igonoreer - die wat gewoonlik deur vrouens gepleeg word. Gal. 5:19-21.

In 'n gees van sagmoedigheid reghelp. Baie vrouens voel dit is hulle verantwoordelikheid om ander wat sondig, te straf of te kasty, veral hulle eie mans. Die Skrif vertel ons anders en wys ons die nagevolge van hierdie hooghartige optrede. Laat ons nie die balk in ons eie oë vergeet nie. Onthou dat alle sondes dieselfde is vir God. Moenie dat Satan jou om die bos lei om te dink dat *jou man* se sondes erger is as joune nie. "Broers, as iemand in die ***een of ander*** *sonde* val, moet julle wat julle deur die Gees laat lei, so iemand in 'n **gees van sagmoedigheid reghelp**. En pas op: jy kan self ook in die versoeking kom. Dra mekaar se laste, en gee op die manier uitvoering aan die wet van Christus. As iemand hom verbeel hy is iets en hy is niks, bedrieg hy homself." Gal. 6:1-3.

Ag ander hoër as jouself. Is jy verras dat die Skrif sê dat ons agting en 'n hoë aansien ***vir ander*** moet hê? Ons wêreld het God se bevel om "ander hoër te ag as onsself" verdraai en ons geleer om onsself op te bou, liewer as ander. "Moet niks uit selfsug of eersug doen nie, maar in nederigheid moet die een die ander **hoër ag** as homself. Julle moenie net elkeen aan sy eie belange dink nie, maar ook aan die van ander. Dieselfde gesindheid moet in julle wees wat daar ook in Christus was: Hy wat in die gestalte van God was, het sy bestaan op Godgelyke wyse nie beskou as iets waaraan Hy Hom moes vasklem nie, maar Hy het Homself veneder deur die gestalte van 'n slaaf aan te neem en aan mens gelyk te word." Fil 2:3-7.

Hoogste agting aan hulle. Ons mans gaan werk toe vir ons en het beheer oor ons. Maak jy die werk as hoof van die huishouding makliker of moeiliker? "Betoon in liefde die hoogste **agting** aan hulle ter wille van hulle werk. Leef in vrede met mekaar." 1Tess. 5:13. As jy ook werk, en daarom voel jy dat jy vrygestel is van hierdie bevel, gaan na les 13 toe, "Die Maniere van Haar Huishouding," "My volk gaan onder omdat hulle nie aan My toegewy is nie. Omdat jy jou taak om hulle aan my toe te wy verwerp het…" Hosea 4:6.

Alle eerbied bejeën. Wat sê die Skrif oor **eerbied**? Eerbied word gedefinieer as om ander hoog te ag. Ons moet ons mans as waardig van eerbied ag. "Gelowiges wat as slawe onder 'n juk staan, moet hulle eienaars met alle **eerbied** bejeën, sodat niemand sal *kwaad praat* van die Naam van God en van die Christelike leer nie." 1Tim 6:1. Wanneer ons die wat in gesag oor ons is, soos ons mans, ons pastore, ons base of ons ouers, nie eerbiedig nie, dan sal die naam van God en die leerstellings van ons geloof deur ander teen gespreek word.

'n Dienaar van Christus Jesus. Wanneer ons lees dat ons ons man se dienaar moet wees, rys die "self" in ons op - saam met die hare op ons nek. Dames, ons is dienaars van Jesus Christus. "Van Paulus, 'n **dienaar**

van Christus Jesus, geroep om apostel te wees, afgesonder vir die evangelie van God…" Rom. 1:1. Die vers sê, "Vrouens wees aan julle mans onderdanig, net soos julle aan die Here onderdanig is." Efe. 5:22. Dit beteken dat ons die Here dien wanneer ons aan ons mans onderdanig is. Ons weet dat God Self gesê het ons mag geen ander gode bo Hom hê nie. Hy het nie 'n uitsondering gemaak met ons mans nie. Wees onderdanig; doen dit vir die Here!

Hulle dade weerspreek dit. Onthou dat deur eerbied aan ons mans te betoon, ons glorie bring aan God. Die nagevolge om nie hierdie tipe respek te betoon nie is oneer aan God en Sy Woord. "Hulle gee voor dat hulle God ken, maar hulle dade weerspreek dit. Hulle is vefoeilik en **koppig** en deug vir geen goeie werk nie." Titus 1:16 "… verstandig en kuis, onderdanig aan hulle mans. Dan sal die woord van God nie in **diskrediet** kom nie." Titus 2:5. En, "Vrouens, wees aan julle mans onderdanig, net soos julle **aan die Here** onderdanig is." Efe. 5:22.

Eerbied

Bewys eer aan haar. Ons, as vrouens, smag daarna dat ons mans ons sal behandel soos in die volgende verse: "Mans, julle moet verstandig met julle vrouens saamleef. Bewys **eer** aan hulle as die swakker geslag wat saam met julle deel in die lewe as genadegawe. Dan sal julle kan bid sonder dat iets julle hinder." 1Pet. 3:7. Deur te streef om stil en sagmoedig te wees en ons mans te eerbiedig, in 'n rein en respekvolle manier, kan ons die seën van ons mans kry wat ons eer en verstaan.Hier is sommige riglyne oor hoe om die eer te ontvang wat ons smag om te verkry:

Wees deugsaam. "'n *Deugsame vrou* is gesteld op haar goeie naam." Spr. 11:16.

Eer en onderwerping uit die hart. "Hierdie volk **eer** My met hulle mond, maar hulle *harte is ver van My af*." Matt. 15:8.

Deur nederig te wees. "Nederigheid kom voor **eer**." Spr. 15:33.

Deur nederig te wees. "Op selfverheffing volg ineenstorting, op nederigheid **eer**." Spr. 18:12.

Weereens, wees nederig. "Hoogmoed bring 'n mens tot 'n val; nederigheid bring **eer.**" Spr. 29:23.

Die vrou moet aan haar man eerbied toon. Wat sê die Skrif van *eerbied*? Eerbied is om 'n gevoel van *groot* **respek**, liefde, ontsag, en agting te hê; om te vrees. Baie van ons respekteer of eerbiedig nie ons mans nie. Hoe kan ons as Christen vrouens die Skrif igonoreer? "En 'n vrou moet aan haar man **eerbied** betoon." Efe. 5:33. In die NLV weergawe sê dit, "En die vrou moet haar man **respekteer**."

Waar is jou skat? Wat sê die Skrif oor *waardering?* Waardering word gedefinieer as om goedgunstige erkenning te hê; te koester, geniet, skat, verstaan; bewaar (vernaamlik in die huweliks gelofte); om liefdevol na om te sien; om lewendig te hou (gevoellens). Ons het gepraat oor om dinge uit die hart uit te doen. As jou man nie een van jou skatte is nie, is jou hart nie by hom nie. "Waar jou **skat** is, daar sal jou *hart* ook wees." Matt. 6:21.

Somtyds wanneer ons iets verloor of tydelik misplaas, besef ons hoe belangrik dit vir ons was. Moet jy jou man verloor, soos ek het, vir hom om jou skat te wees? Of, vir die van julle wat bid dat die Here julle huwelike herstel, het dit die verlies van jou man gekos om te besef wat jy gehad het? *Dit het met my!*

Kalmerende woorde. Hoe kan jy geestelik na jou man omsien en hom emosioneel lewendig hou? Praat liefdevol en sagmoedig met jou man. "**Kalmerende woord**e bring lewe, skynheilige woorde breek mense." Spr. 15:4. Die seëninge kan joune wees. "Dit gaan altyd sleg met 'n bedrukte mens; die **blymoedige mens** se *hele lewe is 'n fees*." Spr.

Hier is 'n waarskuwing. Pasop wat jy van jou man sê en hoe jy hom in die geselskap van ander regstel (of privaat). **Skande** is 'n emosionele kanker. "'n Deugsame vrou is die kroon van haar man, maar een wat *skande* maak, is soos **verotting in sy gebeente**" Spr. 12:4 AFR53. Verroting word gedefinieer as aftakeling deur holtes; aftakeling deur *wurms*. Dis interessant want dit sê oor die egbreekster: "maar agterna is sy so *bitter* soos **wildeals,** sy is so gevaarlik soos die skerpste swaard." Spr. 5:4.

Bekommernisse. Wanneer jou man finansiële bekommernisse of werks verwante bekommernisse het, sal 'n goeie woord hom aanmoedig. (Die hemele behoed as sy angs van jou af kom.) Onthou, jou man is nie *jou* helper nie; jy is syne. Neem jou moeilikheid en bekommernisse na die Here toe. "**Bekommernis** druk 'n mens neer; 'n *vriendelike woord* vrolik hom op." Spr. 12:25.

Wyse mense bring genesing. Jou tong kan twee opponerende gevolge hê. Watter een sal jy kies? "Praat sonder om te dink kan soos dolksteke wees; *wyse* mense bring **genesing** *met wat hulle sê.*" Spr. 12:18. Genesing kom ook van 'n vrolike hart. "'n **Vrolike mens** is 'n *gesonde mens*, 'n *neerslagtige mens* raak uitgeput." Spr. 17:22.

Blydskap. Laat jou gesig die vreugde wat in jou hart is uitstraal. "**Blydskap** laat 'n mens se *gesig straal*; smart maak 'n mens *teneergedruk.*" Spr. 15:13. In die 1953 Afrikaanse vertaling word gepraat van 'n vrolike hart.

Vrolik en Opgewek

Kom ons leer meer oor hoe om vrolik en opgewek te wees. Opgewek word gedefinieer as bly, **vrolik, verheug**. Vrolikheid word gedefinieer as om 'n goeie vrou te wees, aageneem, kosbaar, skatlik, **dankbaar, instemmend.**

Wees altyd bly. Maar somtyds in ons omstandighede voel ons hartseer. Hoe kan ons moontlik opgewek en vrolik wees? "Wees **altyd bly** *in die Here*! Ek herhaal: **Wees bly**!" Fil 4:4. En wanneer moet ons **bly wees**? "*Altyd.*" 1Tes. 5:16. Maar waarvoor moet jy dankbaar wees? "Wees in *alle* **omstandighede dankbaar**, want dit is wat God in Christus Jesus van julle verwag." 1Tes. 5:18. Bedank jy God *elke* keer wat jy aan jou man dink? Paulus het gesê: "**Ek dank my God elke keer** *as ek aan julle dink.*" Fil. 1:3.

Kom betyds tot 'n skikking. Die volgende Vers sê nie dat jou man 'n regsaak teen jou sal hê nie; dit sê dat jy betyds tot 'n skikking moet kom met almal. "Kom **betyds** tot 'n **skikking** solank jy nog saam met hom op die pad hof toe is." Matt. 5:25. Onthou, "**geseënd** is die vredemakers!" (Matt. 5:9).

Sonder kla. Kla jy? Kla en praat jy saggies teë? As jy dit doen, dan is jy nie dankbaar nie! "Doen *alles* sonder **kla of teëpraat**" Fil.2:14.

Leer die geheim. Ons mag dink dat ons in ons omstandighede rede het om te kla. Kom ons leer oor tevredenheid."…want ek het *geleer* om my in **alle omstandighede** te **behelp**. Ek weet wat armoede is en ek weet wat oorvloed is; van alles het ek **ondervinding:** om genoeg te hê om te eet sowel as om honger te ly, om oorvloed te hê sowel as om gebrek te ly." Fil. 4:11-12. *AMEN EN AMEN!*

Veragting, Blaam, Berisping

Teenoorgestelde van *respekvo*l **is om te verag, blameer of te berispe.** Verag jy jou man? Blameer jy hom vir mislukkings in die verlede? Of berispe jy hom oor waarheen hy gaan en wat hy sê? Dan moet jy jou gedagtes HERNU om te verstaan wie die leier van die familie is. (Sien les 9 "Geskikte Helper" want "My volk gaan onder omdat hulle nie aan My toegewy is nie. Omdat jy jou taak om hulle aan my toe te wy verwerp het…" Hosea 4:6.)

Liefde en Respek

'n Praktiese Applikasie

Baie vrouens, baie keer sonder dat hulle dit besef, skep eintlik die "gebrek van die man" wat hulle verafsku. Die Bybel sê vir ons dat "die wyse vrou bou haar huis, maar die dwaas breek dit af met haar eie hande." (Spr. 14:1). Ek het gehoor hoe vrouens oor hulle mans met ander vrouens praat. Hulle het geen idee dat wanneer hulle mondelings hulle eie mans "afbreek", breek hulle hulle eie huise af. Op een of ander manier dink hulle dat as hulle hulle man "uitdaag", dit op 'n manier sal veroorsaak dat hy harder probeer.

Hoe belaglik en dwaas is ons vrouens! Dit sê dat God se mense vergaan omdat hulle 'n tekort aan wysheid het. Ons vrouens gaan beslis onder vir ons gebrek aan wysheid. Ons voel dat as ons ferm is, dit motivering is. Inteendeel! Die Skrif sê vir ons dat iemand wat sy woorde reg kies kan ook ander leer. (Spr. 16:21) Ook "want die liefde bedek baie sondes."

(1Pet. 4:8). En ons het die belofte dat "Liefde vergaan nooit nie...!" 1Kor. 13:8. So kom ons begin met liefde!

Liefde is 'n werkwoord; dit is 'n aksie. Dit is algemeen om die volgende uitdrukkings te hoor: "Ek is lief vir jou maar...ek kan nie saam met jou bly nie...ek wil nie getroud wees nie," ens., ens. Ook, "ek is nie *verlief* op jou nie," asof dit een of ander "towerspreuk is" waaronder jy is. Kom ons kyk na die Skepper van liefde en Sy definisie in 1Kor. 13:4-8: "Die liefde is geduldig, die liefde is vriendelik; dit is nie afgunstig nie, is nie grootpraterig nie, is nie verwaand nie, dit handel nie onwelvoeglik nie, soek nie sy eie belang nie, is nie verwaand nie, is nie liggeraak nie, hou nie boek van die kwaad nie, Dit verbly hom nie oor onreg nie, maar verheug hom oor die waarheid. Dit bedek alles, glo alles, verdra alles. Die liefde vergaan nooit nie..." Vra jouself hierdie vrae:

Is jy *geduldig* met jou man?

Is jy *goedhartig* in jou aksies en spraak?

Is jy *jaloers* op sy lewe, of wat hy het of die posisie as die hoof van die familie?

Moet jy teenoor jou man *spog* of *arrogant* optree oor dit waarmee God jou geseën het? Hoogmoed kom tot 'n val. Herlees les 6, "'n Twisgierige Vrou."

Tree jy *onbetaamlik* op voor jou man? Met ander woorde, op 'n manier wat jy nie voor jou vriende sal optree nie?

Baklei jy om *jou sin* te kry?

Onthou jy tye in die verlede wat jou man jou *te na gekom het* en jy dit genoem het om 'n argument te wen? Wat sê die Bybel van vergifnis?

Verbly jy jouself in die *verkeerde dinge* of die regte dinge?

Dra jy die laste van dinge sonder om te kla?

Glo jy jou man wanneer hy jou dinge vertel, of is jy agterdogtig?

Hoop jy vir die beste in hom?

Verduur jy al die beproewings wat God in jou lewe bring, selfs daardie wat deur jou man in gebring is?

Is egskeiding iets waaraan jy gedink het of oor gepraat het?

As jy "ja" geantwoord het op enige van die bogenoemde, dan moet ons vir God vra om die liefde in ons harte te plaas wat net van Hom af kan kom - agape liefde, *onvoorwaardelike* liefde. As ons nie hierdie soort liefde ten toon stel nie, sê die Waarheid ongelukkig, "Al praat ek die tale van mense en engele, maar ek het geen liefde nie, het ek 'n stuk klinkende metaal, 'n galmende simbaal geword. Al het ek die gawe van profesie en ken ek al die geheimenisse en besit ek al die kennis, en al het ek die geloof om berge te versit, maar ek het geen liefde nie, dan is ek niks. Al deel ek al wat ek het aan ander uit, en al gee ek my liggaam prys om my daarop te kan beroem, maar ek het geen liefde nie, baat dit my niks." 1Kor. 13:1-3.

Ons vrouens hou daarvan om die woorde te hoor: "ek het jou lief!" Ek is seker jou man hou ook daarvan om dit te hoor. Maar wat meer vir jou man beteken is die manier wat jy hom respekteer; dit *wys* jou liefde. Dit is baie soos wanneer jou kinders *sê* dat hulle lief is vir jou, maar hulle is ongehoorsaam aan jou. Sal jy nie liewer 'n kind wil hê wat aan jou gehoorsaam is nie? Een wat *wys* dat hy jou liefhet?

Respek

Vra jouself hierdie vrae om te sien of jy jou man respekteer:

Vra jy hom hoe laat hy by die huis gaan wees? Het jy 'n inkomtyd ingestel?

Gee jy hom privaatheid in sy gedagtes en waarheen en wanneer hy gaan? Of vra jy vir hom: "Waaraan dink jy?" of "Waarnatoe gaan jy?"

Vereis jy dat hy by maaltye teenwoordig is? "Jy beter hierdie keer betyds wees vir aandete."

Hou jy die tjekboek en sy besteding dop? "Wat het jy gekoop? Waarvoor?"

Is jy sy Heilige Gees of sy ma? "Liefie, jy moet regtig…"

Gee jy hom "ongevraagde advies" of kritiek? " Ek dink…blah, blah, blah…!"

Voel jy dat hierdie vrae baie maniere ontbloot het waarin jy nie respek vir jou man gewys het nie? Onthul dit die *man* wat jy begeer hy moet wees? Gebruik hierdie vrae as riglyne vir jou houding en jou optrede met jou man. Dames, as jy sê "maar hy is nie 'n man om gerespekteer te word nie," laat ek jou 'n geheim vertel. As jy hom behandel volgens hoe jy hom wil sien, sal jy hom toelaat om daardie einste man te wees! Hier is nog maniere waarop jy respek kan bewys :

Deur na hom te luister.

Deur te stop waarmee jy besig is en na hom te kyk.

Deur hom nie te onderbreek nie.

Deur jou knop te knik en oogkontak te hou.

Deur mooi uitdrukkings, nie jou oê te rol of 'n diep sug uit te laat nie.

Deur die kinders te leer om nie te onderbreek nie.

Deur hom te antwoord met "Ja, *kom ons*" in plaas van "Ja, *maar*"

Deur die manier wat jy met hom praat.

Deur nie te praat oor dit wat jy weet hom nie interesseer nie.

Deur dit kort te hou.

Deur hom nie te berispe of om hom te probeer leer nie.

Deur nie te mompel of te kla nie.

Deur hom te aanvaar eerder as om hom te verander.

As hy sê hy gaan uit, moet hom nie uitvra nie, knies of kwaad raak nie. In plaas daarvan, sê vir hom "ek sal wakker bly" en soen hom totsiens.

Gaan waar hy wil gaan: sports byeenkomste, reise, ens. As jy nie wil gaan nie, sal iemand anders!

Respekteer sy besluite.

Moenie sy outoriteit bevraagteken of debateer nie, pruil of hom probeer verkeerd bewys nie. Onthou, dit was Eva wat grootliks verlei was!

Ontwikkel belangstelling in dit waarvan hy hou.

Waardeer wat hy doen; bedank hom! Dit is die teenoorgestelde van verwagtinge.

Hoe jy lyk wanneer hy in die omtrek is, bewys respek. Dra jy grimering? Maak jy jou hare reg? Haat hy wat jy aantrek?

Gee die klere weg waarvan hy nie hou nie; dan sal jy nie in die versoeking kom om dit te dra nie - veral daardie slordige nagklere!

Lag vir sy grappies; as jy dit nie doen nie sal iemand anders!

Maak 'n lys.

Maak 'n lys van al sy goeie karaktertrekke en begin om hom te vertel hoe baie jy hom bewonder. Is hy eerlik, liefdevol, betroubaar, goedhartig, snaaks, 'n goeie luisteraar, 'n goeie voorsiener, 'n harde werker, nuftig of 'n goeie beskermer? As jy regtig nie enige goeie kwaliteite kan vind nie, vra vir God om hulle vir jou uit te wys.

Dink terug aan toe julle verlief geraak het en onthou watter goeie kwaliteite hy toe gehad het. Miskien kan jy sommige van daardie gevoelens weer aanwakker. Vertel hom wat jy onthou. "Soek, en julle sal kry!" (Lukas 11:9). As jy vir die goeie in mense soek (jou man), dan is dit wat jy sal vind.

Marbell Morgan het 'n paar jaar terug 'n boek geskryf met die titel "*Total Woman*". In die boek sê sy dat vir jou man om geliefd te voel, moet jy die vier "A's" doen -(Accept) Aanvaar, (Admire) Admireer, (Adapt) Aanpas, en hom (Appreciate) Waardeer. Ek dink dit dek baie van wat ons tekort kom, dink jy nie so nie? (Ek beveel nie aan dat jy hiedie boek lees nie omdat dit jou vertel hoe om dinge in die *vlees* te doen eerder as in die Gees).

My finale stelling is dit…as jy dit doen om resultate van jou man te kry, sal dit nooit werk nie. In plaas daarvan moet jy dit doen "soos vir die Here." Jy moet dit doen omdat dit God eer. Hy het jou man oor jou geplaas. As jy nie jou man respekteer nie, respekteer jy regtig nie God se Woord nie. Enigiets waarvan jy nie hou in jou man se optrede of voorkoms nie moet vir die Here gegee word. Wanneer dit Sy stryd is, is daar altyd oorwinning! Eer God deur jou man te eer. Moenie probeer om jou man te behaag nie; laat jou motivering wees om die Here te behaag deur respek en eerbied aan God se bevele te gee. "Vind jou vreugde in die Here, en Hy sal jou gee wat jou hart begeer." Ps. 37:4.

"Haar man steun op haar en pluk die vrugte van haar werk." Spreuke 31:11.

Persoonlike verbintenis: Om rein en respekvolle gedrag teenoor my man te openbaar. "Gebaseer op wat en nou uit God se Woord geleer het, streef ek om rein te wees in my lewe. Ek verbind myself om 'n respekvolle houding teenoor my man te demonstreer omdat dit 'n voorbeeld vir ander stel en die eer wat dit aan God en Sy Woord gee."

Datum:_____Geteken:_____

Vrouens, wees Onderdanig

"Vrouens, wees aan julle mans onderdanig
soos dit pas by mense wat in die Here glo."
Kolossense 3:18.

'n Vrou het een dag geskakel en gevra, "Hoe ver verwag God moet 'n vrou gaan met betrekking tot haar onderdanigheid aan haar man?" Miskien vra jy dieselfde vraag of miskien wil jy regtig nie weet nie omdat jy voel dit is ouderwets, verouderd of nie van toepassing vandag nie.

In my stand vir my huwelik, het ek ernstige besluite oor onderdanigheid in die gesig gestaar. Laat ek jou deur dieselfde reis vat as wat die Here my deur gevat het soos wat ek in die Skrif gesoek het vir antwoorde. Eerstens, kom ons kyk na die twee voorbeelde van onderdanigheid wat God spesifiek vir vrouens vra om te volg:

Jesus

Volg in Sy voetspore. "Juis hiervoor is julle ook geroep, omdat Christus self vir julle gely en so vir julle 'n voorbeeld gestel het, sodat julle in sy **voetspore kan volg**…Toe Hy beledig is, het hy nie terug beledig nie, toe Hy gely het, het Hy nie gedreig nie, maar alles oorgelaat aan Hom wat regverdig oordeel." 1Pet. 2:21-23.

Wees onderdanig op dieselfde manier. Net na 1Petrus 2 sê dit vir ons ons moet "in sy voetspore volg", hoofstuk 3 (AFR53) begin dadelik met, "NET so." Hy sê vir ons "Net so" moet ons as vrouens onderdanig aan ons mans wees soos wat Hy onderdanig aan God, Sy Hemelse Vader was. Jesus was onderdanig aan die gesag van God die Vader en ons moet onderdanig wees aan die gesag van ons mans.

Christus is die hoof van ELKE man. Ons weet en verstaan dat God die Vader oor Jesus is, tog hoe kan ons seker wees dat ons mans (gered of nie) oor ons is? "Ek wil egter hê julle moet weet dat Christus die hoof is van *elke man*, en 'n man die hoof van sy vrou, en God die hoof van Christus." 1Cor. 11:3.

Wat nie die woord van glo nie. Noudat ons seker is dat God met vrouens praat, wat beveel Hy? "NET so moet julle vrouens, aan julle eie mans onderdanig wees sodat, as sommige aan die **woord ongehoorsaam** is, hulle ook deur die wandel van die vrouens sonder woorde gewin kan word as hulle jul reine, godvresende wandel aanskou het." 1Pet. 3:1-2 AFR53.

In die King James Bybel, sê dieselfde vers "that they may be won by the **conversation** of their wives." *(Direk vertaal: "sodat hulle gewen kan word deur die **gesprekke** van hul vrouens")*. Ek het gedink, "Dit is wonderlik; ek kan my man uitwys op al sy foute!" Wel, raai wat? Ek het na my konkordansie gegaan en die woord "gesprek" opgesoek en uitgevind dit beteken "houding" *nie praat nie*! Wat my meer verbaas het was 'n vers in 1Petrus. Dit sê dat Sara aan haar man Abraham gehoorsaam was, en ek kan net soos sy word.

Sara

Hom Meneer genoem. As jy verder lees, sê dit, "Sara, byvoorbeeld, was aan haar man Abraham gehoorsaam deur hom **"Meneer"** te noem. Julle het haar dogters geword omdat julle doen wat goed is en julle nie laat *afskrik deur enige intimidasie nie*." 1Pet. 3:6 AFR53.

Ons kan soos Sara word: 1) wees gehoorsaam aan julle mans soos Sara, *en* 2) doen dit sonder om "afgeskrik te word deur enige intimidasie." Waarvoor sal ons bang wees? Wel, wat het Sara se man Abraham haar gevra om te doen wat veroorsaak het dat sy bang was?

In Genesis 12:11-13 en ook in Genesis 20:2, sien ons hoe Abram (later Abraham) Sarai (later Sara) gevra het om te lieg! Om te sondig! Abraham het vir haar gesê dat sy moet sê sy is sy suster en het dus toegelaat dat sy as 'n ander man se vrou gevat was! Sy het haar man gehoorsaam. Nou dit is onderdanig!! Nie baie vrouens word geroep om so onderdanig te wees nie

As dit die enigste deel in die Bybel is aangaande 'n vrou se onderdanigheid aan haar man, kan ons dit miskien laat vaar. Maar, dit is nie die enigste Skrifgedeelte oor 'n vrou se onderdanigheid aan haar man nie. Ons sal vind dat die Bybel baie meer te sê het oor die onderwerp.

Onderdanig in alles. Hierdie Skrifgedeelte verduidelik dat jou verhouding met jou man dieselfde moet wees as Christus se verhouding met die kerk. "vrouens, wees aan julle mans onderdanig, net soos julle aan die Here onderdanig is. Die man is die hoof van die vrou, soos Christus die hoof van die kerk is. Christus is ook die Verlosser van die liggaam, sy kerk. Soos die kerk aan Christus onderdanig is, moet die vrouens in *alles* aan hulle mans onderdanig wees." Efe 5:22 - 24. Is dit nie hartseer dat baie kerke nie onderdanig is aan Christus en Sy onderrig nie, en op dieselfde manier, is so baie vrouens nie onderdanig aan hulle mans nie? Is daar enige korrelasie?

Wat op God gehoop het. Waar is my hoop wanneer ek onderdanig aan my man is soos ek streef om 'n "gelowige vrou" te wees? "In die ou dae het die **gelowige vrouens** wat op God *gehoop* het, hulle ook so versier: hulle was aan hulle mans onderdanig." 1Pet. 3:5. Ons hoop en vertroue moet in God wees. (Sien les 5, "Wen Sonder 'n Woord," want "My volk gaan onder omdat julle nie aan My toegewy is nie. Omdat jy jou taak om hulle aan My toe te wy, verwerp het…" Hosea 4:6.)

Hoe kan ons op God vertrou as ons owerheid ons seergemaak het? Die Bybel sê, "'n Mens hoef nie vir die owerhede bang te wees as jy goed doen nie, maar wel as jy kwaad doen. Wil jy sonder vrees vir die owerheid lewe? Doen wat goed is, en die owerheid sal jou prys." Rom. 13:3. Hoe kan die Bybel dit sê wanneer ons weet dat die owerheid oor ons nie vir ons uitkyk of oor ons omgee nie? Hoe het Sara dit reggekry om aan haar man onderdanig te wees? Sara het heeltemal op God vertrou. Sy het nie op haar man vertrou nie. Abraham was die een wat twee keer verantwoordelik was vir haar gevaarlike posisie by Farao! Sy het eenvoudig en volkome op God vertrou. "…**Dit gaan goed** met die mens wat sy vertroue in die Here stel, die mens vir wie die Here 'n veilige vesting is." Jer. 17:7. "Daar rus 'n vloek op die mens wat sy vertroue in mense stel, wat sy krag soek by sterflike mense en van My af wegdraai." Jer. 17:5.

Baie vrouens het gedink, "Ek is met die verkeerde man getroud." Sara moes dit sekerlik per geleentheid gedink het; ek het ook so gedink. Ons kan ons dae spandeer deur te wonder "wat as…" In plaas daarvan, kom ons rus in hierdie vers: "Elke mens moet hom onderwerp aan die owerhede wat oor hom gestel is. Daar is immers geen gesag wat nie van God af kom nie, *en die owerhede wat daar is, is daar deur die beskikking van God.*" Romeine 13:1. Ons Vader het geweet met wie ons sou trou voor die fondasies van die aarde. Hy sal dit gebruik ten goede, as ons kan ophou dink aan "wat as" en konsentreer op God se doel vir ons lyding. "Hoewel Hy die Seun was, het Hy deur alles wat **Hy gely** het, *geleer wat gehoorsaamheid* is." Hebr. 5:8. (Sien les 10, "Verskeie Beproewings," "My volk gaan onder omdat julle nie aan My toegewy is nie. Omdat jy jou taak om hulle aan My toe te wy, verwerp het…" Hosea 4:6.)

Toe ek na die voorbeeld gekyk het van Christus en Sy onderdanigheid, kon ek sien dat Sy situasie baie dieselfde as myne was. Jesus het te doen gehad met onredelike mense wat Hom beledig het, veroorsaak het dat Hy gely het, en Hom gedreig het. "Bediendes, onderwerp julle met die nodige ontsag aan julle werkgewers, of hulle nou goedhartig en vriendelik is, of *onredelik*…Toe Hy beledig is, het hy nie terug beledig nie, toe Hy gely het, het Hy nie gedreig nie, maar alles oorgelaat aan Hom wat regverdig oordeel." 1Pet. 2:18, 23. "As die heerser vir jou kwaad word, moenie jou pos verlaat nie; kalmte voorkom groot foute." Prediker. 10:4. God is duidelik daaroor dat dit nie saak maak watter behandeling ons ontvang nie, ons moet respekvol en onderdanig wees.

Die Woord van God nie in diskrediet! Hoekom is dit so belangrik dat ons aan ons mans onderdanig is? Want, wanneer ons nie is nie, **diskrediteer** ons *aksies* God! "Die ouer vrouens…die jonger vrouens leer…om lief te wees vir hulle mans…onderdanig aan hulle mans. Dan sal die woord van God nie in diskrediet kom nie." Titus 2:5.

Mense wat in die Here glo. Hoe moet ons teenoor ons mans optree? Soos mense wat in die Here glo! "vrouens, wees aan julle mans onderdanig soos dit pas by mense wat in die Here glo." Kol. 3:18. Is die manier wat jy teenoor jou man optree paslik teenoor die Here? Met ander woorde, sal jy op dieselfde manier teenoor die Here optree as Hy in jou man se plek gestaan het? 'n Ontnugterende gedagte, is dit nie?

Die vrou het haar laat verlei. Die belangrikste rede hoekom ons onder ons mans se gesag is, is vir ons beskerming. " 'n Vrou moet in die erediens stil en onderdanig wees en haar laat leer. Ek laat haar nie toe om daar onderrig te gee of oor die man gesag uit te oefen nie; sy moet stil wees. Adam is immers eerste gemaak, Eva daarna. Dit is ook nie Adam wat verlei is nie, dit is die vrou wat haar **laat verlei het en die gebod oortree** het. Maar sy sal haar redding vind in moederskap, as sy maar volhard in geloof, liefde en 'n heilige lewe, en daarby beskeie bly." 1Tim 2:11-15.

As gevolg van die tye waarin ons lewe, vind baie van ons dit moeilik om die konsep van onderdanigheid te aanvaar. Maar, liewe suster in Christus, daar is niks wat God ons opdrag gee om te doen wat nie vir ons goed is nie. Om onderdanig te wees sal ons beskerm van misleiding, wat ons vernietiging sal veroorsaak.

Noudat ons die Bybel nagegaan het, kom ons antwoord sommige ander vrae wat jy mag hê, deur God se Wysheid te gebruik…

Getuienis

Dit is met toestemming van my man, Dan, dat ek hierdie getuienis van onderdanigheid met jou deel. Dit is ons hoop dat dit die vrees om aan jou man onderdanig te wees, vir eens en altyd, tot rus sal bring. Ons hoop dat ons getuienis sal bewys dat daar beskerming is wanneer jy 'n uiterste stand inneem om onderdanig aan jou man te wees, selfs wanneer hy ongehoorsaam aan die Woord is. Dames, onderdanigheid is van toepassing vandag.

My man het gedurende die tyd tot sonde verval en was in owerspel betrokke. Hy het met my onderdanigheid aan die Here en aan hom gespot. Een aand, toe ons saam met sommige van sy besigheids vennote op 'n uitstappie was, het hy vir my gesê dat ons na 'n nagklub toe gaan waar daar kaal dansery was. Toe beweeg hy na my gesig toe en sê, "Wel gaan jy onderdanig wees?" Hy was vasbeslote dat ek gaan, so ek het ingestem. Toe hy weg is om die kaartjies te koop, het ek na die badkamer toe gegaan en "hardop" gebid soos wat ek nooit voorheen gebid het nie. **Onmiddellik het God deurgekom!** Ons het in een van sy vriende vasgeloop wat gevra het waarheen ons oppad was. Toe my man hom vertel het, het die man mal geraak en vir Dan gesê hoe aaklig dit was en om *my nie te vat nie*. Ek kon op lug geloop het - my geloof in God het die hoogtes ingeskiet!

Onverskrokke, het hy kaartjies vir 'n ander ('n bietjie minder vuil) vertoning uitgehaal. Maar my geloof was so hoog, ek het *geweet* God sou my uitlewer! Soos wat ons nader en nader aan ons bestemming gekom het, het ek aanhoudend gekyk en my verbeel hoe God my man sou keer. Maar ek was geskok toe ons instap, gaan sit het, en hy drankies bestel het. *Net om jou in te laat oor die omvang van die onderdanigheid, my man se egbreekster het aan tafel saam met ons gaan sit toe ons daar kom!* Trane het my oë gevul toe die vertoning begin het, nie omdat my man my daarheen gebring het nie, maar omdat dit gevoel het asof God my verlaat het.

Maar, dames, God is so getrou en ons kan op Hom vertrou. Toe die ligte afgegaan het net na die eerste vertoning (wat ek terloops NIE kon sien nie agv. my trane), het my man na my toe gedraai en gesê, "Hardloop! Kom hier uit!" Weereens uit onderdanigheid, het ek gehardloop! Spoedig het my man my buite gekry met trane in sy oë. Hy het gesê, "Ek kan nie glo dat ek dit aan jou gedoen het nie. Ek is so jammer. Ek sal jou nooit weer vra om so onderdanig te wees nie. Ek is skaam vir myself."

En hy het nooit weer nie. Inteendeel, selfs voor ons herstel is, het hy die werk as my beskermer aangevat teen die onsedelikheid van die wêreld. God het 'n seën vir ons wanneer ons ons vertroue en geloof in Hom alleen kan bewys! Gewoonlik lewer God ons uit, maar somtyds moet ons deur die "vurige beproewing" gaan om ons beloning te kry! God is getrou; ons kan op Hom vertrou selfs wanneer ons mans ons onderdanigheid op die proef stel.

Vrae beantwoord deur die Bybel

Wat is onderdanigheid of om onderworpe te wees? Dit is om gehoorsaam te wees sonder 'n woord, *veral* wanneer jou man ongehoorsaam is aan die Woord van God (1Pet. 3:1). Dit is om hom nie terug te beledig of te dreig nie. 1Pet 3:9 sê "moenie kwaad vir kwaad vergeld of belediging met belediging nie. Inteendeel, antwoord met 'n *seënwens*…"

Maar is onderdanigheid nog van toepassing vandag? "Jesus Christus is gister en vandag dieselfde en tot in ewigheid." Heb. 13:8. In Matt. 5:18 sê Jesus "Dit verseker Ek julle: Die hemel en die aarde sal eerder vergaan as dat een letter of letterstrepie van die wet sal wegval voordat alles voleindig is."

Maar moet ek nie "tawwe liefde" gebruik nie?

Liefde, volgens 1Korintiërs 13, is sagmoedig en vriendelik, nie moeilik nie.

In 1Tim. 2:11 sê dit dat 'n vrou nie gesag oor 'n man mag uitoefen nie.

In 1Pet. 2:23 het Jesus nie gedreig toe Hy gelei het nie, en Hy sê ons moet in Sy voetspore volg!

In 2Tim. 4:4 sê dit dat in die laaste dae sal mense hulle tot verdigsels wend. Deur "tawwe liefde" met ons mans te gebruik is 'n verdigsel aangesien die woord "tawwe" nie in die beskrywing van liefde in 1Cor. 13. is nie. Dit mag dalk vir ons moeilik wees om liefdevol teenoor ons mans op te tree, self as hulle moeilik is om lief te hê!

In 2Tim. 4:3 sê dit dat ons sal leermeesters bymekaar maak wat net sal sê wat ons graag wil hoor. Dit voel goed in die vlees om ultimatums te stel en ander te konfronteer. Maar die Gees en die sondige natuur is in opposisie met mekaar, "…daarom kan julle nie doen wat julle graag wil nie." Gal. 5:16. (Vir meer inligting oor tawwe liefde lees les 3 weer, "Sagte en Kalm Gees.")

Hoe doen ek wat God vra?

Hoe kan ek moontlik alles doen wat die Here van my vra as vrou in vandag se wêreld? Deur Genade! En hoe kry jy genade? Deur nederig te wees. In Jak. 4:6 sê dit, "God weerstaan hoogmoediges, maar aan nederiges gee Hy genade." En 2Kor. 12:9 sê dit, "My genade is vir jou genoeg. My krag kom juis tot volle werking wanneer jy swak is." En ja, anders as die wêreld se dwase opinies, is vrouens swakker as mans. "Mans, julle moet verstandig met julle vrouens saamleef, bewys eer aan haar as die **swakker** geslag…" 1Pet. 3:7.

Kom ons bedank *God* vir die beskerming wat Hy ons gee as ons Hom gehoorsaam en in onderdanigheid aan ons mans is! In plaas van om te baklei om onder die beskermende gesag van ons mans uit te kom, kom ons loof die Here dat Hy gekies het dat ons vrouens is.

Onderdanigheid. Om ons te help om ons vrese vir onderdanigheid te "laat gaan", mag dit nuttig wees as ons noukeurig na Sara se voorbeeld kyk. Ek is daarvan beskuldig dat ek "**onderdanighied aan sonde**" leer. Alhoewel die frase amper Skriftelik klink, is dit nogal denkbeeldig. Maar die betekenis agter daardie woorde is sekerlik in Sara se lewe te vinde. Ek kan jou eerlik sê dat dit 'n versigtige reis was met baie soeke na die Waarheid. God sê, "**soek, en julle sal kry**" (Matt. 7:7) en "**As een van julle wysheid kortkom, moet hy dit van God bid, en Hy sal dit aan hom gee.**" Jak. 1:5.

Baie Christene en godsdienstige leiers het nie met my leringe oor onderdanigheid saamgestem nie, maar ek het gevind dat dit my eintlik gehelp het deur my aan te moedig om die waarheid te soek en te vind. Hoe meer ek in die Woord gegrawe het, en hoe meer ek dit wat ek geleer het met radikale gehoorsaamheid gevolg het, hoe meer was ek in staat om onderdanigheid met durf te onderrig. Dames, ek vind dat die tekort aan onderdanigheid die wortel van die twisgierige vrou se bestaan is. Dit is nie wanneer en aan wie jy onderdanig is nie; dit is die "gees van rebellie" wat sal bestaan as jy nie God heeltemal vertrou met die resultate van jou onderdanigheid nie.

Die ware seëninge kom deur op God te vertrou, nie in ons mans se leierskap nie, omdat "**'n Man bepaal sy pad, maar die Here bepaal hoe hy loop.**" Spr. 16:9. Jy en ek moet die "**Here vertrou**" en nie vertrou in "**mense, en ons krag by sterflike mense soek nie**." (Jer. 17:5). Ons moet gewillig wees om die Waarheid in God se woord te soek. Ek het persoonlik uitgeleef wat ek geskryf het en my getuienisse getuig van die Bybel se Waarheid. Ek het ook al baie "**slegte vrugte**" gesien van die wat die waarheid van *volkome onderdanigheid teen gestaan* het. "Aan hulle vrugte sal julle hulle ken…" Matt. 7:16. Selektiewe onderdanigheid is glad nie onderdanigheid nie; dit is rebellie (weerspannigheid)! en rebellie is waarsêery! "Weerspannigheid is net so erg as die sonde van waarsêery; eiesinnigheid net so erg as die bedrog van afgodery." 1Sam. 15:23.

Enige vrou wat haarself beskerm deur 'n gees van ongehoorsaamheid te demonstreer sal *nooit* God se volkome beskerming hê nie, nog minder sal sy die ware seëninge sien wat God vir haar bedoel het! En ongelukkig sal 'n weerspannige vrou moontlik *nooit* haar man sien onderdanig word aan **Sy** outoriteit, Jesus Christus nie.

Het Sara aan Sonde Onderwerp?

Was Sara se gehoorsaamheid onderwerping aan sonde? Nee, Sara het nie gesondig nie. Dit was Abraham, wie Sara se outoriteit was, wat gesondig het. Toe hy haar gevra het om 'n halwe leuen te vertel (natuurlik is 'n halwe leuen nog steeds 'n leuen, daarom, sonde), het Sara gehoorsaam en, as 'n resultaat van haar gehoorsaamheid aan haar man, het God haar beskerm.

Soos wat ek gesê het, dit is belangrik vir ons as vrouens om die **bevel te verstaan** wat vir ons as vrouens gegee is. "Sara, byvoorbeeld, was aan Abraham gehoorsaam en het met eerbied na hom verwys. As julle doen wat goed is en julle nie deur dreigemente laat afskrik nie, is julle haar dogters." 1Pet. 3:6.

Ons moet die Waarheid in God se Woord nastreef, sodat ons, as vrouens, tot die kennis van die Waarheid kan kom, "…Party van hulle dring in die huise in en kry liggelowige vrouens wat met sonde belaai is en deur allerlei sinlike begeertes gedryf word, in hulle mag, vrouens wat altyd iets wil leer, maar tog nooit tot die kennis van die waarheid kan kom nie." 2Tim 3:6-7.

Ons *moenie* die Skrif debateer nie. Ons moet "altyd gereed wees om 'n antwoord te gee aan *elkeen* wat van julle 'n verduideliking eis oor die hoop wat in julle lewe, maar doen dit met beskeidenheid en met eerbied vir God." (1Pet. 3:15). Ons moet ook onthou om te "sorg dat julle gewete skoon bly, sodat die wat julle oor julle goeie lewenswandel in Christus belaster, daaroor skaam kan kry dat hulle kwaad van julle gepraat het. As dit die wil van God mag wees dat julle moet ly wanneer julle goed doen, is dit beter so as om te ly wanneer julle kwaad doen." 1Pet. 3:17.

Stryery oor woorde. As enigiemand jou iets leer of vertel wat **teenstrydig is met die Woord**, onthou "As iemand 'n ander leer verkondig en nie hou by die gesonde woorde van ons Here Jesus Christus en by die leer van ons godsdiens nie, is hy verwaand en weet hy niks. Hy het 'n sieklike beheptheid met twisvrae en met stryery oor woorde." 1Tim. 6:3-6.

Almal van ons moet **God se Woord sorgvuldig gehoorsaam**, en deur 'n voorbeeld te wees, ander te leer wat Hy beveel. "Wie dan ook een van die geringste van hierdie gebooie ongeldig maak en die mense so leer, sal die minste geag word in die koninkryk van die hemel. Maar wie die wet gehoorsaam en ander so leer, sal **hoog** geag word in die koninkryk van die hemel. Ek sê vir julle: As julle getrouheid aan die wet nie meer inhou as die van die skrifgeleerdes en die Fariseërs nie, sal julle nooit in die koninkryk van die hemel ingaan nie." Mat. 5:19-20. Dit sluit julle dogters, skoondogters, susters, moeders, sowel as julle Christen en nie-Christen vriendinne in.

Skrifgeleerdes en Fariseërs. Jesus het na die **Fariseërs** verwys as blinde mans, skynheilig, kinders van die duiwel, wat probeer het om Jesus uit te vang of in 'n strik te vang met wat Hy gesê het. Hy het ook gesê die Fariseërs het potensiële gelowiges verhinder, die Woord verdraai, hulself geregverdig voor mense, was uiterlik regverdig en blind vir geestelike dinge. Die skrifgeleerdes was regskundiges. Hy verwys na hulle as uiterlik regverdig, hul onderrig was sonder gesag, en hulle het Jesus oor Sy gesag bevraagteken. Jesus het hulle blootgestel, hulle veroordeel, en hulle ook skynheilig genoem. Laat ons lewens nie wees soos die skrifgeleerdes en Fariseërs nie. Laat ons harte oop wees terwyl ons na die Waarheid soek.

Hulle eie begeertes. Jy kan maklik iemand vind wat jou sal vertel **wat jy wil hoor**. "want daar sal 'n tyd kom wanneer die mense die gesonde leer nie meer sal verdra nie. Hulle sal hulle eie begeertes volg en vir hulle leermeesters bymekaar maak wat net sal sê wat hulle graag wil hoor, hulle sal die waarheid nie wil hoor nie en hulle tot verdigsels wend." 2Tim 4:3-4. Lewe ons in tye waar vrouens nie die gesonde leer sal verduur nie? Sal jy jou na verdigsels wend?

As jy wil weet wat die Waarheid is, loop saam met my terwyl ons weer in die Woord gaan soek na waar dit na Sara se gehoorsaamheid verwys.

Sara se Gehoorsaamheid

Die antwoord op die vraag. "Hoe ver moet 'n vrou gaan om aan haar man onderdanig te wees?" word in die lewe van die vrou gevind, die enigste vrou wat God se Woord sê is ons voorbeeld van onderdanigheid, Sara. (1Pet. 3:6). Kom ons kyk in diepte na al die verwysings na Sara en haar verhouding met haar man Abraham.

Die Bybel verwys 59 keer na Sara! In al daardie verwysings is daar net drie keer wat Abraham haar gevra het om iets te doen. Onthou, *sy* is ons voorbeeld van gehoorsaamheid teenoor ons mans.

In Gen. 12:11 vertel Abraham vir Sara hoe pragtig sy is en dat wanneer hulle Egipte binnegaan, sy die Egiptenare moet vertel dat sy sy suster is sodat hy mag lewe. Dit was 'n halwe-waarheid aangesien sy sy "half-suster" was. Dit word verder aangeteken dat Abraham "goed behandel" is vir haar (Sara) onthalwe. Het sy gesondig deur te jok of is sy onskuldig omdat die outoriteit oor haar vir haar gesê het om te jok?

Dan in Gen. 12:17, "…het die Here Farao en sy huis met groot plae getref." Dan sê dit dat "as gevolg van Sara" het Farao **Abraham** gevra (nie Sara) hoekom *hy* dit aan hom gedoen het. Abraham word uiteindelik verantwoordelik gehou. Farao stuur dan Abraham en sy vrou Sara weg met alles wat aan hulle behoort. Dan in Gen. 17: 15-21 sê die Woord vir ons dat Sara die "moeder van baie nasies" sal word en "konings van mense van haar af sal kom." So weer, Abraham word verantwoordelik gehou vir dit wat hy sy vrou sê om te doen en Sara word geseën vir haar gehoorsaamheid.

Nou, in Gen. 18:6-15, sien ons dat Abraham vir Sara (God het nou vir hulle hulle nuwe name gegee) om te gaan en roosterkoek vir die gaste te maak. Ons vind dat Sara haar man weer gehoorsaam en die koek gaan maak.

Glo dit of nie, in Gen. 20:2-18 "het hy voorgegee dat sy vrou Sara sy suster is. Koning Abimelek van Gerar het haar toe laat haal om met haar te trou." Hierdie keer word Sara nie gevra om te jok nie; die Here het haar verlos daarvan. Nogmaals word sy geneem as 'n ander man se vrou! Maar dan in vers 5 sien ons hoe die koning God om sy lewe smeek. In vers 6 sien jy God se beskerming oor Sara toe Hy aan die Koning sê, "ek het jou nie *toegelaat* om aan haar te raak nie." God se Woord sê vir ons dat "Sara het Abraham gehoorsaam en met eerbied na hom verwys" en dat ons ons nie "deur dreigemente moet laat afskrik nie" maak nie saak wat ons mans ons vra om te doen nie. God het Sara beskerm en Hy sal ons ook beskerm!

Om verder te bewys dat ons nie verantwoordelik is wanneer ons ons mans gehoorsaam nie, sien ons in vers 9 dat wanneer die koning iemand blameer, blameer hy Abraham. "Hy het vir Abraham geroep en vir hom gesê: "Wat het jy ons aangedoen? Wat jy my aangedoen het, is onbehoorlik." In vers 12, verduidelik Abraham sy halwe-leun (wat nogsteeds sonde is). Dan, in vers 13, stel Abraham Sara vry van enige ongeregtigheid. Hy bieg aan die koning dat dit sy idee was om hom te bedrieg. "Jy kan wys dat jy my liefhet deur op elke plek waar ons kom, van my te sê: Hy is my broer." Nou kyk weer in vers 16, seën God vir Sara. Die koning sê vir Sara dat hy haar broer 1000 stukke silwer gegee het om te wys dat *sy* vrygespreek is van enige oortreding. Sara was weer opgehef in haar onskuld soos dit in vers 18 sê, "Dit was nadat die Here elke vrou in die huis van Abimelek daarvan weerhou het om kinders te hê. Die Here het dit gedoen *oor wat* gebeur het met *Sara* die vrou van Abraham." Wanneer ons gehoorsaam soos Sara, sal ons ook beskerm word, vrygespreek van enigiets wat ons gevra is om te doen, en geseënd!

Die volgende vers, Gen. 21:1, sê, "Die Here het aan Sara gedink soos Hy beloof het. Hy het Sy belofte aan haar nagekom." God het Sara se gehoorsamheid "getoets" om uit te vind of sy waardig was om die moeder van die Belofte en baie nasies te wees. Ons kan seker wees dat God ons harte ook sal toets.

Maar God het Sara nog nie klaar geseën nie, soos wat ons in Gen. 21:12 sal sien, "Maar God het vir Abraham gesê '…luister na alles wat Sara vir jou sê…!'" God sê vir Abraham om aan Hagar te doen wat Sara vir hom sê om te doen, aangesien Sara omgekrap was deur Hagar se houding. Selfs al het Sara God voorsgespring deur Hagar saam met Abraham te stuur om die belofte aan te jaag, het God dit reggemaak! Ons sien die bewys in Gen. 21:14 toe Abraham Hagar en Ismael wegstuur.

Om te Gehoorsaam

In die Woord is daar agt verskillende woorde vir *gehoorsaam.* Drie is in Hebreërs in die Ou Testament, en 5 is in Grieks in die Nuwe Testament. Net die woord Hupaku (5219 in die Strong's Concordance), uitgespreek *hoop a ku o*, is gebruik vir vrouens met betrekking tot gehoorsaamheid aan hulle mans. Die definisie van die woord *gehoorsaam* is: om te hoor, om soos 'n ondergeskikte te wees, om aandagtig te luister; by implikasie ag te gee of aan te pas met 'n bevel of outoriteit; te luister, om te gehoorsaam, gehoorsaam te wees. Die woord vir gehoorsaam word in 1Pet. 3:6 gevind wanneer vrouens beveel word om gehoorsaam te wees, soos Sara met Abraham. Dit is ook gevind in:

Rom. 6:17 wanneer dit sê dat ons slawe moet wees en van harte gehoorsaam moet wees (sien ook Gen. 21:1).

1Pet. 1:22 sê weer dat ons uit die hart gehoorsaam moet wees.

En Heb. 11:7 toe Abraham gehoorsaam was deur na Kanaän te vertrek (sien Gen. 12:5).

Sommige, wat my sterk stand oor onderdanigheid aan ons mans betwis, het ander verwysings in die Bybel gebruik om te bewys dat ons nie gehoorsaam soos Sara hoef te wees nie. Maar hulle gebruik 'n ander woord, soos die woord PHEITHO (3982) *pie tho* wat beteken om te oortuig deur 'n argument, om te paai, om te oorreed. Maar hierdie woord word nie gebruik in die verhouding tussen 'n vrou en haar man nie.

Daar is ook die woord PEITHARCHEO (3980), *pie thar ke o,* wat beteken om te oorreed deur 'n regeerder (magistraat). Dit is in Handelinge 5:29, wanneer Petrus en die apostels antwoord en sê, "'n Mens moet eerder aan God gehoorsaam wees as aan mense!" Maar weer, hierdie woord vir gehoorsaam is nie in die man en vrou verhouding gebruik nie.

'n Vierde woord vir *gehoorsaam is* SHAMA (8085) wat beteken om te hoor, te oorweeg, of te onderskei. Die woord vir *gehoorsaam* is gebruik in verwysing na Daniel wanneer hy pleit om nie kos van die koning se tafel te eet nie. Baie het vrouens aangemoedig om hierdie *gehoorsaamheid* te gebruik om te pleit by hulle mans; maar God se

Woord gebruik niks van daardie woorde vir *gehoorsaamheid* om te verwys na die man en vrou verhouding nie.

Kom ons Hersien

Ons het saam deur die Woord geloop om die Waarheid te vind oor onderdanigheid aan ons mans. So kom ons hersien wat ons gevind het:

1. Die enigste *vrou* in die Bybel wie as 'n voorbeeld van **gehoorsaamheid** gegee word vir vrouens om te volg, is Sara.
2. God het Sara beskerm omdat sy onderdanig was "soos aan die Here" deur aan haar man gehoorsaam te wees en *Hom* te vertrou vir beskerming. (Efe. 5:22).

3. Net drie verwysings in die Bybel sê iets oor Abraham wat vir Sara vra om iets te doen: om roosterkoeke te maak, om "halfpad te lieg" deur te sê dat sy sy suster was, en om 'n tweede keer te gaan as 'n vrou van 'n Farao.

4. Abraham was die een wat verantwoordelik gehou was vir alles wat Sara gedoen het toe sy hom gehoorsaam het.

5. Nadat sy die tweede keer gehoorsaam was, het God "ag geslaan" en Sara geseën met Sy belofte van 'n seun op haar oudag.

6. Hier is 5 verwysings wat wys dat Abraham (en Sara) geseën en beskerm was as gevolg van Sara:

   a. In Gen. 12:16, "hulle het aan Abram goed gedoen oor haar."

   b. In Gen. 20:7 sê dit, "Ek [God] het jou **nie toegelaat** om aan haar te raak nie."

   c. In Gen. 20:14-15, Abraham se vrou was teruggegee saam met geskenke van skape, osse, en manlike en vroulike slawe. Hy was toegelaat om net waar hy wou in die koning se land te bly en was duisend stukke silwer gegee om

"Sara se naam skoon te maak"!

d. In Gen. 20:18, het die Here die huishouding van Abimelek daarvan weerhou om kinders te hê "as gevolg van Sara."

e. In Gen. 21:12, Hagar en Ismael was weggestuur omdat God vir Abraham gesê het om vir Sara te luister en te doen wat sy gesê het aangaande Hagar.

7. Abraham moes Sara beskerm het; nietemin het God Sara beskerm omdat sy Hom gehoorsaam het deur aan haar man Abraham onderdanig te wees.

Daarom het ons nie nodig om onderdanigheid te vrees nie, omdat ons God se beskerming het. "Julle wat die Here dien, vertrou op die Here! Hy help en beskerm julle." Ps. 115:11.

Al wat nou in die pad staan van onderdanigheid is 'n weerspannige gees. "Weerspannigheid is net so erg as die sonde van waarsêery; eiesinnigheid net so erg soos die bedrog van afgodery. Omdat jy die Woord van die HERE verwerp het, het Hy jou as koning verwerp…" 1Sam. 15:23. Sodra ons uit die hart onderdanig is en die weerspannigheid uit ons aksies en houding neem, sal beproewings kom "om ons te toets." Maar **God** wag om ons te help: "As die regverdiges om hulp roep, hoor die Here hulle en red Hy hulle uit al hulle benoudhede." Psalm 34:17. (Sien les 10, "Verskeie Beproewings," want "My volk gaan onder omdat julle nie aan my toegewy is nie. Omdat jy jou taak om hulle aan my toe te wy, verwerp het…" Hosea 4:6.)

Eva en die Val

Ons het die lewe van Sara bestudeer en ware onderdanigheid in aksie gesien. Ons het in haar lewe beide seëninge en beskerming gesien. En ons weet dat Sara opgehef is in 1Petrus deur haar radikale onderdanigheid aan haar man Abraham. Maar om beter te verstaan, sal dit nuttig wees om die lewe van Eva te bestudeer, sodat ons meer wysheid kan versamel.

Watter beginsels van onderdanigheid het Eva oortree wat tot "Die Val" gelei het?

Twyfel in God en bevraagteken Sy Woord. "Het God werklik gesê julle mag van geen boom in die tuin eet nie?" Gen. 3;1. As sy net geweet het dat "Elke belofte van God is betroubaar. Hy beskerm die wat by Hom skuil." Spr. 30:5. Het Eva hierdie vers geken en dit toegepas, sou dit ons baie pyn gespaar het.

Moet niks byvoeg. "Die vrou het die slang geantwoord: 'Ons mag eet van die vrugte van die bome in die tuin. God het net gesê ons mag nie eet van die vrugte in die middel van die tuin nie en ons mag dit nie **aanraak** nie, want dan sterf ons.'" Sy het bygevoeg dat sy dit nie mag "aanraak" nie. Wanneer ons by God se Woord byvoeg, skend dit die Bybel en stel dit ons op vir sonde. "Moet niks byvoeg by wat Hy gesê het nie; Hy sal jou bestraf, en jy sal daar staan as leuenaar." Spr. 30:6.

Luister na die stem van Satan. "Toe sê die slang vir die vrou: Julle sal beslis nie sterf nie, maar God weet dat julle oë sal oopgaan die dag as julle van daardie boom eet en dan sal julle soos God wees deurdat julle alles kan ken." Ons moet nooit vergeet dat Satan is 'n leuenaar is nie. "Wanneer hy **leuentaal** *praat, is dit volgens sy aard*, want hy is 'n **leuenaar** en die *vader* van die **leuen**." Johannes 8:44.

Kyk neer op die bose. "Toe **besef** die vrou dat die boom se vrugte goed is om te eet en mooi om na te kyk en begeerlik omdat dit kennis kan gee. En sy het van die vrugte gepluk en geëet…" Gen. 3:6. Wat moes sy gedoen het? "Bly weg van die kwaad af en doen wat goed is." 1Pet. 3:11. Kom ons leer uit haar fout en, in plaas daarvan, doen wat Job gedoen het…" Ek het 'n verbond gesluit met my oë…" Job 31:1AFR53. Jesus het ons vertel hoe belangrik ons oë vir ons toekoms is: "En as jou oog jou van My afvallig maak, ruk hom uit en gooi hom van jou af weg. Dit is vir jou beter om met een oog die lewe in te gaan as om met altwee oë in die vuur van die hel gegooi te word." Matt. 18:9.

Veroorsaak 'n ander om te struikel. "*Sy* het ook vir haar man by haar *gegee*, en hy het geëet. Hulle altwee se oë gaan toe oop, en hulle besef dat hulle kaal is. Toe werk hulle vyeblare aanmekaar en hang dit om vir klere." Gen. 3:6-7. "Laat ons mekaar dan nie meer veroordeel nie. Neem julle liewer voor om niks te doen wat jou broer kan aanstoot gee of tot 'n val kan bring nie." Rom. 14:13. "Dit is goed om geen vleis te eet of wyn te drink of iets te doen wat jou broer laat struikel nie." Rom. 14:21.

Verlei deur sy eie begeertes. Was Eva geblameer toe Adam gesondig het? "Dit is onvermydelik dat daar dinge kom wat mense laat struikel. Maar ellende wag vir die mens wat die oorsaak daarvan is. So 'n mens kan eerder met 'n groot klip aan die nek in die see gegooi word…" Lukas 17:1-2. Maar, "…'n mens word verlei deur sy eie begeertes wat hom aanlok en saamsleep." Jak. 1:14. Daar is 'n perfekte balans hier. As ons die oorsaak is van ons mans wat struikel en sondig, is ons verantwoordelik. Aan die ander kant, is ons mans aan die Here aanspreeklik vir hulle sonde. En terwyl ons op die onderwerp is, onthou dat as jou man op sonde afstuur, kom uit sy pad uit! (Ps. 1:1) Verder, word vir ons gesê om nie 'n ding daaroor vir hom te sê nie. (1Pet.3:1).

Die Gevolge

Die eerste gevolg was misleiding. "En sy sê, 'Die slang het my mislei, en ek het geëet.'" Gen. 3:13. "Dit is ook **nie** *Adam* wat *verlei* is nie, dit is die **vrou** wat *haar laat verlei het* en die gebod oortree het." 1Tim. 2:14.

Die vloek. "Vir die vrou het die Here God gesê: 'Ek sal jou baie swaar laat kry met jou swangerskappe: met pyn sal jy kinders in die wêreld bring. *Jou begeerte sal na jou man wees*, maar hy sal oor jou heers.'" Gen. 3:12-16NLV, die definisie van die woord *maar* is belangrik. Dit beteken nietemin, nogtans of maar. Jou "vloek" is nie jou man wat oor jou heers nie. Laat ek dit omskryf. Wat dit sê is, "Aangesien jy gesondig het, sal Ek jou baie swaar laat kry met jou swangerskappe: met pyn sal jy kinders in die wêreld **bring; nietemin, nogtans, of maar**, **sal ek jou beskerm deur jou man oor jou te laat heers sodat jy nie weer verlei sal word nie**." God kon sien dat die vrou spesiale beskerming teen misleiding nodig het. Ons vrouens het 'n neiging om besluite te maak gebaseer op hoe ons voel omdat dit lyk asof ons die hart is van die "een vlees."

Jou beskerming. Daarom, het ons beskerming as ons onder die outoriteit van ons mans bly. "'n Vrou moet in die erediens stil en onderdanig wees en haar laat leer. Ek laat haar nie toe om daar onderrig te gee of oor die man gesag uit te oefen nie; sy moet stil wees. Dit is ook **nie Adam** wat *verlei* is nie, dit is die **vrou** wat haar *laat verlei het* en die gebod oortree het." 1Tim. 2:11-14.

Eèn in Christus Jesus. Nou wanneer daar aan ons gesê word om onderdanig te wees aan 'n man, is die man nie net *enige* man nie, nog minder is dit *elke* man. Ons moet onderdanig aan ons eie mans wees. Ons moet ook onderdanig wees aan al die mans (en vrouens) wie oor alle mans en vrouens is, soos base of die polisie, ens. Baie Christene het gestruikel oor die onderwerp van vrouens wat mans onderrig. Wanneer 'n vrou geroep word om te onderrig, moet haar man nie haar student wees nie. Jesus het gekom sodat ons onder genade kan leef; laat ons nie wetlik wees nie. "Dit maak nie saak of iemand Jood of Griek, slaaf of vry, man of vrou is nie: in Christus Jesus is julle almal èèn." Gal. 3:28.

Net 'n aanmerking: die term "hulp wat by hom pas" is van die AFR53 vertaling. "Metgesel" is van die NLV. "Sy gelyke wat hom kan help" AFR83. "Maat wat hom kan help" ABA Bybel. (Gen. 2:18).

Ons tweede beskerming. Ons mans is ons vernaamste beskermers; alhoewel die Bybel aan vrouens vertel dat ons addisionele beskerming het: "Maar sy sal haar **redding** vind in *moederskap*, as sy maar **volhard** in geloof, liefde en 'n heilige lewe, en daarby beskeie bly." 1Tim. 2:11-15. Die woord *bewaar* is uit die NLV Bybel. In die AFR53 is die woord "gered," oorvertaal uit die woord *sozo*, wat beteken: om te red, beskerm of te genees of om veilig te hou. Weer, soos wat ons gesien het hoe nodig dit is om aan ons mans gehoorsaam te wees sonder enige vrees (1Pet 3:6), moet ons ook voortgaan om kinders te baar in geloof. Geloof, soos ons weet, is die teenoorgestelde van vrees. (Sien les 12, "Kinders is Geskenke van die Here.")

Nog 'n interessante gevolg van Eva wat die vrugte geëet het is dat God vir haar gesê het dat haar "begeerte" vir haar man sal wees. Die woord begeerte is oorvertaal uit die woord *tshuwqah* (8669), wat gedefinieer word as: 'n uitreiking na; 'n verlange; 'n begeerte. Maar dit is afkomstig van die woord shuwq (7783), wat beteken "om agterna te hardloop." Ons weet dat daar meer vrouens is wat vir hulle mislukte huwelike staan en vir ontroue eggenote as mans. Is dit nie interessant dat daar eens op 'n tyd 'n baie populêre liedjie was (voordat feminisme die manier wat ons dink verander het) met die titel "Stand By Your Man"?

Adam blameer sy vrou. As jy gewonder het hoekom jou man jou blameer, dit was van die begin af so! "Die *vrou* wat U my gegee het om my by te staan, sy het vir my van die boom se vrugte gegee, en ek het geëet." Gen. 3:12. Ons mans word vermaan om "…julle moet julle vrouens liefhê, moenie die lewe vir hulle *bitter* maak nie." Kol. 3:19. En ook, "Sorg dat niemand van die genade van God afvallig word nie. Sorg dat daar nie *verbittering soos 'n wortel* uitspruit, moeilikheid veroorsaak en baie besmet nie." Heb. 12:15. Maar as gevolg van die nyging van mans om hulle vrouens te blameer, het God ons beskerming gegee deur ons 'n beginsel te gee om te volg. "vrouens, julle moet aan julle mans onderdanig wees. As daar van julle is met mans wat nie die woord van God glo nie, en die mans sien hoe godvresend julle is en hoe voorbeeldig julle julle gedra, sal hulle vir Christus gewen kan word deur die gedrag van hulle vrouens. Dit sal nie eens vir julle nodig wees om 'n woord te sê nie. Nee, julle skoonheid moet diè van die innerlike mens wees: blywende beskeidenheid en kalmte van gees. Dit het by God groot waarde." 1Pet. 3:1-2,4.

Sy **fout**. Dan aan Adam het Hy gesê, *"Omdat jy na **jou vrou geluister** het* en geëet het van die boom waarvan Ek jou verbied het om te eet…'" Gen. 3:17. Hoekom was dit sy ongehoorsaamheid en haar misleiding? Die laaste keer wat die gebod om nie die vrugte te eet nie, genoem is, is vier verse *voor* Eva geskep is! Maar sy was nie onderdanig aan haar man se gesag toe sy die verbode vrugte geëet het nie. Nietemin was sy nie direk ongehoorsaam aan God se bevel nie, omdat dit aan *Adam* gegee was voordat Eva geskep is. Dit is hoekom die sonde van Adam af oorgedra is en nie Eva nie. Eva het nie opsetlik gesondig nie; sy was mislei! Adam het geweet wat hy doen toe hy dit by haar geneem en geëet het. Sy ondergang was dat hy na sy vrou geluister het. Ons sien ook dat dit aan Abraham oorgedra is toe Sara hom gevra het om Hagar te neem om God se belofte van 'n seun te vervul. *"En Abram het **saamgestem** met sy vrou."* Gen. 16:2. Vra jouself of jy die "stem" van versoeking was vir jou man om sonde te doen. Ek weet ek was skuldig aan hierdie einste ding. Dit is 'n uitstekende manier om jou huis af te breek dames!

Sy vloek. "Vir die mens het die Here God gesê: 'Omdat jy na jou vrou geluister het en geëet het van die boom waarvan Ek jou verbied het om te eet, is die aarde deur jou toedoen vervloek; met swaarkry sal jy daaruit 'n bestaan maak, jou lewe lank; die aarde sal vir jou dorings en dissels laat uitspruit, en jy sal veldplante eet; net deur harde werk sal jy kan eet, totdat jy terugkeer na die aarde toe, want daaruit is jy geneem. Stof is jy, en jy sal weer stof word.'" Gen. 3: 17-19. "Werk jy hard," en neem sy straf op deur self te werk? Die vloek van *harde werk* was bedoel vir jou man. (Sien les 14, "Die Maniere van Haar Huishouding" om verlos te wees van die "swaarkry" wat jy nooit bedoel was om te dra nie.)

Kom ons kyk nou na ander vrouens in die Bybel om insig te verkry oor hulle rol as vrou. Ons sal kyk na beide die goeie en die slegte voorbeelde.

Abigajil

Wat weet ons van Abigajil? "Die naam van die man was Nabal en die naam van sy vrou Abigajil. Die vrou het 'n goeie verstand gehad en sy was mooi…" 1Sam. 25:3.

Sy was sonder oordeel. Ons sal sien soos wat ons die Skrifgedeelte bestudeer dat Abigajil sonder oordeel was. "Die skoonheid van 'n vrou sonder oordeel is soos 'n goue ring aan 'n vark se snoet." Spr. 11:22. "Uiterlike skoonheid hou nie, 'n mooi voorkoms is nie alles nie; as sy die Here dien, dàn verdien 'n vrou om geprys te word." Spr. 31:30.

Abigajil se getuienis. Dit begin in 1Samuel 25 waar ons van die situasie lees. 'n Klomp manne het getrou haar man se groot kuddes skape en bokke opgepas; nie een dier het verlore geraak nie. Toe die mans hoor dat haar man die skape skeer, het Dawid 'n groep van tien mans gestuur om voor te stel dat hy hulle 'n beloning gee vir die werk wat hulle gedoen het, wat die gebruik was. Maar Nabal (Abigajil se man) het hulle en hulle leier gespot en beweer dat hy nie verplig was om hulle op enige manier terug te betaal nie. Dit het Dawid kwaad gemaak en hy het beplan om Nabal en al die manne van sy huishouding dood te maak. Toe Abigajil van sy plan gehoor het, het sy vyf skape en groot hoeveelhede kos gevat en haastig uitgejaag om Dawid te ontmoet. Baie predikers het Abigajil as 'n voorbeeld gebruik vir ons om te volg; alhoewel sy die Skrif oortree het.

Watter beginsels het Abigajil oortree? Abigajil se oortreding van verskeie beginsels in die Bybel het uiteindelik haar man se dood veroorsaak. Dit het ook veroorsaak dat sy as "net een" van Dawid se vele vrouens geneem was.

Die man is die hoof van die vrou. Een van die eerste verklarings wat ons sien is, "Aan haar man Nabal het sy niks hiervan vertel nie." 1Sam. 25:19. Abigajil het nie haar man sy aangewese posisie in die huwelik gegee nie en het sake in haar eie hande geneem. Sy het die beginsel oortree, "Die man is die hoof van die vrou… *Christus self* is ook die **Verlosser** van die liggaam," Efe. 5:23. Sy moes toegelaat het dat haar man die "verlosser" in die situasie moes wees. "*Weerspannigheid* is net so erg as die sonde van waarsêery." 1Sam. 15:23. Weerspannigheid word gedefinieer as: om nie aan outoriteit onderdanig te wees nie, rebellie, openlike opposisie teenoor outoriteit, en hardkoppige uittarting van bestuur.

Onderwerp julle aan die wat *onredelik* is. Sy het haar inmenging regverdig deur na haar man se optrede te kyk: "…maar die man [Nabal] was 'n regte korrelkop en onbeskof…"1Sam. 25:3. Ons kan nie ons rebellie regverdig as gevolg van die optrede van ons outoriteit nie; die Woord is duidelik, "…onderwerp julle met die nodige ontsag aan julle werkgewers, of hulle nou goedhartig en vriendelik is, of *onredelik*." 1Pet. 2:18. "Wie sy mond in **bedwang** hou, *behou sy lewe;* **wie sy mond nie kan hou nie**, *gaan sy ondergang tegemoet.*" Spr. 13:3.

Sy sal haar verdiende straf kry. "Elke mens moet hom onderwerp aan die owerhede wat oor hom gestel is. Daar is immers geen gesag wat nie van God af kom nie, en die owerhede wat daar is, is deur die beskikking van God. Wie hom teen gesag verset, kom dus in opstand teen die ordening van God; en wie in opstand kom, sal sy verdiende straf kry." Rom. 13:1-2. Toe sy bekommerd was dat daar skade sou wees, moes sy haar bekomernisse sagmoedig en respekvol aan haar man raporteer het. Dit is om dit in God se hande oor te laat. "Wyse mense versprei kennis met wat hulle sê." Spr. 15:7. "Die regverdige laat sy pad vir hom **wys** deur 'n vriend; die goddeloses verdwaal op die pad wat hulle self kies." Spr. 15:7. As Nabal dan nog volgehou het met sy hardkoppigheid, moes sy na God uitgeroep het, nie na Dawid, vir genade.

Sy het ingemeng met 'n rusie wat haar nie aangegaan het nie. Deur sake in haar eie hande te neem, het sy *die moontlikhede van God beperk* om met haar man en die situasie te werk. "Iemand wat 'n kwaai hond sommer aan die ore pak, so is iemand wat woedend instorm in 'n rusie wat hom nie aangaan nie." Spr. 26:17.

Sy het die 1Petrus 3 beginsel oortree. Ek weet dat Abigajil gebore was voor 1Petrus geskryf was; maar haar oortreding bewys dat ons nie na Abigajil moet kyk as die heldin wat ander haar uitmaak om te wees nie. Abigajil het nie haar man vereer nie, sy het hom nie "sonder 'n woord" gewen nie, en sy het hom nie meneer genoem (soos Sara met Abraham gedoen het) nie. As Abigajil haar man vereer het, sou God haar beskerm het soos Sara. "…hulle het [Farao] aan Abraham goed gedoen oor haar [Sara]…" Gen. 12:16. En ook, "Die Here het aan Sara gedink soos Hy beloof het. Hy het sy belofte aan haar nagekom." Gen 20:18-21:1

Sy was vir hom soos *vretende* kanker. Abigajil het nie net met haar man se gesag ingemeng nie maar sy het hom in die *skande* gesteek. "Meneer moet hom tog nie steur aan daardie *verkeerde mens,* aan Nabal nie, want hy is net soos sy naam. Sy naam beteken dwaas…" 1Sam. 25:25. "'n **Knap vrou** gee haar man *hoë aansien*; een wat haar man in die **skande steek,** is vir hom soos *vretende kanker."* Spr. 12:4. Sy het Dawid "meneer" genoem en haar man "verkeerd." Dwaas word gedefinieer as optrede wat voortspruit uit onnoselheid.

Sy was hoogmoedig. Sy het dit bekend gemaak dat sy die situasie anders sou hanteer het as haar man. Abigajil was deur hoogmoed aangedryf "…Maar **ek**, ek het nie die manne van Meneer vir wie Meneer gestuur het gesien nie." 1Sam. 25:25. Tog was dit nie haar posisie om dit te doen nie. Haar posisie moes gewees het om "hom net voordeel en nie nadeel te bring haar hele lewe lank." Spr. 31:12. En "Haar *man steun op haar* en pluk die vrugte van haar werk." Spr. 31:11.

***Skande* het haar man se dood veroorsaak**. Abigajil se oortreding van beginsels in die Bybel het uiteindelik haar man se dood veroorsaak. "…en toe sy vrou hom al hierdie dinge vertel [Nabal], het hy 'n **beroerteaanval** gekry en is hy heeltemal verlam. Omtrent tien dae later het die Here hom weer met 'n aanval getref, en het hy gesterf." 1Sam. 25:37-38.

"Bekommernis druk 'n mens neer…" Spr 12:25. "…wyse mense bring genesing met wat hulle sê." Spr12:18.

Haar man is dood as gevolg van 'n gebroke hart. Die gevolg van Abigajil se optrede is dat haar man dood is nadat hy van sy vrou se verraad gehoor het. Sy het geglo *sy* kon hierdie gevaarlike situasie beter hanteer.

Die gevolge. Dit het "gelyk" asof sy suksesvol in haar gekonkel was, maar op die einde het sy gesaai wat sy gemaai het. "Die Here breek die hoogmoediges se huis af." Spr. 15:25

Abigajil het haar beskerming verloor. Sy het die beskerming wat God om haar geplaas het verloor, so, "Dawid het ons na u toe gestuur om u as vrou vir hom te neem." 1Sam 25:40. Dit was alles behalwe 'n seën. Sy het as 'n banneling saam met Dawid en sy *eerste vrou* in Filistia gelewe (1Sam. 27:3). Sy (en Dawid se eerste vrou) was deur die Amalekiete vir 'n kort tydperk gevangene geneem (1Sam. 27:3). Sy was later net een van Dawid se *ses vrouens*, en selfs later in Jerusalem was sy net een van *vele vrouens* (2Sam. 5:13).

Ons weet uit die Bybel hoe ongelukkig Lea was met haar huwelik omdat sy geweet het hoe baie Jakob vir Ragel liefgehad het (Gen. 29). Kan enige een van ons ons indink om net een van ses vrouens te wees? Ons weet van Dawid en Batseba. En laat ons nie vergeet dat hy daai tyd ook ander vrouens gehad het. Ek weet dat toe my man saam met net een ander vrou was, dit my amper doodgemaak het! My vraag aan die wat sê dat Abigajil geseënd was om Dawid se vrou te wees is dit: "Sal jy wil hê jou man moet by vyf ander vrouens slaap, veral as hy 'n mooi voorkoms gehad het?" (1Sam. 17:42 sê dat Dawid 'n rooi gelaatskleur en 'n mooi voorkoms gehad het.)

Haar skande was oorgedra aan haar seun. Abigajil se enigste seun is nie eens later in die Bybel genoem nie, selfs al moes hy die kroonprins geword het na die die moord van Amnon. Sy het duidelik berou gehad oor haar lewe toe sy haar seun se naam verander het van Chileb wat beteken "bedwang van die vader" na Daniël wat beteken "God is my [Abigajil] Regter." (1Kron. 3:1). (Name is baie betekenisvol in die Bybel. Sien Lea en Ragel se name vir hulle kinders in Gen. 29 en 30.)

Haar tekort aan verstandigheid. As Abigajil net stilgebly het kon God om haar onthalwe ingetree het. "As 'n dwaas **nie praat nie,** kan selfs hy aansien word vir 'n *wyse*, en as hy sy **mond toehou**, vir '*verstandige* mens." Spr. 17:28." "…'n *verstandige* vrou is 'n geskenk van die HERE." Spr. 19:14. Jy mag dalk wonder wat God vir haar kon gedoen het, of miskien wat Hy vir jou kan doen as jy met 'n dwaas getroud is. "Die koning se hart is in die hand van die Here soos waterstrome: Hy lei dit waarheen Hy wil." Spr. 21:1 AFR53 God is getrou en het Dawid se hart gelei en selfs *jou* man se hart. Maar in plaas daarvan het Abigjil uit die vlees uit opgetree en het haar hart gedraai." So sê die HERE: Daar rus 'n vloek op die mens wat sy vertroue in mense stel, wat sy krag soek by sterflike mense en van MY af wegdraai." Jer. 17:5. Wat van jou, sal jy dinge in jou eie hande neem wanneer jy gevaar vir jou en jou familie sien aankom? Of sal jy op God vertrou deur jou man toe te laat om die familie te red?

Sarai

Sarai se stem. "Toe sê Sarai vir Abram, 'Die Here het my nou eenmaal daarvan weerhou om kinders te kan hê. Gaan slaap by my slavin. Miskien bring sy 'n kind in die wêreld wat my eie kan word. En *Abram het saamgestem met sy vrou.*'" Gen. 16:2 "Wie sy **mond en sy tong in toom hou**, hou hom uit *gevaar*." Spr. 21:23. Sarai se fout het 'n oorlog begin wat in die Middel Ooste voortgaan tussen die Jode en die Islamitiese mense, tot vandag toe!

Deur God vooruit te gaan. "Abram was al tien jaar in Kanaän toe Sarai, die vrou van Abram, self vir Hagar, haar Egiptiese slavin, gevat en vir haar man Abram as vrou gegee het. Hy het by Hagar gaan slaap, en sy het swanger geword. Toe sy agterkom sy is swanger, het sy haar eienares geminag." Gen. 16:3-4. Wanneer ons God vooruitgaan, en 'n "Ismael" word verwek, verag ons wat ons in ons haas geskep het.

Kwaad met kwaad en belediging met belediging."Toe sê Sarai vir Abram: 'Jy dra die skuld vir hierdie onreg wat ek moet verduur. Ek het my slavin vir jou gegee om met haar gemeenskap te hê, en noudat sy agterkom sy is swanger, minag sy my. Mag die Here hierdie saak tussen my en jou uitwys.' Maar Abram sê vir Sarai: 'Jou slavin staan onder jou. Doen met haar soos jy goeddink.' Sarai het haar slavin toe sleg behandel, en sy het weggeloop." Gen. 16:5-6. Nou hier sien ons hoe Sarai in 'n nuwe skending in beweeg. 1Pet. 3:9 lees: "Moenie kwaad met kwaad vergeld of belediging met belediging nie. Inteendeel, antwoord met 'n sëenwens, want daartoe is julle geroep, sodat julle die seën van God kan verkry." Toe sy na haar man toe gegaan het en gekla het oor die gemors waarin sy was, het hy haar aangemoedig om weer in die vlees op te tree. Onthou, "Met **baie praat** bly die *sonde nie uit nie*." Spr. 10:19. Weereens, as jy 'n probleem het, moenie na enige iemand toe hardloop nie - hardloop na God toe!

Sara het foute gemaak; tog word Sara voorgehou as ons voorbeeld van 'n onderdanige vrou: "Sara, byvoorbeeld, was aan Abraham gehoorsaam en het met eerbied na hom verwys. As julle doen wat goed is en julle nie deur dreigemente laat afskrik nie, is julle haar dogters.In die ou dae het die gelowige vrouens wat op God gehoop het, hulle ook so versier: hulle was aan hulle mans onderdanig." 1Pet. 3:6,5. God is so goed. Sara het 'n groot fout begaan, maar God het die situasie omgedraai toe sy Hom begin tevrede stel het. Ek het ook groot foute begaan. Ek het geen idee gehad wat 'n vrou moes doen, sê, of wees nie. Maar toe ek die Here en Sy Woord begin volg het, het Hy alles omgedraai en my verhef! Hy sal dit vir jou ook doen. Hoe meer jy Sy riglyne volg met 'n rein hart, hoe meer seëninge sal Hy oor jou uitstort!

Job Se Vrou

Job se "helper"? "En sy vrou het vir hom gesê: 'Bly jy nog vroom? Vervloek God en sterf!' Toe sê hy vir haar: 'Jy praat nou soos 'n vroumens sonder verstand. As ons die goeie van God aanvaar, moet ons nie ook die slegte aanvaar nie?'" Job 2:9-10. Arme Job, hy het alles verloor en hy was oortrek met swere. Maar dat sy "helper" hom in versoeking bring om met sy mond te sondig, dit is te veel! Dit laat my dink aan toe ek my eerste seun in die hospitaal gehad het. Ek was vasbeslote om "natuurlik" geboorte te skenk sonder medikasie. Tog was daar elke paar minute 'n verpleegster wat wou weet of ek iets vir die pyn wou hê. Ek het gevoel asof ek in die woestyn kruip terwyl iemand my aanhoudend vra of ek 'n koel glas water wil hê. Ek het gevoel asof ek haar kon pot. Ek het egter nie. *Terloops, dit was die "ou Erin" wie se man haar verlaat het! Prys God! Hy het my verander!*

Job het geweet dat dit wat sy vrou gesê het onverstandig was. "Daar kom wysheid uit die mond van die regverdige, 'n tong wat kwaad stig, sal *uitgesny* word." Spr. 10:31. Dit was jammer dat God alles behalwe sy vrou van hom af weggevat het. God het duidelik 'n sin vir humor! "Wie **ag gee op die woorde** van die Here, sal *voorspoed geniet*." Spr. 16:20. Job het aandag geskenk aan wat hy gesê het en hy was geseënd. "Op grond van jou **eie woorde** sal jy *vrygespreek* of *veroordeel* word." Matt. 12:37. Is dit nie interessant dat Job se vrou nooit op haar naam voorgestel is nie? Maar ons ken haar deur haar onverstandige aanmerking. Dit is nie die manier wat ek onthou sou wou word nie; wat van jou? In plaas daarvan…

Kom ons gehoorsaam soos Sara sonder om ons deur dreigemente te laat afskrik

Persoonlike verbintenis: Om onderdanig aan my man te wees soos aan die Here. "Gebaseer op wat ek geleer het uit God se Woord, verbind ek myself om my man te gehoorsaam sodat die Woord van God nie in diskrediet kom nie."

Datum:_____ Geteken:_____

Geskikte Helper

"Ook het die Here God gesê:
'Dit is nie goed dat die mens alleen is nie.
Ek sal vir hom hulp maak wat by hom pas.'"
Genesis 2:18AFR53

God het vrouens ontwerp om "…been van my gebeente en vlees van my vlees" vir haar man te wees (Gen. 2:23AFR53). So hoekom het ons as Christen vrouens in die feministiese filosofie ingekoop en daarmee toegelaat dat ons rol as tuisteskeppers gesteel word? Omdat ons regtig onseker is waarvoor vrouens ontwerp en geskep is, wat ons moet doen en wees. In vandag se wêreld is mans nie mans nie en vrouens is ook nie meer vrouens nie. Dit was die agenda van die feministiese beweging: om die rolle te *meng*. Ons het nou verwarring en ongelukkigheid in albei geslagte. Daarbenewens is homoseksualiteit en lesbianisme algemeen in ons samelewing!

Sonder begrip van ons rolle as "hulp wat by hom pas" sal ons met ons eie hande ons huise, ons mans, en ons families afbreek. Ons sal die wêreldse leuens glo en daarvolgens begin om ons rolle as vrouens in te neem. Totdat ek verstaan het hoe uniek ek geskep is, het ek my man se rol probeer steel. Ek was jaloers op sy rol en het selfs die feit dat ek as vrou geskape is, verag.

So kyk nou saam my hoe God in Sy perfekte liefde en ongelooflike wysheid, ons ontwerp en geskep het om vrouens te wees.

Uniek Geskep

Geskep *vir* die man. Ons moet in God se Woord na wysheid soek om te bepaal **hoe** ons geskep was en **waarom** ons geskep was. "Die man is nie uit die vrou geneem nie maar die vrou uit die man. Die man is nie ter wille van die vrou geskep nie, maar die vrou **ter wille van die man**."

.

1Kor. 11:8-9. Soos wat ons in God se perfekte plan vir ons lewens inbeweeg, kan ons die oorvloedige lewe leef wat God in Sy Woord belowe het. Ons lewens sal God se Woord weerspieël, eerder as om dit te weerspreek. Ander sal na Christus aangetrek word deur die getuienis van ons lewens.

Hulp wat by hom pas. "Die mens gee toe name vir al die mak diere, die voëls en die wilde diere, maar vir homself het hy nie 'n **helper, 'n gelyke, gekry nie**." Gen. 2:20. Hierdie verklaring kruip regtig onder die feministe se vel in. Kruip dit ook onder jou vel in? As Christene, moet ons ons gedagtes hernu om op te lyn met God se Woord. God se Woord is die Waarheid! Om die Waarheid uit te leef gaan sekerlik nie maklik wees nie en dit sal amper belaglik voorkom **in die begin.** Dit sal totaal vreemd voorkom vir ander wat die veranderinge in jou lewe sien en waarneem. Maar deur gehoorsaamheid aan Sy Woord, sal ons gou verstaan en die beloning ontvang vir ons begrip en gehoorsaamheid.

As Christene gehoorsaam en glo ons selfs wanneer ons nie sien nie. Dit is die geloof wat ons bely. Ons het almal ondervind hoe die wêreld se manier ons uitgeput het. Ons is uitgeput omdat ons probeer doen waarvoor ons nie geskep is nie en om te wees wat ons nie ontwerp is om te wees nie.

Ons moet begin sien dat God se doel was om die rol van 'n vrou en 'n man spesiaal en uniek te maak. Ons moet die Here vra vir leiding en oordeel met elke taak wat ons huidiglik onderneem. Nou kom ons kyk eers hoe en hoekom ons in die begin geskep was.

Man en Vrou

Geskep MAN EN VROU. "En God het die mens geskep as sy verteenwoordiger, as beeld van God het Hy die mens geskep, **man en vrou** het Hy hulle geskep ." Gen. 1:27. "**Man en vrou** het Hy hulle geskep en Hy het hulle geseën en hulle "mens" genoem toe hulle geskep is." Gen. 5:2. "Maar van die begin af, van die skepping af, het God HULLE **MAN EN VROU** GEMAAK." Markus 10:6. "Hy het hulle geantwoord: 'Het julle nie gelees dat die Skepper hulle van die begin af **MAN EN VROU** GEMAAK HET NIE...'" Matt. 19:4. Wanneer vrouens mansklere dra, of haarstyle of beroepe het wat onvroulik of pleinweg manlik is, ontken hulle die feit dat God vrouens spesiaal en uniek geskep het. Ons behoort nie skaam te wees oor hoe ons geskep is nie, maar moet vreugde vind daarin om God se perfekte skepping as vrou te wees.

Manlik. Mans was geskep om mans te wees. Ons, as vrouens, moet ons mans aanspoor en goedkeuring vir hulle manlikheid wys. Hy moet weet dat jy gelukkig is dat hy 'n man is. In ons samelewing word ons mans se manlikheid aangeval. As gevolg van hierdie neiging in die samelewing, het ons probeer om ons mans te verander om meer vroulik te wees. Maar daar is 'n verskil tussen 'n vroulike man en 'n heer. Die term heer is uit ons woordeskat geruk om die doel van die feministiese agenda te bereik. 'n Ware heer word nou 'n manlike chauvenis genoem. In plaas van here, is ons samelewing deurtrek met **verwyfde** mans! "Of weet julle nie dat mense wat onreg doen, geen deel sal kry aan die koninkryk van God nie? Moenie julle mislei nie: geen onsedelikes of afgodsdienaars of egbrekers of mense wat **homoseksualiteit** beoefen...sal deel kry aan die koninkryk van God nie." 1Kor. 6:9. As jy probeer om jou man te verander om soos jy op te tree, watter voorbeeld sal jou seuns hê? Krag is 'n goeie kwaliteit vir 'n man.

Voorbeeld: Julie het definitief die broek in haar familie gedra, tog was sy voortdurend gewalg deur die swak man wat haar man was. God het haar geseën met 'n seun, maar, terwyl haar man probeer het om hom te help om manlik te word, het sy gekeer dat hy aan sport soorte deelneem of seuns speelgoed hê wat sy gedink het hom dalk sou seermaak. Daar was min verskil tussen haar seun en haar dogters. Inteendeel, die meisies was meer aggressief en sou ook eendag die hoofde van hul huishoudings wees.

Vroulik. Sommige denominasies leer vrouens dat hulle hulle koppe moet bedek, hulle hare lank hou, en/of net rokke dra. Restore Ministries wil nie verdeling oor sulke kwessies veroorsaak nie. "As iemand 'n ander leer verkondig en nie hou by die gesonde woorde van ons Here Jesus Christus en by die leer van ons godsdiens nie, is hy verwaand en weet hy niks. Hy het 'n sieklike beheptheid met **twisvrae** en met **stryery oor woorde**. Daaruit ontstaan afguns, twis, beledigings, gemene verdagmakery, voortdurende rusie van mense wat verstandelik verward en van die waarheid beroof is..." 1Tim. 6:3-4. Ons bediening bestaan om families bymekaar te bring en om huwelike te versterk. Ons vrouens weet dat terwyl ons bid dat die Here ons lei deur ons mans, ons te vorm en ons harte te lei, is Hy getrou. Bid vir die Here se leiding. Wees gewillig om die Here te volg soos wat Hy jou deur jou man lei. Sommige vrouens neig om van die een uiterste na die ander te gaan. Beweeg stadig en wees versigtig om te wetlik te wees. Klere en hare kan verander word; maar as daar nie verandering van binne is nie, wie probeer ons flous? Soos wat ons in ons God-ontwerpte rolle met gehoorsaamheid en oortuiging inbeweeg, sal ons uiterlike voorkoms volg indien nodig.

Voorbeeld: Lea* was die tipe vrou waarop ander vrouens blykbaar jaloers was. Na elke baba, kon sy die hospitaal verlaat in dieselfde denim wat sy gedra het voor sy swanger geraak het. Haar hare was kort en altyd in die jongste styl. Sy het nooit toegelaat dat haar kinders in die pad staan van haar stokperdjies en doelwitte buite die huis nie. Selfs al het haar man haar gevra, wou sy nie haar kinders tuisonderrig gee nie omdat sy haar vryheid wou hê. Haar verhouding met haar man het egter vreemd gelyk. Dit was meer van 'n vriendskap as 'n huwelik (nie dat ons nie vriende met ons mans moet wees nie). Jy sou sien hoe sy speels haar man op die arm boks of hom op die rug slaan. Met haar hare kort gesny, saam met haar klere styl, is sy baie keer verkeerdelik aangesien vir haar man se seun.

Haar hare afgesny. Het jou man jou gevra om jou hare lank te laat groei of langer? Of het hy vir jou gesê jy lyk oulik in een van die nuutste haarstyle? As hy jou iets van jou hare vertel het, wees onderdanig. Jy moet jou man in die setel van outoriteit oor jou plaas.

Ons word konstant gebombadeer met vriende wat vir ons die teenoorgestelde vertel van wat ons mans sê. Wanneer sommige van ons wel probeer om onderdanig te wees, miskien deur ons hare langer te laat groei, gaan ons deur die ongemaklike stadium om dit uit te groei. Dan kla ons, ons mans gee in, en ons sny dit weer. As ons mans langer hare versoek het, hier is die Skriftelike verwysings: "As 'n vrou nie iets op haar kop wil sit nie, kan sy ewe goed haar hare laat afsny. Maar aangesien dit 'n skande is vir 'n vrou om haar **hare te laat afsny** of **afskeer**, moet sy iets op haar kop sit." 1Kor. 11:6. Ook, 1Kor. 11:15: "…maar as 'n vrou lang hare het is dit 'n glorie vir haar. Want haar hare is aan haar gegee vir 'n bedeksel." Vrouens die kwessie is nie die lengte van ons hare nie, maar die onderdanigheid aan ons mans se outoriteit en beskerming vir ons. Ons mans kan nooit leiers wees as niemand volg nie! En as jy hom nie volg nie, moenie verwag dat jou kinders jou sal volg nie!!

Voorbeeld: Ek het 'n vriendin wat gek is oor hierdie werkboek; maar sy het 'n area van rebellie wat tot vandag nog voortduur. Dit is hoekom die Skrifgedeelte in Jakobus 1:25 praat van om nie "...te vergeet wat hy hoor nie, maar dit doen." Haar man is die soort man wat van lang hare hou wat afhang, geen grimering, en informele klere. Wanneer haar man in die omtrek is, is dit presies hoe sy lyk; maar ek weet altyd wanneer haar man uitstedig is. Haar hare is op, sy dra grimering en haar kleredrag verander. Wanneer ander haar vertel dat sy goed lyk, is hulle moontlik nie bewus van haar man se voorkeur nie. Sy is geseënd met 'n groot familie maar rebellie is aan die orde van die dag. Ek hoop nie ek hoef te verduidelik hoekom nie.

My man Dan, aan die ander kant, hou van baie grimering, my naels gedoen en my hare kort en stylvol. Voordat ek my man ontmoet het, was ek 'n eenvoudige meisie. Vir jare het ek baie lang hare gehad totdat my broer leukemie gekry het. Ek het net my derde seun gehad en my broer het my nodig gehad om nogal baie bloed te gee vir weefsel klassifikasie vir sy beenmurg oorplanting. Binne 'n paar dae het handevol hare begin uitval! My dokters het vermoed dat die bloedskenking te veel was vir my liggaam, en hulle het aanbeveel dat ek dit sny. Hulle het gesê dat my hare se gewig sou veroorsaak dat alles uiteindelik sou uitval. Toe ek dit skouer lengte gesny het, het my man baie daarvan gehou!

Ek het dit vir baie jare so gedra maar nadat ek die Skrifgedeelte gesien het oor vrouens se hare wat hulle kroon is, het ek dit weer laat uitgroei. Dit was nie totdat ek vertel was van my "lang-hare geregtigheid" (Om die term *lang-hare geregtigheid* te verstaan sien die paragraaf *"Maak eers die binnekant skoon"* hier onder) dat ek dit weer gesny het nie. Maar voordat ek dit gedoen het, het ek my man gevra. Hy het gesê dat hy baie van my met kort hare gehou het, maar hy het my nooit vertel nie. Wanneer ek terugdink, dink ek hy mag dalk geskimp het, maar ek het skynbaar nooit die boodskap gekry nie. Dit het my 'n bietjie langer as ander gevat om wakker te word!

9. Geskikte Helper 145

Nou is ek versigtig om aan te trek en my hare vir hom te doen. Aangesien ek in my veertigs is, word ek 'n bietjie grys en ek hou daarvan om my hare te kleur. Maar hy sê hy hou daarvan hoe dit is. Wel, totsiens Mej Clairol! **Opdateer**: Vandat ek hierdie deel van die werkboek geskryf het wil Dan 'n rooikop hê. Dames, moet nooit te gevestig raak en onbuigsaam wees wanneer dit ons werk is om te beweeg en ons mans te volg nie!

Aanmerking: Dames, nie net het ek 'lang-hare geregtigheid" gehad nie, maar ek het ook "tuisonderrig geregtigheid," "tuis-geboorte geregtigheid," "dra-net-rompe-geregtigheid" gehad. Maar, prys die Here, Hy het met my gewerk in elkeen van die areas van "self-geregtigheid." Dames deursoek jou hart en bely by die Here as daar enige spoor van eiegeregtigheid in jou lewe is. Wanneer ons dink dat ons op een of ander manier beter as iemand anders is, dan is ons eiegeregtig. Eiegeregtigheid is 'n ernstige vorm van hoogmoed wat die Fariseërs uitgebeeld het. As ek terugkyk, wonder ek hoe ek ooit trots kon voel. Dit was my Here wat my die Waarheid gewys het, en Hy het my die genade gegee om daardie Waarheid in my lewe uit te leef. Dit wys my weereens dat toe ek 'n "eiegeregtige" gees en houding openbaar het, ek niks minder as 'n dwaas was nie.

Die innerlike mens. Nog een aanmerking oor die hare. Baie keer was ek bewus van 'n gees van rebellie wat gelyk het of dit in opstand wou kom in woede of frustrasie as hulle sê, "Ek wil dit net (hulle hare) afsny!" Wat vir God belangrik is, is nie wat ons sê of doen nie, want dit is die uiterlike voorkoms. God stel belang in ons harte. Hoe is jou hart? Is jou hard verhard teenoor jou man of verhard teenoor jou vrouwees? Elkeen van ons het nodig om ons harte te ondersoek. "…julle skoonheid moet die van die innerlike mens wees…" 1Pet. 3:4.

Maak eers die binnekant skoon. Die hart van 'n Fariseër is trots. Die Fariseërs het bose gedagtes en bose harte onder hulle klere weggesteek. Ek het vrouens ontmoet wat baie geestelike klere dra, somtyds het hulle hoofbedekkings gedra. Maar alles is nie soos wat dit voorkom nie. "Blinde Fariseër, maak eers die binnekant van die beker skoon, dan sal sy buitekant ook skoon wees." Matt. 23:26. Ek was verbaas oor die geestelike arrogansie wat hierdie vrouens vertoon het teenoor diegene wat nie aanvaarbare klere gedra het, hoofbedekkings gedra het, of broeke gedra het nie. As jy neerkyk op die wat nie so geestelik aantrek soos jy nie, dan is jy 'n Fariseër net soos ek was.

Die Here het my veroordeel oor my "lang-hare geregtigheid." Op een of ander manier het ek arrogant geword. Ek het gedink vrouens met lang hare is meer geestelik. Met veroordeling in my hart, het ek na dié wat kort hare gehad het gekyk as geestelik gebrekkig of uit en uit onheilig. Tog in my handel en voorligting ervarings, het ek gevind dat sommige met lang hare, lang rokke en dies meer, onder dit als redelik onheilig was.

Enige tyd wat ons iemand anders oordeel op die basis van hulle uiterlike voorkoms, word ons mislei. Die spreekwoord wat sê "moenie 'n boek oordeel op sy voorblad nie" is waar. "…Moenie na sy voorkoms of sy buitengewone lengte kyk nie, want Ek het hom nie gekies nie. Die Here kyk nie na dieselfde dinge as die mens nie. Die mens kyk na die uiterlike, maar die HERE na die innerlike." 1Sam. 16:7. Sommige van die mees liefdevolste harte wat ek ontmoet het was die nuwe wedergebore Christene wat somtyds nie beskeie aantrek nie; tog loop hul harte oor met die liefde van die Here. Hulle was Jesus se vriende, ons moenie vergeet van Maria Magdalena nie.

Brandmerk in plaas van skoonheid. "Op die dag sal die Here die versiersels wegneem…In plaas van reukwater sal daar stank wees; in plaas van 'n gordel 'n tou, in plaas van gekrulde hare 'n kaalkop, in plaas van 'n fyn kledingstuk 'n harige roukleed; In plaas van **skoonheid die brandmerk** van 'n slaaf." Jes. 3:18, 24. As ek die woord *brandmerk* hoor, dink ek aan tatoeëring. Dit verbaas my steeds hoe gewild dit onder tieners en jongmense is. Ons sien ook dat vandag se jeug in "alles" deurboor (*piercings*). Gee jy as 'n ma toestemming dat jou seun en dogter hulself tatoeëer of hulle liggame deurboor met *"piercings"*?

As jy sê hulle sal nie vir jou luister nie al probeer jy om hulle te keer, dan beter jy op jou gesig val voor die Here en Hom vra om jou te help om die respek en outoriteit terug te kry wat jy weggegooi het. Jou kinders word duidelik omring deur dwase anders sou hulle nie iets so barbaars en permanent wou doen nie. Is hulle in publieke skole? Is daar televisie in die huis (of moet ek vra, MTV, die Hemele behoed!) Spandeer jou kinders hulle tyd by vriende se huise - moet ons aangaan? Lees asseblief les 15, "Jou Ma se Leringe" om die nodige kennis te kry om jou familie van 'n immorele samelewing te red.

As dit jou man se liberale denkwyse is wat jou huis besoedel, dan moet jy ophou om by hom te kla daaroor en toelaat dat God jou man verander. Lees les 5, "Wen Sonder 'n Woord." As jy voortgaan om hom te druk, wen jy hom nie sonder 'n woord nie en is jou houding nie respekvol nie.

Mansklere of vroueklere. "'n Vrou mag nie **mansklere** dra nie, en 'n man mag nie **vroueklere** aantrek nie. Die Here jou GOD het 'n afsku van mense wat dit doen." Deut. 22:5. Ons almal weet dat die manier wat ons aantrek ons anders laat optree. Dames, wat dra jy wanneer jy huiswerk doen, 'n denim en 'n T-hemp of 'n rok met 'n voorskoot?

Tog, wie van ons het nog nooit ons mans gesmeek om na een of ander formele geleentheid toe te gaan net sodat ons kan mooi aantrek? Wanneer 'n klein dogtertjie 'n rok aantrek, wys al haar vroulikheid soos wat sy in die rondte draai. Wanneer ons 'n voorskoot dra, mag ons dalk lus voel om in die kombuis te wees en koekies te bak. Klere "maak" regtig 'n persoon."

Dames, het jy agter gekom hoeveel ouer vrouens ooglopend aantrek vir gemak? Baie, met hulle kort hare, denims en atletiese tennis skoene, lyk presies net soos hulle mans. Jy sien dit selfs in goeie restaurante. Ons maniere sal gewoonlik rekflekteer wat ons aantrek.

Daar is vrouens wie se uniform by die werk regtig mansklere is, kompleet met 'n knoopdas. Is dit nie interessant dat die vrouens gemaak word om mansklere te dra, nie ondersom nie? Hoekom? Omdat mans dit nie sal doen nie!

Het jou man jou probeer beskerm om soos 'n dwaas te lyk maar jy het sy beskerming gedwarsboom? Het 'n ander vrou vir jou gesê dat jou man 'n chauvinistiese vark is omdat hy in jou besigheid inmeng, wanneer dit eintlik God was wat jou probeer beskerm het? Dames, dit is tyd dat ons as Christelike vrouens 'n houvas kry oor die konsep van onderdanigheid vir ons beskerming; dit is God se beginsels! Ons moet Sy beginsels volg en hulle dan vir ons kinders leer en nie skaam wees om die Waarheid met ons vriende en familie te deel nie. As hierdie beginsels uit God se Woord nie gevolg was as gevolg van onkude of rebellie nie, is dit nou die tyd om Sy goedkeuring te kry. "Lê jou daarop toe om jou tot beskikking van God te stel as 'n arbeider wat die goedkeuring van God wegdra, 'n arbeider wat hom vir sy werk nie hoef te skaam nie, wat die woord van die waarheid suiwer verkondig." 2Tim. 2:15. Gaan ons dié opbou wat ondergaan omdat hulle nie aan God gewy is nie? "My volk gaan onder omdat hulle nie aan my toegewy is nie. Omdat jy jou taak om hulle aan My toe te wy, verwerp het…" Hosea 4:6. As jou man die een is wat jou vra om klere te dra wat onvanpas is, lees dan weer les 7, "Rein en Respekvol."

Fyn kledingstukke of 'n harige roukleed. "Op dié dag sal die Here die versiersels wegneem…In plaas van reukwater sal daar stank wees, in plaas van 'n **gordel 'n tou**, in plaas van gekrulde hare 'n kaalkop, **in plaas van 'n fyn kledingstuk 'n harige roukleed**, in plaas van skoonheid die brandmerk van 'n slaaf." Jes. 3:18, 24. Hierdie vers in Jesaja klink verseker soos dit wat uit die uitrusting distrik kom oor wat van ons verwag word om te dra. Het jy al ooit gewonder hoekom mans se style nooit veel verander nie? Omdat hulle dit nooit sal koop nie! Hulle laat toe dat ontwerpers met die breedte van dasse en die lapelle van pakke rondspeel, somtyds die materiaal verander, maar as hulle probeer om mans soos dwase te laat lyk, sal hulle dit eenvoudig nie dra nie. Ja, "dra dit" teenoor koop dit; die belaglike style wat vir mans uitkom, wat nooit gedra word nie, word deur vrouens gekoop vir hulle mans. Somtyds "gee hulle in" en dra dit, en dan sit dit net daar en neem spasie op vir jare!

Lei sy hart. Wat as jou man se begeerte is dat jy baie kort hare het of klere moet dra wat onvanpas is? Jy moet bid dat die Here sy hart sal lei. "Die wil van die koning staan onder die gesag van die Here; soos 'n stroom water lei Hy dit soos Hy verkies." Spr. 21:1. Bly onder sy outoriteit en sien hoe die Here om jou onthalwe beweeg.

Om op te som:

Laat 'n man 'n man wees. Jy is nie sy ma nie, jy is nie sy gewete nie, jy is nie sy onderwyser nie, en jy is nie sy heilige gees nie! Dit is belangrik dat jy verstaan:

1. 'n Man tree anders op en reageer anders.

2. 'n Man is meer fisies as 'n vrou.

3. 'n Man is oor die algemeen meer aggressief.

Kom ons streef daarna om meer vroulik te wees. Begin deur die manier wat jy was "weg te sit" en die nuwe manier "aan te trek" soos wat God jou in hierdie areas sal lei:

1. Jou gees - sagmoedig en stil.

2. Jou houding - respekvol, nederig.

3. Jou spraak - wys en goedhartig.

4. Jou klere - vroulik.

5. Jou hare - vroulik, *moontlik* langer (elegant is altyd in die mode!).

6. Jou aktiwiteite binne en buite die huis. Sien die lys van aktiwiteite soos gevind in Titus 2 en in Spreuke 31.

Ons Is Een Vlees

Verlaat sy vader en moeder. "OM HIERDIE REDE SAL DIE MAN SY **VADER EN SY MOEDER VERLAAT** EN SY VROU AANKLEEF, EN HULLE TWEE SAL EEN VLEES WEES." Matt. 19:5AFR53. "…sodat hulle nie meer twee is nie, maar een vlees. Wat God dan saamgevoeg het, mag geen mens **skei** nie." Matt. 19:6AFR53. Om fisies te verlaat is nie waaroor daar in hierdie verse gepraat word nie, aangesien ons weet dat in die Ou Testament families bymekaar gebly het. Die Skrifgedeeltes praat van emosioneel en geestelik te verlaat. Dit is 'n oordrag van lojaliteit van 'n man se ouers na sy vrou toe. Het jy gevoel dat jy miskien op die nabyheid uitmis wat God vir jou huwelik begeer? Lyk dit asof jou man besluite maak gebaseer op wat sy ouers van hou of nie, en nie jy nie? Dit mag dalk wees omdat jou man nie van sy ouers vrygestel is nie. 'n Man moet sy ouers verlaat voordat hy as een saam met sy vrou kan lewe.

Sy vrou aankleef. "Daarom sal die man sy vader en moeder verlaat en sy vrou **aankleef**. En hulle sal een vlees wees." Gen. 2:24AFR53. "Om hierdie rede sal die man sy vader en moeder verlaat en sy vrou **aankleef, en hulle twee sal een vlees wees.**" Matt. 19:5AFR53. Aankleef word gedefinieer as "om stewig aanmekaar te heg, desperaat vashou." Dit gebeur duidelik nie meer vandag nie aangesien so baie mans hul vrouens verlaat. Wat doen jy as jou man nog steeds probeer om sy familie te behaag en goedkeuring te kry by die familie wie hy moes verlaat het? Eerstens, maak seker die balk is uit jou oog uit. Probeer jy nog steeds goedkeuring kry van die familie wat jy verlaat het? Maar wat van om jou vader en moeder te eer? Ons moet ons ouers eer, selfs wanneer ons volwassenes is en ons ouers ouer is. Maar die Skrif sê duidelik ons moet onself aan ons mans onderwerp en ons mans moet ons as hul vrouens **eer.**

Bewys eer aan haar. "Mans, julle moet verstandig met julle vrouens saamleef. **Bewys eer** aan hulle as die swakker geslag wat saam met julle deel in die lewe as genadegawe. Dan sal julle kan bid sonder dat iets julle hinder." 1Pet. 3:7. Wanneer 'n man verdeeld is tussen wat sy vrou dink en voel en wat sy ouers dink en voel, wat moet hy doen? Wie moet hy eer? Jesus het ons vertel deur die boek van Genesis aan te haal, "Om hierdie rede sal die man sy vader en sy moeder verlaat en sy vrou aankleef, en hulle twee sal een vlees wees." Matt. 19:5AFR53. Hy het ook gesê, "...sodat hulle nie meer twee is nie, maar een vlees. Wat *God dan saamgevoeg het*, **mag geen mens skei nie**." Matt. 19:6AFR53. Daarom is dit nie verkeerd van jou om te begeer dat jou man jou eer en jou aankleef nie.

Die rede hoekom baie mans nie behoorlik aan hulle vrouens vasgekleef het nie is omdat hulle nie "toegelaat" was om hulle vaders en moeders te verlaat nie. Hulle het hulle fisises verlaat maar is nog steeds aan die ouers verbind wat hulle nie vrygelaat het nie. Het albei ouers ingestem toe jy en jou man getroud is? Indien nie, kan daar nog 'n verbinding in plek wees.

Toe Dan weg was (net voor hy van my geskei het), het ek oortuig gevoel om albei my skoonouers (hulle is geskei) te kontak. Ek het berou gekry omdat ek nie hulle seën gevra het voordat ons getroud is nie. Ek het hulle gevra om my te vergewe omdat ek nie 'n goeie vrou vir Dan was nie en omdat ek 'n slegte skoondogter vir hulle was. Toe het ek hul gevra of hulle ons hul seën sal gee as ek ooit weer in die posisie sou wees om met Dan te trou. Hulle het albei ja gesê en het ook gesê dat hulle lief is vir my (dit was die eerste keer). [Alhoewel albei vir my gesê het hulle twyfel of ons ooit weer bymekaar sou kom! O, moet nooit die krag van God onderskat nie!]

As julle uitmekaar is of geskei is voel vry om my voorbeeld te volg. Maar as jy geseën is om 'n man te hê wat saam met jou bly, dan moet jy hom toelaat om met sy ouers te praat of vra sy permissie sodat jy dit kan doen. As hy nie wil nie of dit nie doen nie, bid net vir die Here om te werk.

As enigeen van die ouers oorlede is, bid dat God die daardie band sal breek en vra ons Hemelse Vader vir Sy seën op jou huwelik.

As jou ouers, en veral jou man se ouers, nog steeds nie saamstem nie, selfs nadat jy berou getoon het vir jou gebrek aan eer deur te trou teen of voor hulle wil, mag dit noodsaaklik wees vir jou man om 'n meer drastiese stap te neem.

Getuienis: Monika* se man het haar verlaat vir 'n ander vrou, maar na twee jaar, prys die Here, het hy teruggekeer huis toe. Maar daar was nog groot probleme gewees, dit wou voorkom asof alles van sy familie se kant af gekom het. Sy ouers het geweier om die manier wat hulle, as 'n egpaar, hulle kinders grootgemaak het. Sy ma het Halloween lekkernye, Paashasies, Kersfees geskenke wat Kersvader die glorie gee, en ander geskenke gestuur wat die familie se waardes ignoreer het. Monika se man het vir jare probeer om sy sterk Christelike oortuigings aan sy ongeredde vader en Christen moeder te verduidelik, tog het hy dit onmoontlik gevind om hulle te probeer oortuig. Daarbenewens, selfs al het hul in verskillende state gebly, was daar 'n weeklikse telefoonoproep van elke ouer, wat Monika se man depressief gemaak het. Sy ouers en selfs sy ouer broer, het aangehou om hom te beheer, te manipuleer en te intimideer, selfs al was hy al vir jare getroud.

Monika was verbaas en bekommerd toe haar man haar vertel dat hy alle kommunikasie met sy ouers gaan afsny. Sy het verantwoordelik gevoel, maar haar man het haar verseker dat dit *sy* besluit was en dat hy dit eerder op hierdie manier wou doen sodat hy kon konsentreer op sy verhouding met haar.

Na omtrent sewe maande, het Monika gerapporteer dat sy en haar man nader gekom het aan 'n een-vlees verbintenis as ooit tevore. Sy het nie haar man bevraagteken of druk op hom geplaas om sy ouers te kontak nie, nog minder het sy toegelaat dat vals skuld haar beroof van die seën van haar man wat haar as sy vrou aankleef en eer.

Een uit myself. "Toe het die Here God 'n diep slaap oor die mens laat kom, sodat hy vas geslaap het. Die Here God neem toe 'n **ribbebeen** uit die mens, vul die plek met vleis op, en die ribbebeen wat Hy uit die mens geneem het, bou Hy om tot 'n vrou en bring haar na die mens toe. Toe sê die mens: 'Hierdie keer is dit een uit myself, **een soos ek**. Daarom sal sy 'vrou' genoem word; **sy is uit die man geneem.**'" Gen. 2:21. "EN HULLE TWEE SAL **EEN WEES**; sodat hulle nie meer twee is nie, maar een." Markus 10:8. "Hulle is dus nie meer twee nie, maar **een**. Wat God dan saamgevoeg het, mag 'n mens nie skei nie." Matt. 19:6. Een vlees is beslis 'n voorbeeld van wanneer ons saam met ons mans is gedurende ons intieme tye. Maar benewens fisiese eenheid, moet ons ook emosioneel een wees met ons mans, geestelik en verstandelik.

Het jy en jou man dieselfde doelwitte en rigtings? Baie vrouens het ingekom vir huweliks herstel omdat hulle mans, terwyl hy hulle hulle verlaat het vir 'n ander vrou, gesê het dat sy vrou se doelwitte anders as syne was. Laat jy verdeeldheid in jou huis toe of moedig jy dit aan? Het jy jou man teen gegaan, gedruk, of jou man gemanupileer om jou toe te laat om 'n loopbaan of graad na te jaag wat uiteindelik verwydering in jou huwelik sal veroorsaak? Of was dit bloot jou ontevredenheid met sy salaris? God het die vrou geskep om die man te help en aan te vul. Sodra 'n huwelik plaasvind, is hulle nie meer "twee nie, maar **een**" Dit beteken dat hulle hulle lewens saamleef, nie as "kamermaats" waar elkeen 'n lewe het apart van die ander nie. As jou man die een is wat druk vir die verdeeldheid, bid. Die duiwel loop rond, op soek na huwelike wat hy kan verslind. Sodra dit verdeel is, sal dit nie bly staan nie. (Matt. 12:25, Markus 3:25, Lukas 11:17).

Afstootlike sonde. 'n Fisiese "een vlees" kan net bereik word met 'n man en 'n vrou. Daar is 'n leemte in 'n vrou wat ontwerp is om deur 'n man gevul te word. God het ons manlik en vroulik geskep om vrugte deur ons unie te produseer, wat ons weet ons kinders is. Homoseksualiteit is 'n sonde. Dit is afstootlik vir die Here. Ons moet ons gedagtes hernu om op te lyn met dit wat in die Bybel geskryf staan. "Jy mag nie 'n homoseksuele verhouding hê nie. Dit is 'n **afstootlike** sonde." Lev. 18:22. Ons as Christene moet oor hierdie kwessie oplyn om ferm in die Waarheid te staan. Ons moet ons lewens op 'n onwrikbare manier lewe sodat ons nie huigel nie, "Ek haat **huigelary,** maar U wet het ek lief." Ps. 119:113. "…**onbestendig** in al sy doen en late." Jak. 1:8. "Nader tot God en Hy sal tot julle nader. Was julle hande, sondaars, en reinig julle harte, **huigelaars**." Jak. 4:8. Ons kan nie louwarm wees oor iets wat afstootlik vir God is nie. (Sien les 12, "Kinders is Geskenke van die Here," want "My volk gaan onder omdat hulle nie aan My toegewy is nie. Omdat jy jou taak om hulle aan My toe te wy, verwerp het…" Hosea 4:6.)

Man onafhanklik van vrou. Die een vlees unie bring kinders as vrugte voort. Ons moet ook die vrugte van ons emosionele en verstandelike unie hê, die een wees van ons harte en ons begeertes. God het vrouens geskape met sekere behoeftes en mans met sekere behoeftes. Die leemtes in ons lewens en in ons mans se lewens skep 'n tipe werkende rat soos wat ons deur die alledaagse lewe gaan. As ons ons leemtes vul apart van ons gade dan sal die rat gly. Hoe meer ons die leemtes vul apart van mekaar, hoe meer sal die verhouding gly. Binnekort sal ons niks oorhê om aan vas te hou nie. Feministe het ons as vrouens gedruk om ons eie behoeftes te vervul en ons mans moet na hulself omsien. Ons het die leuen geglo dat dit nie goed is om van mekaar afhanklik te wees nie. Om afhanklik te wees word uitgetart as 'n siekte van mede-afhanklikheid, waarvan ons genees moet word. "Alhoewel, in die Here, is die vrou nie onafhanlik van die man nie en die **man nie onafhanklik van die vrou nie**. Want soos die vrou uit die man geneem is…" 1Kor. 11-12. God het 'n leemte in elkeen van ons geskep wat net 'n eggenoot kan (of behoort) te vul. Wanneer ons God se weë oortree, dra ons die gevolge. Mans moet ons voorsieners en ons beskermers wees. Hulle is ons geestelike leiers en die vaders van ons kinders. Ons rol as vrou, soos ontwerp deur ons Skepper, is om ons mans se helper te wees deur kinders te baar, versorg en te onderrig. Ons moet vir ons mans en kinders vertroosting bied. Ons moet maaltye vir ons familie voorsien en sorg dat die huis skoon en agtermekaar is vir ons famillie.

Met swaarkry. "Vir die mens het die Here God gesê: 'Omdat jy na jou vrou geluister het en geëet het van die boom waarvan Ek jou verbied het om te eet, is die aarde deur jou toedoen vervloek, met **swaarkry** sal jy daaruit 'n bestaan maak, jou lewe lank.'" Gen. 3:17. Na die val van die mens, was die man en die vrou elkeen gestraf; die vrou met pyn gedurende geboorte en die man om met harde werk en swaarkry 'n bestaan te maak. So hoekom word die *man* se straf nou gedeel deur beide die man en die vrou? Dit is omdat die meeste van ons bo ons gemiddeld lewe. Wanneer die vrou 'n ander loopbaan as haar huis en haar kinders het, verdeel dit die egpaar se belange en maak hulle onafhanklik van mekaar. "Elke koninkryk wat onderling verdeeld is, gaan ten gronde, en geen stad of huis wat onderling verdeeld is, sal bly staan nie." Matt. 12:25. (Sien les 14, "Die Manier van Haar Huishouding," "My volk gaan onder omdat hulle nie aan My toegewy is nie. Omdat jy jou taak om hulle aan My toe te wy, verwerp het, verwerp ek jou as priester…" Hosea 4:6.)

Beskermer. Wanneer ons vrouens onsself beskerm omdat ons voel ons kan "op ons eie bene staan," hoekom *sou ons 'n man nodig hê*? Is dit jy wat die verkoopsman wegwys of van die man by die deur ontslae raak - moontlik met meer ywer as wat jou man sou? Het jou man vergeet hoe om 'n man te wees vandat julle getroud is? Wie dra regtig die broek in die familie? Wie is regtig sterker? As jou man vir jou sê om te bedaar of om dit stadig te vat, sê jy vir hom om hom by sy eie besigheid te bepaal, of erger? Maar dit is sy besigheid. Die man is die hoof van die vrou, om haar en die kinders te beskerm. So wat doen ons mans wanneer ons aanhou om beheer te neem of oor te vat? Hulle staan terug, omdat hulle nie nog 'n bakleiery wil hê nie! Hulle lewe met die realiteit van die twisgierige vrou. "Die gedrup uit 'n dak wat lek op 'n reëndag, so is 'n vrou wat aanhou kyf. Wie haar probeer keer, kan net so wel die wind probeer keer of olie met sy hand probeer vashou." Spr. 27:15-16. (Lees weer les 6, "'n Twisgierige Vrou" as jy in hierdie area sukkel.)

Vermeerder op die aarde en word baie. Wie is in beheer van wanneer en hoeveel kinders julle familie gaan hê? Is dit jy, jou ouers, of jou skoonouers? Hoeveel mans het jou vertel dat hulle vrouens sê hulle sal nie nog kinders hê nie? Dit was die rede hoekom 'n man van sy vrou geskei het, nog so onlangs as die Burger oorlog. Maar weer, die feministiese beweging het dit alles verander. Ons kan nou ons fout "vermoor" as ons geboortebeperking misluk. Adam kon omtrent alles alleen doen, behalwe die gebod om vrugbaar te wees en te vermeerder, hy het 'n vrou nodig gehad. "Maar júlle moet vrugbaar wees en baie word. **Vermeerder op die aarde** en word baie." Gen. 9:7. (Sien les 12,

"Kinders is Geskenke van die Here," want "My volk gaan onder omdat hulle nie aan My toegewy is nie. Omdat jy jou taak om hulle aan My toe te wy, verwerp het, verwerp ek jou as priester…" Hosea 4:6.)

Vra hulle eie mans by die huis. Dames, is julle die leier van geestelike sake? Hardloop jy na jou man toe om te vra wat hy dink as die geestelike leier, of sê jy, "Hoekom sal ek na hom toe gaan? Wat weet hy, in elk geval? Is dit nie *ek* wat na al die Bybel studies en seminare toe gaan nie? En ek is die een wat op al die kerk se komitees sit. "Haar *man* is welbekend by die stadspoort waar **hy** saam met die leiers beraadslaag." Spr. 31:23. Nou sit ons vrouens saam met die leiers van die land. Baie van ons sit op die komitee om 'n nuwe pastoor te kies wat simpatiek is teenoor die feministise filosofie.

"Want daar sal 'n tyd kom wanneer die mense die gesonde leer nie meer sal verdra nie. Hulle sal hulle eie begeertes volg en vir hulle **leermeesters bymekaarmaak wat net sal sê wat hulle graag wil hoor**. Hulle sal die waarheid nie wil hoor nie en hulle tot verdigsels wend." 2Tim. 4:3-4. Ons as vrouens is uit ons huise besig om met ouderlinge en leiers te beraadslag terwyl ons mans by die huis besig is om aandete vir hulself en die kinders te maak. Of miskien is hy uitstedig, weg van die twisgierige vrou af, besig om by 'n buite egtelike verhouding betrokke te raak. Soos wat ons als oorneem wat van belang is, het ons ons mans tyd gegee om die meer belangrike dinge te doen soos sport of saam met die "ouens" kuier. Ons en die kinders se geestelike vrae word beantwoord deur 'n professionele persoon , soos die pastoor of die Sondag skool onderwyser. Maar "As hulle iets te wete wil kom, *moet hulle* **tuis hulle eie mans vra**, want dit is lelik vir 'n vrou om in die erediens te praat." 1Kor. 14:35. Het ons ons mans aangemoedig om ander dinge te doen eerder as om ons familie geestelik te lei?

Vader. As 'n vader, is ons mans uit hulle rolle gedruk of gemaak om aan te pas by die vroulike manier van ouerskap. Ons kritiseer die manier wat hulle die kinders hanteer of behandel so dikwels, dat hulle uiteindelik net ophou om "in te meng." Ons probeer om ons mans te vorm in verwyfde vaders. Dit was die doel van die feministe. Hulle doel was om geen verskil te hê tussen moederskap en vaderskap nie; dus word dit "ouerskap." Dan sal daar geen rede wees hoekom 'n lesbiese of gay paartjie nie ouers kan word nie. Jy het mos net twee "ouers" nodig om 'n kind aan te neem, reg?

God het vir kinders beide 'n moeder en 'n vader gegee met duidelike eienskappe. Ons kinders het albei ouers nodig om groot te word sonder 'n spul angs of emosionele probleme. As die rolle gemeng en verwar is, wie het 'n *vader* nodig? "eer jou vader *en* jou moeder..." Matt. 19:19. Dames, kyk asseblief hoe jy met jou man se manlikheid en leierskap inmeng. As jou man streng of sterk met die kinders is, moenie probeer om sy verhouding met hulle te blokkeer of om te oorkompenseer nie. God in Sy wysheid het presies geweet wat Hy doen toe Hy beide 'n moeder en 'n vader geskape het. Soek Sy wysheid in hierdie area. Hou op om die propaganda te volg wat aan ons deur die media gevoer word en ander misleide vrouens. (Sien les 12, "Kinders is Geskenke van die Here.")

Getuienis

Laat my van die wysheid deel wat die Here aan my openbaar het. Toe my seun in sy vroeë tienerjare was, het ek opgemerk dat hy baie onvolwasse voorgekom het vir sy ouderdom. Hy was 'n buitengewone goeie seun, goedhartig en hoogs intelligent. Maar, hy was onvolwasse. Ek het dit met 'n vriendin gedeel wat agt kinders gehad het en sy het gesê sy het twee kinders gehad wat ook onvolwasse was. Daarby het ons albei uit groot families gekom waar een of twee broers of susters steeds onvolwasse was as volwassenes. Die dag in die parkie het ons gebid vir wysheid.

Dames, die Here is so getrou. Slegs 'n week of twee later het die Here my oë oopgemaak vir die probleem. In al die gevalle, het ons agter gekom dat die kind wat onvolwasse was, beskerm en/of beskut was van hulle vaders. Ek het my man gedwarsboom uit sy posisie as vader, wat veroorsaak het dat sy verhouding met ons seun belemmer was. Toe het ek begin oor kompenseer vir my man se gebrek aan aandag en betrokkenheid met ons seun. Gewoonlik het ek gevoel dat hy te ferm of onregverdig was. Maar dames, weet jy dat God nooit 'n fout maak nie? My seun het die fermheid nodig gehad om behoorlik te groei.

Toe ek bewus word van my tekortkominge, het ek myself neergewerp voor die Here en nederig gebieg en Hom vir Sy leiding gevra. Die Here het my gevra uit die pad te kom van my man se woede, wat ek aanhoudend voorkom het. Met die eerste geleentheid, toe ek eenkant toe gestaan het, het my man nie geweet wat om te doen nie. Ek was bang hy sou te streng wees, maar hy het kalm gebly. Baie keer, nadat die kinders bed toe gegaan het, het hy sy woede op my gerig omdat ek hom verhinder het om sy seun te berispe. Toe hy een aand begin het (nadat die Here my oë oopgemaak het vir my fout), het ek myself verskoon, ingegaan en my seun uit die bed uit gaan haal. Toe ek my aan my man se outoriteit en God se wysheid onderwerp het, het dit 'n groot las van ons huweliks verhouding af gelig.

Daarbenewens, in plaas daarvan om makliker met my seun te wees, soos wat ek in die verlede gedoen het, het ek net so ferm soos sy vader geword. Ek het uiteindelik my man se leiding gevolg. En toe die Here my aangespoor het, was ek bly om al my foute aan my man en my seun te erken.

Binne 'n jaar of twee het 'n wonderwerk gebeur. My seun het nie net volwasse geword nie, maar hy was geprys vir sy volwassenheid! Hy was gekies deur ons voormalige burgermeester om 'n spesiale televisie program oor tuisskool te doen. Toe was hy gevra om 'n posisie te beklee op die tuisskool raad, wat die eerste keer was dat 'n student 'n raads posisie beklee het in die staat van Florida. By die jaareindfunksie vir sy swemspan, het sy afrigter hom laat opstaan voor sy hele groep en hom geprys vir sy "volwassenheid"! Ek deel dit net om God se ontsagwekkendheid en Sy perfekte weë met jou te deel. Hy is getrou wanneer ons die Waarheid soek en dan Sy aansporing in alle areas van ons lewens gehoorsaam. Dames, ons dien 'n magtige God! Amen!

'n Knap vrou, is baie werd. Is jy 'n volgeling van Christus? As 'n Christen, gehoorsaam jy God se Woord? **"'n Knap vrou is baie werd,** baie meer as edelstene. Haar man steun op haar en pluk die vrugte van haar werk. Sy bring vir hom net voordeel, nie nadeel nie, haar hele lewe lank. Sy maak wol en vlas bymekaar en geniet dit om dit te verwerk. Sy is soos die handelskepe. sy bring die kos van ver af in. Sy staan op as dit nog nag is en maak kos vir haar huisgesin…Sy is gerus oor haar huisgesin as dit sneeu: hulle dra almal warm klere." Spr. 31:10-21. Baie vrouens lag en sê. "ja, sterkte om 'n vrou soos dit te vind!"

Dames, het ons regtig ons lewens en ons kinders se lewens in oënskou geneem en onsself afgevra wat het gebeur? Het ons toegelaat dat ons vriende ons aanmoedig om 'n loopbaan te kies of terug te gaan skool toe inplaas daarvan om 'n "bewaarder van die huis" te wees? Mans het 'n luisterende oor nodig en 'n vrou wat kan omsien na hulle fisiese behoeftes, soos kook en hulle klere versorg. Hulle het ons nodig om na die huis om te sien en hul kinders te baar, versorg en te leer. Dit is in die Woord van God. Dit is nie my opinie nie! As ons doen wat ons nou net gelees het in die Woord, Spreuke 31, hoe kan ons moontlik buite die huis werk, op soveel kommitees dien, of teruggaan kollege toe?

Moenie vir mekaar omgang weier nie. As jy met die feministiese manier van dink saamstem en bevry is van jou pligte as 'n vrou en 'n moeder, is jy heel waarskynlik ook geskei van jou fisiese eenheid met jou man. "Maar weens die gevare van onsedelikheid behoort elke man sy eie vrou te hê en elke vrou haar eie man. Die man moet sy huweliksplig teenoor sy vrou nakom, en net so ook die vrou teenoor haar man. Die vrou beskik nie oor haar eie liggaam nie, maar die man; net so beskik die man ook nie oor sy eie liggaam nie, maar die vrou. **Moenie vir mekaar omgang weier nie**, behalwe met wedersydse toestemming en net vir 'n bepaalde tyd om julle aan gebed te wy." 1Kor. 7:2-5.

Wanneer daar probleme in hierdie area is, moet ons by die kernoorsaak uitkom. Ons huise en ons rolle is uit God se orde uit. Wanneer ons ons mans se intieme toenadering weerstaan, wanneer ons kla, en wanneer ons toelaat dat probleme by die huis ons mans uitput, hoekom is ons geskok wanneer hy uiteindelik ingee tot swakheid en versoekings ? "Die slegte vrou se lippe drup van heuning, haar tong is gladder as olie…" Spr. 5:3. "So laat sy die jongman swig vir haar listigheid, so verlei sy hom met haar gladde tong. Hy loop sonder weerstand agter haar aan soos 'n bees op pad slagpale toe…so is hy daarmee heen voor hy dit weet." Spr. 7:21-23.

Wie haar probeer keer. As 'n reël konfronteer mans nie hulle vrouens nie; *meeste mans wil nie konfrontasie hê nie.* Hulle weet dat as hulle probeer om beheer te neem, hulle 'n argument sal hê. Onthou die twisgierige vrou. "Die gedrup uit 'n dak wat lek op 'n reëndag, so is 'n vrou wat aanhou kyf. **Wie haar probeer keer,** kan net so wel die wind probeer keer of olie met sy hand probeer vashou." Spr. 27:15-16.

Sommige van ons het opgehou om te beheer en te manipuleer net om onsself aan die ander end van die spektrum te vind. Baie van ons wou so 'n goeie helper wees dat ons alles vir ons mans gedoen het. Ons doen, doen, doen. Dit sal hom van sy seëninge beroof, en ter selfde tyd, sy manlikheid uit hom skeur. Ons neem die besluite, doen alles in en om die huis, en help om deel van die inkomste te voorsien. Ons is dan verbaas dat met al hierdie vrye tyd, hy vir homself 'n aangename, hulpelose vrou kry om voor te sorg.

As ons iets aangevat het wat ons mans moet doen, moet ons bid dat die Here die situasie sal verander. Waneer ons bid, sien ons baie keer 'n mini-katastrofe wat plaas vind en ons mans moet ons red. Maar dit is 'n goeie ding *as* ons hom nie beroof daarvan om ons redder te wees nie. Moenie probeer om dit reg te stel of om *hom* te vertel hoe om dit reg te stel nie - los dit uit! Ons moet besef dat die katastrofe plaasgevind het omdat ons in die verkeerde rol opgetree het, 'n rol waarvoor ons nie ontwerp was nie. Alhoewel, *jy* nooit 'n krisis moet veroorsaak nie; wag vir die Here om te beweeg - hou op manipuleer!

Wie Behoort Die Geestelike Leier Te Wees?

Een vraag wat baie vrouens vra is: "Wie moet die geestelike leier wees aangesien my man nie wil nie of dit nie doen nie?" Of, baie vrouens sal verklaar "Ek *moet* die geestelike leier van ons huis wees aangesien my man nie eens 'n Christen is nie!" Hoekom versuim of verbeur so baie mans hulle posisie as hoof van die familie?

Haar man is welbekend. Christelike vrouens begeer dat hulle mans die geestelike leiers moet wees. **"Haar man is welbekend** by die stadspoort waar hy saam met die leiers beraadslaag." Spr. 31:23. Sommige Christelike vrouens, het egter besluit dat *hulle* die leiers wil wees; die feministiese filosofie wat die nasie vernietig het, vernietig nou die kerk. Toe vrouens die kerk binnegegaan het, en hulle eie geestelike behoeftes begin vul het, het mans die kerk verlaat om ander belange te volg. Toe die mans weg is, het ons vrouens in die hande van liberale pastore beland. Nou is ons gevange geneem. "Party van hulle dring in die huise in en kry liggelowige vroue wat met sonde belaai is en deur allerlei sinlike begeertes gedryf word, in hulle mag, vroue wat altyd iets wil leer, maar tog nooit tot die kennis van die waarheid kan kom nie." 2Tim. 3:6-7. Die kerk is nou grootliks deurtrek met swak mans en sterk vrouens. Dit belemmer die kerk se effektiwiteit omdat die ware mans, Christelike mans, nêrens te vinde is nie!

"Julle is die sout vir die aarde. Maar as sout verslaan het, hoe kry 'n mens dit weer sout? Dit is niks meer werd nie. Dit word buitekant weggegooi, en die mense vertrap dit." Matt. 5:13. Skuif jou Bybel studies terug na die huis toe. En ons moet ook ons Bybel studies verander om te fokus op wat 'n vrou, moeder en tuiste skepper moet weet. Onthou dames; amper die helfte van die huise in Amerika verkrummel. Gaan ons aanhou om ons koppe in die sand te begrawe? Sal jy wag tot joune val? Dames, los die Bybel kop-kennis en filosofie aan jou man oor. Ons intense Bybel kennis is besig om ons families te vernietig omdat dit ons mans intimideer. Vrouens, sedert die dag wat Eva van die vrugte geëet het om "jou wys te maak," is ons honger vir "kennis." Maar hierdie honger kan net so vernietigend wees soos wat dit vir Eva en die daaropvolgende generasies was. Dames, dit is tyd om 'n massa uittog uit die kerk te maak; dan moet ons vir ons mans wag om ons te lei. As jy altyd na die kerk toe hardloop terwyl jou man by die huis bly, watter rede het hy om kerk toe te gaan? Hoe kan hy ooit hoop om jou vooruit te gaan, Mev. Geestelik?

Ek weet dit is hoe baie mans dink. My man het dieselfde bekommernis gehad toe hy terug gekom het huistoe. Dit het ses jaar gevat waartydens ek op die Here moes vertrou voordat Hy my toegelaat het om in die beste kerk in die wêreld te wees!

Eerstens het my man van een kerk na die ander gehop, dwardeur die stad en regdeur al die denominasies. Uiteindelik het hy moedeloos besluit om kerk by die huis te hou. Ek het gedurende hierdie periode baie vriende verloor wat my beskuldig het van afvalligheid aangesien ek nie kerk toe gegaan het nie. Selfs al was dit moeilik om vir so baie jare by die huis kerk te hou, was dit wat God gebruik het om my man weer in die Woord te kry. Ek het toe so vergenoeg geword dat ek nie wou teruggaan kerk toe nie. (Hoekom is dit vir ons so moeilik om 'n wolk te volg wanneer dit beweeg?) Toe, vier jaar later, was daar 'n groot uitstorting in 'n kerk net twee myl van ons huis af. Maar my man het vir my gesê dat hy nooit sou gaan nie. Baie vrouens het gedink dit was belaglik dat ek nie net alleen sou gaan soos hulle nie. Hulle het my gespot omdat ek so uitermatig onderdanig was, dat ek nie druk op my man geplaas het of dit konstant genoem het totdat hy ingegee het nie. Dit het twee jaar van *gebed* geneem vir God om om my onthalwe te beweeg. Maar glorie! God is ontsagwekkend en wanneer Hy beweeg is dit so kragtig!

Die eerste aand wat ons gegaan het, het hy na die altaar gehardloop nog *voor* mense na die altaar geroep is. Ons het nie net daardie eerste aand bygewoon nie, maar my man wou by die kerk aansluit! Ons is nou lidmate en drie keer per week in die kerk - ons familie sit 'n hele kerkbank vol! Nie net dit nie, ons woon een aand per week 'n werkswinkel by en hy vergader saam met mans in 'n aanspreeklikheids groep. Dames, dit mag dalk nie vir julle soos baie klink as julle 'n goddelike man het nie. Maar my man het owerspel gepleeg! Dis werklik 'n wonderwerk want ek het God genoeg vertrou sodat Hy my man beweeg. Wat sou die punt wees as ek in die kerk was en my man was nog by die huis besig om sports of 'n fliek te kyk? Meeste van die vrouens (eintlik almal behalwe een) woon nog steeds die dienste by sonder hulle mans. Liewe suster, God sal jou getrouheid aan Sy Woord eer wanneer jy uit jou hart uit gehoorsaam.

Christus is die hoof van elke man. Christus is die hoof van *elke* man, nie net 'n Christen man nie. As dit jou verskoning was om die geestelike leiding te neem, lees dan 1Kor. 11:3, "Ek wil egter hê julle moet weet dat Christus die hoof is van elke man, en 'n man die hoof van sy vrou, en God die hoof van Christus."

Onderrig te gee of gesag uit te oefen nie. Ons vrouens is so onnosel, ons spog of vertel ons mans hoe *ons* tyd maak om *ons* Bybels te lees. Ons spog oor die nuttige boeke en tydskrifte wat ons lees! Dit is eiegeregtigheid! "Ek laat haar nie toe om daar **onderrig te gee of oor die man gesag uit te oefen nie**, sy moet stil wees." 1Tim 2:12. "My volk het kinders as regeerders, **vrouens as heersers**. My volk, jou leiers verlei jou en *bring jou van koers af*." Jes. 3:12.

Wie is die hoof van jou huishouding? Wanneer vrouens diegene is wat die huis regeer, kan jy niks anders as moeilikheid verwag nie. As jou ma in beheer was in jou huis terwyl jy groot geword het, is die kans goed dat jou huis dieselfde patroon volg. As 'n Christen vrou, kan jy nie met 'n goeie gewete toelaat dat dit voortgaan nie. Moet nou nie huistoe gaan en dit alles op jou man plaas en eis dat hy oorneem nie. Begin net om al jou gedagtes en inspanning te fokus op wat 'n vrou, ma en tuiste skepper moet doen.

Bid voortdurend vir die Heilige Gees om jou te lei. Soos wat jy van een taak na die volgende beweeg, vra, "Wat wil U hê moet ek volgende doen, Here?" Kry jou huis in orde, kry jou kinders in orde, kry jou prioriteite in orde en los jou man vir die Here. Wat hy doen of nie doen nie is nie jou bekommernis nie en nie jou verantwoordelikheid nie! God gee ons so baie dinge om te doen met ons kinders, ons huise en ons bedienings (deur jonger vrouens te leer "wat goed is"). Dames, dit is ons vrugte in die tuin. Maar al waaraan ons kan dink is daardie verbode vrug, **ons mans te leer of gesag oor hulle uit te oefen!**

Wees onderdanig aan julle eie mans in alles. Ons as vrouens kan nie kies en keur wanneer ons onderdanig aan ons mans wil wees nie. "Vrouens, wees aan julle mans onderdanig, net soos julle aan die Here onderdanig is…in *alles* aan hulle mans." Efe. 5:22-24. Dit is duidelik uit die bogenoemde Skrifgedeelte dat God **alle** mans in die leierskap rol van die huis gesit het.

Niemand kan vir twee base tegelyk werk nie. Wanneer dinge buite beheer raak en wanneer ons beheer in ons verhoudings neem met ons mans, dan sal ons mans ons uiteindelik verag en selfs haat. "Niemand kan vir *twee* base tegelyk werk nie. Hy sal óf die een **minder ag** en die **ander hoër**, óf vir die een **meer oorhê** en die ander een **afskeep**." Matt. 6:24. Jy sien hierdie beginsel in aksie wanneer 'n kind, wat na sy ouers geluister het, skool toe gestuur word. Uit die bloute uit vertel hierdie oulike kind vir jou wat hulle onderwyser gesê het, en nou is *jy* verkeerd. Ons stuur ons seuns en dogters Kollege toe, met ons geld (soos wat die bufferplakker sê), dan kom hulle gedurende die vakansies huistoe en behandel ons soos die dorps idioot. (Sien les 15, "Jou ma se Leringe" oor tuisskool en die vrae *waaroor jy moet bid* voordat jy jou kinders Kollege toe stuur want "My volk gaan onder omdat hulle nie aan my toegewy is nie." Hosea 4:6.)

Hy sal dit doen. Weer, tree jy op asof jy jou man se persoonlike Heilige Gees is? Spog jy met jou geestelikheid? Het jy dit reggekry om jou man te oorreed dat hyonnosel is in geestelike sake? Ken jy jou Bybel beter as wat jou man ooit kan hoop om dit te ken? Of erger, is jou kinders meer vertroud met die Skrif as hulle vader? Ons as moeders maak seker dat ons kinders in Sondag skool of in 'n Christelike skool is. Maar ons is nalatig om te besef dat wanneer ons ons behoeftes vervul vir geestelike onderrig deur veelvoudige Bybel studies om ons mans vooruit te gaan, en ons kinders se geestelike behoeftes word deur Sondag skool vervul, vervang ons ons mans met 'n namaaksel. Daar is dan geen nodigheid vir ons mans om enigiets in die Skrif te leer nie.

In plaas daarvan, weet hy alles van sy gunsteling sport spanne. In plaas daarvan dat hy sy Bybel lees, lees hy die koerant of die sportbladsye. As jy dink dit is te laat, of dat jou man te ver agter is om jou en jou kinders verby te gaan en julle behoorlik te lei, is jy verkeerd. Aangesien God die man geroep het om die leier van die huis te wees, sal Hy hom in staat stel.

Maar, *ons moet ons sonde bely dat ons ons mans se rol as geestelike leier oorgevat het.* "Bely julle sondes eerlik teenoor mekaar en bid vir mekaar, sodat julle gesond kan word. Die gebed van 'n gelowige het 'n kragtige uitwerking." Jak 5:16. *Roem oor jou swakhede by ander vrouens.* "Sy antwoord was: 'My genade is vir jou genoeg. My krag kom juis tot volle werking wanneer jy swak is.' Daarom sal ek baie liewer oor my swakhede roem, sodat die krag van Christus my beskutting kan wees." 2Kor. 12:9. *En belangriker as alles, vetrou op die Here.* "Laat jou lewe aan die Here oor en *vertrou op Hom*; **Hy sal sorg.**" Ps. 37:5.

Water en die Woord gereinig. Hoe belangrik is dit om ons mans in God se Woord te hê en dan die Woord met ons te deel? "Mans, julle moet julle vrouens liefhê soos Christus die kerk liefgehad en sy lewe daarvoor afgelê het. Dit het Hy gedoen om die kerk aan God te *wy,* nadat Hy dit met die **water en die woord** *gereinig* het, sodat Hy die kerk in volle heerlikheid by Hom kan neem, sonder vlek of rimpel of iets dergeliks, heilig en onberispelik." Efe. 5:25-27. Weereens, moenie jou man karring nie. Dit mag dalk wys wees om nie eens vir hom te vra om vir jou te lees nie. Dit mag veroorsaak dat hy rebelleer. Sy druk moet van bo afkom, van sy outoriteit. (Sien les 5, "Wen Sonder 'n Woord" as jy werklike verandering in jou man wil sien, God se manier.)

Die nou poort. Dames, gaan deur daardie **nou poort** en hou op om televisie te kyk, of om jou kinders toe te laat om televisie te kyk. Hou op om jou weeklikse of maandelikse gelde na Hollywood te stuur deur die rolprent teater of video winkels, sodat hulle sal ophou om die rolprente te maak wat ons families en ons nasie vernietig. As jou man die televisie verslaafde is - bid! (Weereens, sien les 5, "Wen Sonder 'n Woord" as jy werklike verandering in jou man wil sien, God se manier.) "Gaan deur die **nou poort** in. Die poort wat na die verderf lei, is wyd en die pad daarheen breed, en *die wat daardeur ingaan, is baie.*" Matt. 7:13. As diegene wat "beweer" dat hul Christene is, ophou om televisie te kyk of om na die rolprent teater toe te gaan, sal Hollywood ophou om vieslike rolprente te maak! Ons vrouens moet geestelike oorlog voer teen die aaklige verslawing wat jou, jou man en/of jou kinders gevange hou.

Waarskuwing: 'n Vrou het iets met my gedeel waarop sy so trots was. Haar man en ouer seuns was besig om 'n vieslike rolprent te kyk op televisie. Die vrou het met haar man en ouer seuns gepraat asof hulle in die kleuterskool was, en soos 'n "juffrou" voorgestel dat daar miskien iets beters was om te kyk. Sy het toe deur die kanale gegaan en 'n baie charismatiese priester gevind en die familie 'n groot glimlag gegee. Haar man en haar drie seuns het uitgeloop en na hulle eie kamers toe gegaan. Dames dit is nie respekvolle gedrag nie! *Wat hartseer is, is dat die vrou se man almal vertel het van sy ellende en sy planne om van haar te skei.*

Ek het haar meegedeel dat haar reaksie nie 'n oorwinning was nie, maar eiegeregtige optrede. Niemand sal gewen word deur 'n Fariseër nie. Ek het haar meegedeel dat ek my stryd teen die televisie met gebed en vas begin het. Dit het ook my onderdanigheid en respek teenoor my man gevat (selfs toe almal gedink het hy verdien dit nie) vir ons familie om ontslae te wees van die besoedeling van televisie.

Godsdienstige pligte in die openbaar nakom. Gaan jy kerk toe selfs wanneer jou man by die huis bly? "Moenie julle **godsdienstige pligte in die openbaar** nakom om deur mense gesien te word nie, want dan kry julle geen beloning van julle Vader wat in die hemel is nie." Matt. 6:1. Ons aksies moet 'n uitstorting wees van wat binne ons is. Is jy "trots daarop" dat jy meer geestelik as jou man is? Het jy probeer om jou man skuldig te laat voel en daarom kerk toe te gaan? Het jou metode tot dusver gewerk? Gaan hy saam met jou? Hoe kan jy verwag om God te verheerlik? "Laat julle lig so voor die mense skyn, dat hulle julle goeie werke kan sien en julle **Vader** wat in die hemel is, **verheerlik**." Matt. 5:16.

Aan hulle vrugte sal julle hulle ken. Wat is jou vrugte van jou eis dat jy 'n Christen is? **"Aan hulle vrugte sal julle hulle ken."** Matt. 7:16. Kla jy by jou man oor wat hy nie gedoen het as die geestelike leier van die familie nie? Pronk jy met het hoeveel jy die Bybel lees voor jou man? Dan produseer jy dorings, nie vrugte nie.

Vergelyk die tyd wat jy spandeer deur tydskrifte en boeke te lees, of ander dinge te kyk, met die tyd wat jy in die Woord bestee. Wat gaan jy daaromtrent doen? Tel jy enigiets op wat jy in die werkboek gelees het? Kan enigiemand 'n verandering in jou sien deur dit te lees? "Iemand wat altyd net die woord aanhoor en nooit doen wat dit sê nie, is soos een wat na sy gesig in 'n spieël kyk: hy bekyk homself, gaan van die spieël af weg en vergeet dadelik hoe hy gelyk het. Maar iemand wat hom verdiep in die volmaakte wet wat 'n mens vry maak, en hom **daaraan hou** en nie **vergeet wat hy hoor nie,** maar **dit doen,** hy sal *gelukkig wees in wat hy doen."* Jak. 1:23-25.

Hou jou tong in toom. "As iemand *dink hy* is godsdienstig, maar hy hou nie **sy tong in toom** nie, bedrieg hy homself. Sy godsdiens is **waardeloos."** Jak. 1:23-25. Wanneer was die laaste keer wat jy onvriendelike woorde teenoor jou man gespuug het? God sê jy is waardeloos. Dames, kry beheer oor daardie kwetsende tong! (Lees les 4 en lees dit weer, "Goedhartigheid is op Haar Tong" en lees dit dan weer!)

Die Man en Vrou Verhouding.

Ons moet nie die geestelike leiers van ons huise wees nie. God se Woord verwys na die man soos wat Hy na Homself verwys. Ons moet dieselfde tipe verhouding met ons mans hê as wat Jesus met Sy Kerk het. Kom ons soek in Sy Woord vir die *vele* maniere wat ons verhouding met ons mans soos ons verhouding met Christus moet wees.

Die hoof. "Die **man** is die **hoof** van die **vrou,** soos **Christus** die **hoof** van die **kerk** is…" Efe. 5:23. "Ek wil egter hê julle moet weet dat **Christus** die **hoof** is van **elke man,** en 'n **man** die **hoof** van sy **vrou,** en God die hoof van Christus." 1Kor. 11:3. Ons het in les 8, "Vrouens Wees Onderdanig," geleer van die belangrikheid van outoriteit in die huis. Ons het ook oor die voordele van onderdanigheid aan ons mans geleer, naamlik vir ons en ons kinders se beskerming. Die Skrif vergelyk

Christus as hoof van die kerk met ons mans as die hoof oor ons. Soos met enige goeie maatskappy of, veral die weermag, moet daar 'n behoorlike hoof of leier wees. Ons moet ons mans toelaat om te lei! Moenie hierdie punt mis nie. Jy moet hulle toelaat om te lei. Laat jou man toe om met oplossings vorendag te kom vir die probleme wat in jou huis opduik.

Die Verlosser. "Die **man** is die hoof van die vrou, soos **Christus** die hoof van die kerk is. Christus is ook die **Verlosser** van die liggaam, sy kerk." Efe. 5:23. *Die man moet die Verlosser van die liggaam wees.* Ons vrouens dink dat ons die verlossers moet wees. Maar wanneer daar 'n finansiële krisis is, of enige krisis, moet die man regtig die een wees wat die "dag red." Baie vrouens hardloop om 'n werk te kry of hulle maak finansiële planne. Dit beroof jou man van 'n seën. Wanneer die man die plan maak, kan ons ons met plesier onderwerp. Wanneer die vrou die plan maak, dan is die huis buite orde.

Ons vrouens moet ons rol vul as die een wat in onderwerping aan ons mans is. Hulle alleen moet die hoof van die huis wees en die verlosser van die liggaam. Natuurlik sal ons vrouens liewer vir *ons mans* vertel hoe hy moet sny. Dames, wanneer jy 'n probleem sien, gee dit vir jou man! Stop die siklus van jy wat lei en red! Hier is paar kort getuienisse van *vrouens* wat die beginsel gevolg het sonder hulle mans se kennis.

Getuienis 1: My man was nie die ordehouer in ons huis nie. Hy was die goeie ou; ek was die grieselige, gemene ma. Een dag het ek finaal besluit om die beginsel toe te pas en my man toe te laat om te lei. Dit het beteken dat ek my uitermatige outoriteit moes terugtrek totdat dinge in chaos ontaard het. Ek het altyd die kinders onder beheer gehou. Daarom het my man nooit enige probleme opgemerk nie. Ek was eerlikwaar moeg daarvoor om die enigste volwassene in die huis te wees. Ek het my man se leiding geneem en vir amper 'n jaar nie gedissiplineer, berispe, of opleiding gegee nie. Ek het toegekyk hoe die kinders buite beheer geraak het. Ek het altyd alles basies kalm gehou, so my man het nooit verstaan wanneer ek hom gevra het om my te help om die kinders te dissiplineer nie. Toe hulle totaal hand uit geruk het, was hy geskok! Maar dit het hom uiteindelik laat beweeg. Vir die eerste keer het hy sy voet neergesit, en hulle pak gegee sonder dat ek hom moes vra! Dit was net wat die kinders nodig gehad het. Maar die belangrikste was dat ek onthef was van die las om die enigste ordehouer te wees, wat my meer tyd gegee het om my kinders te geniet, met hulle te speel en lief te hê soos my man in die verlede gedoen het. Ons is nou "saam" besig om die kinders groot te maak. Daar is uiteindelik die balans wat ek nog altyd wou gehad het.

Getuienis 2: Ek het altyd die felheid van my man se outoritêre maniere, waarmee hy die kinders hanteer het, probeer versag. Ek het gevoel ek moes hulle van hulle pa beskerm, veral die een wat ek gevoel het hy op pik. Wat ek nie besef het nie was dat ek nie net sy harde maniere geblok het nie, maar ek het ook die kinders se liefde vir hulle pa geblok. Toe ek van hierdie beginsel gehoor het, het ek besluit om dit te probeer deur sy leiding te volg. My toets het gekom toe my man ons seun vra om die gras te sny. Ek het hom gewoonlik herinner totdat hy dit gesny het, maar hierdie keer het ek niks gesê nie. My seun is daardie aand bed toe sonder om die gras te sny. My man het daardie aand 11:30 teruggekom van sy vergadering en wou weet hoekom die gras nie gesny was nie. In plaas daarvan om verskonings te maak en hom te verdedig het ek net gesê, "ek weet nie." My man het hom uit die bed gaan haal en het hom daardie aand in die donker laat gras sny. My seun het die heeltyd gehuil, en, in die geheim, het ek ook. Maar dinge het verander; nabyheid het begin ontwikkel tussen my seun en sy pa. My seun het ook begin volwasse word, wat 'n groot bekommernis van my uitgeskakel het.

Getuienis 3: My man was nooit 'n baie goeie voorsiener vir die familie nie. Ek het hom altyd uitgehelp wanneer hy sy werk verloor het of wanneer ons geld gekort het deur terug te gaan werk toe. Eendag, van pure uitputting, het ek die besluit gemaak dat ek sy leiding sou volg en stil wees wanneer dinge moeilik word.

Dinge het moeilik begin word en steeds wou hy nie die leiding neem nie, maar ek was vasbeslote om stil te wees. Dinge het erger geword en hy het kwaad geword, maar hierdie keer het ek dié Bybelvers onthou, "'n Opvlieënde mens boet vir wat hy doen, maar as jy hom een keer help, sal jy dit elke keer weer moet doen." Spr. 19:19. Hy was so gewoond daaraan dat ek in 'n krisis oorgeneem het dat hy nie regtig geweet het hoe nie. In plaas daarvan om iets te doen, het ek net vir hom gebid. Ek het die Bybel verse gebid wat praat oor die man wat voorsien en die vrugte van ywerigheid terwyl ek stil en rustig was. Toe het hy ewe skielik aksie geneem. Dis was ongelooflik!

Ek is nou vry om te konsentreer op die kinders en ons huis. Dit het my vry gemaak om meer na my man om te sien as vantevore. Ek dink my wrokkigheid teenoor hom het vir 'n lang tyd gesweer. Ek was so besig met werk, om na ons familie om te sien en die huishouding in stand te hou. Wat ek nie besef het nie was dat dit gekeer het dat ek en my man nader aan mekaar kon kom. Nou is ek in staat om dankbaarheid aan hom te toon. Dit het alles 'n wonderlike <u>man</u> te voorskyn gebring wat ek nie geweet het daar binne was nie. Ek val somtyds terug om die hoof en die verlosser van die familie te wees wanneer my man nie vinnig genoeg na my sin beweeg nie, of as ek dink dat hy dit nie op die regte manier hanteer nie. Maar ek probeer leer dat hierdie situasies nie my probleem is nie. As hy nie beweeg nie of dit verkeerd hanteer, is dit tussen hom en die Here. Die Here is sy hoof, nie ek nie.

Geskep om die laste te dra. Jou man was geskep om die laste van die familie te dra; kyk net na sy breë en gespierde skouers in vergelyking met jou skouers. Ons vrouens het selfs probeer om daardie skouers na te maak met skouer kussings! Mans is ontwerp om die beste onder druk te werk. Miskien dink jy jou man kan nie die druk hanteer nie, omdat jy nog altyd jou man se veiligheids net was.

Vrouens, aan die ander kant, was geskep om *baie* dinge op dieselfde tyd te hanteer. Ons is in staat om die huishouding te bestuur met al die instandhouding en om kinders van verskillende ouderdomme, persoonlikhede en benodighede te beheer: maaltye, skoonmaak, voortdurend opruim en die familie se dol skedules. Vrouens, dit lyk asof ons alles kan doen. Maar terwyl ons voorgee om dit alles te doen, wat is ons mans besig om te doen? Gewoonlik om te speel! Deelneem aan sport, werk aan stokperdjies of om rond te speel!!!!

Is een. "Daarom sal 'n *man* sy vader en moeder verlaat en saam met sy *vrou* lewe, en hulle twee sal **een** wees." Efe. 5:31. "Die *mans* behoort hulle *vrouens* so lief te hê soos hulle **eie liggame**. Wie sy vrou liefhet, het homself lief…" Efe.5:28. "Elkeen moet sy *vrou* so lief hê **soos hy homself** liefhet." Efe. 5:33. Ons het die term "een word" so baie keer gehoor sonder om regtig te verstaan wat dit beteken. Deur na Jesus se verhouding met sy Vader te kyk en ons verhouding met ons mans, kan ons sien dat ons in hierdie belangrike begrip te kort skiet.

Wy. Dames, ons mans speel 'n groot rol in ons heiligmaking soos ons in die volgende Skrifgedeelte sien: "**Mans**, julle moet julle vrouens *liefhê soos* Christus die kerk liefgehad en sy lewe daarvoor afgelê het. Dit het hy gedoen om die kerk aan God te **wy**, nadat Hy dit met die *water* en die woord **gereinig** het, sodat Hy die kerk in volle heerlikheid *by Hom kan neem,* sonder vlek of rimpel of iets dergeliks, **heilig** en **onberispelik**." Efe. 5:25. Dit is 'n baie kragtige Bybelse Waarheid wat net 'n paar ooit sal besef. Ons vrouens moet geheilig (gesuiwer) wees soos wat ons mans die Bybel lees en met ons deel. Lees jou man God se Woord daagliks vir jou? Hoe hou die kerk die liggaam skoon van die sonde wat in die kerk inkruip? Deur **God se Woord** te lees. Met vrouens is dit dieselfde.

Getuienis: My man het altyd geïntimideer gevoel deur sy verantwoordelikheid in die area. Ons het 'n wonderlike en pragtige oplossing gevind vir die familie se behoefte om daagliks in die Woord te wees. Ons familie sit saam, al nege van ons elke oggend, met die ouer vier wat saam lees en die wat nie kan lees nie wat legkaarte bou of inkleur. Die metode om na een CD 'n dag te luister en saam te lees neem jou deur die Bybel in net 62 dae! Die kombinasie van luister na Alexander Scourby, wat die Bybel korrek lees, en die saam lees is so kragtig, dit kan nie verduidelik word nie.

Liefde. "Die **mans behoort** *hulle vrouens* **so lief te hê** soos Christus…" Efe. 5:28 "**Mans** julle moet *julle* vrouens **liefhê**…" Efe. 5:25. "**Mans,** julle moet julle *vrouens* **liefhê,** moenie die lewe vir hulle bitter maak nie." Kol. 3:19. Vandat die feministiese beweging die kerk binnegedring het met leuens, het daar 'n "vermenging" plaasgevind tussen die rolle en gebooie wat vir mans en vrouens gegee is. Ons hou aan hoor hoe ander sê dat God mans en vrouens beveel het om hulle gades lief te hê. Hierdie "bevel" was net aan die man gegee. Eintlik is die enigste verwysing vir 'n vrou om haar man lief te hê, in Titus. Die ouer vrouens word aangemoedig om die jonger vrouens te *leer* om hulle mans en kinders lief te hê. Deut. 4:2 sê, "Moenie iets byvoeg by wat ek julle beveel nie…" Beteken dit 'n vrou moet nie haar man moet liefhê nie? Uitdruklik nee! "Lewe in liefde, soos Christus ons liefgehad het en om ons ontwil sy lewe as offergawe gegee het…" Efe. 5:2. Die vrou se primêre rol is om *respek* te toon en *onderdanig* aan jou man te wees. Liefde, ware liefde, sal volg. As jy 'n tekort aan onvoorwaardelike liefde het vir jou man, begin om hom te respekteer en onderdanig te wees aan hom en kyk wat God aan jou hart doen.

Eerbied betoon. "…'n vrou moet aan haar **man eerbied** betoon." Efe. 5:33. "…en die mans sien hoe godvresend julle (vrouens) is en hoe **voorbeeldig** julle julle gedra." 1Pet. 3:2. Respek vir die man en vader is so nodig in ons Christelike families. Moeders, ons wonder hoekom ons kinders nie met respek met ons praat nie en tog dink ons niks van ons *houding* teenoor ons mans nie. In plaas van respek is daar 'n houding van eenvoudige *verdraagsaamheid* teenoor die *hoof* van die huis. Mans en vaders is in die grond in gehardloop en word elke dag deur hulle vrouens uitgedaag, en dit is aanvaarbaar! Ons moet dadelik end kry daarmee. Dit mag diep ingewortel wees. As ons ons mans help om te voorsien, dan mag ons tussen ander twisgierige vrouens wees wat skinder, mompel en kla oor hulle mans. Bid dat God jou uit daardie omgewing sal verwyder en jou terugbring huistoe. As jou kinders in 'n publieke skool is, het jy nie 'n hoop om respek te kry nie. Selfs kinders wat ek ontmoet het wat in privaat, of Christelike skole is, toon geen respek teenoor hulle ouers nie. Hoekom hulle nie huistoe bring om geleer te word nie? As jou familie nog steeds televisie of videos kyk, beter jy daaraan dink as opvoedkundige opnames. Maak seker jy wil die gedrag en houding op die skerm ook in jou huis "laat uitbeeld."

Wees onderdanig. "Soos die kerk aan Christus onderdanig is, moet die **vrouens** in *alles* aan hulle **mans** onderdanig wees." Efe. 5:24. "**Vrouens**, wees aan julle **mans onderdanig** soos dit *pas by mense wat in die Here glo.*" Kol. 3:18. "**Vrouens** wees aan julle mans **onderdanig**, *net soos julle aan die Here* onderdanig is." Efe. 5:22. "…goeie huisvrouens, **onderdanig** aan *hulle mans.* Dan sal die woord van God nie in diskrediet kom nie." Titus 2:5. Mans moet oor alles regeer. Hulle mag sekere take "delegeer" maar, die rol van die man is as die hoof, en ons as vrouens moet onderdanig wees aan hulle. Ons moet nie onder 'n ander man se outoriteit wees nie (bv. 'n baas of Sondagskool onderwyser of selfs 'n pastoor. Sien les 13, "Die Maniere van Haar Huishouding" want "My volk gaan onder omdat hulle nie aan my toegewys is nie. Omdat jy jou taak om hulle an my toe te wy, verwerp het…" Hosea 4:6.)

Ons mans moet die finale en uiterste outoriteit hier op die aarde wees vir ons en ons kinders. Neem kennis: finansiële probleme is een van die grootste redes vir egskeiding. Dames, gee hierdie belangrike leierskap area terug. Paartjies wat toegelaat het dat hulle mans die huise regeer deur die finansies te beheer het met niks anders as lof terugvoering gegee. Hulle het rapporteer dat dit finansiële bakleiery heeltemal uitgeskakel het. Bid daaroor en sien wat God sal doen. Jou man wil dalk hê dat jy die tjekboek vashou. Bid daaroor sodat jy ook van hierdie las "verlig" kan word. As jy dink jou man is te onverantwoordelik, onthou: dit is die Here se probleem, nie joune nie! Ons maniere moet die Here behaag!

Sy lewe daarvoor afgelê. "**Mans**, julle moet julle vrouens liefhê soos Christus die kerk liefgehad en **Sy lewe** daarvoor afgelê het…" Efe. 5:25. Feminisme het omtrent die "ridder op die wit perd" scenario vernietig. Tog, hier in die Bybel, sien ons *dieselfde galante man* wie homself sal opgee vir sy vrou en familie. Eer en respekteer jy jou man se opoffering vir die familie met waardering en wys jy dit uit aan die kinders? "Beroof jy jou man van 'n seën" wanneer jy die een is wat altyd die "dag red"? Dames, raak besig om te bid dat jou man die huishouding sal beheer. Moedig jou man aan om meer in die omtrek te wees, nie as 'n gas nie, maar as 'n werkende, regerende figuur.

Hou aan om jou man te betrek in die besluite wat gemaak moet word en die mini-krisisse wat aanhoudend aangaan. Laat die las in jou man se hande. Dit sal jou toelaat om sagmoedig, stil en vroulik te wees. Jy sal jou man dan ontdek of herontdek. Jy moet dit versigtig doen en dan aan sy besluite onderwerp met 'n goeie stemming en aanmoediging. Doen dit met die besorgde houding wat jy weet jy verloor het omdat jy vir te lank oorgeneem het. Dames, dit is hoekom jou man soveel tyd het om te "speel." Hou op om oor te neem, hou op om daaroor gegrief te wees en doen iets daaromtrent!

Voorsien en sorg. "As iemand nie vir sy eie mense en veral nie vir sy huisgesin **sorg** nie, het hy die geloof verloën en is hy slegter as 'n ongelowige." 1Tim. 5:8. As jy werk en jy het toegelaat of deelgeneem aan "spandeer voordat jy verdien," dan moet jy bieg. Satan gebruik jou om om sy planne te laat slaag deur jou huisgesin te verdeel en jou van jou seëninge te beroof. Hou op om in sy span te speel. Vernuwe jou denke en neem elke gedagte gevange om dit aan Christus gehoorsaam te maak. Hierdie onderwerp word in meer diepte gedek in les 13, "Die Maniere van Haar Huishouding." Die les beantwoord die vrae wat jy mag hê wanneer jou man jou vra om te werk, maar jou hart wil by die huis bly.

Verstaan asseblief dat een van die grootste redes hoekom ons vrouens so ongelukkig en gefrustreerd is, nie is omdat ons nie as 'n man se gelyke behandel word nie. Dit is omdat ons 'n rol probeer vul waarvoor ons nie ontwerp is nie. As beide die man en die vrou werk, wie is by die huis? Dames, die huis waarvoor jy en jou man werk en julle afsloof, staan leeg! Jou "klein seëninge" word versorg en geleer deur 'n swak nabootsing van jou. Is dit geen wonder dat jy gefrustreerd en onvervuld voel?

Voed ons. Ons weet dat ons mans veronderstel is om "kos op die tafel te sit" maar daar is geestelike kos waarvoor ons en ons kinders letterlik verhonger is! "want niemand het nog ooit sy eie liggaam gehaat nie. Inteendeel, hy voed en versorg dit, soos Christus met sy kerk doen..." Efe. 5:29. Hierdie voeding moet van God se Woord kom. Dames, ons het ons mans totaal minderwaardig in hierdie area laat voel. Baie mans weet nie eens waar om te begin nie. Ons moet bid dat die Here ons mans sal versterk en lei; bid dit **daagliks**! Satan sal jou man op hierdie area aanval omdat hy weet hoe belangrik hierdie area is om die familie te lei. Hy sal jou man waardeloos, onbekwaam en uiters onnosel laat voel. Hy sal onenigheid tussen jou en jou kinders bring om julle tyd om God se Woord te lees, te stop. (*Bid vir 'n geleentheid om jou man te vertel van die Bybel op band of CD om sy familie deur die Bybel te lei - dit werk!*) Aangesien ons mans tekort geskiet het in hierdie area, het ons dit op onsself geneem om hierdie probleem reg te stel. Ons het gekry wat ons nodig het deur veelvoudige Bybel studies, seminare en Sondagskool by te woon. Ons kinders word Sondagskool toe gestuur en vakansie Bybelskool om dieselfde stories jaar na jaar te hoor; net om uit die kerk uit te val as jong volwassenes.

Dames, Sara het besluit om haar probleem met Hagar reg te stel! Is jou familie in Hagar se posisie? Jou man voel so minderwaardig as die geestelike leier van die familie omdat jy alles weet! So nou is jy en die kinders oppad kerk toe en hy bly by die huis of speel golf.

" 'n Knap vrou is baie werd,
baie meer as edelstene.
Haar man steun op haar
en pluk die vrugte van haar werk.
Sy bring hom net voordeel,
nie nadeel nie,
haar hele lewe lank. "
Spreuke 31:10-12.

Persoonlike verbintenis: **Om plek vir die Heilige Gees te maak om my man te lei.** "Gebaseer op wat ek geleer het uit God se Woord, wil ek my man, sy leierskap en sy geestelikheid aan U toevertrou; en ek sal geduldig wag vir U om te beweeg. Ek sal die leierskap rol teruggee aan my man in *alle dinge* sodat ek nie U Woord oneer nie."

Datum:_____Geteken:_____

Allerlei Beproewings

"My broers, julle moet bly wees
wanneer allerlei beproewings oor julle kom, want,
soos julle weet, as julle geloof die toets deurstaan het,
stel dit julle in staat om te volhard."
Jakobus 1:2-3.

Wat is **God** se doel vir ons beproewings en verdrukkings? Baie Christene het geen idee hoekom God ons lyding toelaat nie. Sonder begrip hiervan, is dit enige wonder dat Christene vandag so maklik verslaan word? Ons sal sien dat ons beproewinge en toetse baie **voordele** inhou, veral om ons geloof en uithouvermoë te bou om die koers waarop ons is, te voltooi.

Die belangrikste ding wat ons moet besef gedurende ons beproewings, verdrukkings, toetse en versoekings, is dat God in beheer **is**! Dit is *Sy* hand wat toelaat dat hierdie beproewings ons aanraak of nie aanraak nie. Wanneer Hy dit wel toelaat, stuur Hy Sy guns en genade, wat ons in staat stel om uit te hou.

Versoekings. Die Bybel sê dat die versoekings wat ons ervaar, nie uniek is nie, "Onthou, die versoekings wat oor julle pad kom, **is nie uniek nie**; ander ondervind dit ook. God is getrou. Hy sal keer dat die versoeking te sterk vir julle word. Midde-in die **versoeking** sal Hy vir 'n **uitweg** sorg sodat julle dit kan verduur." 1Kor.10:13 NLV.

Verlei deur sy eie begeertes. God kan ons nie verlei om te sondig nie, maar dit is ons eie begeertes wat ons verlei. "Iemand wat in versoeking kom, moet nooit sê: 'Ek word deur **God versoek**' nie; want God kan nie verlei word nie, en self verlei Hy niemand nie. Maar 'n mens word verlei **deur sy eie begeertes** wat hom aanlok en saamsleep." Jak. 1:13. Wanneer ons aan begeertes dink, dink ons gewoonlik aan iets seksueel. Maar die begeertes waarna die Bybel verwys is gierigheid vir *alle* dinge wat ons vlees voed; dit sluit in om ons eie sin te kry.

.

Ons is in Sy Hand. "Want dit het ek ter harte geneem en dit alles het ek probeer deurgrond, dat die regverdiges en die wyse manne en hulle dade in die **hand van God is**." Pre. 9:1AFR53. Alhoewel ons probeer om goed van ander te kry, veral van ons mans af, is alles wat ons ontvang van die Here af.

"Almal soek die guns van die regeerder, maar dit is **die Here** wat aan 'n mens *reg laat geskied*." Spr. 29:26.

"Perde kan afgerig word vir oorlog, maar dit is die **Here wat die** *oorwinning* gee." Spr. 21:31.

"Mense kan loot, maar die **Here** *bepaal* **hoe dit uitkom**." Spr. 16:33.

"Die koning se *hart* is **in die hand van die Here** soos waterstrome; Hy lei dit waarheen Hy wil." Spr. 21:1.

Toestemming vir teenspoed. Dit is baie gerustelend om te weet dat Satan ons nie kan aanraak sonder God se toestemming nie. "Toe sê die Here vir Satan: 'Alles wat hy het, gee Ek in jou mag oor. Net aan **hom self mag jy nie raak nie**.'" Job. 1:12. Nie net het Satan toestemming nodig gehad om Job te sif nie, maar hy het ook spesifieke instruksies gekry oor hoe hy hom kon aanraak. Satan het ook toestemming gevra om Petrus te sif. "'Simon, Simon!' het Jesus gesê. 'Luister! Die Satan het daarop aangedring om jou soos koring te sif...'" Lukas 22:31.

Bekering en redding. "Nou is ek egter bly, nie omdat ek julle hartseer gemaak het nie, maar omdat ek julle so hartseer gemaak het dat julle tot inkeer gekom het. Julle was immers hartseer soos **God dit wou hê**. Ons het julle dus in geen opsig benadeel nie, want droefheid volgens die **wil van God bring bekering** wat tot redding lei, en daaroor was niemand **nog ooit jammer nie.** Daarteenoor bring droefheid uit wêreldse oorwegings die dood." 2Kor. 7:9. God laat ons toe om droewig te wees om ons tot bekering te bring. Wanneer ons probeer om ons mans (of ander) jammer te maak vir wat hulle gedoen het, sal dit nie ware en opregte bekering voortbring nie.

Ons het genade nodig. "Sy antwoord was: 'My **genade** is vir jou genoeg. My krag kom juis tot volle werking wanneer jy swak is.' Daarom sal ek baie liewer oor my swakhede roem, sodat die krag van Christus my beskutting kan wees. Daarom is ek **bly** oor **swakhede, beledigings, ontberings, vervolging en moeilikhede** ter wille van Christus, want as ek swak is, is ek sterk." 2Kor. 12:9-10. Hoe kry ons die genade wat ons nodig het? Deur nederigheid.

"God weerstaan hoogmoediges, maar aan **nederiges gee Hy genade**." Jakobus 4:6.

"Elkeen wat hoogmoedig is, sal **verneder** word; en hy wat **nederig** is, sal verhoog word." Lukas 18:14.

"Geseënd is die **sagmoediges,** want hulle sal die nuwe aarde ontvang." Matt. 5:5.

"Hoogmoed bring 'n mens tot 'n val; **nederigheid** bring eer." Spr. 29:23. As ons roem oor ons swakhede, ons foute bely en nederig is, sal dit die Heilige Gees in staat stel om in ons te woon. Dit is hoe ons tevredenheid aanleer, maak nie saak wat ons omstandighede is nie.

Tevredenheid aanleer. Ons sien dat ons tevredenheid moet *aanleer* deur die moeilike omstandighede wat God toelaat. "Ek sê dit nie omdat ek gebrek ly nie, want ek het **geleer** om my in alle omstandighede te **behelp.** Ek weet wat armoede is en ek weet wat oorvloed is; van alles het ek **ondervinding**: om genoeg te hê om te eet sowel as om honger te ly, om oorvloed te hê sowel as om gebrek te ly." Fil 4:11-12.

Geleer wat gehoorsaamheid is. Selfs Jesus het gehoorsaamheid aangeleer deur Sy lyding. "Hoewel Hy die Seun was, het Hy deur *alles* wat Hy *gely* het, *geleer wat gehoorsaamheid is*." Heb. 5:8.

Dit voleindig. "Ek is veral ook daarvan oortuig dat God, wat die **goeie werk in julle begin het**, dit end-uit sal uit-voer en dit sal **voleindig** op die dag wanneer Christus Jesus kom." Fil 1:6. Sodra Hy 'n goeie werk in jou, jou man of jou geliefdes begin het, sal *Hy* dit end-uit uitvoer.

Ons moet ander bemoedig. Ons kan nie bloot net God se bemoediging aanvaar nie; ons word beveel om daardie bemoediging aan ander te gee, maak nie saak wat hul moeilikhede nie! "Hy is die Vader wat Hom ontferm en die God wat in elke omstandigheid moed gee. In elke moeilikheid bemoedig Hy ons. Daarom kan ons ook ander **bemoedig** wat in **allerlei moeilikhede** verkeer. Ons kan hulle bemoedig met dieselfde bemoediging waarmee God ons bemoedig." 2Kor. 1:3-4.

Ons Vader se tug. Baie keer kom ons lyding van ons Hemelse Vader wat ons dissiplineer omdat ons ongehoorsaam was aan een van God se wette. "My kind, moet dit nie gering ag as die Here jou **tug** nie en moenie mismoedig word as Hy jou teregwys nie, want die Here **tug** hom wat Hy liefhet, Hy straf *elkeen* wat Hy as kind aanneem. **Verdra** die **tug** as opvoeding, want God behandel julle as sy kinders. Hy *tug* ons tot ons beswil sodat ons in *sy heiligheid mag deel.*" Heb. 12:5-10.

Tug is 'n seën. Wanneer ons die voorbeeld van die profete in die Bybel volg, sal dit ons help om teenspoed te verduur. "Broers, neem die profete wat in die Naam van die Here gepraat het, as voorbeelde van lyding en geduld. Ons noem hulle **geseënd** omdat hulle **volhard** het. Julle het gehoor van die **volharding** van Job en julle het gesien waarop die Here dit laat uitloop het. Die Here is immers ryk aan barmhartigheid en ontferming." Jak. 5:10.

Om die seën te verkry. Wanneer kwaad aan ons gedoen word of beledigings ons kant toe gegooi word, moet ons dit verdra, sonder vergelding, om ons seën te ontvang. Ons moet onthou dat beledigings en kwaad in ons lewens gebring word om ons 'n "geleentheid" te gee om 'n seën te ontvang. "Moenie kwaad met kwaad vergeld of belediging met belediging nie. Inteendeel, antwoord met 'n **seënwens**, want daartoe is julle geroep, sodat julle die **seën** van God kan verkry." 1Pet. 3:9. "Maar selfs as julle ly omdat julle doen wat reg is, moet julle dit as 'n **voorreg** beskou. Moenie vir mense bang wees of julle laat afskrik nie." 1Pet. 3:14.

Tug mag iets wees om oor te huil. Tug is nooit vreugdevol wanneer jy in die middel daarvan is nie. Tog, die wat deur Sy dissipline gevorm is, weet wat die beloning van geregtigheid is; dit bring vrede. "Wanneer ons **getug** word, lyk die tug op daardie oomblik nie na iets om oor bly te wees nie, maar iets om oor te huil. Later lewer dit egter vir dié wat daaruit **gevorm** is, 'n goeie vrug: vrede omdat hulle gehoorsaam is aan die wil van God." Heb. 12:11

Dit begin by Christene. Hoekom moet lyding begin by Christene? Omdat sondige, ongehoorsame Christene nooit ander na die Here toe sal lei nie. Weereens, dit is die "wil van God" dat ons moet ly. Ons moet onsself *toelaat* om te ly (gewoonlik deur ander se toedoen) deur op God te vertrou. "Die tyd vir die oordeel het aangebreek; dit **begin** by die huis van God. En as ook ons geoordeel word, en dit is nog maar die **begin**, wat sal die uiteinde dan wees van hulle wat nie na die evangelie van God wou luister nie? Daarom moet dié wat **ly** omdat **God dit wil**, hulle lewe toevertrou aan die getroue Skepper, en aanhou goed doen." 1Pet. 4:17, 19.

Die krag van geloof. Dit is geloof wat die deur oopmaak na wonderwerke. Maar jy moet glo dat Hy in staat is om dit te doen en nie in jou hart twyfel nie. "Jesus sê toe vir hulle: 'Julle moet *geloof* in God hê! Dit verseker Ek julle: Elkeen wat vir hierdie berg sê: 'Lig jou op en val in die see,' en daarby *nie in sy hart twyfel nie*, maar **glo** dat wat hy sê, gebeur, vir hom sal dit gebeur. Daarom sê ek vir julle: Alles wat julle in gebed vra, glo dat julle dit al ontvang het, en dit sal vir julle so wees.'" Markus 11:22-24.

God het in Sy Woord gesê dat ons vervolg *sal* word. "Toe ons nog by julle was, het ons *julle al gewaarsku* dat ons *vervolg* sal word, en soos julle weet het dit ook gebeur. Toe ek dus nie langer kon uithou nie, het ek vir Timoteus gestuur om vas te stel hoe dit met julle *geloof* staan: of die verleier julle nie reeds verlei het nie en al ons harde werk dalk op niks uitloop nie." 1Tess. 3:4-5. Moenie opgee nie! Moenie dat Satan die wonderwerk wat God vir jou het, steel wanneer jy verduur en geseëvier het nie!

Met God. "Vir mense is dit onmoontlik, maar vir God is *alles moontlik*." Matt. 19:26. "Vir mense is dit onmoontlik maar nie vir God nie, want vir God is *alles moontlik*." Markus 10:27. Niks (NIE 'N DING) is onmoontlik vir God nie. Werk saam met God. En aangesien Hy nie onderskei tussen mense nie, *Wat Hy vir ander gedoen het, gaan Hy vir jou doen!*

Waaroor jy praat. "...laat ons **vashou aan die geloof wat ons bely**." Heb. 4:14. Ons moet praat oor wat God in Sy woord sê, sonder om te twyfel, met hoop op ons lippe. "Ons het ons God vir wie ons dien. hy het die **mag om ons te red** uit die brandende oond, en Hy sal ons ook red uit u mag. Selfs as **Hy dit nie doen nie**..." Dan. 3:17. Maar wag todat jy gevra word om 'n verduideliking te gee. Jy *sal* gevra word, as jy met die vreugde van die Here gevul is, in die middel van jou teenspoed! "In julle harte moet daar net heilige eerbied wees vir Christus die Here. Wees **altyd gereed** om 'n antwoord te gee aan elkeen *wat van julle 'n verduideliking eis* oor die **hoop wat in julle lewe**. Maar doen dit met beskeidenheid en met eerbied vir God." 1Pet. 3:15. Wanneer jy gevra word, maak seker dat jy die ander persoon antwoord met eerbied, respek en sagmoedigheid. Moet nooit oor die Skrif argumenteer nie!

Wees verstandelik wakker. "Wees daarom **verstandelik wakker** en **nugter**, en **vestig julle hoop** volkome op die **genade** wat julle deel sal word by die wederkoms van Jesus Christus." 1Pet. 1:13. Die woord nugter beteken om *helder* te dink; laat jou gedagtes helder wees oor hoe jy staan om die nagevolge van dubbelhartigheid te vermy.

Wees baie bly. Ons moet vreugdevol wees in ons beproewings omdat ons weet dit stel ons in staat om te volhard om die koers wat voor ons gestel is, te voltooi. "My broers, julle moet baie bly wees wanneer **allerlei beproewings** oor julle kom, want, soos julle weet, as julle **geloof die toets** deurstaan het, stel dit julle in staat om te **volhard**. En die **volharding** moet end-uit volgehou word sodat julle tot volle geestelike rypheid kan kom, sonder tekortkoming. As een van julle wysheid kortkom, moet hy dit van God bid, en Hy sal dit aan hom gee, want God gee aan almal sonder voorbehoud en sonder verwyt. Maar 'n mens moet **gelowig** bid en **nie twyfel** nie, want iemand wat twyfel, is soos 'n brander in die see wat deur die wind aangejaag en heen en weer gedryf word." Jak. 1:2-6. Ons weet ons geloof word getoets. Vrees en twyfel kom in almal se gedagtes; moet dit nie vermaak nie! In plaas daarvan, dink net aan goeie dinge. As jy twyfel, sal jy moeilikheid hê terwyl jy staan en die beproewings sal erger wees. En onthou, ons sal 'n verskeidenheid beproewings hê, van hulle sal groot wees en ander bloot irritasies. Ons moet "Hom bedank" vir al ons beproewings, soos Job gedoen het.

Wees bly. "Wees altyd **bly** in die Here! Ek herhaal: Wees **bly**! **Wees inskiklik teenoor alle mense.** Die Here is naby. Moet oor niks besorg wees nie, maar maak in alles julle begeertes deur gebed en smeking en met **danksegging** aan God bekend. En die vrede van God wat alle verstand te bowe gaan, sal oor julle harte en gedagtes die wag hou in Christus Jesus. Verder, broers, alles wat waar is, alles wat edel is, alles wat reg is, alles wat rein is, alles wat mooi is, alles wat prysenswaardig is - watter deug of **lofwaardige saak** daar ook mag wees - daarop moet julle julle gedagtes rig. En wat julle van my geleer en ontvang het, en gehoor en gesien het, **dit moet julle doen**. En God wat vrede gee, sal by julle wees." Fil. 4:6-9. Duidelik word meeste gevegte in die gedagtes gewen of verloor. Volg die Here se advies vir vrede in die middel van beproewings. Wees bly in wat Hy besig is om te doen. Dink oor hierdie dinge, praat van hierdie dinge, en luister net na hierdie dinge. (Baie keer sal hegte vriende jou bel om vir jou te vertel waarmee jou man besig is; dit is nie "goeie verslae" nie, en meeste van die tyd, nie mooi, rein of reg nie, so moenie luister nie!)

Geloof word NIE gesien nie. Ander sal wil weet hoe dit gaan wanneer hulle weet dat jy beproewings in jou lewe ervaar. Hulle soek vir tekens van verbetering. Ons moet onthou dat die Skrif baie duidelik is: geloof kan nie gesien word nie! Beantwoord hulle vrae met, "God is besig om te werk!" "Om hierdie rede word ons nie moedeloos nie. Al is ons uiterlik besig om te vergaan, innerlik word ons van dag na dag vernuwe. Ons **swaarkry in hierdie lewe is maar gering** en gaan verby, maar dit loop vir ons uit op 'n heerlikheid wat alles verreweg oortref en wat ewig bly. Ons oog is nie op die sigbare dinge nie, maar op die **onsigbare**; want die sigbare dinge is **tydelik**, maar die **onsigbare ewig**." 2Kor. 4:16-18.

<u>Nie</u> **gesien nie!** Wanneer ons, wat Paul noem "geringe swaarkry," ondervind, mag dit dalk nog steeds ons harte breek. Kom ons herinner onsself aan dié belangrike waarheid: ons swaarkry *is tydelik*. En dit is nie net tydelik nie maar produseer vir ons iets wonderlik in heerlikheid. Onthou, die swaarkry is tydelik en die voordele is vir ewig! "Om te **glo**, is om seker te wees van die dinge wat ons hoop, om oortuig te wees van die dinge wat ons **NIE sien** nie." Heb. 11:1.

Nie deur sien nie. Meeste mense begin glo wanneer *hulle iets begin sien gebeur* - dit is nie geloof nie! "Want ons lewe deur geloof, **nie deur sien nie.**" 2Kor. 5:7.

Kyk na ons omstandighede. Toe Petrus na *sy* omstandighede gekyk het, het hy gesink, en jy sal ook. "'Kom!' sê Hy. Petrus het uit die skuit geklim, op die water begin loop en naby Jesus gekom. Maar toe Petrus **sien hoe sterk is die wind,** het hy bang geword en begin sink en uitgeroep: 'Here, red my!' Dadelik het Jesus sy hand uitgesteek, hom gegryp en vir hom gesê: 'Kleingelowige, waarom het jy begin twyfel?'" Matt. 14:29.

Om ons te toets. Dit is sekerlik dié belangrikste les terwyl ons staan vir ons families en ons huwelike: om in staat te wees om die toets te slaag. Die toets van ons geloof is om Sy Woord te glo en om nie deur emosies of vals aanwysings beïnvloed te word nie. "My broers, julle moet baie bly wees wanneer allerlei beproewings oor julle kom, want, soos julle weet, as julle **geloof die toets** deurstaan het, stel dit julle in staat om te **volhard.**" Jak. 1:2.

Met vuur getoets. "Verheug julle hieroor, selfs al is dit nodig dat julle 'n kort tydjie bedroef gemaak word deur allerhande beproewings sodat die egtheid van julle geloof getoets kan word. Julle geloof is baie kosbaarder as goud, goud wat vergaan. Selfs die suiwerheid van goud word met **vuur getoets,** en die egtheid van julle geloof moet ook getoets word, sodat dit **lof** en **heelikheid** en **eer** waardig mag wees by die wederkoms van Jesus Christus." 1Pet. 1:6-7. So baie het die toets gefaal en voortgegaan om in die woestyn te loop soos die mense van Israel. Die egtheid van jou geloof is meer kosbaar as goud.

Hou vol in die geloof. Moenie 'n ander plan maak wanneer dinge moeilik raak nie; moenie dit wat jy begin doen het in gedrang bring nie. Satan is bekend om nuwe (en verkeerde) oplossings vir ons beproewings te bring; dit is ons toets. "Ek het die goeie wedloop **afgelê**; ek het die **wenstreep** bereik; ek het **gelowig end-uit volgehou**. Nou wag die oorwinnaarskroon vir my…" 2Tim 4:7-8.

Vra God vir 'n ander vrou wat saam met jou sal staan. Vind iemand anders wat jou sal help om te staan en nie te **af te wyk** vanaf jou verbintenis nie "Twee vaar beter as een. Hulle inspanning kom tot iets. As die een val, kan die ander hom ophelp. Maar as een val wat alleen is, is daar niemand om hom op te help nie. As twee langs mekaar slaap, word hulle warm, maar hoe sal een wat alleen is warm word. Een alleen kan oorweldig word, twee saam kan weerstand bied. *'n Driedubbele tou breek nie maklik nie*." Prediker 4:9-12. Aangesien 'n driedubbele tou nie maklik kan breek nie, probeer om twee ander te kry wat sal staan, jou aanmoedig en jou ferm op die koers van jou geloof hou. Hier is 'n paar voorbeelde wat in die Skrif gevind word.

Moses, Aäron en Hur. "Maar Moses se arms het begin moeg word. Hulle het toe 'n klip gevat en dit agter hom neergesit sodat hy daarop kon gaan sit. Aäron en Hur het sy arms van weerskante af ondersteun sodat sy arms regop gebly het tot sononder." Eks. 17:12. Sien ook **Sadrag, Mesag** en **Abednego** in die boek van Daniël, Hoofstuk 3.

Paulus, Lukas en Timoteus. Toe Paulus in die tronk was, het hy twee mans gehad wat hom aangemoedig het. Toe Demas weg is, het Paulus vir Timoteus laat roep. Ons word vertel dat Demas weg is omdat die sorge van die wêreld die Woord uit hom uit gewurg het. Die volgende verse sê ons hoekom. "Die man by wie daar tussen die onkruid gesaai is, is hy wat die woord hoor, maar die **bekommernis** van die lewe en die verleidelikheid van **rykdom** verstik die woord, en dit bly sonder vrug." Matt. 13:22. Die Skrif sê spesifiek dat dit was oor "bekommernis" en "rykdom." So laat ons versigtig wees om ons nie te bekommer oor ons omstandighede nie, of vasgevang te word deur geld en besittings nie. Ons moet vertrou dat "My God sal in elke behoefte voorsien" wanneer ons mans nie werk nie of dit "lyk" asof daar nie genoeg geld gaan wees nie. Baie het van hulle geloof afvallig geword omdat die Woord uitgewurg was.

Vra God vir leiding deur jou beproewings. "Vertrou volkome op die Here en moenie op jou eie insigte staat maak nie. Ken Hom in alles wat jy doen en Hy sal jou die regte pad laat loop." Spr. 3:5-7. Laat ons *Hom* aanroep vir krag, nader aan *Hom* kom in tye van nood. Laat ons *Hom* toelaat om ons te dissiplineer, te beproef, en te toets. Laat ons bly wees in *alle dinge*, nie net goeie dinge nie, maar ook in die moeilikheid wat ons kant toe kom. Laat ons ons hoop na aan ons lippe hou en standvastig in ons gedagtes bly. Laat ons altyd onthou dat dit *Sy wil* is dat ons hierdie moeilike tye beleef en dat dit vir ons eie beswil is!

Die Apostels het van die Raad af
weggegaan, bly dat hulle bevoorreg was
om ter wille van die Naam van Jesus
vernedering te ly.
Handelinge 5:41

Sy[die Spreuke vrou] ken geen kommer oor die toekoms nie.
Spreuke 31:25

Ons weet dat God alles ten goede
laat meewerk vir dié wat volgens
sy besluit geroep is.
Romeine 8:28.

Persoonlike verbintenis: Om BLY te wees wanneer allerlei beproewings oor my pad kom. "Gebaseer op wat ek uit God se Woord geleer het, verbind ek myself dat ek sal toelaat dat allerlei *beproewings* oor my kom want dit stel my in staat om te **volhard**. En ek sal die *volharding* tot volle geestelike rypheid laat kom, sonder dat iets ontbreek."

Datum:_____Geteken:_____

Hier is Bybelverse om aan vas te hou gedurende jou allerlei beproewinge:

God is in beheer, nie mense of Satan nie.

1. Geregtigheid is van die *Here.* (Spr. 29:26)

2. 'n Antwoord is van die *Here.* (Spr. 16:1)

3. Die *Here* draai die hart. (Spr. 21.1)

4. Hulle dade is in *God* se hande. (Pred. 9:1)

5. *U (God)* het dit gedoen. (Ps 44:9-15)

6. *Hy (God)* het die storm opgewek. (Ps. 107:1-32)

7. *Hy (God)* het minnaar en vriend verwyder. (Ps. 88:8, 18)

Wat doen ons beproewinge *vir* ons?

1. Sodat die krag van Christus is ons kan woon. (2Kor 12: 9-10)

2. Sodat ons kan leer om tevrede te wees. (Fil. 4:9)

3. Sodat ons beloon kan word. (2Tim. 4:7-8)

4. Sodat ons niks tekort kom nie. (Jak. 1:2-4)

5. Om ons in staat te stel om ander te troos. (2Kor. 1:3-4)

6. Om dit wat Hy in ons begin het, te vervolmaak. (Fil 1:6-13)

7. Om ons geliefdes terug te kry. (Filemon 1:15-16)

8. Om genade te verkry. (Heb. 4:15)

9. Om gehoorsaamheid te leer. (Heb. 5:7-8)

10. Om uithouvermoeë te produseer. (Jak. 1:2-4)

11. Om die lewe as oorwinningskroon te ontvang. (Jak.1:12)

12. Om jou geloof te bewys. (1Pet. 1:6-7)

13. Om in Sy voetspore te volg. (1Pet. 2:21)

14. Om Sy lyding te deel. (1Pet. 3:13)

15. Om moedig, sterk en standvastig te wees. (1Pet. 5:10)

Hy Haat Egskeiding

"Die Here God die van Israel,
Sê Hy haat egskeiding."
Maleagi 2:16

Hoekom eindig so baie huwelike in egskeiding? Ons het almal die statistieke gehoor…50% van eerste huwelike eindig in egskeiding en 80% van tweede huwelike eindig in egskeiding!

Maar hoekom? "Die stortreën het geval, vloedwaters het afgekom, winde het teen daardie huis gewaai en daaraan geruk, en tog het dit nie ingestort nie, want die **fondament was op 'n rots**." Matt. 7:25. Meeste van ons huise was nie op die Rots van God se Woord gebou nie.

Was jou huis op die Rots gebou? Indien nie, dan was jy, soos ek, 'n dwaas. "Die stortreën het geval, vloedwaters het afgekom, winde het teen daardie huis gewaai en daaraan geruk, en die huis het ingestort en *is heeltemal verwoes*." Matt. 7:27.

Die **Rots** waarop ons moet bou is Sy Woord. "Hulle is dus nie meer twee nie, maar een. Wat God saamgevoeg het, mag 'n mens nie skei nie." Matt.19:6. "…en hulle twee sal een wees, sodat hulle nie meer twee is nie, maar een." Markus 10:8. "Maar Ek sê vir julle: Elkeen wat van sy vrou skei behalwe oor owerspel, maak dat sy egbreuk pleeg, en iemand wat met die geskeide vrou trou, pleeg ook egbreuk." Matt. 5:32. "Ek sê vir julle: 'Elkeen wat van sy vrou skei, behalwe oor owerspel, en met 'n ander een trou, pleeg egbreuk.'" Matt 19:9 "En Hy sê vir hulle: 'Elkeen wat van sy vrou skei en 'n ander een trou, pleeg egbreuk teen haar.'" Markus 10:11. "Elkeen wat van sy vrou skei en met 'n ander een trou, pleeg egbreuk; en iemand wat met 'n geskeide vrou trou, pleeg ook egbreuk." Lukas 16:18.

"Maar as sy 'n ander man se vrou word so lank as haar man lewe sal sy as 'n egbreekster beskou word. As haar man gesterf het, is sy egter vry

.

van die wet en is sy nie 'n egbreekster as sy 'n ander man se vrou word nie." Rom. 7:3.

Die Skrifgedeeltes oor die huwelik is baie duidelik.

Toewyding

Nog 'n rede vir die hoë egskeiding syfer is 'n tekort aan toewyding. Ons is nie toegewy om getroud te bly nie. Dit is *uit met die oue; kom ons kyk vir iemand nuut.* Die regte skande is hoeveel gebroke huwelike in die kerk is, omdat die kerk egskeiding as 'n opsie aanvaar!

Deur egskeiding te aanvaar as 'n opsie, is nog 'n rede vir die hoë egskeiding syfer binne in die kerk. Wanneer ons die verkeerde idee of gedagte vermaak, sê God vir ons, "Maar 'n mens word verlei deur sy eie begeertes. (Die definisies van begeerte is 'n "verlange" na wat verbode is.) Daarna, as die begeertes bevrug geraak het, bring dit die sonde voort; en as die sonde ryp geword het, loop dit uit op die dood. Moenie julleself mislei nie, my liewe broers." Jak. 1:14-16.

Baie sal sê dat daar niks verkeerd is met egskeiding nie, veral onder sekere omstandighede; dit is waar die misleiding inkom.

Misleiding

Gehoorsaam God eerder as mense. Elkeen het hulle eie opinie oor die huwelik en wat hy of sy "dink" God sê aangaande die huwelik in Sy Woord. Die "grys area" wat meeste mense, of Christene, op staan is net *nie* gegrond op die Woord nie. Egskeiding is baie duidelik 'n swart en wit kwessie. 'n Ferm stand is moeilik en ongewild; dit is hoekom so baie pastore nie die sterk stand teen egskeiding wil inneem nie. Maar "'n Mens moet **eerder aan God gehoorsaam** wees **as aan mense**!" Hand. 5:29.

Ek skaam my nie. Moet nooit volg wat enige persoon sê nie; volg God, gehoorsaam Hom want <u>Hy</u> is ons enigste hoop vir redding. Moenie probeer om Sy Woord ingewikkeld te maak deur te probeer uitvind "wat jy dink Hy bedoel nie." *Hy bedoel presies wat hy sê*! Sommige van die liberale of progressiewe kerke het die wonderwerke van Jesus in iets heel anders verander. 'n Vroulike pastoor het in haar preek gesê dat die wonderwerk van die broodjies en vis niks meer was as 'n les in "mededeelsaamheid" nie. Sy het gesê die klein seuntjie was die eerste om sy kos te deel; toe het ander begin deel wat hulle weggesteek het. Hou asseblief by God se onderrig ongeag van wat gewild is of hoeveel mense in die kerk geskei is en weer getroud is. "**Ek skaam my** nie oor die evangelie nie, want dit is 'n krag van God tot redding van elkeen wat glo." Rom. 1:16. Weet net dat as huwelike gered en herstel moet word, ons op die Waarheid moet staan.

Dit veroorsaak rusies. *Moet asseblief nie debatteer oor die kwessie van egskeiding nie.* Elke persoon is slegs verantwoordelik om die Waarheid te praat, te onderrig en te lewe. Die Heilige Gees sal die oortuiging bring en die Here sal die hart draai. "Moet jou nie met dwase en sinlose strydvrae inlaat nie, want jy weet tog dat dit net **rusies veroorsaak**. 'n Dienaar van die Here moenie rusie maak nie. Inteendeel, hy moet vriendelik wees teenoor almal, bekwaam om ander te leer en iemand wat onreg kan dra. Met vriendelikheid moet hy teenstaanders teregwys. Dit kan wees dat God hulle bekeer en hulle tot kennis van die waarheid bring. Dan sal hulle weer tot nugtere insig kom en vry raak uit die vangstrik van die duiwel, waarmee hy hulle gevangene gehou het om sy wil te gehoorsaam." 2Tim. 2:23-26.

Aan hulle vrugte. Ons kan die "vrugte" van dié in die kerk sien wat die skuiwergat en die wydverspreide wangebruik van die uitsluitsels vir egskeiding toelaat. Ons het gesien dat dit begin het met die skuiwergat van "ontrouheid of owerspel" en dit het gelei na egskeiding vir prakties enige rede! Dit parallel wat gebeur het met die aborsie situasie...verkragting, bloedskande en die gesondheid van die ma tel nou vir minder as 1% van alle aborsies wat uitgevoer word - 99% is vir gerief! Egskeiding vir die rede van owerspel is nou ook vir gerief. "Aan **hulle vrugte** sal julle hulle ken." Matt. 7:16. "As julle sê 'n boom is goed, moet julle ook sê sy vrugte is goed; en as julle sê hy is sleg, moet julle ook sê sy vrugte is sleg. 'n Boom word tog aan sy **vrugte geken**." Matt. 12:33. Ons kan duidelik die slegte vrugte in so baie gebroke huwelike en gebroke geloftes sien.

Die Vrae

Draai terug van julle bose weë. Hoekom maak dit saak of ons God se Wet verstaan en volg aangaande die huwelik? Dit maak saak omdat families vernietig word, en, sonder die familie, het ons nasie nie 'n gebed nie. En ons as Christene sal geblameer word vir die ondergang van ons nasie. Ons kan nie die vinger wys na ander nie as gevolg van God se belofte aan die Christen. As "my volk oor wie my Naam uitgeroep is, toon berou en bid en vra na My wil en **draai terug van hulle bose weë** af, sal Ek luister uit die hemel en hulle sonde vergewe en hulle *land laat herstel*." 2Kron. 7:14. Kom ons wees eerlik, Christelike huwelike word teen dieselfde tempo vernietig as dié in die wêreld. Hoekom? **"My volk gaan onder omdat hulle nie aan my toegewy is nie." Hos. 4:6**. Christene is mislei en volg die wêreld se weë, eerder as God se weë.

Tot verdigsels wend. Hoe kan ons weet dat ons mislei word oor die huwelik en egskeiding? Ons weet dit omdat ons nie na die Waarheid wil luister nie. "Want daar sal 'n tyd kom wanneer die mense die gesonde leer nie meer sal verdra nie. Hulle sal hulle eie begeertes volg en vir hulle leermeesters bymekaarmaak wat net sal sê wat hulle graag wil hoor. Hulle sal hulle **tot verdigsels wend**." 2Tim 4:3-4. Ons soek wêreldse oplossings wanneer dit kom by gebroke huwelike, egskeiding en hertrou. "Julle, daarenteen, is 'n uitverkore volk, 'n koninklike priesterdom, 'n nasie wat vir God afgesonder is." 1Pet. 2:9. *Wanneer jy staan vir jou huwelik, veral in die geval van owerspel of misbruik, noem mense jou eienaardig!*

Julle kan nie doen wat julle graag wil nie. Sy Woord is altyd konsekwent; God se Woord is die teenoorgestelde van die wêreld se filosofieë en dit is moeilik om te verstaan en te volg. "Die mens wat nie die gees van God het nie, aanvaar nie die dinge van die Gees van God nie. Vir hom is dit onsin. Hy kan dit ook nie verstaan nie, omdat dit geestelik beoordeel moet word." 1Kor. 2:14. En dit sê "Laat jou lewe deur die gees van God beheers word, dan sal julle nooit swig voor die begeertes van die sondige natuur nie…en daarom kan **julle nie doen wat julle graag wil nie**." Gal. 5: 15-17. Weereens kan ons maklik die "vrugte" sien van al die Christelike huwelike wat vernietig is omdat hulle 'n leun geglo het. Maar "Aan hulle vrugte sal julle hulle ken. Kry 'n mens dan druiwe aan doringstruike of vye aan dissels? Elke goeie boom dra tog goeie vrugte, maar 'n slegte boom dra slegte vrugte." Matt. 7:15-17. Kom ons soek na meer Skrifgedeeltes om te sien wat is God se standpunt oor die huwelik.

Skriftuurlike Feite om op te Staan

Vrou deur verbond. Die huwelik was bedoel om 'n bloed verbond te wees. Op die huweliks nag word 'n bloed verbond gesluit soos wat die egpaar hulle huwelik volvoer. "Hierdie beker is die nuwe verbond, wat deur my bloed beseël is." 1Kor. 11:25. "Daar is nog iets wat julle doen. Julle huil en kerm en sug by die altaar van die HERE omdat Hy nie meer julle offers wil aanneem nie, en julle vra: 'Waarom dan nie?' Dit is omdat die Here weet wat gebeur het tussen jou en die vrou met wie jy van jou jeug af getroud is: jy was ontrou aan haar, ontrou aan jou eie vrou, die **vrou aan wie jy plegtig trou** belowe het.'" Mal. 2:13-14. "Ek sal my **verbond** nie versaak nie, nie een van my beloftes terugtrek nie." Ps. 89:34. "Liefde en trou is die paaie wat die HERE bewandel met dié wat sy verbond en verordeninge bewaar." Ps. 25:10.

Nie meer twee nie, maar een. 'n Huwelik is vir 'n leeftyd. Ons sê die gedeelte *tot die dood ons skei,* maar bedoel ons dit? "Hulle is dus nie meer twee nie, maar een. Wat God dan saamgevoeg het, mag 'n mens nie skei nie." Matt. 19:6. "…en hulle twee sal een wees, sodat hulle **nie meer twee is nie, maar een**." Markus 10:8.

Hy haat egskeiding, sê die Here. God sê dat *Hy egskeiding haat!* Tog is sommige vrouens oortuig dat God hulle gelei het om te skei! Eerstens sê Hy, **"Hy haat egskeiding."** (Mal. 2:16). En, Hy verander nooit nie. "Jesus Christus is gister en vandag dieselfde tot in ewigheid." Heb. 13:8. Nie eens vir jou, jou vriendin of jou suster…"Waarlik, ek begryp nou eers dat God nie onderskeid maak nie." Hand. 10:34.

Een man toegesê. Ons moet 'n lewende voorbeeld van Christus en Sy Kerk wees, die een vrou van een man. "Ek waak oor julle met 'n ywer wat van God kom, want julle is soos 'n jongmeisie wat ek aan **een man toegesê** het as sy bruid en wat ek vlekkeloos na hom toe wil bring. Die man is Christus…" 2Kor. 11:2-3. "…getrou aan sy vrou…"1Tim. 3:2 "…onberispelik van gedrag wees; hy moet aan sy vrou getrou wees…" Titus 1:6.

Pleeg egbreuk. Hertrou is nie 'n "opsie" nie; dit is "egbreuk"! "Maar Ek sê vir julle: Elkeen wat van sy vrou skei behalwe oor owerspel, maak dat sy **egbreuk pleeg**, en iemand wat met die geskeide vrou trou, **pleeg ook egbreuk**." Matt. 5:32. "Ek sê vir julle: Elkeen wat van sy vrou skei, behalwe oor owerspel, en met 'n ander een trou, **pleeg egbreuk**." Matt. 19:9. "Hy sê toe vir hulle: "Elkeen wat van sy vrou skei en met 'n ander een trou, **pleeg egbreuk** teen sy vrou." Markus 10:11. "Elkeen wat van sy vrou skei en 'n ander een trou, **pleeg egbreuk;** en elkeen wat trou met die vrou wat van haar man geskei is, **pleeg egbreuk**." Lukas 16:18.

As 'n egbreekster beskou word. "Maar as sy 'n ander man se vrou word so lank as haar man lewe, sal sy as **'n egbreekster beskou word.** As haar man gesterf het, is sy egter vry van die wet en is sy nie 'n egbreekster as sy 'n ander man se vrou word nie." Rom. 7:3. "Maar 'n man wat owerspel pleeg, moet van sy verstand af wees, iemand wat dit doen, verwoes sy lewe." Spr. 6:32. "Iemand wat egbreuk pleeg met die vrou van 'n medeburger, moet doodgemaak word. Dit geld vir die man en ook vir die vrou wat egbreuk pleeg." Lev. 20:10. "Ek het haar kans gegee om haar te bekeer, maar sy wil haar nie van haar onsedelikheid bekeer nie. Kyk, Ek gee haar aan 'n siekbed oor, en die mense wat met haar owerspel gepleeg het, aan swaar lyding - as hulle nie van haar praktyke bekeer nie." Open. 2:21.

Jy sal daar staan 'n leunaar. Wat van die *uitsondering*? Eerstens, baie min huwelike in die kerk eindig as gevolg van owerspel, selfs al was dit die korrekte "uitsondering" Die vers sê, "Maar ek sê vir julle: Elkeen wat van sy vrou skei *behalwe* **oor** *[owerspel, ontug, morele onreinheid en onkuisheid]*, maak dat sy egbreuk pleeg, en iemand wat met die geskeide vrou trou, pleeg ook egbreuk." Matt. 5:32. In verskillende Bybel weergawes, word die woorde, *owerspel, ontug, morele onreinheid en onkuisheid* verwissel asof dit dieselfde woorde is. Dit is nie.

Die "uitsluitsel" waarvan Jesus praat is die woord *ontug, morele onreinheid, en onkuisheid.* Dit is *porneia* (4202) wat **voor** die huwelik plaasvind. Die woord *owerspel,* wat verwys na **ná** die huwelik, is (3429) *Moichao* in die Strongs Concordance, in die Griekse of oorspronklike taal. Die woorde owerspel of *moichao* (3429 **na**) en *porneia* (4202 **voor**) is twee aparte en afsonderlike sondes. Daarom, kan jy nie van jou gade skei oor owerspel, morele onreinheid of onkuisheid nie. Egskeiding was en is net toelaatbaar in die geval van ontug wanneer daar gevind word dat 'n vrou nie 'n maagd op haar huweliks nag was nie.

Nog 'n interessante notering is gevind in die definisie van 4202. Die skrywer erken dat hy sy eie woorde bygevoeg het. hy verklaar; "Hierdie woorde is *bygevoeg* om 'owerspel' en 'bloedskande' in te sluit vir 'n beter begrip van ontug (*Porneia*)." Hy sê dat owerspel bygevoeg is by die definisie van die woord *porneia.* Maar God se Woord sê, "*Moet niks byvoeg* by wat Hy gesê het nie; Hy sal jou bestraf, en jy sal **daar staan as 'n leuenaar.**" Spr. 30:6

Laat ek ook Strong's se nota aanhaal onder "*Signs Employed and Plan of the Book:*" "Hakies…dui 'n gegewe woord aan met die vernaamste woord waarby dit aangeheg is en 'n paar woorde ter verduideliking word **bygesit** *om dit te identifiseer.*" Weereens moet ons "*…niks byvoeg* by wat Hy gesê het nie; Hy sal jou bestraf, en jy sal **daar staan as 'n leuenaar.**" Spr. 30:6.

Hulle leuens en hulle praatjies. Wees versigtig met wat jy sê *God jou vertel het.* "Kyk sê die Here, Ek is teen dié profete wat hulle eie stories vertel en dan sê: 'Die Here sê so.' Kyk sê die Here, Ek is teen dié profete wat drome wat nie plaasgevind het nie, as openbaring oorvertel, want hulle lei my volk op 'n dwaalspoor met hulle **leuens en hulle praatjies.**" Jer. 23:31-32. "Die Here die God van Israel sê Hy haat egskeiding." Maleagi 2:16. God sê nooit vir ons om teen Sy Woord te gaan nie! Hy verander nooit.

Wees ook versigtig wat jy sê oor egskeiding of hertrou; dit kan daartoe lei dat 'n ander persoon skei of hertrou. "Hoe jammer tog vir die wêreld dat daar dinge is wat die mens afvallig maak! Sulke dinge kom noodwendig, maar wee die mens deur wie dit kom!…vir hom is dit beter as hy met 'n groot meulsteen aan sy nek in die diep see verdrink." Matt. 18:7, 6.

Is heeltemal verwoes. As jy glo dat egskeiding in sommige gevalle reg is, dan is jy mislei. "En geen wonder nie! Satan self doen hom voor as 'n engel van die lig." 2Kor. 11:14. Wanneer jy gelei voel om iets te sê of iets te doen, maak eers seker dat dit ooreenstem met wat in die Skrif staan. "En elkeen wat hierdie woorde van My hoor en nie daarvolgens handel nie, kan vergelyk word met 'n dwaas wat sy huis op sand gebou het. Die stortreën het geval, vloedwaters het afgekom, winde het teen daardie huis gewaai en daaraan geruk, en die huis het ingestort en **is heeltemal verwoes.**" Matt. 7:26-27.

Die Gees teen die Sondige natuur. Nadat jy in die Woord gekyk het, kyk dan hoe *gedrewe* jy daaroor is. Sondige begeertes voel goed. Waneer daar 'n dringendheid is in wat jy doen, het jy nie genade nodig om dit uit te voer nie. "Wat ons **sondige natuur** begeer, is **in stryd met wat die Gees** wil, en wat die Gees wil, is in stryd met wat ons sondige natuur begeer. Hierdie twee staan lynreg teenoor mekaar, en daarom kan julle nie doen wat julle graag wil nie." Gal. 5:17.

Wat As

Wat as my man ontrou is en hy pleeg owerspel, mag ek dan van hom skei? Nee. Sy Woord sê dat jy slegs as gevolg van ontug mag skei, wat, soos wat ons vroeër gesien het, seksuele omgang voor die huwelik is. Dit was gedurende die verlowings tyd. Ontug en owerspel is nie dieselfde sonde nie. As dit wel dieselfde was sal hulle nie albei gelys word in dieselfde vers nie, soos in hierdie Skrifgedeelte: "...geen *onsedelikes of* afgodsdienaars of *egbrekers*..." 1Kor.6:9.

Egskeiding as gevolg van ontug, was gedurende die verlowings tyd toegelaat, soos met Maria en Josef. "En Josef, haar man, omdat hy regverdig was en onwillig om haar openbaar te maak, het hom voorgeneem om in die geheim van haar te skei" Matt. 1:19AFR53. Die terme *verloofde* en *verloof* was nie gedurende hierdie periode in die geskiedenis gebruik nie. Josef was beskou as haar man omdat hy alreeds 'n belofte gemaak het om met Maria te trou. Hy was toegelaat om van *haar te skei* omdat dit <u>voor</u> hul huwelik was, aangesien egskeiding toegelaat was in die geval van ontug. In die voorafgaande vers, verduidelik dit dat die *egskeiding* sou plaasvind <u>voor</u> die huwelik! "Toe sy moeder Maria verloof was aan Josef, <u>voordat</u> hulle saamgekom het, is sy swanger bevind..." Matt. 1:18AFR53. Die laatste wat 'n egskeiding kon plaasvind was die dag na die huweliks nag, wanneer daar uitgevind was dat die vrou nie 'n maagd was nie.

Kan enige iemand hertrou? "'n Vrou is aan haar man gebind so lank as hy lewe. As hy sterwe, is sy **vry om te trou met wie sy wil**, mits dit met 'n gelowige is." 1Kor. 7:39. Vir die vrouens wat weduwees is, is dit belangrik om te weet dat wanneer die regte "Mnr. Reg" opdaag, hy 'n wewenaar moet wees of nooit voorheen getroud was nie. Moet nie met 'n geskeide man trou nie. Onthou, Satan bring gewoonlik sy beste eerste. Die Here laat jou wag en dan bring Hy sy beste! "Vertrou op die Here en bly op sy weë." Ps. 37:34.

As enige een van julle 'n wettige beswaar het, teenoor die voorgenoemde huwelik, sal jy dit nou bely. Wees verseker, dat as enige persoon saamgevoeg is anders as God se Woord dit toelaat, is hulle huwelik nie wettig nie. ("Die Huweliks Diens" C.R. Gibson Co.)

Wat as ek alreeds in 'n tweede (of derde) huwelik is? Eerstens, moet jy God om vergifnis vra, of dit nou was voor jy gered is of nie. Jy kan nie effektief in jou Christelike wandel wees as jy nie sondes van die verlede kan erken nie. "Wie sy sonde wegsteek, moet **niks goeds te wagte wees nie**." Spr. 28:13. "As ons beweer dat ons nie sonde het nie, bedrieg ons onsself en is die waarheid nie in ons nie. Maar as ons ons sondes bely - Hy is getrou en regverdig, Hy vergewe ons ons sondes en reinig ons van alle ongeregtigheid." 1Joh. 1:8-9.

Jy weet dit nie. "Ek het haar kans gegee om haar te bekeer, maar sy wil haar nie van haar onsedelikheid bekeer nie. Kyk, Ek gee haar aan 'n siekbed oor, en die mense wat met haar owerspel gepleeg het, aan swaar lyding as hulle nie van haar praktyke bekeer nie." Open. 2:21.

As jy sê jy het niks verkeerd gedoen nie, mag jy dalk net jou skuld bewys het. "Die ontroue vrou het haar eie manier: sy eet en vee haar mond af en sê: 'Ek het niks verkeerd gedoen nie.'" Spr. 30:20. As jy nie bekeer nie, sal jy die eienskappe van 'n egbreekster hê. "Die slegte vrou se lippe drup van die heuning, haar tong is gladder as olie, maar agterna is alles so bitter soos wildeals; sy is so gevaarlik soos die skerpste swaard…Sy hou jou weg van die pad van die lewe af, sy laat jou dwaal, **en jy weet dit nie**." Spr. 5:3.

Moet nie belydenis vrees nie; ons is nie onder die wet nie - prys die Here! "Iemand wat egbreuk pleeg met die vrou van 'n medeburger, moet doodgemaak word. Dit geld vir die man en ook vir die vrou wat egbreuk pleeg." Lev. 20:10. "Bely julle sondes eerlik teenoor mekaar en bid vir mekaar, sodat julle gesond kan word. Die gebed van 'n gelowige het 'n kragtige uitwerking." Jak. 5:16. "Maar as ons ons sondes bely - Hy is getrou en regverdig." 1Joh 1:9.

Nie my wil nie, maar u wil geskied. Nadat jy gebieg het, moet jy *jou wil* neerlê en jou Hemelse Vader vir *Sy wil* vra aangaande wat Hy wil hê jy moet doen. Baie ander wat in 'n tweede (of daaropvolgende) huwelik is, het hierdie moeilike taak in die gesig gestaar. Sommige het die versekering dat God se voorneme is dat hulle in hulle huidige huwelik moet bly en hulle lewens gebruik as 'n getuienis teen egskeiding. Ander het gesien dat hulle huwelike uit mekaar val omdat hulle deur Satan gebruik was toe hulle hulle gade se vorige huwelik verwoes het. "'n Dief kom net steel en slag en uitroei; Ek het gekom sodat hulle die lewe kan hê, en dit in oorvloed." Joh. 10:10. Jy moet op Hom vertrou. Hy wil jou die oorvloedige lewe gee, nie 'n namaaksel nie. Asseblief bid net, "Vader, as U wil, neem tog hierdie lydensbeker van My af weg. Laat nogtans **nie my wil nie, maar u wil geskied!**" Lukas 22:42.

Het nie een van hulle die oordeel oor jou voltrek nie? Maar kan owerspel vegewe word? Ja. Jesus het vir die vrou wat in owerspel betrap was gesê. **"Het nie een van hulle die oordeel oor jou voltrek nie**?...Ek doen dit ook nie. Gaan maar en moet van nou af nie meer sonde doen nie." Joh. 8:12-11. Maar jy moet jou sondes bely en nie ander aanmoedig om sonde te pleeg soos jy nie. Eintlik is owerspel nie gronde vir egskeiding nie, dit is gronde vir vergifnis soos deur Christus gewys in Joh. 8:10 hierbo. Ons het ook 'n voorbeeld in die boek van Hosea van 'n man wat sy vrou vergewe het wat betrokke was in owerspel. "Die Here het vir my gesê: Gaan knoop weer 'n liefdesverhouding aan met 'n vrou wat vir ander mans lief is en egbreuk pleeg." Hos. 3:1. Dan in 1Kor. 6:9-11, wanneer God na owerspeliges en onsedelikes verwys sê Hy, "En so was party van julle juis. Maar julle het julle sondes laat afwas, julle is geheilig, julle is vrygespreek in die Naam van die Here Jesus Christus en deur die gees van God." Ons is skoongewas deur Sy bloed van vergifnis.

Maar wat van pastore wat sê dat owerspel gronde is vir egskeiding? "Julle het gehoor dat daar gesê is: 'Jy mag nie egbreuk pleeg nie. Maar ek sê vir julle: Elkeen wat na 'n vrou kyk en haar begeer, het reeds in sy hart met haar egbreuk gepleeg.'" Matt. 5:27-28 As dit waar is dat owerspel gronde vir egskeiding is, dan moet meeste vrouens hulle mans skei aangesien meeste van hulle die vrouens wat hulle op televisie of in tydskrifte gesien het, begeer!!

Sal die minste geag word in die koninkryk. Maar so baie kerke en pastore sê dat egskeiding reg is in sommige situasies en dat hertrou reg is onder die regte omstandighede. "Wie dan ook een van die geringste van hierdie gebooie ongeldig maak en mense so leer, **sal die minste geag word in die koninkryk** van die hemel. Maar wie die wet gehoorsaam en ander so leer, sal hoog geag word in die koninkryk van die hemel" Matt. 5:19.

Ek het julle nooit geken nie. Hoe kan ek seker wees dat hierdie leringe reg is en wat baie kerke leer is verkeerd? "Pas op vir die vals profete. Hulle kom na julle toe in skaapsklere, maar in werklikheid is hulle verskeurende wolwe. Baie sal daardie dag vir My sê: Here, Here, het ons dan nie in U naam gepreek nie, deur U Naam bose geeste uitgedryf en deur u Naam baie wonders gedoen nie? Dan sal Ek openlik vir hulle sê: '**Ek het julle nooit geken nie.** Gaan weg van My af, julle wat die wet van God oortree.'" Matt. 7:15, 22-23. Is daar nie baie families in die kerke wat ten gronde gaan en die huwelike wat ontbind word nie? Dit is die slegte vrugte van vals profete.

Vyandskap teenoor God. Baie pastore voel "diep binne" 'n oortuiging oor die huwelik, maar hulle wil nie enige iemand "beledig" nie, veral nie al die "kerk lidmate" wat in hulle tweede en derde huwelike is nie. "Weet julle nie, julle ontroues, dat vriendskap met die wêreld **vyandskap teen God** is nie? Wie 'n vriend van die wêreld wil wees, wys daarmee dat hy 'n vyand van God is." Jak. 4:4.

As 'n pastoor of 'n kerk 'n standpunt inneem teen egskeiding en hertrou word hulle geklassifiseer as "te streng nakomeling van die wet" of "veroordelend." Dan sal die wat hulle *eie ding wil doen* na 'n ander kerk toe gaan om te hoor wat hulle wil hoor (in hul gehoor gestreel wil wees). "want daar sal 'n tyd kom wanneer die mense die gesonde leer nie meer sal verdra nie. Hulle sal hulle eie begeertes volg en vir hulle leermeesters bymekaarmaak wat net sal sê wat hulle graag wil hoor. Hulle sal die waarheid nie wil hoor nie en hulle tot verdigsels wend." 2Tim. 4:3-4.

Gaan weg van My af. Egskeiding is teen God se wet. Net omdat iemand 'n prediker is, of in een of ander kerk ministerie is, beteken dit nie dat hy God volg nie. Jesus het gesê dat jy die wil van Sy Vader in die hemel moet doen! Kom ons lees weer die verse: Nie elkeen wat vir My sê: 'Here, Here,' sal in die koninkryk van die hemel ingaan nie, maar net hy wat die **wil doen van my Vader wat in die hemel is.** Baie sal daardie dag vir My sê: 'Here, Here, het ons dan nie in U naam gepreek nie, deur U Naam bose geeste uitgedryf en deur u Naam baie wonders gedoen nie? Dan sal Ek openlik vir hulle sê: Ek het julle nooit geken nie. **Gaan weg van My af,** julle wat die wet van God oortree.'" Matt. 7:21-23.

'n Vrou is aan haar man gebind. Jy mag vra, "Aangesien ek 'weer enkel is' kan ek nie hertrou of uitgaan en dan vir God vra om my te vergewe nie?" Eerstens is jy nie enkel nie. Net iemand wat nog nooit getroud is, is enkel. "**'n Vrou is aan haar man gebind** so lank as hy lewe." 1Kor. 7:39. "Maar as sy 'n ander man se vrou word so lank as haar man lewe, sal sy as 'n egbreekster beskou word. As haar man gesterf het, is sy egter vry van die wet en is sy nie 'n egbreekster as sy 'n ander man se vrou word nie." Rom. 7:3. Tweedens, wat 'n mens saai, dit sal hy ook oes. "Moenie julleself mislei nie: God laat nie met Hom spot nie. Wat 'n mens saai, dit sal hy ook oes." Gal. 6:7.

Elke stap saam haar bring jou ondergang. As jy hierdie verse ignoreer, sal jy dieselfde nagevolge hê as enige egbreekster: bitterheid, skerp tong, onstabiel, luidrugtig, uitdagend en jy sal dit nie eers weet nie! "maar agterna is alles so bitter soos wildeals; sy is so gevaarlik soos die skerpste swaard. Haar pad is die van die dood; **elke stap saam haar bring jou ondergang**, jy weet dit nie." Spr. 5:4-6. "Sy (die hoer) is luidrugtig en uitdagend; haar huis is te nou vir haar." Spr. 7:11.

Ek het niks verkeerds gedoen nie. Wanneer jy willens en wetens sonde ingaan, sal jou gewete geskroei word. "Die ontroue vrou het haar eie manier: sy eet en vee haar mond af en sê: '**Ek het niks verkeerds gedoen nie.'**" Spr. 30:20. Weereens, jy gaan willens en wetens in sonde in. "As iemand weet wat die regte ding is om te doen en hy doen dit nie, is dit sonde." Jak.4:17. Jy stel jouself op vir God se wraak. "Wanneer ons opsetlik bly sondig nadat ons die kennis van die waarheid ontvang het, is daar geen offer meer wat ons sondes kan wegneem nie. Daar bly alleen 'n verskriklike verwagting oor van oordeel en 'n gloeiende vuur wat die teenstanders van God sal verteer. 'Dit is mý reg om te straf; Ek sal vergeld;' Die Here sal oor sy volk oordeel. Dit is verskriklik om in die hande van die lewende God te val." Heb. 10:26-31.

Om 'n moeilike onderwerp af te sluit, as gevolg van die omvang van kerk sonde, kom ons kyk na die ferm verklaring wat Paulus aan Timoteus geskryf het: "As iemand 'n ander leer verkondig en nie hou by die gesonde woorde van ons Here Jesus Christus en by die leer van ons godsdiens nie, is hy verwaand en weet hy niks. Hy het 'n sieklike beheptheid met twisvrae en met stryery oor woorde. Daaruit ontstaan afguns, twis, beledigings, gemene verdagmakery, voortdurende rusie van mense wat verstandelik verward en van die waarheid beroof is." 1Tim. 6:3-5.

"As julle My liefhet sal julle My opdragte uitvoer." Johannes 14:15.

*Kom ons maak 'n persoonlike verbintenis
om getroud te bly en ander aan te
moedig om dieselfde te doen.*

Persoonlike verbintenis: **Om getroud te bly en ander aan te moedig om dieselfde te doen.** "Gebaseer op wat ek uit God se Woord geleer het, herverbind ek myself aan my huwelik. Ek sal myself onderdanig maak wanneer nodig en al die stappe neem as 'vredemaker' in my huwelik. Ek sal nie my oortredinge bedek of veroorsaak dat 'n ander struikel nie. Ek sal my toewy om God se Waarheid te versprei aangaande die huwelik op 'n sagmoedige en stil manier."

Datum:_____Geteken:_____

Kinders Is Geskenke Van Die Here

"Seuns is geskenke van die Here,
kinders word deur Hom gegee."
Psalm 127:3

As ons na ons samelewing kyk en aborsie, kindermishandeling en bloedskande sien, wonder ons wanneer ons land begin het om kinders te haat. Die Bybel sê vir ons dat daar twee fondasies is, een gebou op die rots en die ander een op sinkende sand. Vrouens, ons is op sinkende sand en nou is ons *grootliks* verwoes. (Matt. 7:26).

Gelukkig is die onvrugbare. Jesus het voorspel dat daar 'n tyd gaan wees wat treuriger gaan wees as Sy kruisiging. Die tyd is nou! Toe die Joodse vrouens gerou en geween het oor Jesus, het Hy na hulle toe gedraai en gesê, "Vroue van Jerusalem, moenie oor My huil nie, huil oor julleself en julle kinders, want daar kom dae waarin hulle sal sê: 'Hoe **gelukkig is die onvrugbare** vroue en dié wat nooit 'n kind in die wêreld gebring het of gevoed het nie.'" Lukas 23:28-29. Hoeveel keer het jy vrouens gehoor wat aan swanger vrouens sê, "Liewer jy as ek"? Hoeveel keer het jy gehoor vrouens met klein kinders (selfs Christelike vrouens) sê, "Daar is geen manier nie, ek gaan nie nog kinders hê nie!"?

En God het hulle geseën. Jesus het die laagste punt in sy lewe in die gesig gestaar, tog het Hy gesê daar sal 'n tyd kom wat dit erger sal wees! Wanneer jy die feministiese beweging sien en hoe hulle druk vir lesbianisme en die vermindering of eliminasie van kinders, kan jy sien dat ons aan die begin is van die tyd waarvan Jesus praat. Rou en ween jy soos wat Jesus gesê het die dogters van Jerusalem moet? Of, glo jy die misleiding? **"Toe het God hulle geseën**: "'Wees vrugbaar, word baie en bewoon al die waters van die see. En laat die voëls baie word op die land.'" Gen. 1:22.

.

Watter sin het dit dat julle My aanspreek met 'Here, Here!'? Hoe het die "anti-kinders" beweging begin? Dit het omtrent 30 jaar terug begin toe geboortebeperking 'n moontlikheid geword het en ons sink sedertdien. Geboorte beperking sê:

Ek wil nog nie kinders hê nie.

Ek wil nie te veel kinders hê nie - een, twee, drie, of selfs vier, maar niks meer nie!

Ek wil hulle nie te na aan mekaar hê nie.

As, en ek sê as, ek kinders wil hê wil ek hulle hê *wanneer* ek wil, *hoe dikwels* ek wil, en *hoeveel* of *hoe **min*** ek wil. God is nie meer in beheer nie; ek is! Ek weet wat die beste is vir my en wat ek kan hanteer. Ek kies my eie lot, **Here!**

"Watter sin het dit dat julle My aanspreek met 'Here, Here!' en nie doen wat Ek sê nie?" Lukas 6:46.

Wees vrugbaar. Om Jesus as die Here van jou lewe te hê, moet jy Sy leringe en sy beginsels volg. "Toe het God hulle geseën en vir hulle gesê: "Wees **vrugbaar**, word baie, bewoon die aarde en bewerk dit. Heers oor die vis in die see, oor die voëls in die lug, oor al die diere van die aarde, ook oor die diere wat op die aarde kruip." Gen. 1:28.

As die Here die huis nie bou nie. Ons moet gewillig wees om so baie of so min kinders te hê as wat God goed dink. "As die **Here die huis nie bou nie, swoeg dié wat daaraan bou, tevergeefs.**" Ps. 127:1. Laat Hom toe om jou familie te bou, een swangerskap op 'n slag.

Omdat julle lou is. Toe ons Christene die "grys areas" begin verdra het met die begin van natuurlike familie beplanning, was dit makliker om in donkerder grys areas in te glip, die Pil en die Mirena IUD. Nou is daar die swart area - ABORSIE! "Maar nou, **omdat julle lou is** [geboorte beperking gebruik], nie warm nie [vertrou heeltemal op God vir jou vrugbaarheid], en ook nie koud nie [wat aborsie is], gaan Ek julle uit My mond uitspoeg." Open. 3:16. Hoe kan *ons wat aborsie haat* (en miskien selfs vir die Pro-lewe beweging werk) 'n vrou wat aborsie oorweeg, oorreed dat die kind wat sy dra 'n seën is, wanneer ons self 'n seëning weier?

Wemel op die aarde. In Mary Pride se boek "*The Way Home*", verklaar sy: "Familie beplanning is die 'ma van aborsie.' Sodra egpare na kinders kyk as 'skepsels wat hulself gemaak het,' word alle eerbied vir menslike lewe verloor. Kinders, as 'n geskenk van God, wat ons nederig ontvang is een ding; kinders as artikels wat ons self vervaardig het, is 'n ander. Jy kan doen wat jy wil met iets wat jy self gemaak het. Met gevolg, aborsie, bloedskande, kindermishandeling." "En al die lewende wesens wat by jou is, van watter soort hulle ook al is: voëls, diere en alles wat kruip. Hulle moet saam met jou uitgaan. Hulle moet **wemel op die aarde** en **vrugbaar wees en baie word** op die aarde." Gen. 8:17.

Word baie op die aarde. God het gesê "Wees vrugbaar, word baie en bewoon die aarde en bewerk dit." in Gen. 1:22, Gen. 1:28, Gen. 8:17, Gen. 9:1, Gen. 9:7, Gen. 35:11, Gen. 48:4, Lev. 26:9, Deut. 7:13, Deut. 8:1, Deut. 30:16, Jer. 30:19, Jer. 33:22 *en* Heb. 6:14. **Hy het dit 14 keer vir ons gesê!!**

"Maar júlle moet **vrugbaar wees en baie word.** Vermeerder op die aarde en word baie!" Gen. 9:7.

"God het verder vir hom gesê: 'Ek is God die Almagtige. Wees **vrugbaar en word 'n groot nasie**. Baie nasies sal van jou afstam. Jy sal die voorvader wees van konings.'" Gen. 35;11.

"Maar Ek sal self dié van my kudde wat oorgebly het, gaan bymekaarmaak in al die lande waarheen Ek hulle verstrooi het. Ek sal hulle terugbring na hulle weiveld toe waar hulle **vrugbaar sal wees en baie sal word**." Jer. 23:3.

Bewoon die aarde. Maar het ons nie alreeds die aarde bewoon nie? Ons hoor deesdae voortdurend van die gevreesde "oorpopulasie probleem," maar twee deskundiges gee ons 'n ander prentjie:

"Ons kan die hele wêreld se populasie in die staat van Texas inpas en elke man, vrou en kind kan 186 vierkante meter toegeken word [die gemiddelde huis is tussen 130 en 170 vierkante meter], dan sal die res van die wêreld leeg wees." Mary Pride se *The Way Home*, bl. 62.

"Elke persoon in die wêreld kan staan, sonder om aan mekaar te raak, binne die stad Jacksonville, Florida, se grense." Bill Gothard se *Institute of Basic Life principles (IBLP) Publications.*

Bewoon die aarde. Die Waarheid is dat ons 'n nasie is wat besig is om dood te gaan! Dit beteken dat ons onsself nie vervang nie. Een van die "vrugte" van ons ongehoorsaamheid is dat ons weet dat die Sosiale Sekuriteit, wat bedoel is vir ons, nooit sal wees nie. Daar sal nie genoeg kinders wees om te werk om die fondse te voorsien wanneer ons oud is nie. "God het vir Noag en sy seuns geseën en vir hulle gesê: 'Wees vrugbaar, word baie en **bewoon die aarde.**'" Gen. 9:1.

Geskenke van die Here. Maar ek is bang dat as ek God toelaat om beheer te hê, Hy vir my 20 kinders gaan gee! Glo ons werklik wat die Bybel sê? "Seuns is **geskenke van die Here**, kinders word deur hom gegee." Psalm 127:3. Ons Christene is kieskeurig oor watter seëninge ons gaan ontvang. Gee ons meer karre, 'n groter huis en hoër posisies in ons werk en die ekstra verantwoordelikheid, beproewings en werk wat daarmee gepaard gaan. *Maar om "hemelsnaam," moet ons nie nog kinders gee nie!* God sê dat kinders 'n beloning is en nie 'n vloek is nie! Ons is gebreinspoel deur die feministe en die wêreld se standpunt! As 'n Christen, wie kies jy om te glo, God of die feministe?

Nie kinderloos gelaat nie. Statistieke wys dat in ontwikkelde lande, die gemiddelde vrou sonder geboorte beperking, vyf of ses kinders sal hê, nie twintig nie. Kyk na die Bybel. Noag het net drie gehad, Sara net een, Rebekka en Ragel het albei net twee gehad. Dames, dit was voor geboorte beperking. Groot families was die uitsondering in die Bybel, en ook die meeste geseën.

Lea het ses seuns en 'n dogter gehad, maar Ragel het net twee seuns gehad. "Toe die Here sien dat Jakob nie vir Lea liefgehad het nie, het die Here vir haar kinders gegee, terwyl Ragel kinderloos gebly het." Gen. 29:31. "God het op Ragel ag geslaan en haar gebed verhoor. Hy het haar **nie langer kinderloos gelaat nie**." Gen. 30:22. God gee presies hoeveel kinders Hy vir elke vrou wil gee. Hy gee hulle in presies die perfekte orde en in Sy perfekte tyd. In jou begeerte om jou vrugbaarheid te beheer, het jy 'n seëning gemis? "God het verder vir hom gesê, "Ek is God die Almagtige. Wees vrugbaar en word 'n groot nasie. Baie nasies sal van jou afstam. Jy sal die voorvader wees van konings." Gen. 35:11.

Weerhou om kinders te hê. Om *nie* kinders te hê is God se *vloek* of straf. "En as hulle aan tempel prostitusie deelneem, sal hulle nie kinders hê nie." Hosea 4:10. "Dit was nadat die Here elke vrou in die huis *weerhou het om kinders te hê*. Die Here het dit gedoen oor wat gebeur het met Sara die vrou van Abraham." Gen. 20:18. Dit bewys aan ons dat dit **God** is wat die baarmoeder oop en toe maak. "Die Here het elke vrou **weerhou om kinders te hê**..." Gen. 20:18. "Het die Here vir haar kinders gegee." Gen. 29:31.

In elke behoefte voorsien. Maar wat as ons nie kan voorsien vir nog kinders nie? Wat ons kort kom is geloof. Eis hierdie vers: "En my God **sal in elke behoefte** van julle ryklik voorsien volgens sy wonderbaarlike rykdom in Christus Jesus." Fil. 4:19. Ons moet ons prioriteite herevalueer. Kan jou behoeftes eintlik "begeertes" wees? "Ons is die rykste mense in die geskiedenis, tog vrees ons die kostes van kinders grootmaak die meeste." Mary pride se *The Way Home*, bl.48. Laat ons "...vry van **geldgierigheid**" wees. 1Tim. 3:3.

Sy wie by die huis bly. As 'n tuisteskepper kan jy hierdie vers eis in jou strewe om vir jou familie te voorsien. "...was die **vroue tuis** al besig om die buit te verdeel!" Ps. 68:12. Baie van ons, omdat ons by die huis is, koop by motorhuis verkopings en spaarsaamheids winkels. Ook, baie mense met groot families het gedeel dat die vrouens wat verkies het om hulle families te beperk, vir hulle sakke en bokse gegee het met handelsmerk kledingstukke.

Moet ons daarmee tevrede wees. Baie van wat jy vir jou kinders *wil* gee is iets wat hulle later sal ruïneer en lei tot hulle ondergang. Is die kinders wat "alles het" - die speelgoed, klere en hulle eie kamers - nie die bederfste, ondankbaarste en mislukste nie? Is dit nie dieselfde kinders wat as tieners betrokke raak by dwelms en kultusse, of dikwels selfmoord neigings het nie? Hier is wat die Bybel sê: "As ons dan **kos en klere** het, **moet ons daarmee tevrede wees**. Maar dié *wat ryk wil word,* val in versoeking. Hulle loop hulle vas in die *strik* van baie sinlose en skadelike begeertes waardeur mense in verderf en ondergang gestort word." 1Tim. 6:8-9.

Om tevrede te wees. Wil jy hê jou kinders moet ontevrede wees wanneer hulle getroud is omdat jy hulle met soveel rykdom opgestel het? Behoort jy nie jou dogters te leer om tevrede te wees sodat hulle nie geforseer sal wees om buite die huis te werk nie? Behoort ons doel met ons seuns nie te wees om hul goeie werk etiket te leer nie? Was dit nie die ryk man wat van Jesus af weggeloop het en nie die koninkryk kon binnegaan nie? Onthou jy hoe moeilik dit is vir 'n kameel om deur die oog van 'n naald te gaan?

So dit is nie dat ons bang is dat ons nie aan die *behoeftes* van ons kinders en ons toekomstige kinders kan voorsien nie. Ons is mislei en maak eintlik die besluit gebaseer op om "begeertes" te voorsien wat na hulle ondergang sal lei. "Hou julle lewe vry van geldgierigheid; wees **tevrede** met wat julle het…" Heb. 13:5.

Geldgierigheid. Dit lyk asof die kinders van vandag neig om twee keer so lank 'n finansiële las te wees as tevore. Die bydraes van kinders aan die familie en die samelewing is nou vir jare vertraag terwyl hulle speel en skool toe gaan. Die jongmense van vorige generasies het gehelp met die bewaring van kos, maak van klere, en die ploeg en oes van die lande, of hulle het as vakleerlinge gewerk om die familie finansieel te help. Teen die tyd wat hulle hulle tienerjare bereik het, het hulle duidelik 'n aanwins in plaas van 'n las geword. Ons almal weet van baie jong mense wat nog steeds van hulle ouers afhanklik is in hulle twintigs. Dit is selfs nadat die ouers duur betaal het vir tersiêre opleiding. Vra jouself hoekom jy voel dit is belangrik om jou kinders Universiteit toe te stuur; is dit vir goddelike karakter? "**Geldgierigheid** is 'n wortel van allerlei kwaad. Party het geld nagejaag en toe van die geloof afgedwaal; daardeur het hulle hulleself baie ellende op die hals gehaal." 1Tim. 6:10.

Vrees. In plaas van die *vrees* vir 'kinders hê,' waarvan die wêreld ons aanhoudend vertel, kom ons praat oor die vrees waarvan hulle *ons nie vertel nie*. Ons mis nie net seëninge nie, maar ons lewe gevaarlik deur wat ons gebruik om God se seëninge te keer. Onthou, "Moenie julle self mislei nie: God laat nie met Hom spot nie. Wat 'n mens **saai**, dit sal hy ook **oes**." Gal. 6:7. Hoekom sal ons 'n saad saai (deur intiem te verkeer) en dan nie die vrugte van die baarmoeder ('n baba) oes nie? Met aborsie, pluk ons die wortel reg uit die grond uit! Dames, hoe kan jy op God vir jou redding vertrou, maar nie vir die hoeveelheid kinders wat jy moet baar nie? Ons vertrou Hom vir ons ewigheid, tog kan ons nie op Hom vertrou vir ons vrugbaarheid nie!

Vermenigvuldig jou saad. Wat is die gevare om jou eie vrugbaarheid te keer? "Die Pil - 'n afdryfmiddel; dit steur die voering van die uterus (endometrium), wat verseker dat met enige moontlike swangerskap, die fetus homself nie behoorlik kan inplant nie. Dus, die baba gaan dood van die honger op die ouderdom van sewe tot nege dae. Die klein babatjie word dan deur die baarmoeder verwerp - 'n slagoffer van aborsie. Die pil veroorsaak ook hoë bloeddruk, bloed klonte, diabetes - daarom is daar 'n styging in moederlike diabetes en 'n verpligte toets word nou aanbeveel vir almal." (*Informasie van verskeie IBLP publikasies*). "Ek sal jou baie seën, en jou **nageslag so baie maak** soos die sterre aan die hemel en soos die sand van die see. Jou nageslag sal die stede van sy vyande in besit neem." Gen. 22:17.

Swoeg die wat daaraan bou tevergeefs. Baie van ons glo in Natuurlike Familie Beplanning. Ons glo dat as ons en ons mans ons familie "natuurlik beplan" het, dat ons *saam* met God gewerk het. Was ons nie net verantwoordelik nie? Nee. Ons het nog steeds gesê ons weet, *bo* **God,** wat die beste was vir ons families. Diegene van ons wat besluit het om op God te vertrou het ongelooflike vryheid ervaar. Deur die verantwoordelikheid aan God te gee, was 'n groot las gelig. Sommige van ons het nie nog kinders gehad nie en ander het nog 'n paar gehad. Deur op die HERE te vertrou om ons huis te bou, het ons die sekerheid dat ons Sy beste gehad het. "As die Here die huis nie bou nie, **swoeg dié wat daaraan bou, tevergeefs…**" Ps. 127:1.

Saad op die grond. Wat van daardie voorbehoed maatreëls wat deur mans gebruik word, die versperring metodes? Nie verbasend nie, die Bybel het hulle almal gedek, toe die "saad op die grond kom." Gen. 38:9. "Hy het gesorg dat sy **saad op die grond** kom. Hy wou nie dat daar kinders vir sy broer gebore word nie. Maar wat Onan gedoen het, *was verkeerd in die oë van die Here*, en Hy het ook vir hóm laat sterf." Gen. 38:9-10.

Kinderloos. As vrouens "God" begin speel met hulle liggame deur te besluit wanneer en of hulle swanger gaan wees, begin hulle om oor die lewe of dood van die baba wat hulle dra, te besluit. Wanneer ons die leuen volg wat diegene wat pro-aborsie is gebruik: "ons kan doen wat ons wil met ons liggame," sien ons die nagevolge.

Onvrugbaarheid. So baie vrouens is nie in staat om swanger te raak nie as gevolg van geboorte beperkings, veelvuldige geselle, en skade van vorige aborsies. Dit het 'n obsessie onder Amerikaanse vrouens laat ontstaan om 'n kind te hê "teen enige prys." "Toe die Here sien dat Jakob nie vir Lea liefhet nie, het die Here vir haar kinders gegee, terwyl Ragel **kinderloos** gebly het." Gen. 29:31. As 'n resultaat, het ons:

Aborsie. Daar word vir ons vertel dat dit verkeerd is om toe te laat dat "ongewenste" kinders gebore word. Maar die Waarheid is dat daardie babas defnitief gewens is. Die lang jare van wag om 'n baba aan te neem is bewys daarvan.

In vitro bevrugting. Baie sien niks verkeerd met proefbuis babas vir kinderlose paartjies nie. Nou word ons daarvan bewus gemaak dat baie van die bevrugte eiers in die Petri bakkie weggegooi word en ook uit die baarmoeder aborteer word. Aangesien hierdie metode so duur is, plant die dokters etlike bevrugte eiers in, met die hoop dat sommige van hulle sal vassit. Baie kere sal 'n "veelvoudige swangerskap" plaasvind en die paartjie besluit "watter en hoeveel" gespaar sal word en watter geaborteer sal word. Baie van ons is ook bewus van die dokter wat sy eie sperm gebruik het, om tyd en geld te spaar, en daar word geskat dat hy die pa van honderde kinders in die Chicago area is.

Surrogaat moeders. Hierdie is vrouens wat betaal word om 'n man se kind vir 'n ander vrou te dra. Dit is niks nuuts nie. Hagar is die eerste en mees bekendste surrogaat moeder. Die haat wat Sara gevoel het vir haar en die armoede van Ismael en Hagar, om nie eens te praat van die oorloë wat tot vandag toe nog voortduur nie, vertel ons van hierdie sondige manier om 'n kind "ten alle koste" te kry!

Onbetaalde prostitusie. Die leuen van "vrye liefde" is niks meer as vrouens wat hulself as prostitute uitgee nie. Maar vrouens *het* die prys betaal. Vandat die feministiese beweging begin het en die uitvinding van die pil, is die "enkele nag van passie" veronderstel om ons reg as vrouens te wees. Nou het ons wydverspreide veneriese siektes, VIGS, onbeplande swangerskappe, aborsies, onvrugbaarheid, geestelike en emosionele skande, hoër selfmoord syfers (veral onder tieners) en lae selfbeeld. Hierdie is sommige van die resultate van die vryheid om nie God se Wette toe te pas nie.

Homoseksualiteit. Nou is ek seker dat jy wonder hoe geboorte beperking en sterilisasie homoseksualiteit aangemoedig en versprei het. "Daarom gee God hulle oor aan skandelike drifte. Hulle vroue verander die *natuurlike omgang* in 'n *teen-natuurlike omgang*. Net so laat vaar die mans ook die natuurlike omgang met die vrou en brand van begeerte vir mekaar. Mans pleeg skandelikhede met mans en bring oor hulleself die *verdiende straf vir hulle perversitiet.*" Rom. 1:26-27. Ons het sommige van die "verdiende straf" vir hulle perversiteit gesien. VIGS is steierend, vernaamlik onder homoseksueles. Wanneer vrouens kinders verag, en ophou om die vrugte van hulle baarmoeders te baar en hulleself vrywillig laat steriliseer, is dit onnatuurlik! Homoseksueles glo (die wat die moontlike resultaat van die samekoms van man en vrou verwyder het) die duidelike boodskap dat fisiese samekoms vir plesier is en nie om vrugte van die man se saad te produseer nie.

Kom ons som op wat God ons sover vertel het uit Sy Woord, aangesien "Die hele Skrif is deur God geïnspireer en het groot waarde om in die waarheid te *onderrig*, dwaling te *bestry*, *verkeerdhede* reg te stel..." 2Tim. 3:16:

Kinders is 'n *seën*. (Gen. 1:22, Gen. 1:28).

Seuns is *geskenke* van die Here. (Ps. 127:3).

Die *Here* het vir haar kinders gegee. (Gen. 20:18, Gen. 29:31).

God het ons beveel om te *vermenigvuldig* en die aarde te *vul*. (Gen. 1:22, Gen. 1:28, Gen. 8:17, Gen. 9:1, Gen. 48:4, Lev. 26:9, Deut. 7:13, Deut. 8:1, Deut. 30:16, Jer. 30:19, Jer. 33:22 *en* Heb. 6:14.)

Die aarde is nie gevul nie; ons is nie *oorbevolk* nie.

Ons moet nie wat ons kinders *wil* hê vir hulle gee nie anders sal dit tot hulle verderf lei.

God sal in al ons *behoeftes* voorsien; ons hoef nie bekommerd te wees nie. (Fil. 4:19).

Nie almal sal geseën word met 'n groot familie nie; sommige sal net een of twee kinders hê sonder om "God te help" met geboorte beperking of sterilisasie.

Deur enige vorm van geboorte beperking of sterilisasie te gebruik, lê ons vir ons 'n vloek of straf op soos God aan dié in die Bybel gedoen het. (Gen. 38:9-10).

Ons kan nie regtig sê ons is Pro-lewe as ons geboorte beperking gebruik nie aangesien dit die fondasie van aborsie is.

Dit gaan goed met die man wat sy pylkoker so gevul het. Wat doen jy as jy nog kinders wil hê en jou man wil nie? Eerstens moet jy bid en vergifinis vra vir enige iets wat *jy* dalk gedoen het wat hom laat wegdraai het van sy begeerte dat dit "goed" met hom moet gaan aangesien, "Soos pyle in die hand van 'n krygsman, so is seuns wat gebore is toe hulle vader nog jonk was. **Dit gaan goed met die man** wat sy **pylkoker** so *gevul het!*..." Ps. 127:5 KJV. Mompel en kla jy oor al die "werk" wat jy moet doen van die kinders wat God jou alreeds gegee het? "Doen alles sonder kla of teëpraat." Fil. 2:14. Wanneer jou man van die werk af kom, maak jy hom *jou* gelyke en verwag van hom om jou in die huis te help? "Verder het die Here God gesê: 'Dit is nie goed dat die mens alleen is nie. Ek sal *vir hom* iemand maak wat hom kan help, sy gelyke.'" Gen. 2:18. Is jou kinders aangenaam om by te wees of is hulle oproerig en disrespekvol? Regeer hulle jou en jou huis?   "'n Kind wat sonder dissipline grootword, steek sy moeder in die skande." Spr. 29:15. (Moenie les 15, "Jou ma se Leringe" mis nie.)

Vaders en kinders met mekaar versoen. Bid hierdie drie Bybel verse: (1) Vra die Here om in jou man se hart te praat aangaande toekomstige kinders. "Seuns is geskenke van die Here, kinders word deur Hom gegee." Ps 127:3. (2) Vra God om jou man met jou kinders en toekomstige kinders te versoen. "Elia sal **vaders en kinders met mekaar**

versoen sodat Ek nie hoef te kom en die land heeltemal te vernietig nie."
Maleagi 4:6. (3) Vra die Here om jou man se hart te draai. "Die wil van
die koning staan onder die gesag van die Here; soos 'n stroom water lei
Hy dit soos Hy verkies." Spr. 21:1. As jou man aandring dat jy aanhou
om die pil te gebruik of om uit te kyk vir tekens van vrugbaarheid; moenie
sy gesag weerstaan nie; bid net. Vertrou dat God hom sal lei. Jou man is
uiteindelik verantwoordelik, nie jy nie. Wat jy verantwoordelik voor is,
is om onderdanig te wees aan die gesag wat God oor jou geplaas het, en
dit is jou man. "Soos die kerk aan Christus onderdanig is, moet die
vrouens in *alles* aan hulle mans onderdanig wees." Efe. 5:24

**Wat doen jy as jou man 'n vasektomie gehad het of jy het 'n buis
ligasie?** Baie paartjies het by my gebieg dat hulle 'n groot las dra omdat
hulle die grootste fout van hulle lewens gemaak het deur hulself te laat
steriliseer. Sommige van hulle het stappe geneem om hierdie permanente
sterilisasie om te keer. Jy kan uitvind hoe om hierdie fout om te keer. Dr
Pohl in Houston, Texas, spesialiseer in mikrochirurgiese vasektomie
omkerings, hy het al 1800 van hierdie operasies gedoen en gee 'n geld
terug waarborg! Besoek sy webserf by **vasectomyreversal.com**. Die
dokter op die boonste vloer, Dr Rawson, doen buis omkering en sy
webwerf is **fertility.com**. Voordat jy daarteen besluit as gevolg van die
koste, bid dat God die fondse sal voorsien. Hy is die God van die
onmoontlike en 'n God van tweede kanse!

Elke gedagte gevangene. Wat doen jy as dit *jy* was wat besluit het om
jou kinders te beperk of te spasieer? Ondersoek jou motiewe en jou vrese.
Is jou motief selfsugtigheid, om meer materialistiese dinge te hê of meer
tyd vir jou "self"? As jy daardie leuen gekoop het, onthou die Bybel vers:
"Maar by julle moet dit nie so wees nie. Elkeen wat in julle kring **groot**
wil word, moet julle dienaar wees; en elkeen onder julle wat eerste wil
wees, moet julle **almal se dienaar wees**." Markus 10:43-44. 'n Moeder,
veral 'n moeder van baie kinders, is beslis in 'n plek van diensbaarheid.
God sê dat ons groot is! Om 'n dienaar te wees was die boodskap wat
Jesus gepraat en gelewe het toe Hy op die aarde geloop het, en een van
Sy mees vergete boodskappe vandag. Vernietig vals redenasies.
"Daarmee *vernietig ons die redenasies* en elke hooghartige aanval wat
teen die kennis van God gerig word. Ons neem **elke gedagte gevangene**
om dit aan Christus gehoorsaam te maak." 2Kor. 10:5.

Krag soek by sterflike mense. Voel jy oorweldig met die kinders wat jy het? Kyk eers of jy God se wysheid in Spreuke volg aangaande kinders se opvoeding. (Sien les 15, "Jou ma se Leringe" en die boek *Werkers by die Huis* want "My volk gaan onder omdat hulle nie aan My toegewy is nie. Omdat jy jou taak om hulle aan My toe te wy, verwerp het..." Hosea 4:6.). Moet nie staat maak op Christelike of sekulêre kinder deskundiges of skrywers nie; gaan na die Skrywer en Skepper van jou kinders vir die antwoorde. "Dit gaan goed met die mens wat sy vertroue op die Here stel." Jer. 17:7. "Daar rus 'n vloek op die mens wat sy vertroue in mense stel, wat sy **krag soek by sterflike mense**..." Jer. 17:5. Kyk of alles wat jy vir jou kinders doen (al die buitemuurse aktiwiteite) ewigheids waarde het. "Snoei" die wat nie kwalifiseer nie tot 'n absolute minimum. Dit is Satan wat jou gedaan maak en veroorsaak dat jy verslaan word sodat hy sy doel kan bereik om "te keer dat meer Christelike kinders gebore word!"

As jy vir 'n mens bang is kan jy in 'n strik beland. Is dit die vrees vir die geboorte? Begin om jou geboorte besluite te ondersoek om 'n manier te vind wat die naaste aan God se doel vir geboorte is. Vertrou op Hom en hoe Hy jou perfekte liggaam geskape het, die liggaam wat die baba dra wat in jou baarmoeder gevorm word. Sal Hy sê dat jy "op jou eie" is wanneer die tyd vir die geboorte aanbreek, of selfs om die kind te voed? Het Hy tekort gekom in hoe Hy *jou* gemaak het, selfs al het Hy hierdie perfekte baba *binne* jou geskape? "**As jy vir 'n mens bang is, kan jy in 'n strik beland**, maar as jy jou vertroue in die Here stel, is jy veilig." Spr. 29:25.

Daar is 'n wonderlike en KRAGTIGE boek wat ek nou onlangs gelees het wat ek hoogs aanbeveel vir elke vrou om te lees en te glo -- *Supernatural Childbirth* by Jackie Mize! 'n Ma van 6 (wat 'n herstelde huwelik het en wie se man 'n dokter is) het my daarvan vertel. Sy sê sy het haar eerste drie natuurlik gehad, die laaste drie het sy bonatuurlik gehad en PYNLOOS!! Ek het die boek bestel en was totaal sprakeloos. Ek gaan hierdie beginsels en Bybel verse gebruik om my drie dogters voor te berei vir toekomstige swangerskappe (en myne ook as die Here planne het om vir ons nog te gee!). Jy kan getuienisse op Amazon.com lees, maar na my vriendin se getuienis en nadat ek die boek gelees het, is ek heeltemal oortuig dat dit nie net moontlik is nie, maar God se plan vir Sy eie!

My volk gaan onder. "**My volk gaan onder** omdat hulle nie aan My toegewy is nie." Hosea 4:6. Watse kennis kan verkry word deur soveel gebroke en moeilike huwelike te sien? 'n Tekort aan onderdanigheid of om 'n rebelse gees te hê sal uiteindelik jou huwelik verwoes en jou weerhou om beskerming te ontvang. As jou man kinders begeer of nie, onderwerp jouself aan hom. "Vrouens, wees aan julle mans onderdanig, net soos julle aan die Here onderdanig is." Efe. 5:22, Kol. 3:18, 1Pet. 3:1 (Sien les 8, "Vrouens Wees Onderdanig," want " My volk gaan onder omdat julle nie aan My toegewy is nie. Omdat jy jou taak om hulle aan My toe te wy, verwerp het, verwerp ek jou…" Hosea 4:6.)

Goeie huisvrouens. Wanneer jy buite die huis werk, word die kinders wat jy het, en enige toekomstige babas, 'n las en nie 'n seën nie, omdat baie van jou salaris na kindersorg toe gaan. Een vrou het gesit en haar profyt uitgewerk vir voltydse werk. Sy het uitgevind dat sy net R13.00 per uur uitgekry het nadat sy vir kindersorg vir haar drie kinders betaal het. Deur die huis te verlaat is gewoonlik deel van Satan se plan om te verdeel en oorwin. Jy moet aanhoudend bid om in jou huis te bly. Omdat so baie vrouens buite die huis werk, is ons huise leeg en stort in duie. "verstandig en kuis, goeie **huisvrouens**…" Titus 2:5. (Sien les 14, "Die Maniere van Haar Huishouding," want " My volk gaan onder omdat julle nie aan My toegewy is nie. Omdat jy jou taak om hulle aan My toe te wy, verwerp het, verwerp ek jou…" Hosea 4:6.) Ook, om verder te gaan, swot is 'n groot bydraer vir vrouens wat in owerspel verval en geforseer word om klein kindertjies te los. Eva wou kennis gehad het en het dit begeer. "…maar God weet dat julle oë sal oopgaan die dag as julle van daardie boom eet en dan sal julle soos God wees deurdat julle alles kan ken." Gen. 3:5.

Sy sal haar redding vind in moederskap. God het 'n belofte vir die wat God vertrou aangaande moederskap. "Maar **sy sal haar redding vind in moederskap**, as *sy maar volhard* in geloof, liefde en 'n heilige lewe en daarby beskeie bly." 1Tim 2:15. Hier is net 'n paar voorbeelde:

Twee van die mees twisgierige vrouens wat ek al ooit ontmoet het, is moeders van groot families en is geseënd met uiters toegewyde mans. Hulle huwelike word "beskerm."

Ons het vrouens gehad wat deel hoe, deur swangerskap of 'n jong baba, hulle "gespaar" was van moeilike situasies. Hulle was "beskerm" teen eksterne moeilikheid.

Een vrou was medies gespaar omdat elke keer wat haar dokter 'n mediese prosedure wou uitvoer, wat nou as gevaarlik bestempel word, was sy swanger. Sy was fisies "beskerm."

'n Ander vrou het gesê dat haar skoonouers haar man aanhoudend gepla het om haar te kry om terug te gaan werk toe en 'n verdienste in te bring. Toe haar vierde kind gebore is het haar man navraag oor dagsorg gedoen en uitgevind dat hulle eintlik geld sal verloor as sy vrou gewerk het. Sy ouers het opgehou om druk toe te pas. Sy was "beskerm" en kon in haar huis bly.

Ter Afsluiting

Wie is die vyand? Uiteindelik, is dit Satan. Dit is wie agter sonde is, en die wat na sy leuens luister is *sy* slawe. Ons het baie vokale woordvoerders vir hom; op hierdie tydstip staan hulle bekend as feministe. Hulle doel is om God se manier vir vrouens om kinders te hê en te baar te verdraai. Die NOW organisasie haat mans letterlik en het na ander vrouens gedraai vir hulle geselskap en na die regering vir hulle beskerming. Hierdie is die vrouens wat jy naboots as jy weier om te baar en die bevel om "vrugbaar te wees en te vermenigvuldig" te gehoorsaam. Hierdie selfde vrouens wat nooit 'n man sal ken of wil ken nie, het die massas oorreed om hulle eie kinders "dood te maak of te vermoor" as 'n opoffering aan die feministiese god van "self". Mag God ons vergewe omdat ons luister en saamstem met hulle leuens, "want hy is 'n leuenaar, en die vader van die leuen." (Joh. 8:44)

Doen wat Ek sê. As jy kies om die wêreld se oortuigings te volg, het jy uiteindelik gekies om Satan se slaaf te wees en hom te volg. As jy sê jy glo God, *gehoorsaam Hom*! "Watter sin het dit dat julle My aanspreek met 'Here, Here!' en nie doen wat Ek sê nie?" Lukas 6:46. Het jy besluit om die Here te vra vir Sy redding, maar Hy is nie regtig jou Heer en Meester nie? As Hy jou Here is, dan tree so op. As babas 'n seën is, dan tree so op en vertrou God met jou vrugbaarheid!

*Mag God Jou **Seën**!*
Jou vrou is in jou huis
soos 'n vrugbare wingerdstok,
jou seuns is rondom jou tafel
soos jong olyfboompies!
Psalm 128:3.

Persoonlike verbintenis: Om op God te vertrou in alle areas van my lewe, insluitende die baar van kinders. "Gebaseer op wat ek uit die Woord van God geleer het en deur die vrugte van die generasie se ongehoorsaamheid waar te neem, verbind en gee ek my liggaam oor aan die Here. As ek verby die ouderdom is om kinders te baar, of permanent nie in staat is om swanger te word nie, verbind ek my daartoe om die Waarheid te deel en oor my foute aan ander te bieg sodat hulle ontmoedig sal wees om dieselfde foute te begaan."

Datum:_____Geteken:_____

Die Bediening Van Versoening

*"Dit alles is die werk van God. Hy het
ons deur Christus met Homself versoen
en aan **ons** die bediening van die
versoening toevertrou."*
2Korinthiërs 5:18

Elkeen wat hierdie werkboek lees ken iemand wat huidiglik in 'n "slegte" huwelik of 'n huwelikskrisis is. Wanneer jou vriendin of familielid die besonderhede deel, voel jy hopeloos, magteloos en baie kwaad vir die "ander persoon." Jy bid vir jou vriendin of familielid, probeer om hulle te troos en bied hulp aan, maar wat behoort jy eintlik te doen? Huweliksvernietiging kom na ons toe in epidemiese proporsies; wat moet ons doen? *Moet* ons hulle help? En as die antwoord "ja" is, dan **hoe** moet ons aan dié wat stukkend is, dié wat kwaad en/of seer het, bediening gee?

God gee ons die bediening van versoening. God gee **almal** van ons (dié wat die Here Jesus Christus as hulle Redder eis) die bediening van versoening soos 2Kor. 5:18-19 stel: "Dit is alles die werk van God. Hy het ons deur Christus met Homself versoen en aan *ons* die **bediening van die versoening** toevertrou. Die boodskap van versoening bestaan daarin dat God deur Christus die wêreld met Homself versoen het en die mense hulle oortredinge nie toereken nie. Die boodskap van versoening het Hy aan ons toevertrou."

Daar is baie verse wat ons in hierdie les sal bestudeer wat bevestig dat ons dié moet help wie na ons toe kom, maar ons moet BAIE versigtig wees om hulle te help volgens die riglyne in die Bybel. Toe ek in die middel van verwoesting en die ineenstorting van my huwelik was, het almal, en ek bedoel almal, raad gehad. Dit het my nie lank geneem om uit te vind dat ander mense se raad moontlik verdere skade kon aanrig nie.

.

Ek het gevind dat goed bedoelende familielede, wie definitief vir my, ons kinders (en selfs Dan) omgegee het, vir my advies gegee het, wat ek gevolg het en wat uiteindelik voortgegaan het om ons huwelik te vernietig. Dit was toe ek keelvol was vir die nagevolge van ander mense se opinies volg (wat hulle gekry het van vriende of programme soos Oprah Winfrey), dat ek besluit het om eerstens; nie met ander te praat oor my situasie nie, en tweedens; om seker te maak dat wat ek besig was om te doen met God se Woord opgelyn het. Hierdie is die twee kern beginsels wat die grondslag van ons bediening is.

Tog, selfs toe God my tot bediening geroep het, kan ek eerlik sê ek het te veel foute gemaak soos wat ander na my toe gekom het vir hulp. Dit is een ding om die Here vir jouself te soek, maar 'n groter verantwoordelikheid om iemand anders te help of te lei. Ek het 'n verbintenis aan die vrouens in my bediening gemaak dat ek hulle net sal vertel wat ek gedoen het, of sou doen, as ek dieselfde of 'n soortgelyke probleem in die gesig moes staar EN net as dit oplyn met die Skrif.

Ek sien dit as 'n eer om in hierdie hoofstuk die geleentheid te hê om my foute met jou te deel, saam met wat die Here my gewys het, soos ek Hom gesoek het, wat baie vrugte voortgebring het gedurende my bediening aan vrouens in huwelike.

Baie mans en vrouens wat weet van ons bediening, stuur hulle familie en vriende na ons toe, en met reg, maar daar is sommige mense met wie net *jy* sal kontak hê. Net soos die pastoor van jou kerk nie die enigste een is wat geroep is om die evangelie aan die verlorenes te verkondig nie, moet jy ook kundig wees om ander na versoening te lei.

Ons is gesante van Christus. Vir wie werk ons wanneer die Here iemand na ons toe stuur? Ons is gesante *van* Christus. "Ons tree dus op as gesante **van** Christus, en dit is God wat deur ons 'n beroep op julle doen. Ons smeek julle namens Christus: Aanvaar die versoening met God wat Hy bewerk het!" 2Kor. 5:20. 'n Gesant word omskryf as "'n diplomatiese beampte van die hoogste rang gestuur as 'n langtermyn verteenwoordiger na 'n ander." Ons moet Christus verteenwoordig in al ons handelinge met hierdie persoon wie die Here na ons toe gestuur het. Die posisie is "langtermyn," wat beteken dat ons geroep is om die persoon deur te sien tot die oorwinning van hulle huwelik. Maar, wat ek geleer het, ons posisie kan nie in die pad staan van hulle persoonlike verhouding met Jesus as hulle "Redder" nie, ons kan ook nie die plek van die Heilige Gees inneem soos wat ons junior heilige gees probeer speel nie, aangesien dit onvermydelik in die pad van hulle versoening sal staan.

So die goeie nuus is dat jy nie ALLEEN, of sonder ondersteuning, in jou strewe sal wees nie. Die nie-so-goeie nuus vir sommige van julle is dat dit gaan beteken dat julle meer op die Heilige Gees sal moet staatmaak vir leiding, as op jouself. Jy sal God se beginsels moet ken eerder as om aan te hou om *jou* gedagtes en *jou* idees te deel. "My gedagtes is nie julle gedagtes nie, en julle optrede nie soos Myne nie, sê die HERE; soos die hemel hoër is as die aarde, so is my optrede." Jes. 55:8-9.

Om effektief in bediening te wees, sal jy jou gedagtes moet hernu met God se Woord, met Sy idees en met Sy beginsels. Jy sal jouself daarvan moet weerhou om vir haar te vertel "wat jou vriendin gedoen het" of "wat jy gehoor het op 'n geselsprogram." Selfs sommige van die Christelike boeke wat jy oor die huwelik gelees het, het moontlik jou gedagtes gevul met idees of tegnieke wat ongetwyfeld hulle huwelik sal vernietig eerder as dit genees. "Hy het hulle met 'n **enkele woord** gesond gemaak, hulle aan die dood laat ontkom." Ps. 107:20. Wat die Here jou vra om te doen, as SY verteenwoordiger, is om Hom te verteenwoordig, Sy leringe, Sy beginsels, in die gees van Sy liefde en barmhartigheid, deur Sy Woord te gebruik.

Alhoewel ek geseën was om die "pad te geloop het," en 'n herstelde huwelik verkry het, en na 'n dekade van huwelikskrisis bediening, kan ek eerlik sê ek het geen aardse idee wat om te doen wanneer iemand my vra om hulp vir hulle huwelik wat besig is om te mislik of vernietig is nie. Hoeveel keer het ek by die Here gepleit om my te help om te weet wat om te doen, nie te doen, en te sê of nie te sê, vir die seer en desperate vrou? Tensy jy heeltemal van die Heilige Gees afhanklik is in nederigheid van gedagtes, WETENDE dat jy nie in staat is om die persoon te help sonder Hom wat deur jou werk nie, sal jy veroorsaak dat die persoon wie jy probeer help, struikel te midde van die vyand se aanval op hulle lewens en huwelik. In Lukas 17:1-2 het Jesus gewaarsku, "Jesus het vir sy dissipels gesê: 'Dit is onvermydelik dat daar dinge kom wat mense laat struikel. Maar ellende wag vir die mens wat die oorsaak daarvan is. So 'n mens kan eerder met 'n groot klip aan die nek in die see gegooi word as dat hy vir een van hierdie kleintjies 'n struikelblok word.'" So let op na die raad of simpatie wat jy gee as jy nie in totale en volkome diensbaarheid van die Here is nie.

Jy is vir My 'n struikelblok. Matteus 16:23 sê, "Maar Jesus het na Petrus toe gedraai en vir hom gesê: 'Moenie in my pad staan nie, Satan! Jy is vir My 'n struikelblok, want jy dink nie aan wat God wil hê nie, maar aan wat die mense wil hê.'" Een van die beste maniere om jou vriendin of familielid te vernietig is deur te faal om die rede, of redes, te verstaan wat gelei het tot die huweliksvernietiging en/of om kant te kies in die saak. Kom ons praat eers oor die redes agter die vernietiging.

Wat Het Veroorsaak dat die Huwelik Vernietig Is?

Wanneer jy die *Hoe God Jou Huwelik Kan en Sal Herstel* boek lees, wat terloops 'n vereiste is vir hierdie les, sal jy onmiddelik agterkom dat dit begin met troos. Die troos is gebaseer op die feit dat God die situasie toegelaat het vir *hulle* beswil, sodat Hy hulle nader aan Hom kan bring. En as 'n ambassadeur, sal jy hulle moet help om hulle pad na, of terug na Hom toe, te vind. Dit is nie jou plek om Sy plek te vat nie, maar om hulle na Hom toe te draai vir troos. Vir sommige is dit 'n baie moeilike ding om te doen. Jy mag dalk die gawe van genade besit, maar as hierdie gawe nie deur die Heilige Gees beheer word nie kan dit per ongeluk die wat jy probeer help, beseer.

Ons moet troos, maar "met dieselfde bemoediging waarmee God ons bemoedig," nie apart van, of in plaas van God nie. 2Kor. 1:3-5 sê dit op hierdie manier: "Aan God, die Vader van ons Here Jesus Christus, kom al die lof toe! Hy is die Vader wat Hom ontferm en die God wat in elke omstandigheid moed gee. In elke moeilikheid bemoedig Hy ons. Daarom kan ons ook ander bemoedig wat in allerlei moeilikhede verkeer. Ons kan hulle bemoedig met dieselfde bemoediging waarmee God ons bemoedig, want net soos daar vir ons 'n oorvloed van lyding is ter wille van Christus, is daar ook vir ons 'n oorvloed van bemoediging *deur* Christus."

So die eerste, hoof- en belangrikste rede waarom hierdie beproewing voorgekom het, is dat die Here die krisis wil gebruik as 'n manier om die persoon *na* **Hom,** of *terug na* **Hom,** te draai. Dit moet in die voorgrond van jou gedagtes wees en hierdie doel moet voorrang, in enige en alle kontak, geniet met dié wat om hulp soek. Dit is nie vir jou om nader aan hulle te kom nie (alhoewel dit gebeur) en dit is ook nie vir hulle om nader aan hulle eggenoot te kom nie (alhoewel dit ook gebeur, gewoonlik soos wat hulle in die Here se beeld omskep word), maar enigste doel is om 'n diep en blywende verhouding met die Here *deur* hierdie pynlike, en dikwels lang beproewing te verkry. As jy hierdie belangrikste rede mis, sal jy in die pad van die Here se werk staan. Jy mag alles doen wat jy kan om te probeer om die probleme "reg te maak" en oplossings vir hulle te vind. Jy moet die versoeking weerstaan en in plaas daarvan hulle help om die Here te soek vir Sy oplossing, Sy troos en Sy leiding.

Nie aan My toegewy. Die tweede rede hoekom die moeilikheid plaasgevind het, word in Hosea 4:6 gevind. Dit sê, "My volk gaan onder omdat hulle nie aan My toegewy is nie." Meeste van ons het in die huwelik getree en sukkel deur daardie huwelik sonder om die beginsels van die huwelik te ken of te verstaan. Daarom, word ons vernietig vir daardie tekort aan kennis. Om hierdie beginsel verder te vat, as ons onbewus is of nie die kennis het om te weet wat om te doen, of nie te doen, wanneer 'n krisis die huwelik tref nie, sal ons die huwelik verder beskadig.

Vir jou om iemand anders te help, sal jy die beginsels self moet ken. Doen jy? Het jy geleer om jouself te bewys as "'n arbeider wat hom vir sy werk nie hoef te skaam nie, wat die woord van die waarheid suiwer verkondig?" 2Tim. 2:15. Wel dan, "lê jou daarop toe om jou tot beskikking van God te stel as 'n arbeider wat die goedkeuring van God wegdra, 'n arbeider wat hom vir sy werk nie hoef te skaam nie, wat die woord van die waarheid suiwer verkondig." 2Tim. 2:15. Die werkboek, saam met die *Herstel Jou Huwelik* boek, sal jou help. Maar, as jy wel enige ander hulpbronne gebruik, wees weereens versigtig dat dit **gestig is** op die Skrif, en nie net die Skrif *aanhaal* nie.

Baie skrywers hou daarvan om die Bybel aan te haal om 'n punt te *bewys*; maar die beginsel moet op die Bybel gegrond wees sodat dit sal bly staan wanneer beproewings daarteen kom. "Elkeen wat dan hierdie woorde van My hoor en daarvolgens handel, kan vergelyk word met 'n verstandige man wat sy huis op 'n rots gebou het. Die strortreën het geval, vloedwaters het afgekom, winde het teen daardie huis gewaai en daaraan geruk, en tog het dit nie ingestort nie, want die fondament was op rots." Matt. 7:24-25.

Die skrywers moet hulleself ook bewys aan hul vrugte. Of jy dit wil glo of nie daar is BAIE vals profete in die wêreld vandag. En baie het 'n menigte volgelinge, dalk selfs jy. Jesus het ons gewaarsku in Matt. 7:15-20, "Pas op vir die vals profete. Hulle kom na julle toe in skaapsklere, maar in werklikheid is hulle verskeurende wolwe. Aan hulle vrugte sal julle hulle ken. Kry 'n mens dan druiwe aan doringstruike of vye aan disels? Elke goeie boom dra tog goeie vrugte, maar 'n slegte boom dra slegte vrugte. 'n Goeie boom kan tog nie slegte vrugte dra nie, en 'n slegte boom nie goeie vrugte nie. Elke boom wat nie goeie vrugte dra nie, word uitgekap en in die vuur gegooi. So sal julle die vals profete dan aan hulle vrugte ken."

Nietemin, as jy die Woord nie self ken nie, kan jy maklik mislei word. Hoe meer kennis ek van die Woord het, hoe meer is ek in staat om skrywers se foute te onderskei. Ek het sommige skrywers se werk gelees wat later die pad byster geraak het, maar as ek nie 'n ferm kennis van die Woord gehad het nie, sou ek dit as waarheid geneem het. My absolute gunsteling skrywers gebruik baie Bybel verse. Leer om God se Woord goed genoeg te ken sodat jy foute kan raaksien in wat jy lees en glo. Gebruik dan die Woord gereeld wanneer jy in bediening is. Hoekom? Want...

"Die HERE se voorskrifte is volkome, dit gee nuwe lewenskrag.

Die bepalings van die HERE is betroubaar; dit maak die eenvoudige verstandig.

Die HERE se bevele is reg, dit bring vreugde vir die hart.

Die opdragte van die HERE is duidelik; dit gee insig vir die lewe.

Die gebooie van die HERE is suiwer, dit bly vir altyd staan.

Die HERE se voorskrifte is reg; elkeen van hulle is regverdig.

Hulle is kosbaarder as goud, selfs as die fynste goud.

Hulle is soeter as heuning, as druppels van 'n heuningkoek.

Dis 'n waarskuwing vir u dienaar,

En 'n groot beloning vir dié wat dit gehoorsaam.

Wie kan sy eie oortredings verstaan?

Spreek my vry oor verborge sondes,

en bewaar my van opsetlike sondes!

[Laat dit jou gebed wees]

Laat hulle nie oor my heers nie.

Dan sal ek vry wees van skuld, en onskuldig aan groot oortredings.

Mag die woorde van my mond en die gedagtes van my hart

vir U aanneemlik wees, O HERE my rots en my Verlosser." Ps. 19:8-15.

Kant Kies

Wanneer jy na iets luister wat tussen twee individuele gebeur het, is dit net natuurlik om die persoon se kant te kies van wie jy die storie gehoor het. Tog, Spreuke waarsku ons, "Iemand wat in 'n regsaak eerste praat, is altyd onskuldig, maar dan kom iemand anders en ondervra hom." Spr. 18:17. Vertrou my, alles wat jy hoor is nie alles wat daar is ten opsige van die saak nie. Net nadat Dan my gelos het, was daar geen twyfel wie se skuld dit was nie. Nietemin, dit het die Here gevat om MY te wys dat ek BAIE te doen gehad het met ons huwelik se vernietiging. In al my jare in bediening, het ek nog NOOIT 'n eensydige situasie gesien nie, al het dit aan die begin so "voorgekom". Of daar owerspel of mishandeling was, alkohol of dwelms aan die man se kant, het ek nog NOOIT gesien dat die vrou onskuldig was aan foute wat uiteindelik die huwelik vernietig het nie.

Op hierdie stadium lyk dit logies om na die ander kant van die storie te gaan luister. Beraders doen dit deur albei partye in te bring sodat hulle, in die berader se teenwoordigheid as skeidsregter, dinge kan uit baklei. Die sal nie hierdie metode aanraai nie, en om die waarheid te sê, weier ek om een van die partye te wees. Ek was eenkeer in hierdie penarie geplaas toe ek geroep was om 'n vrou, wat in die tronk was, te ontmoet. Toe ek daar aangekom het, was haar man ook daar. Die vrou was in haar glorie omdat sy verkeerdelik aangeneem het dat ek daar sal wees om te oordeel wie reg of verkeerd was. Ek het eenvoudig geloop. Ek het dit op Skriftelike gronde gedoen. "God het nie sy Seun na die wêreld toe gestuur om die wêreld te veroordeel nie, maar sodat die wêreld deur Hom gered kan word." Joh. 3:17. As God nie vir Jesus gestuur het om die wêreld te OORDEEL nie, is ek seker Hy het ook nie vir my (of jou) gestuur nie.

Moet jouself nie toelaat om in die middel van 'n situasie te kom om te probeer *oordeel* wie wat gedoen het nie. Ons is nie geroep om dit te doen nie. Ons moet eerder waarheid en troos bedien soos wat ons die Here soek om ons te lei. Dit lei my tot een van die baie lesse wat ek geleer het in die gebied van bediening.

*Moet NOOIT na woede luister nie; maar troos en luister na dié wat hulle pyn en seer uitdruk.

Wanneer iemand skryf of ek geroep word om in my eie kerk bediening te gee, weier ek om na woede te luister. Dit is nie net nutteloos om aan iemand in hierdie toestand van emosie bediening te gee nie, maar dit is ook ansteeklik! Spr. 22:24-25 waarsku, "Moenie maats maak met 'n opvlieënde mens nie, moenie saamgaan met een wat kort van draad is nie: dalk leer jy sy maniere en beland jy in lewensgevaar."

*Moet NOOIT na 'n geskinder luister nie. Ek weier om te luister na wat 'n vrou se man gedoen het of besig is om te doen.

Behalwe om nie na iemand se woede te luister nie, weier ek ook om na baie *besonderhede* te luister vir verskeie redes: eerstens, om die persoon wat deel te spaar van uitwissing. Ps. 101:5 waarsku, "Wie sy naaste *beskinder*, **wil ek uitwis**; hoogmoed en vermetelheid verdra ek nie." Wanneer ek iemand toelaat om aanhoudend lasterlike besonderhede oor hulle eggenoot te deel, stel ek hulle op vir uitwissing. Dan het ek vir hulle 'n strik gestel. Dit is seker vir jou so moeilik om te verstaan aangesien dit is hoe meeste berading sessies gedoen word, en ons is nuuskierig en ons hou daarvan om besonderhede te hoor. Is dit nie hoekom jy al daardie verskriklike programme kyk waar elke persoon sy familie en vriende beskinder vir die hele wêreld om te aanskou nie? Dit is die goed waarna ons NOOIT moet luister nie vir baie redes. Hier is net 'n paar van hulle:

1. *Omdat dit 'n skande is om selfs te praat oor die dinge wat die ongehoorsame mense in die geheim doen. Efe. 5:7-13:* "Met sulke mense moet **julle niks te doen hê nie**. Vroeêr was julle die ene duisternis, maar nou in die Here is julle lig; Leef dan as mense van die lig. Uit die lig kom alles voort wat goed en reg en waar is. Vra julle voortdurend af of iets vir die Here aanneemlik is, en moenie meedoen aan die vrugtelose praktyke van die duisternis nie, maar stel dit eerder aan die kaak. **Dit is 'n skande om selfs te praat oor die dinge wat die ongehoorsame mense in die geheim doen**. Maar alles word aan die kaak gestel wanneer die lig daarop val." Daarom, moenie deelnemers wees wanneer hulle probeer om vir jou die besonderhede te vertel van wat gebeur het, of besig is om in hulle huwelike te gebeur nie.

2. *Omdat dit jou sal skei van die ander party in die huwelik.* "Iemand wat die waarheid verdraai, veroorsaak twis, iemand wat skinder, **bring verwydering tussen vriende**." Spr. 16:28. "Wie 'n verkeerde optrede teenoor homself verontagsaam soek goeie verhoudinge; wie 'n saak bly ophaal, bring **verwydering tussen vriende**." Spr. 17:9. Hoe dikwels het ek dinge gehoor, voordat ek kans gehad het om iemand in ons kerk te stop, oor haar man wat een van ons pastore was, 'n ouderling of 'n intieme vriend/vriendin van my en Dan? Ieder en elke keer het ek 'n baie moeilike tyd om na haar man te kyk in dieselfde lig. Ek het moeite

om nie aan daardie persoon te dink in die negatiewe lig wat sy vrou hom in gestel het nie. En ek voel altyd dat my gesigsuitdrukking wys "Ek weet *alles* van jou af!"

Wanneer mans en vrouens hulle eVennote vind, waarsku ons hulle oor die deel van besonderhede vir die einste redes wat hierbo genoem is. Nietemin, daar is 'n teenmiddel vir die gevoelens wat sal opkom wanneer jy vir 'n paartjie bediening gee. As jy ooit in hierdie strik van die vyand gevang word, stop eerstens die persoon wie probeer deel, en tweedens, wees getrou om te **bid** vir hulle eggenoot. Daar is geen beter manier om haatlike gevoelens te genees nie, wat jy wel sal kry wanneer jy sommige van hierdie verslae hoor, as om vir jou nuwe vyand te bid nie. Matteus 5:44, 46 vertel ons, "Maar Ek sê vir julle: Julle moet **julle vyande liefhê**, en julle moet **bid** vir dié wat julle vervolg [of iemand vir wie jy lief is]…As julle net dié liefhet wat vir julle liefhet, watter loon kan julle dan nog verwag? Maak die tollenaars nie ook maar net so nie?"

Jy sal jou vriendin of familielid nie GOED doen as jy hul eggenoot se oortredings teen hul hou nie. Moenie toelaat dat die vyand jou intrek om sy vuil werk te doen en daardie vrou te help om haar eie huis te vernietig nie! Wanneer jy na besonderhede luister kan jy nie help om bitter teenoor die oortreder te word nie. "Sorg dat niemand van die genade van God afvallig word nie. Sorg dat daar nie **verbittering** soos 'n wortel uitspruit, moeilikheid veroorsaak en *baie besmet nie*." Hebr. 12:15. Ek het een keer in 'n Bill Gothard seminaar gehoor dat God Sy GENADE net aan die persoon gee wat in die middel van die boosheid is, nie aan die een wat dit aanskou of die een wat later van die onreg hoor nie. Ons moet BAIE versigtig wees om nie 'n situasie te oordeel nie, selfs nie wanneer ons dit aanskou nie. Ons is nie bevoeg om na die hart van een van die persone te kyk nie, of die omstandighede wat aanleiding gegee het tot die gebeurtenis.

Met dit alles in gedagte, HOE kan ons dan help?

- Luister na die **seerkry.**

- **Troos** hulle in hulle pyn.

- Maak hulle gees en tong **stil.**

- **Bid** vir en saam met hulle.

- **Bemoedig** hulle om *hulle eie* tekortkominge te deel.

- Wys hulle die **waarheid** uit die Woord, en stel hulle voor aan die beginsels van die herstel en *Wyse Vrou* boek.

- Loop saam hulle, sy aan sy, in die rigting van herstel — **eerstens** hulle versoening *met* **God**, dan versoening met hulle eggenoot.

Luister na die seerkry. "'Troos, **troos** my volk,' sê julle God." Jes. 40:1NLV. As God jou al *ooit* in enigiets getroos het, dan is jy in staat om jou vriendin of familielid in *enigiets* waardeur hulle nou gaan, te troos. Want "In elke moeilikheid bemoedig Hy ons. Daarom kan ons ook ander bemoedig wat in allerlei moeilikhede verkeer. Ons kan hulle bemoedig met dieselfde bemoediging waarmee God ons bemoedig." 2Kor. 1:4. Dit was een van die redes hoekom jy deurgegaan het wat jy deurgegaan het, om die deernis te hê om ander te troos wat nodig het om die Here, te midde van hulle pyn, te vind. Jy hoef nie noodwendig met die oorsaak van hulle pyn te identifiseer nie, maar jy kan sekerlik met die foltering van hulle pyn identifiseer.

Maak hulle gees en tong stil. Sodra jy hulle toegelaat het om hulle seerkry en pyn (nie hulle woede) te deel, maak hulle dan stil met liefde. Is dit nie hoe die Here jou hanteer nie? O, die liefde van die Here — om te weet dat Hy vir ons omgee! Sê vir hulle jy is lief vir hulle en herinner hulle (of vertel hulle vir die eerste keer) dat die Here hulle liefhet. Sodra hulle hul seerkry een keer gedeel het, moet jy hulle stop. Moet hulle nie toelaat om om en om te gaan en nog pyn op te bring nie. Gewoonlik in die tweede "rondte" vlam woede op. Dit is tyd vir jou om die praatwerk te doen. So, sodra jy vir hulle gesê het dat jy hulle liefhet, en dat God hulle liefhet, stop en bid vir hulle (en vir wysheid om hulle te lei).

As jy fisies by hulle is, en nie bediening oor die telefoon gee nie, maak seker jy gee hulle 'n drukkie en/of hou hulle in jou omhelsing. Jy weet dat hulle onbemin en alleen voel. Aanraking is 'n wonderlike hulpmiddel om uit te reik na die wat seer het en om hulle na hulle Redder toe te trek. Jesus het baie mense aangeraak, veral die wat onrein gevoel het. As jy nie 'n "vatterige" persoon is nie, vra dan vir die Here om jou in staat te stel om Sy ambassadeur te wees en jou te seën met hierdie vermoë.

Toe ek hierdie bediening in 1990 begin het, was ek nie 'n persoon wat dit geniet het om mense, buite my familie, aan te raak of drukkies te gee nie; dit was nie hoe ek groot gemaak was nie, nog minder was dit in my natuur. Miskien is jy ook so. Maar God het 'n manier om verby die manier wat ons groot gemaak is, te gaan en ons *Sy* natuur te gee. Nie net het ek die voorreg gehad om mense wat gebroke en selfs vuil en onwelriekend is, drukkies te gee en vas te hou nie, maar ek het ook onlangs die "mantel" van 'n susterlike soen gekry. Dit het taamlik onverwags gebeur toe 'n baie invloedryke en welbekende vrou in ons land my 'n drukkie gegee het, my wang gesoen het en gesê het sy is lief vir my.

Kort daarna, het ek 'n gebroke vrou by die altaar ontmoet wat afgekom het vir gebed. Ek het vir haar 'n drukkie gegee, gesoen en vir haar gesê dat ek haar liefhet, alles voordat ek besef het wat ek besig was om te doen! Wat ookal daardie muur binne my was - vrees, selfbewustheid of 'n tekort aan deernis - die soen van hierdie invloedryke vrou wat gewillig was om my te omhels en lief te hê, was soos Elia se mantel wat op Elisa se skouers gegooi is. O, dat die Here jou ook, hierdie kosbare mantel sal gee wat nie opgewerk of opgemaak kan word nie, maar wat eintlik die arms en soene is van die Een vir wie jy en ek ambassadeurs is - die Koning van konings!

Bid

Ek sal My woorde in sy mond gee. 'n Vrou wat geroep is om 'n "bedienaar van versoening" te wees, moet 'n vrou van gebed wees. Jy moet nie net bid *vir* die vrouens aan wie jy bediening gee nie, maar ook dat die Here *deur* jou sal praat. Hoe gevaarlik en arrogant om vir een minuut te glo dat ons enige wysheid in onsself het. Selfs al is ons goed vertroud met ons kennis van die Bybel omdat dit verband hou met ons bediening, hoe weet ons regtig wat agter die skerms van hierdie vrou se lewe aangaan?

Deut. 18:18 "Ek sal 'n profeet vir hulle na vore laat kom, een van hulle volksgenote. Hy sal soos jy wees. **Ek sal my woorde in sy mond gee**, en hy sal sy volksgenote alles sê wat Ek hom beveel."

Jes. 51:16 "**Ek het vir jou gesê wat jy moet sê**, en jou beskerm in die skaduwee van my hand, want ek het die hemel oopgespan en die aarde se fondamente gelê en vir Sion gesê: 'Jy is my volk.'"

Jer. 1:9 "Hy het sy hand uitgesteek, my mond aangeraak en vir my gesê: '**Ek het nou my woorde in jou mond gelê.**'"

Met totale en volkome afhanklikheid van God vir hoe en wat ons moet sê vir die vrouens met huweliksprobleme, kan ons God toelaat om deur ons te praat; dus is ons nie op ons eie nie, maar bloot boodskappers van die Een wat ons gestuur het.

Bid *saam* **met hulle.** Dit mag jou verras, maar daar is baie vrouens, selfs in die kerk, wat nie gemaklik is om hardop te bid nie. Sommige weet glad nie hoe om te bid nie. Dit is deel van jou bediening - om ander te leer hoe om te bid. Maar as jy nie 'n biddende persoon is nie, dan gaan jy dit moeilik vind om ander te lei. Maak seker dat wanneer jy saam met hulle bid, dat jy versigtig sal wees om nie te fleurig of te spiritueel te wees nie. Dit sal veroorsaak dat hulle voel dat hulle nooit in staat sal wees om "goed genoeg" te bid nie.

Ek hou daarvan om eerstens 'n kort en eenvoudige gebed te bid, dan te stop en hulle te vra om te bid. As hulle huiwer, moedig ek hulle aan deur vir hulle te sê dat bid dieselfde is as om met God of die Here te praat; dit is dieselfde as wanneer hulle met my praat. Meeste sal vir 'n rukkie huiwer (sommige vir 'n lang ruk), maar ek probeer om lank genoeg stil te bly sodat hulle daardie eerste tree kan neem. Sodra hulle aan die gang kom, maak hulle hulle harte oop en is hulle oppad na 'n spesiale en intieme wandel met die Here. My gunsteling seëninge kom wanneer ek in staat is om die wat nog nooit gebid het nie aan te moedig; hierdie vrouens bid die soetste, mees kinderlike gebede wat my dikwels na trane toe dryf.

"Bely julle sondes eerlik teenoor mekaar en bid vir mekaar, sodat julle gesond kan word. Die **gebed van 'n gelowige het 'n kragtige uitwerking.**" Jak. 5:16.

Bid *vir* hulle. So dikwels versuim ons om te bid. Ons sê ons sal vir iemand bid, maar te dikwels vergeet ons heeltemal. Die beste oplossing is om daar en dan vir jou vriendin, jou familielid, jou mede-werker of die vrou by die kerk te bid. Daar is niks wat 'n ander persoon se hart meer aanraak as om te hoor hoe iemand na God toe uitroep of die hemel aanraak om hulle onthalwe nie. Wanneer ek in die voorportaal van ons kerk genader word deur iemand wat vir my vra of ek vir hulle of iemand anders sal bid, het ek onlangs die gewoonte aangekweek om hulle hande te neem en te sê, "Kom ons bid." Ek gee nie om wie in die omtrek is nie of wat ander dink nie.

Later, sal die Here hulle gewoonlik weer na jou gedagtes toe bring, maar net vir in geval, hou ek 'n klein spiraal-gebonde notaboek by my en skryf neer vir wie ek belowe het om te bid, sodat ek hulle later by my gebeds kaarte kan voeg.

Hou ons nie op om vir julle te bid nie. Om deur die Gees "gelei" te word is wonderlik wanneer Hy getrou 'n vrou op jou hart plaas om voor te bid, maar ons moet ywerig en getrou wees om elke dag vir haar te bid. Ek hou daarvan om 'n 3x5 kaartjie te maak met haar naam daarop. Ek las spesifieke dinge wat sy met my gedeel het, in potlood by, sodat ek getrou in my toewyding is om vir haar te bid. Sommige vrouens hou daarvan om 'n gebeds notaboekie te aan te hou. Maak nie saak watter metode jy gebuik nie, maak seker dat jy nie nalaat om te bid vir die wat God na jou toe gestuur het nie.

"Daarom, *van die dag af dat ons dit van julle gehoor het*, **hou ons nie op om vir julle te bid nie**. Ons vra God dat Hy deur al die wysheid en insig wat die Gees gee, julle sy wil duidelik sal laat ken, sodat julle tot eer van die Here sal lewe deur net te doen wat Hy verlang. Mag julle vrugte dra deur goeie werke en toeneem in die kennis van God. Mag God deur sy wonderbare krag julle alle sterkte gee om in alle omstandighede geduldig te volhard. Met blydskap moet julle die Vader dank wat julle geskik gemaak het om deel te hê aan die erfenis wat vir die gelowiges wag in die ryk van die lig." Kol. 1:9-12.

Tot Eer van die Here Lewe

Die verse wat jy nou net in Kolossense gelees het, is 'n wonderlike riglyn van hoe jy vir elke vrou kan bid wat God na jou toe gestuur het. Kom ons kyk in diepte na die verse om wonderlike insigte te kry oor wat God in haar lewe wil bereik terwyl jy haar sagkens lei op haar pad na herstel.

Om te vra dat jy:

- "Hy deur al die **wysheid** en **insig** wat die Gees *gee*, julle *Sy wil* duidelik sal laat ken…

- Sodat julle tot **eer van die Here** sal *lewe* deur net te doen wat **Hy** *verlang*. Mag julle *vrugte dra* deur *goeie werke* en *toeneem* in die **kennis van God…**

- Mag **God** deur sy *wonderbare* **krag** julle alle *sterkte* gee om in alle omstandighede te **volhard…**

- Met *blydskap* moet julle **die Vader dank** wat *julle* geskik gemaak het om deel te hê aan die erfenis wat vir die gelowiges wag in die ryk van die lig." Kol. 1:9-12.

Dit is interessant dat die eerste vers, "Hy deur al die **wysheid** en **insig** wat die Gees gee, julle *Sy wil* duidelik sal laat ken…," dieselfde komponente vir 'n huis bou bevat as in Spreuke: "Daar is **verstand** nodig om 'n huis te bou, **insig** om sy fondamente te lê, **kennis** om sy kamers te vul met allerhande kosbare en mooi goed." Spr. 24:3-4.

Onderrig dit Wat Goed Is

Duidelik moet jy die vrou in jou bediening aanmoedig om haar gedagtes te hernu met die maniere en voorskrifte van God. Die beste manier sal wees om haar gereeld te ontmoet en een keer, saam met haar, deur hierdie reeks te gaan sodra sy deur die "krisis" gekom het. (Dit is wat die *Herstel Jou Huwelik* boek ontwerp is om te doen: om die huwelik uit die krisis te kry.) As jy versigtig is om **gebed** en **onderrig** jou hoof doelwitte vir julle ontmoetings te maak, sal dit so baie laster, selfbejammering, debatering en/of omstredenheid elimineer. Neem beheer van julle ontmoetings deur met gebed te begin en om dadelik met die bediening van onderrig te begin. Jy sal sien dat daar min tyd sal oorbly vir ydel praatjies, mompel, kla en laster.

"Net so moet jy vir die ouer vroue sê hulle gedrag moet dié wees van mense wat 'n heilige lewe lei. Hulle moenie **kwaadpraat** of aan drank verslaaf wees nie. Hulle moet **goeie raad kan gee**, sodat hulle die jonger vrouens kan **leer** *om liefdevol teenoor hulle mans* en kinders te wees, verstandig en kuis, goeie huisvrouens, onderdanig aan hulle mans. Dan sal die woord van God nie in diskrediet kom nie." Titus 2:3. Dit is 'n groot taak om 'n vrou te onderrig of aan te moedig in alles wat ons geroep is om te wees, maar nou is dit so maklik as om 'n vriendin na jou huis toe te nooi, koffie te maak en die "Wees Bemoedig" opnames te kyk. Baie vrouens voel onvoldoende om 'n vrou na die Here toe te lei of te haar te lei om 'n goddelike vrou te word; nietemin, ENIGE vrou is bekwaam om haar huis oop te stel en 'n ander vrou te nooi om 'n paar uur, een keer 'n week, saam met haar te spandeer. (Vir meer kennis oor hoe om onderrig te gee, sien Les 16, "Vrouens Moedig die Jong Vrouens aan")

As jy ongemaklik is om haar alleen te ontmoet (of jy weet sy is ongemaklik om jou alleen te ontmoet), bid dan om 'n paar van jou vriende of haar vriende bymekaar te kry, een keer per week. Dit kan beplan word rondom kos, wat mense altyd laat uitkom. Gebruik net die video opnames om die les te doen. Baie vrouens wat klasse lei vind dit so verfrissend omdat hulle nie die "slegte persoon" of die "geestelike een" is wat die waarheid praat nie. Dit is ek op die video vir wie hulle kan kwaad word. En as hulle wel kwaad word, onthou om met hulle saam te stem. Probeer om te verstaan waar hulle vandaan kom. Kies hulle kant. Dit is Bybels en mag die enigste manier wees om hulle te kry om terug te kom.

Matt. 5:25, sê "As iemand 'n regsaak teen jou begin, kom betyds tot 'n **skikking** solank jy nog saam met hom op pad hof toe is, sodat hy jou nie voor die regter bring en die regter jou aan die polisie oorgee en dié jou in die tronk sit nie."

Spr. 18:19 sê dat "'n *Verontregte* broer is *ontoegankliker* as 'n vestingstad; rusie is soos die sluitbalk van 'n fort."

En ten laaste, Spr. 16:21 sê dat "'n Mens wat met **wysheid** bedeel is, word *verstandig* genoem, en as hy sy **woorde reg kies, kan hy ook 'n ander leer."**

As jy "wys in hart" is, sal jy oordeelkundig wees. Die vrouens wat gewoonlik die waarheid teenstaan is gelowiges wat in rebellie lewe of nie ware weder-gebore gelowiges is nie. Dit neem die werking van die Heilige Gees om jou te help onderskei tussen saamstem en sagmoedig wees, of om die waarheid met vrymoedigheid te deel. Aangesien jy op God se missie is, sal Hy getrou wees solank jy op Hom vertrou om jou te lei. Wees net versigtig dat jy nie "…op jou eie insigte staat maak nie. Ken Hom in alles wat jy doen en Hy sal jou die regte pad laat loop." Spr. 3:5.

Nietemin, ons almal maak foute. Dit is onrealisties om te glo dat jy nie die verkeerde ding sal doen en dalk teregwys toe jy moes saamgestem het, of omgekeer nie. Dit is wat jy doen *wanneer* jy 'n fout maak wat sal openbaar of jy die karakter van 'n goddelike vrou het en of jy net deur die bewegings gaan. "Al val die **regverdige** *hoeveel keer*, hy staan weer op…" Spr. 24:16. By die eerste en beste geleentheid, gaan na haar toe en wees nederig en erken jou fout. Moenie wag vir die vyand om in te kom en jou arrogansie te gebruik om iemand anders te vang wat swak in gees is nie. Matt. 5:23 sê vir ons hoe belangrik dit is. "As jy dus jou gawe na die altaar toe bring en dit jou daar byval dat jou broer iets teen jou het, laat staan jou gawe daar by die altaar en gaan maak eers vrede met jou broer en kom dan en bring jou gawe."

In Spr. 28:13 word ons gewaarsku teen die gevaar van foute wegsteek, en gee 'n belofte aan die een wat getrou is om te bely wanneer hy of sy 'n fout gemaak het. "Wie sy sonde **wegsteek**. moet niks goed te wagte wees nie; wie sy sonde bely en daarvan afsien, sal genade ontvang."

Nadat jy in privaatheid na haar toe gegaan het, en daar was ander wat jou fout aanskou het, is dit net reg dat jy vir hulle ook vertel. Sedert ek geleer het van die enorme seëning wat "oor my swakhede roem" inhou, *probeer* ek eintlik geleenthede vind om ander van my foute te vertel. "Maar die genade wat Hy gee, is nog groter. Daarom sê Hy: 'GOD WEERSTAAN HOOGMOEDIGES, MAAR AAN NEDERIGES GEE HY GENADE.'"

Jak. 4:6. "Sy antwoord was: 'My genade is vir jou genoeg. My **krag kom juis tot volle werking** wanneer jy swak is.' Daarom sal ek baie liewer oor my *swakhede roem,* sodat die **krag van Christus** *my beskutting kan wees*." 2Kor. 12:9.

Die duiwel sal deur ons trots werk. In plaas daarvan om ons aan te moedig om ons foute en swakhede te deel, sal hy ons aanhits om ons "oorwinnings" met ander te deel, wie ons dan sal *vlei* vir werk "welgedaan" Spr. 29:5 waarsku ons, "'n Man wat 'n ander *vlei*, is besig om hom in 'n strik te laat loop." Ons almal hou daarvan dat mense ons bewonder; ongelukkig is dit niks anders as 'n strik nie. Daarom, wanneer jy 'n oorwinning deel met enigiemand, maak seker dat dit is WAT DIE HERE GEDOEN HET! As jy moet roem, roem in Hom! 2Kor. 10:17 sê vir ons, "HY WAT ROEM MOET IN DIE HERE ROEM." Ons is eenvoudig vaartuie wat Hy gekies het. Hoe kan *ons,* die klavier, roem oor die musiek wat gespeel word wanneer dit die Pianis, die Here, is wat die ware Musikant is?

Jy moet geheel en al AFHANKLIK wees van die Here vir elke skuif wat jy maak, vir elke tree wat jy gee. As 'n leier en 'n onderwyser, jy sal verantwoordelik wees vir almal wat die Here aan jou gegee het. "Julle voorgangers hou wag oor julle lewe en moet aan God *rekenskap* gee." Hebr. 13:17.

Versoen die Wêreld met Homself

Laat ons weereens ons openings verse, 2Kor. 5:18-19 lees, "Dit is alles die werk van God. Hy het ons deur Christus met Homself versoen en aan ons die bediening van die versoening toevertrou. Die boodskap van versoening bestaan daarin dat God deur Christus die **wêreld met Homself versoen** het en die mense hulle oortredinge nie toereken nie. Die boodskap van versoening het Hy aan ons toevertrou."

Die hoof fokus van jou "bediening van versoening" MOET wees om jou vriendin of groep vrouens te lei om te versoen met die Here. Na 'n dekade van bediening in huwelikskrisisse, is daar een ding waarvan ek oortuig is, en dit is dat huweliks probleme niks meer as geestelike probleme is wat hulself in 'n huwelik manifesteer nie. Daarom is ons doel, joune en myne, as "bedienaars van versoening," om by die wortel van die probleem uit te kom: om na die bron van die verwoesting te kyk, wat hulle desperate behoefte vir 'n nabye en intieme verhouding met die Here is. Ons begin deur God toe te laat om *deur ons* te werk soos Hy 'n beroep op die gebroke en desperate vrou doen om Hom op 'n nuwe, diep en wonderlike manier te vind. "Ons tree dus op as gesante van Christus, en dit is *God wat deur ons 'n* **beroep** op julle doen. Ons smeek julle namens Christus: Aanvaar die versoening met God wat Hy bewerk het!" 2Kor. 5:20.

Die woord *beroep* beteken om "'n ernstige versoek te rig." Die vers gaan verder en sê 'n tweede keer: "ons smeek julle namens Christus…" Alhoewel die vrou aan wie jy bediening gee mag dink dit is haar man wat met Christus versoen moet word, is die waarheid egter dat Hy **haar** eerste wil hê! In meeste gevalle, is dit die vrou wie die Here eerste probeer bereik in 'n huweliks krisis. Die vrou, glo ek, is die "hart" van die huweliksverhouding, en dit is die "hart" wat **eerste** na God gedraai moet word voor die kop (die man) sal terugdraai. Maar, 'n harde hart kan nie gedraai word nie; dit moet gebreek word.

Gebrokenheid

'n Vrou wat in 'n huwelikskrisis is, sal kwaad of gebroke wees. Somtyds sien jy albei van hierdie emosies, wat dikwels beteken dat die woede gebreek is, maar nog nie heeltemal nie. Nadat ek vir jare probeer het om vrouens in albei kategorieë te help, het ek besluit dat ek **nie** aan 'n vrou bediening sal gee wat **nie** by 'n plek van gebrokenheid gekom het nie, vir drie redes:

1. 1. Daar is regtig geen punt nie. Maak nie saak wat ek sê nie, of hoe ek dit met haar deel nie, selfs om my seerkry van die verlede te deel en deursigtig oor my eie sondes en tekortkominge te wees, sy kan my nie hoor nie. My woorde is nie in staat om 'n hart van klip te penetreer, wat deur woede gewys word, nie. "As iemand kan hoor, moet hy hierna luister!" Open. 13:9. Sy is eenvoudig nie geïnteresseerd in wat ek te sê het nie.

Op hierdie stadium is sy eenvouding besig om te probeer om iemand te kry om na haar kant te luister en haar kant te kies. "Want daar sal 'n tyd kom wanneer die mense die gesonde leer nie meer sal verdra nie. Hulle sal hulle eie begeertes volg en vir hulle leermeesters bymekaar maak wat net sal sê wat hulle graag wil hoor en hulle tot verdigsels wend..." 2Tim. 4:3.

2. As ek my tyd en energie gebruik om aan 'n hardvogtige vrou bediening te gee, wat kwaad is vir haar man, kwaad is vir God wat toegelaat het dat dit gebeur, en nou kwaad is vir my omdat ek haar probeer help op 'n manier wat sy nie gehelp wil word nie, dan sal ek uitgemergel wees, en ek sal nie beskikbaar wees om aan die vrouens bediening te gee wat gebroke *is* en gewillig *is* om genees te word nie. "Maar ek sê vir julle: 'Kyk daar, kyk na die lande; hulle is *ryp vir die oes.*'" Joh. 4:35. Daar is baie harte wat *ryp is vir die oes;* moenie die fout maak om 'n siel te probeer oes voordat dit ryp is nie.

3. My teregwysing of berisping sal uiteindelik veroorsaak dat sy nog kwater sal word. Spr. 29:1 waarsku ons, "'n Man wat hom bly **verset** teen *teregwysings,* kom skielik **tot 'n val** en staan nie weer op nie." Dit is vir hierdie rede dat ons vir vrouens sê om nie aan te hou om by hul mans te pleit nie — want dit sal onvermydelik 'n volledige breek in die verhouding veroorsaak. Dieselfde geld vir jou verhouding met jou vriendin, familielid of mede-werker. God is die ENIGSTE een wat 'n hart van klip kan vat en dit in 'n hart van vleis verander. "**Ek** *sal* hulle 'n ander hart gee en 'n nuwe gees onder hulle laat posvat, **Ek** *sal* die *kliphart* uit hulle liggaam verwyder en hulle 'n *hart van **vleis*** gee..." Eseg. 11:19.

Listige aanslag van die duiwel. "Trek die volle wapenrusting aan wat God julle gee, sodat julle op julle pos kan bly ondanks die *listige aanslae* van die duiwel." Efe. 6:11. 'n Listige aanslag is 'n "geheime en geslepe plan, spesiaal ontwerp om skade en kwaad te veroorsaak, 'n sistematiese plan van aksie." Dit is 'n aanslag van die duiwel om jou te laat voel asof jy meer moet doen (meer praat, meer oorreed) om jou vriendin tot inkeer te bring. Geen hoeveelheid praat sal haar breek nie. Dit is die Here se werk. Hy sal toelaat dat nuwe dinge gebeur, meer van die situasie openbaar word, of selfs 'n groter krisis toelaat om haar tot by 'n plek te bring waar sy sal weet dat sy HOM nodig het. Moenie in God se pad staan nie.

Moenie van jouself meer dink nie. Ter byvoeging, moenie toelaat dat die duiwel jou probeer oorreed dat jou roeping tot bediening, meer is as wat dit is nie. "Kragtens die genade wat aan my gegee is, sê ek vir elkeen van julle: *Moenie van jouself meer dink* as wat jy behoort te dink nie. Nee, lê jou liewer daarop toe om beskeie te wees in ooreenstemming met die maat van geloof wat God aan elkeen toebedeel het." Rom. 12:3. Ons is die Here se ambassadeurs, niks meer en niks minder nie. Dit is belaglik vir 'n V.N. of ander regerings ambassadeur om namens homself op te tree, eerder as om om namens die president of leier van die land wat wat hy verteenwoordig, op te tree. 'n Ambassadeur (gesant) is die "tussenganger" wat sy of haar vaardigheid gebruik om twee partye te versoen wat "in stryd" is met mekaar. "Ons tree dus op as *gesante van Christus,* en dit is God wat deur ons 'n *beroep op* julle doen. Ons smeek julle namens Christus aanvaar die versoening met God wat Hy bewerk het!" 2Kor. 5:20.

Genesing

"Hulle het 'n *goedkoop raat* vir die **wonde van my volk**. Hulle sê net: 'Alles is reg! Alles is reg!' Maar niks is reg nie." Jer. 6:14.

Oppervlakigge genesing. Enige tyd wat ons die plek van die groot Geneesheer wil inneem of 'n helende salf wil aansmeer sonder God se Woord, sal ons ander oppervlakkig genees. Dit sal "lyk" asof hulle genees is, maar diep binne groei die kanker nog steeds. Jer. 8:22 vra ons, "Is daar nie balsem in Gilead nie? Is daar nie 'n dokter nie? Waarom het my volk nie gesond geword nie?" Daar is 'n helende salf in die Woord van God; daar is 'n Dokter, so hoekom is die geestelike gesondheid van God se mense, die Christene, in so 'n verwoeste toestand? Omdat ons na filosofieë van die mensdom gedraai het, ons fokus gerig het op die gedagtes van die mens, die psige, eerder as die gees. Alhoewel dit waar is dat die psige die middelpunt van gedagtes en gedrag is, en miskien selfs die siel van 'n mens, is dit die gees wat blywend is. Die gees is die middelpunt van ons bestaan en die behoefte aan God en Sy Woord, wat ons gees voed en genees.

"Maar Hy (Jesus) antwoord: 'Daar staan geskrywe: 'n MENS LEEF NIE NET VAN BROOD NIE MAAR VAN ELKE WOORD WAT UIT DIE MOND VAN GOD KOM.'" Matt. 4:4.

Om die woord van God weg te hou of te beperk van die vrou wat gebroke is, is om haar siel te laat honger lei vir die voeding waarvoor sy so desperaat is. En net soos wanneer 'n persoon liggaamlik verhonger is, word die water en kos stadig maar gereeld gegee totdat hulle hulleself kan voer. Eers vloeistowwe, dan later vleis: "Soos pasgebore kindertjies smag na melk, moet julle smag na die suiwer geestelike melk, sodat julle daardeur kan opgroei en die saligheid verkry." 1Pet. 2:2.

Hy het hulle met 'n enkele woord gesond gemaak. Ps. 107:20 sê dat "Hy het hulle met 'n **enkele woord** gesond gemaak, en hulle aan die dood laat ontkom." Jy moet Sy Woord gebruik wanneer jy probeer om dié wat seer en gebroke harte het, te genees. Niks anders sal deug nie. Niks anders as die suiwer, onveranderde Woord van God sal deug nie. Moet dit nie afwater nie; dit moet in vol sterkte gegee word om die wonderbaarlike genesing teweeg te bring wat net Hy kan bereik. Dit is hoekom so baie vrouens vir ons skryf oor die ongelooflike transformasie wat ons herstel boek (of een van ons ander boeke) teweeg gebring het in hulle lewens. Dit is omdat dit MEESTAL Skrif is; dit genees hulle diep in hulle gees, wat die transformasie teweeg bring. Wanneer dit gepaard gaan met die "woord van my getuienis," is dit 'n kragtige, dubbel vuishou wat hulle verlos van die aanslae van die bose een soos wat dit hulle siele kalmeer en streel.

Verlate

'n Verlate en verworpe vrou het liefde, begrip, en dikwels ons tyd nodig. Nietemin, moet ons doel wees, weereens, om haar aan die Een wat "haar nooit sal verlaat, of in die steek laat nie" (Hebr. 13:5), voor te stel of weer voor te stel. Ons kan nie altyd daar wees vir haar nie, ons moet ook nie probeer nie. As ons toelaat dat sy afhanklik van ons word, eerder as van die Here, het ons meer skade aangerig as goed. Ons moet hierdie kragtige en vertroostende beginsels met haar deel: "'Dit is die HERE wat jou teruggeroep het van jou smart. Jy was soos 'n jong vrou wat deur haar man verstoot is,' sê jou God" Jes. 54:6 NLV

Sê vir haar, "Jou Skepper sal ook *jou* man wees [in hierdie tyd]. Die HERE, die Almagtige, is sy Naam. Die Heilige van Israel is jou Redder. Hy is die God van die hele wêreld!" Jes. 54:5NLV. Wanneer sy waarlik die "minnaar van haar siel" vind, sal sy geen ander nodig hê nie—nie jy nie en ook nie haar man nie, want "my God sal in elke behoefte van julle ryklik voorsien volgens sy wonderbaarlike rykdom in Christus Jesus." Fil. 4:19. Wanneer 'n vrou, wat eers "bedroef in gees" was, se "behoeftigheid" weg is, sal dit vir haar man voorkom asof sy "straal" en sal sy hart terugdraai na haar toe.

Nie Hulle Oortredinge Teen Hulle Tel Nie

Joh. 3:17 "God het nie sy Seun na die wêreld toe gestuur om die wêreld te **veroordeel** nie, maar sodat die wêreld deur Hom gered kan word."

Matt. 7:1-2 "Moenie **oordeel** nie, sodat oor julle nie geoordeel word nie, met dieselfde oordeel waarmee julle oor ander oordeel, sal oor julle geoordeel word, en met dieselfde maat waarmee julle vir ander meet, sal vir julle gemeet word."

Lukas 6:37 "Moenie **oordeel** nie, en oor julle sal nie geoordeeel word nie. Moenie veroordeel nie, en julle sal nie veroordeel word nie."

Met 'n bediening van versoening, moet jy onslae raak van alle en elke tipe oordeel. Jy mag deernis hê vir die vrouens aan wie jy bediening gee, maar as jy daar stop en haar man oordeel, dan het jy die doel van jou roeping gemis. Dit mag jou werk wees om na haar seerkry te luister, maar jy moenie oordeel oor enige een van hulle spreek nie. Glo my, dit is amper onmoontlik om te doen. Die enigste manier vir jou om dit te bereik is om die "gedagtes van Christus " te hê wie "jammer gekry het." Jesus het verby hulle sondes gekyk, hulle trane en hulle ellende. Net deur Hom, soos wat Sy gees in ons bly, sal ons die groot kommissie vind en vervul.

Dit is nie ons plek om vas te stel wie meer verkeerd is nie. In plaas daarvan is ons opdrag om die Woord van God op so 'n manier te oor te dra dat die vrou na die Een wat haar kan genees, verander en herstel, gelei sal word.

Ten einde laaste, voordat ons die hoofstuk afsluit, laat my net een **waarskuwing** deel. Maak seker dat jy net aan VROUENS bediening gee. Die enigste man aan wie jy veilig bediening kan gee, moet bloed-verwant wees: jou seun, jou broer of jou pa. Geen een van dié moet "stief" wees nie. Die duiwel is BAIE slim. Ek het vrouens gesien wat in owerspel en ontrouheid vasgevang word wanneer hulle probeer om 'n intieme vriend of familielid te help wat nie bloed-verwant is nie. En moenie jouself verhef en dink dit sal "nooit gebeur" nie. Niemand van ons is bo enigiets nie. Dit is net deur die genade van God, dat ek en jy nie geswig het voor ontrouheid nie, want sonder Hom, is ons niks!

In 'n situasie wat 'n man jou nader, is dit wys om hom na jou man toe te stuur, of vir hom die mans se *Herstel Jou Huwelik* boek te gee. As hulle terugkom om daaroor te praat, stuur hulle dan vriendelik, maar ferm, na ons bediening se gemeenskap (fellowship) vir ondersteuning en aanmoediging. Of, as jy van enige ander man weet wat in 'n soortgelyke situasie is, moedig hulle aan om saam te vergader as aanmoedigings vennote.

Ter Afsluiting

Ons is ambassadeurs van Hom wie ons gestuur het. Ons is die reddende skakel tussen die vrou in nood en vernietiging. Ons bid deur "in die gaping te staan," sodat Hy iemand daar sal vind. Ons moet uitreik na hulle toe, hulle bring na, of terugbring na, hulle Redder toe. Ons moet hulle koester in die maniere en vermanings van die Here, deur hulle te leer wat goed en reg is.

Ons moenie hulle of hulle mans oordeel nie. Ons moenie die plek inneem van die Een wat ons gestuur het nie. Ons moet hulle nie oppervlakkig genees deur vir hulle filosofieë van die mens te gee nie, of om die waarheid en die krag van Sy Woord af te water nie. Ons moenie probeer om aan 'n vrou wat nog kwaad en nie gebroke is, bediening te gee nie, maar om plek te los vir God om die werk wat Hy begin het, klaar te maak.

Dit is 'n hoë roeping om 'n ambassadeur van Christus in die bediening van versoening te wees. Dit is moeilik en pynlik maar baie lonend. Wanneer jy kies om na die slagveld van huweliks vernietiging gestuur te word sal jy jouself in 'n plek plaas waar jy wonderwerke eerstehands sien gebeur. Dit is 'n werk wat ek sterk aanbeveel.

> *Toe het ek die Here hoor vra:*
> *"Wie kan Ek stuur?*
> *Wie sal ons boodskapper wees?"*
> *Ek het geantwoord:*
> *"Hier is ek! Stuur my!"*
> *Jesaja 6:8*

Persoonlike verbintenis: Om die bediening van vesoening te erken en aanvaar. "Gebaseer op wat ek uit God se Woord geleer het en deur my waarneming van die epidemie van skeiding en egskeiding, wat in die wêreld vandag plaasvind; verbind ek myself daartoe om my wil aan die Here se begeerte oor te gee dat ek *Sy* ambassadeur sal wees. Ek sal getrou wees om hoop deur pamflette of "Hoop kaarte" aan te bied en ook gewillig wees om my tyd te belê en hulle na die Een toe te lei wat kan genees en herstel.

Datum:_____ Geteken:_____

Die Maniere Van Haar Huishouding

"Sy hou goeie toesig oor haar
huishouding, lui is sy nie."
Spreuke 31:27.

Baie vrouens vind hulleself met dubbel werk, dubbel verantwoordelikhede en dubbel die stres. Daar word van ons verwag om om te sien na ons huise, ons mans se behoeftes, ons kinders se behoeftes en om, by dit alles, vir ons gesin te voorsien. Ons doen dit of ons siek, swanger of nou net 'n baba gehad het. Daar word van ons verwag om ons kinders aan te trek, haastig ontbyt in hulle te kry, middagete te beplan en onsself gereed te kry. Ons los ons babas huilend in die arms van iemand anders en dikwels, huil ons onsself werk toe. Ons lewens is niks meer as 'n gejaag en vaag nie. Wat het gebeur? Hoe het dinge so moeilik geword vir ons? Meeste van ons ma's het ons by die skool gekry en tyd gehad om brug te speel.

Baie Christen vrouens gebruik die Spreuke vrou as 'n voorbeeld om die feit dat hulle buite die huis werk, te regverdig. Dit lyk asof hulle van die onafhanklikheid hou en om vry te wees van die alledaagse take van 'n tuisteskepper. Sommige mense glo dat die Spreuke vrou buite haar huis werk. Het God beplan dat die vrou buite die huis werk? Was sy weg van haar kinders soos meeste van die werkende ma's van vandag? Was sy onder die gesag van haar eie man en daarom onder die Here?

Ons moet versigtig wees om ander oor die Spreuke vrou te leer; ons moenie by Sy Woorde byvoeg of wegneem nie. Ons moet na al die Skrifgedeeltes kyk wat na vrouens, eggenote en veral moeders verwys, voordat jy die belangrike besluit neem om voort te gaan en buite die huis te werk. Ons moet ook na ons vrugte kyk! Dit is my doel om jou te help om jou gedagtes te hernu. Deur in Sy Woord te soek vir ons antwoorde, kan ons "Sy" mening vorm, dit in ons lewens toepas en dit dan met ander

.

vrouens deel. My hartsbegeerte is dat jy vrygestel sal word van die slawerny van buite die huis werk, sodat jy vry kan wees om om te sien na die behoeftes van jou man, jou kinders, ander (jonger) vrouens, die armes en die weduwees. "…en julle sal die waarheid ken, en die waarheid sal julle vry maak." Joh. 8:32.

Jou Eie Man

Julle *eie* **mans.** Ons moenie onder 'n ander man of vrou se gesag wees nie. "Vrouens wees aan *julle mans* onderdanig, net soos julle aan die Here onderdanig is." Efe. 5:22. "…vrouens, julle moet aan *julle mans* onderdanig wees…" 1Pet. 3:1. "Vrouens, wees aan *julle mans* onderdanig, soos dit pas by mense wat in die Here glo." Kol. 3:18. "Dit is nie goed dat die mens alleen is nie. Ek sal vir hom iemand maak wat hom kan **help**, *sy gelyke*" Gen. 2:18.

Werkers by die huis. Vrouens wees "…verstandig en kuis, goeie *huisvrouens*…" Titus 2:5. Die sedelose vrou, word vir ons gesê, "…is luidrugtig en uitdagend, haar **huis is te nou vir haar.**" Spr. 7:11.

Verdeel die buit. In die Skrifgedeelte word daar vir ons vertel van net een van die belonings vir ons wat *by die huis bly*. "…en sy wat *tuis gebly het*, **verdeel die buit**" Ps. 68:12. Die van ons wat by die huis bly kan voordeel trek uit erf verkopings en spaarsaamheid winkels vir ongelooflike kopies (buit te verdeel). Is dit nie 'n skande hoeveel geld ma's aan hulle klere vir werk spandeer nie? En wat van die kinders se klere wat te klein is nog voordat dit selfs lyk asof dit gedra is? As 'n werkende vrou, mis jy baie keer nie net uit op hierdie winskopies nie, maar is daar ook nie tyd om by uitverkoping te koop nie. Ook, die wat by die huis bly is in staat om maaltye van die begin af te maak en weg te doen met baie van die duur voorbereide kosse. Hulle het ook tyd om gebruik te maak van die afslag kos bronne soos dag-oue bakerye. Ja, om by die huis te bly is 'n manier om geld te spaar en om 'n goeie opsigter van die Here se geld te wees.

Die Nagevolge

Wanneer jy in jou huis sit. Dit is belangrik om God se wette te leer en te verstaan hoe hulle werk. Hulle is soortgelyk aan die wet van swaartekrag. Deur die wet van swaartekrag en God se wette te volg, sal ons beskerm word. Hier is een van God se wette: "Jy moet dit inskerp by jou kinders en met hulle daaroor praat as jy **in jou huis is** en as jy oppad is, as jy gaan slaap en as jy opstaan." Deut. 6:7. Met ander woorde, ons moet die *hele dag deurbring deur ons kinders te onderrig.* Wanneer ons half mal rondhardloop tussen alles wat van ons verwag word om te doen, hoe kan ons tyd hê om selfs net saam met ons kinders in ons eie huise te sit?

"**Kwaliteit tyd**" is teenstrydig met dié Skrifgedeelte. Ons het die vrugte van ons kinders se gedrag gesien wanneer ons hulle op hulle eie moet los of oorgee aan die sorg van iemand anders. Niemand het dieselfde liefde en belangstelling in die emosionele, geestelike en intellektuele groei van ons kinders, soos ons nie. Wanneer ons werk, is dit onmoontlik om te verwag dat ons dieselfde tyd en aandag aan ons kinders kan gee. Ons weet dat *niemand* ons plek kan inneem wanneer dit kom by liefde, opoffering en geduld met ons kinders nie. Wanneer ons mislei word, of gemaak word om die Skriftelike beginsels van moederskap te oortree, word ons gelos met die slegte vrugte. Ons slegte vrugte is rebelse en veeleisende kinders wat nou oral gesien word!

Sy gelyke. Vroue Bevryding se hele basis is gebaseer daarop om vrouens aan te moedig om te probeer om die **man se rol** in die samelewing **na te boots**. Hulle het probeer om die verskille te "vervaag" en ons ongelukkig te maak in ons "God-gegewe," spesifiek geskepte, rolle. "Verder het die HERE God gesê: 'Dit is nie goed dat die mens alleen is nie. Ek sal vir hom iemand maak wat **hom kan help, sy gelyke.**'" Gen. 2:18. Hulle het ons gedruk om uit te gaan en te gaan werk, terwyl ons kinders, ons huise en ons mans, agter bly.

Maar God het die baba *binne **haar** baarmoeder* geskep en vir daardie baba Sy kos, van **haar** borste, gegee. God het vir **haar** die geduld en die kapasiteit gegee om te koester. Dit is die fondasie van die liefde wat die gesin op staat maak. Nietemin, toe ons die rolle begin "vervaag" het, het dit 'n verwoestende effek op ons kinders, ons huise, ons gesinne, ons nasie, en ons hele samelewing, gehad. Maar die effek wat oor die hoof gesien word en die meeste vergeet word, is die verwoestende effek wat dit op vrouens het.

'n Huis onderling verdeeld. "Elke koninkryk wat **onderling verdeeld** is, gaan teen gronde, en geen stad of huis wat onderling verdeeld is, sal bly staan nie." Matt. 12:25. 'n Taktiek van die vyand is om te verdeel en sodoende te oorwin. Deur die huis te verdeel as die vrou buite die huis werk, het die vyand die volgende oorwin:

Ons kinders. Wanneer die ma weg is, sal die kinders na 'n portuurgroep kyk vir leiding en vir goedkeuring, dus groepsdruk.

Ons dogters. Wanneer hul ma buite die huis werk en in die aande te besig is om tyd saam met hulle dogters te spandeer, kyk meisies na 'n kêrel vir gerusstelling gedurende die hormonale en liggaams veranderinge.

Moeders. Toe ma's begin het om buite die huis te werk, het hulle begin om hulle "eie lewens" te hê. Net soos hulle mans, het hulle hulle werk en hulle vriende by die werk. Selfs van ons eie moeders is nou "terug by die werk" (of werk vir die eerste keer).

Ons mans. So dikwels wanneer die vrou 'n werk het, veroorsaak dit verdeling in die man/vrou verhouding. Hulle belange is nou verdeeld, wat ontrou en apatie veroorsaak. Die verdeeldheid verswak die huwelik, wat uiteindelik in egskeiding eindig.

My krag en sterk hande het vir my hierdie rykdom verwerf. Die man en vrou is ook verdeeld oor wat en wanneer om te koop, omdat hulle elkeen hulle "eie geld" het. "Jy kan dalk dink: 'my krag en **my sterk hande het vir my hierdie rykdom verwerf.' Maar** jy moet jou Here jou God nie vergeet nie want dit is Hy wat jou die krag gee om die rykdom te verwerf…" Deut. 8:17-18. Wanneer 'n vrou deel van die inkomste inbring, aanskou ons groot skade in hulle huwelik. Dit skep onafhanklikheid tussen die man en vrou. Die *Besigheids Week* tydskrif het na egskeiding uit 'n finansiële oogpunt gekyk. Hulle studie het gewys dat "wanneer 'n vrou vir haarself kan sorg, het sy nie meer nodig om getroud te wees nie." Wat hulle gefaal het om op te merk, was dat die man dikwels ontevrede raak met sy vrou se gebrek aan aandag. Hy soek daardie aandag, gewoonlik by die werk, en dan staar die vrou owerspel in die gesig.

Maak dat sy gesin verstoot word. "Wie hom verryk ten koste van 'n ander, maak dat **sy gesin verstoot word.**" Spr. 15:27. Baie mans moedig hulle vrouens aan om te help deur terug te gaan werk toe, maar besef nie watse slegte gevolge hierdie besluit op hulle hele gesin sal hê nie. Dit sal sy gesag ondermyn en sal 'n verwoestende effek hê op sy huwelik, en veral op sy kinders.

Moet jou nie afsloof om ryk te word nie. Met meer geld, in plaas daarvan om finansieel "vooruit te gaan," spandeer ons gewoonlik meer, en, in meeste gevalle, is ons in 'n slegter finasiële situasie as voor ons uitgegaan het om te gaan werk. Spr. 23:4 sê, "**Moet jou nie afsloof om ryk te word nie** en moenie jou sin vir waardes verloor nie. Jy het nog skaars die rykdom gesmaak of dit is weg, dit kry vlerke en vlieg die lug in soos 'n arend." Hoekom glo ons nie God se Woord nie? "En *my God* sal in elke behoefte van julle ryklik voorsien volgens sy wonderbaarlike rykdom in Christus Jesus." Fil. 4:19. Sy weë is perfek. Jy kan op Hom vertrou! As jy uitgeput is omdat jy 'n werkende vrou is, roep tot Hom en Hom alleen. Moenie na jou man toe hardloop daaroor nie, (Sien les 5, "Wen Sonder 'n Woord").

'n Huisgesin wat onderling verdeeld is spat uitmekaar. Daar word van werkende vroue verwag om hulle liefde en hulle prioriteite te verdeel. "Maar Hy het hulle gedagtes geken en vir hulle gesê, 'Elke koninkryk wat onderling verdeeld is, gaan ten gronde, en 'n **huisgesin wat onderling verdeeld is, spat uitmekaar**.'" Lukas 11:17. Wanneer vrouens werk, moet hulle hulle base se behoeftes en begeertes vervul en daarop reageer net om hulle werk te behou. Hulle begin teenoor hulle base die houding en karaktertrekke van 'n ideale vrou vertoon! Hulle word dikwels gevra om hulle tyd saam met hulle gesin op te offer deur laat te werk, vroeg in te kom of naweke te werk. Hulle begin dankbaarheid wys wat net aan hulle mans gegee moet word. Wanneer hulle base hulle 'n kompliment gee oor hulle voorkoms of hulle werk, is hulle verheug. Hulle base mag hulle uitneem vir middagete of hulle 'n bonus of geskenke gee. Is dit 'n wonder dat baie vrouens hulle mans los of wegloop saam met hulle base of mede-werkers nie? Dit is nie meer net die mans wat wegloop saam met sy sekretaresse of mede-werker nie!

Niemand kan vir twee base tegelyk werk nie. Werkende vrouens bevind hulself in twee mededingende wêrelde. Elke wêreld het 'n verskillende stel eise en belonings. Die Skrif sê vir ons dat ons **nie twee meesters kan dien nie**. "Niemand kan vir twee base tegelyk werk nie. Hy sal óf die een minder ag en die ander een hoër, óf vir die een meer oorhê en die ander een afskeep. Julle kan nie **God en Mammon dien nie**." Matt. 6:24. En is dit nie presies wat gebeur nie? Ons begin om die een te volg en dan begin ons die ander een te haat. 'n Vrou hou of van haar werk en haar gesin en haar huis begin 'n irritasie word, of sy haat haar werk omdat sy eerder by die huis wil wees.

Vermy 'n dwase mens. Wanneer vroue buite die huis werk, ly hulle onder vernietigende druk. Deur saam met ander te werk, veral nie-Christene, eis geestelik sy tol. Alhoewel baie voel dat hulle die "lig" in die werkplek is, maak meeste nooit regtig 'n verskil nie. Die Skrif sê vir ons "Moet julle nie langer laat mislei nie: '**Slegte geselskap bederf goeie sedes**.'" 1Kor. 15:33. Indien jou werkplek veroorsaak dat jy 'n kompromie aangaan oor jou oortuigings, sal dit veroorsaak dat jy uiteindelik korrup raak.

Bly weg van iemand wat baie praat. Ons vrouens het baie algemene swakhede; een is skinder. 'n Algemene tydverdryf van vrouens in die werkplek is skinder. Ons kan dit nie verhelp nie. 'n Mede-werker het 'n probleem met haar man, so ons almal kraak hom saam af. Sy het, of jy het, probleme met daardie nuwe bestuurder, so jy mompel en kla die hele dag, elke dag. Spr. 20:19 sê, "Iemand wat loop en skinder, lap geheime uit; **bly weg van iemand wat baie praat.**"

Die maniere van haar huishouding. Wanneer ons werk, skeep ons belangrike verantwoordelikhede by die huis af. "Sy hou goeie **toesig oor haar huishouding**…" Spr. 31:27. Ons is nie in staat om die dinge te doen wat ons sou doen as ons tyd gehad het nie, soos bak, naaldwerk, ons huise skoon en in orde te hou, en ons kinders te leer nie. Selfs tyd om maaltye voor te berei, word tot 'n minimum gesny. "'n Dief kom net steel en slag en uitroei; ek het gekom sodat hulle die lewe kan hê, en dit in *oorvloed*." Joh. 10:10. Dames, Satan is 'n dief; hy steel die oorvloedige lewe wat God vir jou het! Selfs jou man se behoeftes word agterweë gelaat. So baie keer moet hy vir homself sorg wanneer dit kom by maaltye of om sy klere skoon en gestryk te hê. Dames, daar is vrouens by jou man se werk wat verwaarloosde mans soek!

Wanneer ons werk kan ons nie by die deur wees om ons mans te groet nie, omdat ons die kinders by die dagsorg moet optel, takies afhandel en kruideniersware koop. Baie mans vind dit baie dieselfde as om soos 'n vrygesel te lewe, sonder die voordele van rus en vrede. Kan dit iets te doen hê met hoekom mans verkies om hulle eie woonstel te hê in plaas daarvan om by die huis te bly?

Maar die mens word verlei. Wanneer die man besef dat sy vrou se luisterende oor weg is, soos wat sy rondhardloop in die aand om gereed te maak vir die volgende dag, is versoeking by die deur. Aangesien mans nie ander mans in vertroue neem nie, vind hulle daardie "luisterende, simpatieke oor" by 'n ander vrou. "**Maar 'n mens word verlei** deur sy eie begeertes wat hom aanlok en saamsleep. Daarna, as die begeertes bevrug geraak het, bring dit die sonde voort; en as die sonde ryp word, loop dit uit op die dood." Jak. 1:14-15. Ja, dood - die dood van 'n huwelik.

Wanneer haar man dan aankondig dat hy gaan loop, is sy die eerste een om te sê "ek is bly om van hom ontslae te raak" of "moenie dat die deur jou oppad uit tref nie." Kort daarna bevind sy haarself in 'n klein, afgeleefde woonstel met 'n welsyns tjek en kosseëls. Dit het alles begin met haar wat net "'n bietjie ekstra inkomste inbring."

'n Struikelblok word. "So 'n mens kan eerder met 'n groot klip aan die nek in die see gegooi word as dat hy vir een van hierdie kleintjies 'n struikelblok word." Lukas 17:2. Stel jy 'n slegte voorbeeld vir ander vrouens omdat jy werk? Is daar iemand wat die wonderlike lewe sien wat jy ten toon stel en het sy daarom besluit om terug te gaan werk toe omdat dit so goed vir jou werk? Of probeer sy om by die huis te bly, maar haar man dink dat sy net rondsit en niks doen nie omdat jou man, vir haar man, vertel het hoeveel geld jy inbring?

Wees in die huwelikslewe getrou aan mekaar. As jy werk terwyl jou kinders in die skool is, mag jy dalk nie by die huis wees vir jou kinders na skool nie. Baie vrouens dink dat die "regte tyd" om terug te gaan werk toe (of skool toe) is wanneer die kinders in die skool is. So baie kinders bly naskool sonder toesig by die huis en spandeer ure voor die televisie en kyk immorele programme. Moet hulle nie in daardie plek van versoeking los nie. Skokkende studies openbaar dat die ouers se eie beddens die plek is waar die meeste voorhuwelikse seks plaasvind, terwyl albei die ouers by die werk is. Oorweeg Heb. 13:4: "Die huwelik moet deur almal eerbaar gehou word, **wees in die huwelikslewe getrou aan mekaar,** want ontugtes en egbrekers sal onder die oordeel van God kom.

Met moeite 'n bestaan maak. Artikel na artikel word geskryf om vrouens wenke te gee oor hoe om hulle mans te kry om in die huis te help, aangesien vrouens help met die inkomste. Almal verwag van hulle mans om "hulle deel" van die huishoudelike takies te doen. Studies het bevestig wat ons alreeds weet: dat ons mans **selde uithelp.** Vrouens mergel hulself uit deur "dit alles" te doen. Dames, God sê vir ons om "alles te hê" is nietigheid. "Tevergeefs dat julle vroeg opstaan en laat gaan slaap om **met moeite 'n bestaan te maak.** Vir dié wat Hy liefhet *gee* Hy dit in sy slaap." Ps. 127:2.

Dit is weg. 'n Vrou wat werk is finansieël onwys. Baie moeders voel dat hulle buite die huis moet werk om finansieël uit te kom. Sy verdien meer, maar spandeer dan meer. In plaas daarvan om die uitgawes te verminder deur wys te koop of self van die werk te doen, moet sy hoër pryse aanvaar. "Moet jou nie afsloof om ryk te word nie en moenie jou sin vir waardes verloor nie. Jy het nog skaars die rykdom gesmaak of dit **is weg**; dit kry vlerke en vlieg die lug in soos 'n arend." Spr. 23.4. As jy wonder waar die ekstra geld heen gaan, hier is net 'n paar vrouens wat hulle ondervindinge oor werk en spandeer gedeel het:

"Die kos wat ek koop is gewoonlik alreeds of gedeeltelik voorberei, kitskos of restaurant kos vir die spoed en gerief. Ek is te moeg om te kook en ek voel ek verdien 'n *breek.*"

"Ek koop nie meer waar en hoe ek voorheen gekoop het nie. Die klere wat ek nou koop is teen kleinhandel pryse in plaas daarvan om by uitverkopings te koop, na erf verkopings en spaarsaamigheidswinkels toe te gaan, of dit self te maak. Ek het gevind dat ek nie die gesin se klere in goeie kondisie hou (reg maak en stryk) soos voorheen nie. In plaas daarvan, gee ek dit weg en koop nuwes."

"Ek vind dat ek baie meer klere nodig het per persoon. Die ekstra klere word vir my kinders en my man benodig aangesien ek nie die wasgoed so dikwels kan was soos in die verlede nie. Ek het ook baie meer mooi klere vir myself nodig as wat ek ooit nodig gehad het voordat ek begin werk het."

"Noudat ek werk, het ons gedink ons kan 'n goeie Christelike opvoeding vir ons kinders bekostig. Ek het in die verlede ons kinders self by die huis geleer; nou het ek nie daardie opsie nie."

"Ons het altyd net een kar gehad. Ek het gekla en gedink dat ek soveel vryheid sou kry. Ons het nou 'n tweede kar saam met nog 'n paaiement, versekering, instandhouding en ekstra brandstof. Ons het regtig glad nie voorentoe beweeg nie. Nou, behalwe dat ek moet werk om vir die kar te betaal, hardloop ek rond en doen dinge vir my man wat *hy* in die verlede vir my gedoen het!"

"Ons het gedink dat ons meer gemaak het totdat dit by belasting tyd gekom het. Ons het gevind dat meer geld betaal is aan federale, Sosiale Sekuriteit en staats inkomste belasting omdat ons nou in 'n hoër inkomste belasting gleuf val."

"Teen die tyd wat ek die geld vir ons een dogter se nasorg en dagsorg betaal het, maak ek omtrent minimum loon."

Goeie raad kan gee. As jy 'n ouer vrou is wat buite die huis werk, het jy geen vrye tyd om die gebod wat vir ouer vrouens gegee is om die jonger vrouens te leer, te vervul nie. In Titus 2:3-5 sê dit, "net so moet jy ook vir die ouer vroue sê hulle gedrag moet dié wees van mense wat 'n heilige lewe lei. Hulle moet nie kwaadpraat of aan drank verslaaf wees nie. Hulle moet **goeie raad kan gee,** sodat die jonger vrouens kan leer om liefdevol teenoor hulle mans en kinders te wees, verstandig en kuis, *goeie* *huisvrouens*, onderdanig aan hulle mans. Dan sal die Woord van God nie in diskrediet kom nie." Natuurlik weet ons dat die voorbeeld van die vrou wat buite haar huis werk volumes spreek. Baie ouer vrouens het regtig nie die geld nodig nie; hulle weet net nie wat om met hulle tyd te doen nie of hulle voel asof hulle gaan mal word om hulle afgetrede mans die heeldag rondom hulle te hê. Hier is 'n paar voorstelle:

In plaas daarvan om jou tyd by 'n werk te spandeer, hoekom help jy nie 'n jong, onervare ma nie? Sy word dikwels nie deur haar eie ma gehelp nie. Sy het goeie, goddelike raad nodig en aanwysings om haar kinders te versorg en behoorlik te dissiplineer. Jy sal ook beskikbaar wees om saam met jou eie dogter, of skoondogter, te wees gedurende of na die geboorte van jou kleinkinders.

As jy by die huis bly, is jy beskikbaar om jou huis oop te maak vir gasvryheid, vir geestelike leiding, of as 'n "hawe" vir jonger vrouens wat 'n moeilike dag ervaar.

So baie ouer vrouens deel die wêreld se filosofieë oor die huwelik en kinders grootmaak. Jy sal totaal oneffekief gemaak word met betrekking tot geestelike leiding, aangesien jy jouself met die dwase praatjies en idees van die wêreld omring het.

Ouer vrouens, ons het 'n noodsaaklike invloed op goddelike wysheid, maar dit sal verlore gaan as ons die wêreld se maniere kies eerder as God se manier. "Ouer vrouens…gee goeie raad!" Titus 2:3.

Wen Sonder 'n Woord. Maar wat as 'n man sê sy vrou *moet* werk? Eerstens, besef dat dit jou man se plek is om oplossings vir probleme te vind. Hy moet die redder van die liggaam wees. "Die *man* is die hoof van die vrou. Soos Christus die hoof van die kerk is. Christus is ook die *Verlosser van die liggaam*, sy kerk, Hy Homself is die Verlosser van die liggaam." Efe. 5:23. Baie keer is dit ons vroue wat voorstel om terug te gaan werk toe, om 'n besigheid by die huis te hê, of uitgawes te beperk. Bly net stil! "Vrouens julle moet aan julle mans onderdanig wees. As daar van julle is met mans wat nie die Woord van God glo nie, en die mans sien hoe godvresend julle is en hoe voorbeeldig julle julle gedra, sal hulle vir Christus gewen kan word deur die gedrag van hulle vrouens. **Dit sal nie eens vir julle nodig wees om 'n woord te sê nie.**" 1Pet. 3:1-2. Sit stil, wees stil en bid. Laat jou man dan doen wat hy voel gedoen moet word. Respekteer hom deur stil te wees en stem saam met sy voorstelle, (Sien les 5, "Wen sonder 'n Woord").

Ek het die Here aangeroep. Maar wat as jou man sê jy moet gaan werk, of as jy per ongeluk voorgestel het dat jy teruggaan werk toe, of as jou man jou verlaat het? "**Ek het tot die Here gebid** en Hy het my geantwoord, Hy het my bevry van alles waarvoor ek bang is. Hulle wat opsien na Hom, sal straal van vreugde; op hulle gesigte is daar geen skaamte nie." Ps. 34:5-6 NLV. Soos wat jy die Here in jou nood aanroep, sal jy 'n seëning bykry; jy sal straal!

Verder het ek op 'n regte verrassing afgekom. Larry Burkett het 'n boek geskryf met die titel; "*Women Leaving the Workplace*". Die getuienisse is ongelooflik! Hulle sal jou wys hoe getrou God is vir die vrou se onthalwe. Los die finansiële stappe wat Mnr. Burkett vir jou gee om terug te gaan huistoe of om by die huis te bly. *Hou by die getuienisse* omdat hulle jou sal inspireer om totaal op God te vertrou en nie op die "werk van die vlees" nie. Soos wat jy sal sien, is die punt om jou man te gehoorsaam en te bid! God sal vir jou die begeertes van jou hart gee; om by die huis te bly, of terug te gaan huistoe. Bid dat die Here vir jou guns sal gee by jou man, net soos met Daniël toe hy nie 'n kompromie wou aangaan deur die koning se kos te eet nie. Onlangs het ek vir 'n vrou gebid vir wie daar gesê is dat sy nooit kinders sal hê nie; maar God het die laaste sê gehad en sy het swanger geraak. Sy en haar man het altyd op 'n dubbel inkomste gelewe, so hul familie het haar probeer oorreed om haar begeerte om 'n huisvrou te word, te heroorweeg. Desperaat, het sy hierdie boek gekry maar was MOEDELOOS omdat Harry klem gelê het op die nodigheid van "beplanning" en "fondse voor die tyd weg sit"! Ek het vir haar gesê om OP TE HOU lees wat hy geskryf het en die getuienisse te lees. Bemoedig in haar geloof, het hulle hulle baba gehad, sy bly nou by die huis en hulle lewe beter as toe hulle twee inkomstes gehad het! Dit is God wat hulle beloon wat op HOM vertrou, en nie op hulleself of 'n tweede inkomste nie!

Getuienis: Stella* het na die gemeenskap toe gekom met 'n groot dilemma. Haar man wat haar gelos het, het nou gevra dat sy teruggaan werk toe. Stella se dogters het net hoërskool begin en sy het nog altyd beplan om saam met hulle by die huis te bly gedurende hierdie belangrike tyd in hulle lewens.

Daardie aand het ons vurig gebid en vir die Here gevra om haar te bevry. Ons het haar ook raad gegee om onderdanig aan haar man te wees en 'n CV saam te stel. Die volgende week het sy gedeel dat dit nie saak maak hoe hard sy gesoek het nie, sy was nie in staat om eers een onderhoud te kry nie (selfs met haar ongelooflike ondervinding en verwysings). Vir weke het ons aangehou om te bid vir haar bevryding. Stella se man het nader aan haar geword soos wat sy haar onderdanigheid aan sy versoek vertoon het. Sy begeerte, dat sy moet gaan werk, het begin vervaag. Hy het toe vir haar gesê dat hy binne die volgende paar maande na haar en die meisies sou terugkom!

Nietemin, een aand toe ek die kamer binnestap was die vrouens weer besig om vurig te bid. Toe ek by hulle aansluit, was ek geskok deur wat ek gehoor het. Stella en die ander vrouens het anders gebid. Hulle het gebid dat sy werk sou kry by 'n gesogte prokureurs firma by wie sy daardie oggend 'n onderhoud gehad het! Ek het Stella en die groep gekonfronteer, maar hulle was vasbeslote dat dit die Here se leiding was.

Stella het haar gesogte werk gekry. Sy werk sederdien in die stad met 'n nuwe haarstyl en fantastiese klere. Dit is al amper sewe jaar vandat haar man gesê het hy kom huistoe. En asof dit nie treurig genoeg is nie, het een van haar dogters, in haar senior jaar, haarself in die moeilikheid laat beland en die ander dogter het die volgende jaar deurmekaar geraak met 'n baie ouer, geskeide man.

Getuienis: Bobbie* het op die Here vertrou vir haar huwelik en het probeer leer hoe om 'n onderdanige vrou te wees, selfs al het haar man saam met 'n ander vrou gebly. Een aand het haar man gesê dat hy haar kar moes verkoop om te help met van sy skuld. Hy het belowe dat hy vir haar iets anders sou kry om mee te ry. (Die kar was 'n geskenk van Bobbie se ma af, was in uitstekende kondisie en was opbetaal.) Uit onderdanigheid, het Bobbie 'n advertensie in die kar se venster geplaas met 'n telefoon nommer. Maar sy het vurig gebid vir die kar om "nie verkoop te word nie!" Elke week was haar man verstom omdat niemand eers geskakel het om navraag te doen oor die kar nie. Hy het toe besluit om die prys op die advertensie te plaas en het dit elke week verlaag. Nietemin, was daar geen belangstelling nie. Toe een aand, het hy uitgeroep hoe totaal ongelooflik dit was dat niemand die mooi kar wou gehad het nie. Hy het vir Bobbie gesê dat hy ander reëlnigs getref het en vir haar gesê om die advertensie af te haal van die venster af.

Bobbie het nog steeds die kar wat die Here beskerm het. Dit is nou vyftien jaar oud en haar werktuigkundige sê dit het nog baie, baie kilometers om te gaan. Sy sê dat sy dit hou omdat dit haar aan God se getrouheid herinner!

Sara was aan Abraham gehoorsaam: "In die ou dae het die gelowige vrouens wat op God gehoop het, hulle ook so versier: hulle was aan hulle mans onderdanig. **Sara, byvoorbeeld, was aan Abraham gehoorsaam** en het met eerbied na hom verwys. As julle doen wat goed is en julle nie deur dreigemente laat afskrik nie, is julle haar dogters." 1Pet. 3:5-6. As jou man vasbeslote is oor meer inkomse, volg die stappe hier onder.

Eerstens, tweedens en derdens, jy moet bid, bid en aanhou bid! Vra God om jou man se hart te verander, om die geld wat julle nodig het te voorsien en te help om julle skuld te verminder. Skuld is regtig die probleem, so bid om uit die skuld te kom.

As jou man nog steeds daarop aandring dat jy werk, bid vir 'n manier om geld in te bring sonder om die huis te verlaat. Vra jou man hoeveel meer geld hy nodig het om hom in staat te stel om die rekeninge te betaal. Sommige vrouens is in staat om hulle gesin se inkomste te vermeerder sonder om die huis te verlaat, sonder om hulle kinders in dagsorg te plaas en sonder om hulle mans se gesag te weerstaan. Weereens, vra God vir wysheid en leiding. Hy sal jou lei en ondersteun as gevolg van jou oortuiging om *gehoorsaam aan jou man* te wees en Sy Woord te gehoorsaam deur 'n "bewaarder van die huis" te wees.

Hy dié kan help. Baie belangrik, **hou jou hart standvastig om by die huis te bly.** "Die Here het sy oë oral op die aarde sodat Hy **dié kan help** wat met hulle hele hart op Hom vertrou…" 2Kron. 16:9.

Pas op: Moenie ander kinders inneem as 'n "dag sorg" vir ander "werkende vrouens" om *jou* inkomste aan te vul nie! Jy moedig ander vrouens aan om in die werkplek te bly met al die verwoesting wat hulle gesinne sal tref. Hulle sal ook gerus voel om te weet dat hulle kinders in die sorg van 'n "goeie Christelike vrou" is. Moenie *mislei* word deur te dink dat "wel, as hulle moet werk, dan verdien haar kinders Christelike kindersorg" nie. Lees die boek, *Who Will Rock the Cradle*? (Sien ons voorgestelde Leestof op bladsy 177.) As 'n vrou jou vra of jy na haar kinders sal omsien terwyl sy werk, help haar op 'n *tydelike* basis terwyl jy haar aanmoedig om by die huis te bly.

Iemand bring hom terug. Neem elke dag die geleentheid om met een werkende vrou die verwoesting te deel wat haar werk buite die huis veroorsaak, veral as sy klein kinders het. "My broers, as een van julle van die waarheid afdwaal en iemand sou **hom terug bring**, weet dan dat hy wat 'n sondaar van sy dwaalweg terugbring, hom uit die dood red en maak dat 'n menigte sondes vergewe word." Jak. 5:19-20. Herinner haar dat 'n kind sy *eie* moeder nodig het; enige iets anders is 'n namaaksel! Onthou, Satan is die srywer van die namaaksel. Hy is 'n dief! Moenie jouself opstel as 'n nagemaakte moeder nie.

Vrede daarby. So baie vrouens wat 'n dagsorg by hulle huise het, het die behoeftes van hul eie kinders en gesinne opgeoffer. Die kinders tel soveel verwoestende invloede en aansteeklike siektes op. Die rustigheid van hulle huise is definitief vernietig. "Liewer 'n stukkie droë brood met **vrede daarby** as 'n huis vol kos met 'n getwis daarby." Spr. 17:1.

Rentmeesterskap

Skuld. *Sekerlik die grootste rede hoekom vrouens moet werk is omdat ons 'n samelewing in skuld is.* Eerder as om te wag vir die dinge wat ons wil hê, koop ons dit op krediet. In plaas daarvan dat ons binne ons middele lewe, lewe ons bo ons middele. Rom. 13:8 sê "Julle **moet niemand iets verskuldig wees**, behalwe om mekaar lief te hê. Wie sy medemens liefhet , voer die hele wet van God uit."

Raak van skuld ontslae. Ons moet bid en *saam met* God werk om uit die skuld uit te kom. Dit moet ons hart (en ons gebede) se begeerte wees. As jou man nie agter dit is nie, dan begin jy. Hou op om op rekening te koop en maak seker elke aankoop is absoluut noodsaaklik. Kyk of jy dit wat jy voel vervang moet word, kan herstel. Die sleutel is om te wag! Ook, moenie vergeet om te bid dat jou man se hart moet verander om uit die skuld te kom en uit die skuld te bly nie. Tensy ons dit verstaan, sal ons vrouens "gedwing" word (of is alreeds), om te werk . "'n Dief kom net steel en slag en uitroei; Ek het gekom sodat hulle die lewe kan hê, en dit in oorvloed" Joh. 10:10. Dit is Satan se plan, om jou kinders te steel (dagsorg), jou huis te verdeel (twee loopbane) en om uiteindelik jou gesin te vernietig (egskeiding).

Maar *hy* spandeer te veel. Baie vrouens blameer hulle mans omdat hy te veel spandeer. En dikwels is dit waar. Maar dit is nie ons probleem nie; dit is die Here sin omdat ons nie oor ons mans is nie. "Ek wil egter hê julle moet weet dat Christus die hoof is van elke man, en 'n man die hoof van sy vrou, en God die hoof van Christus." 1Kor. 11:3. Bly stil (wen hom sonder 'n woord) oor sy spandering. Gee hom die respek wat God beveel. "Vrouens julle moet aan julle mans onderdanig wees. As daar van julle is met mans wat nie die Woord van God glo nie, en julle mans sien hoe godvresend julle is en hoe voorbeeldig julle julle gedra, sal hulle vir Christus gewen kan word deur die gedrag van hulle vrouens. Dit sal nie eens nodig wees vir julle om 'n woord te sê nie." 1Pet. 3:1. Jy moet ook seker maak dat die balk nie in jou oog is nie. Spandeer jy ook te veel?

Getuienis: Shari* het, by 'n Bill Gothard seminaar, die konsep om uit die skuld te kom en nie meer op rekening te koop nie, aangegryp. Maar, sy was nie die spandeerder van die gesin nie. Haar man, wat haar gelos het, was die een wat oorspandeer het. Nietemin, Shari wou doen wat sy kon en het haar man in die hande van die Here gelos. Sy het die vers in 1Kor. 7:14 geëis. "Die ongelowige man is deur God aanneemlik deur die band met die gelowige vrou…"

Toe sy nuwe onderklere nodig gehad het vir een van haar seuns en 'n haarsny vir haarself, het sy haar man genader. Hy het gesê sy moet voortgaan en dit op rekening sit aangesien "geld bietjie min " was. Sagkens het sy hom vertel dat "as ek daaraan dink, kan ek regtig wag vir 'n haarsny en dit sal eenvoudig wees om die onderklere reg te maak."

Verward, het hy haar gevra hoekom sy dit nie net op rekening wil koop nie. Sy het haar man respekvol vertel van die seminaar se leringe en haar begeerte om hom nie verder in finansiële skuld te plaas nie. Hy het gesê dit is "reg," maar dit hang van haar af.

Shari het van hierdie geleentheid gebruik gemaak om al haar krediet kaarte vir haar man te gee ('n geloofsprong vir haar). Maar God het Shari geseën vir haar getrouheid en nou is hulle gesin weer terug bymekaar en werk hulle saam om heeltemal uit die skuld te kan kom. Haar man het vir haar gesê dat, toe sy nie onderklere wou koop of haar hare wou sny nie, as gevolg van haar oortuigings om nie meer die kredietkaarte te gebruik nie, hy seker was dat sy regtig al haar varkies verloor het! Prys die Here Shari se man het ook die besluit gemaak!

Tevredenheid. As vrouens moet ons begin om eers tevrede te wees en te lewe binne die middelde en bepalings wat ons mans gemaklik kan bekostig. "Ek sê dit nie omdat ek gebrek ly nie, want ek *het geleer om my in alle omstandighede te behelp*" Fil. 4:11. "As ons dan kos en klere het, moet ons daarmee *tevrede* wees." 1Tim. 6:8. Deur tevrede te bly, kan ons ons mans help om die volgende vers te vervul: "As iemand nie vir sy eie mense en veral nie vir sy eie huisgesin sorg nie, het hy die geloof verloën en is hy slegter as 'n ongelowige." 1Tim. 5:8.

Geloof. Ons vrouens moet glo dat God in al ons behoeftes sal voorsien. (En so dikwels ons begeertes ook!) As ons net kan wag! "Vertrou op die HERE! Wees sterk en hou goeie moed. Ja, vertrou op die HERE!" Ps. 27:14.

Liefde vir geld. Dr. McGee het een keer gesê dat dit nie geld is wat onheilig is nie, maar die "liefde" vir geld. "*Geldgierigheid* is 'n wortel van allerlei kwaad. Party het geld nagejaag en toe van die geloof af afgedwaal; daardeur het hulle hulleself baie ellende op die hals gehaal." 1Tim. 6:10. "Hou julle lewe vry van *geldgierigheid*; wees tevrede met wat julle het…" Hebr. 13:5. Die grootste slaggate wanneer jy die "liefde vir geld" het is:

Om dieper in die skuld te kom. Sodra 'n vrou begin werk, sal die egpaar eerder dieper in die skuld beland as om uit die skuld te kom. Jy koop meer en verhoog jou lewens standaard. "Moet jou nie afsloof om ryk te word nie en moenie jou sin vir waardes verloor nie. Jy het nog skaars die rykdom gesmaak of dit is weg; dit kry vlerke en vlieg die lug in soos 'n arend." Spr. 23:4.

Voel of jy vassit. Baie mans, wat later in onsedelikheid saam met iemand by die werk verval het, het 'n begeerte gehad om hulle werk en posisies te los, maar het *vasgevang gevoel* as gevolg van skuld. "Julle moet **niks met seksuele losbandigheid te doen hê nie**. Elke ander sonde wat 'n mens doen, vind buite sy liggaam plaas, maar iemand wat seksueel losbandig lewe, vergryp hom aan sy eie liggaam." 1Kor. 6:18. By Herstel Ministeries sien ons dat die meeste owerspel plaasvind by die man se werkplek. Hulle mag dalk nie die geestelike krag hê om te "vlug" wanneer hulle gesinne op hulle staat maak vir hulle salarisse nie. Josef het die geestelike krag gehad; kom ons bid vir ons mans om dieselfde te hê. "Toe gryp Potifar se vrou hom aan sy klere en sê: 'Kom lê by my.' Maar Josef het buitentoe *gevlug*, terwyl sy 'n stuk van sy klere in haar hand bly hou." Gen. 39:12.

Hou op om te koop. Een manier om die besteding wyse te breek is om jou huis te ont-rommel. Lees Don Aslett se boek, *Cluttter's Last Stand,* oor hoe om jou lewe te ont-rommel. Soos wat jy begin om baie van jou besittings as rommel te sien, sal jy **ophou** om onnodige **aankope** te doen. *Dit het vir my gewerk!*

Maar die HERE ondersoek die gesindheid. Bid vir jou man sodat hy in staat en gewillig sal wees om jou gesin te onderhou. Een van die redes hoekom jou man nie jou gesin ten volle onderhou nie mag wees omdat *jy* **die finansies hanteer.** 'n Man word van sy manlikheid gestroop wanneer sy vrou die rekeninge betaal. Mans weet nie hoeveel inkom en hoeveel uitgaan nie. As hy in beheer is, mag hy gemotiveer wees om harder te werk om meer te verdien en om sy en jou besteding te sny.

Baie vrouens voel baie ongemaklik wanneer hulle mans die finansies hanteer. Dit is te veel onderdanigheid na hulle smaak. Meeste vrouens *wil nie hê* hulle mans moet weet hoeveel geld hulle spandeer of waarop hulle dit spandeer nie. Hulle sal eerder die geld "beheer". Dit is 'n groot fout.

Ons mag sê ons hanteer die finansies omdat ons beter is met syfers, meer tyd het, of meer verantwoordelik is, maar Spr. 16:2 sê, "In sy eie oë is alles wat 'n mens doen, reg, **maar die HERE ondersoek die gesindheid**." Ons moet aan ons mans onderdanig wees in *alles*. "Soos die kerk aan Christus onderdanig is, moet die vrouens in *alles* aan hulle mans onderdanig wees." Efe. 5:24. Vertrou op die Woord en probeer hierdie metode van jou man wat die finansies en die tjekboek beheer. Sien of jy nie 'n beter werker en 'n meer verantwoordelike man het om lief te hê en te respekteer nie.

Getuienis: Debbie* en Nancy* was saam op skool. Hulle het 'n week uitmekaar getrou. Maar, hulle het twee heeltemal verskillende konsepte gehad van wie die finansies moes beheer. Albei hierdie vrouens se mans was redelik onverantwoordelik met geld. Debbie het besluit dat as hule ooit vooruit wil kom, sy beheer sou moes neem. Nancy, aan die ander kant, het die verwoesting in haar gesin aanskou toe sy groot geword het, haar ma het die tjekboek gehad en die rekeninge betaal. So sy het geweet dat God 'n ander plan moet hê.

Hierdie dames is albei agtien jaar getroud. Debbie het regdeur hul huwelik gewerk en hulle bly nog steeds in dieselfde kondo wat hulle na hulle troue gekoop het. Een keer, toe dit Debbie se verjaardag was, het Nancy Debbie se man gevra wat hy vir haar gaan kry vir haar verjaarsdag. Skaam het hy gesê dat daar geen manier was wat hy vir haar iets kon kry nie. Hy het gesê dat as hy haar vir meer geld vra, sy sal vra "waarvoor"; dan sal sy sê sy het niks nodig nie, en die onderwerp sal gelos word. Haar man het egter 'n goeie hart gehad. Hy het op die ou einde na die kruideniersware winkel toe gegaan, waar sy gewerk het as 'n kassier, en het 'n bos blomme na haar gang toe gevat; hy het gesê dit was die enigste manier om haar te verras.

Nancy weet dat sy die regte pad gevat het. Haar man is al 'n paar jaar die enigste broodwinner en hulle het 'n groot huis en grond vir hulself en hulle kinders. Die ekstra bonus wat verky word deur hierdie Bybelse beginsel toe te pas, alhoewel sy nie geweet het dit is 'n Bybelse beginsel nie, is dat sy een geseënde vrou is! Sy het baie pragtige juwele, 'n kas vol pragtige klere en selfs 'n vollengte pelsjas. Sy sê dat sy nooit enige van hierdie goed vir haarself sal koop nie, maar haar man dring aan! Sy sê ook dat sy nog nooit een dag se bekommernis of 'n slapelose nag gehad het oor 'n tekort aan finansies nie, self al was geld by tye skramps.

Miskien wil jy nie juwele of 'n pelsjas hê nie, maar ek is seker julle almal sal 'n man waardeer wat jou wys hoe baie hy jou koester en die laste van jou lewe oorvat!

Almal se dienaar. Baie vrouens voel dat hulle nie hulle "God-gegewe talente" gebruik as hulle by die huis bly om vir hulle mans en kinders te sorg nie. Maar dit is nie Christus se boodskap nie. "Jesus het gaan sit en die twaalf geroep. Hy sê toe vir hulle: 'As iemand die eerste wil wees, moet hy die heel laaste en **almal se dienaar wees**.'" Markus 9:35. Dit was Jesus se woorde aan die apostels terwyl hulle probeer kompeteer het om te sien wie die beste was. Jesus het ook van Homself gesê, "Ek het nie gekom om gedien te word nie, maar om te dien." Matt. 20:28. Jesus kon enige iets gewees het wat Hy wou en tog Hy het "gekies" om te dien. Jy het ook baie talente. Sal jy kies om Christus te volg in diensbaarheid? Sekerlik is daar geen beter plek om 'n dienaar te wees as 'n vrou en 'n moeder nie, as ons God se Woord oorweeg. Hy sê ons is "Puik"!

Kom ons bid almal Ps. 37:4-9 hardop: Ps. 37:4 "Vind jou vreugde in die HERE; en Hy sal jou gee wat jou hart begeer. Laat jou lewe aan die HERE oor en vertrou op Hom; Hy sal sorg. Hy sal jou onskuld laat deurbreek soos die son, jou reg soos die helder lig van die middag…Daarom moet jy in stilte op die HERE vertrou en jou nie ontstel oor die voorspoedige lewe van 'n skelm nie…Moenie kwaad word nie, laat staan die woede, moet jou nie ontstel nie: dit bring net ellende. Die wat hulle vertroue in die HERE stel, sal in besit bly van die land."

Mag God Christen vrouens terugbring huistoe en by die huis hou!

Persoonlike verbintenis: Om God se bevele te gehoorsaam en werkers by die huis te wees en die jonger vroue te leer. "Gebaseer op wat ek uit God se Woord geleer het, verbind ek myself daartoe om te bid om by die huis te bly of om terug te keer huistoe. Ek sal my eie man se helper wees. Ek sal my eie kinders leer en onderrig. Ek sal die huis wat

God my gegee het waardeer en goed daarna kyk. Ek sal die Waarheid met ander werkende vroue deel en bid dat hulle sal terugkeer huistoe."

Datum:_____Geteken:_____

Waarskuwing: Wees baie versigtig vir multivlak bemarkings konsepte, veral die wat beloftes maak van hope geld vir bietjie werk. "''n Inhalige mens wil *gou ryk word*; hy besef nie dat daar vir hom gebrek wag nie." Spr. 28:22. Baie groepe sê vir jou dit is net om mense te kry om aan te sluit, maar Spr. 13:11 sê "Rykdom wat sommerso bekom word, verminder maklik; wie bietjie vir bietjie **bymekaar** maak word ryk." Die mees ontstellende ding van multivlak bemarking is die manier wat hierdie bemarkings adviseurs jou kry om jou vriendskappe uit te buit. Net 'n paar aande gelede het ek 'n telefoon oproep van 'n man gekry wat ek nie eens ken nie. Hy het gesê dat hy ons gesin by 'n tuisskool vergadering ontmoet het jare terug. Hy het begin om my kinders en myself te prys, en het aangegaan vir 'n hele paar minute. Toe vind ek uit wat is die regte rede vir sy oproep: hy het 'n besigheid gehad wat beter individue soos myself en my man soek. Dit het al dosyne kere tevore gebeur. "Niks wat hulle sê is waar nie; al waaraan hulle dink, is my ondergang; hulle vlei my, maar hulle wil my in die graf laat beland." Ps. 5:9.

Jou Ma Se Leringe

"My seun, jy moet luister na die onderrig
wat jou vader jou gee; moenie wat jou moeder jou leer,
verontagsaam nie: dit sal jou lewe versier soos 'n krans jou kop
en 'n kettinkie jou hals."
Spreuke 1:8-9

Vandag is daar *baie* praatjies oor hoe, en óf jy jou kinders moet korrigeer met lyfstraf, en baie min oor onderrig, opvoeding, of liefde. Baie wonder watter metode van kinderdissipline hulle moet gebruik. Sekerlik een wat werk en een wat 'n oorvloed vrugte bring! God sê dat enigiets wat nie op **Sy Woord** gestig is nie, is op sinkende sand. Maar hoe kan ons onderskei of die metode wat ons volg gebaseer is op die Skrif? Jy kan die waarheid onderskei deur God se Woord te ken. Kom ons ondersoek die Skrif en soek die Waarheid.

Wees Lief vir Jou Kinders

As ouers, moet ons onsself eerste dissiplineer en begin om 'n sterk fondament vir ons kinders te bou. As ons misluk om liefde in ons kinders te belê, sal ons weerstand en rebellie kry teen ons opvoeding, onderrig en ons regstelling. Daarom, moet liefde ons fondament wees en liefde ons kinders se motivering om ons te gehoorsaam.

Ons het lief, omdat God ons eerste liefgehad het. Die grondslag van liefde word in 1Joh. 4:19 gevind: "Ons het lief, omdat God ons eerste liefgehad het." God het ons eerste lief; ons, op ons beurt, is lief vir Hom. Soortgelyk, kan ons kinders nie liefde gee sonder dat ons hulle eerste lief het nie. Wanneer ek die eerste een is om liefde vir my kind te gee, sal my kind op sy beurt leer om liefde te gee.

'n Voorbeeld. Die Here gee aan ons 'n voorbeeld wat ons moet volg. "Juis hiervoor is julle ook geroep…, en so vir julle 'n voorbeeld gestel het, sodat julle in sy voetspore kan volg." 1Pet. 2:21. Dit was die liefde wat die Here gehad het vir Sy Vader wat gelei het tot Sy gehoorsaamheid aan Sy Vader se wil. "Hy het gesê: 'Abba Vader, alles is vir U moontlik. Neem hierdie lydingsbeker van my af weg. Moet nogtans nie doen wat Ek wil nie, maar wat U wil.'" Mark. 14:36. Liefde motiveer gehoorsaamheid. Soos wat ons liefde vir ons Here groei, word ons gemotiveer om 'n regverdige lewe te lei.

Ek het altyd gewonder hoekom kinders van goddelike ouers (ouers wat sonder twyfel God se Woord oor dissipline gevolg het), nog steeds die pad byster raak. Kan dit somtyds te doen hê met onvoldoende uitdrukking van liefde? Natuurlik het meeste ouers hulle kinders lief, maar wys dit? Hoe kyk hulle na hulle kinders? Uiter hulle liefdevolle woorde? Hoeveel tyd spandeer hulle saam met hulle kinders? Die punt is: voel hulle kinders geliefd?

Seën of vloek? In les 12, "Kinders is Geskenke van die Here," het ons uit God se Woord geleer dat kinders 'n seën is, al vertel die samelewing vir ons iets anders. Maar wat glo *jy* in jou hart? Jy kan nie diep, opregte liefde vir jou kinders gee as jy dink jou *kinders* is 'n vloek nie.

Wat sê jy voor hulle? Wat sê jy agter hulle rug? Wat dra jou houding teenoor jou kinders aan hulle oor? Sê jy een ding vir jou kinders en sê iets anders vir iemand anders terwyl jy die gedagte om nog kinders te hê vrees? "So 'n mens wat altyd aan die twyfel is en **onbestendig** is in al sy doen en late, moet nie dink dat hy iets van die Here sal ontvang nie." Jak. 1:7-8.

Wat is *liefde* dan? Ons boeke, ons flieks en ons media vertel ons van liefde. Almal vertel ons wat *hy of sy* dink die liefde is. Maar moet ons nie na die skrywer van liefde toe gaan vir die ware beskrywing nie? "Al het ek die gawe van profesie en ken al die geheimenisse en besit ek al die kennis, en al het ek al die geloof om berge te versit, maar ek het geen **liefde** nie, dan *is ek niks.* Al deel ek al wat ek het aan ander uit, en al gee ek my liggaam prys om my daarop te kan beroem, maar ek het geen **liefde** nie *baat dit my niks.* Die liefde is **geduldig**, die liefde is **vriendelik**, dit is nie **afgunstig** nie, is nie grootpraterig nie, is nie verwaand nie. Dit **handel nie onwelvoeglik** nie, **soek nie sy eie belange nie**, is nie **liggeraak** nie, hou nie boek van die kwaad nie. Dit verbly hom nie oor onreg nie, maar verheug hom oor die waarheid. Dit **bedek alles**, **glo alles**, **hoop alles**, **verdra alles**. **Die liefde vergaan nooit nie**." 1Kor. 13:2-8. Dit is heel duidelik dat liefde meer as net 'n gevoel is, soos wat gesê word. Liefde is 'n aksie of reaksie teenoor 'n ander persoon. Kom ons kyk dieper na die vetgedrukte woorde in die voorafgaande Skrifgedeelte.

Geduld. Geduld is 'n reaksie. Geduld is definitief meer as 'n noodsaaklikheid wanneer jy kinders hanteer. Ons hoef net na ouers met hul kinders in die publiek te kyk, om te sien dat geduld deesdae baie min is. As hierdie ouers so keelvol vir hulle kinders in die publiek is, hoe tree hulle in privaatheid op? Die volgende vers is 'n perfekte voorskrif, vir 'n vrou en moeder, om te gebruik met haar kinders. "Ons druk julle dit uit op die hart broers: *Wys die leegleêrs onder julle **tereg**, praat die kleinmoediges **moed** in, **help** die swakkes, wees met almal **geduldig**."* 1Tes. 5:14. "'n Dienaar van die Here moenie rusie maak nie. Inteendeel, hy moet ***vriendelik*** *wees teenoor almal, bekwaam om ander te **leer** en iemand wat onreg kan **dra**…*" 2Tim. 2:24

Vriendelik. Vriendelikheid gaan ver wanneer jy kinders hanteer. Somtyds vergeet ons blykbaar: "'n Dienaar van die Here moet nie rusie maak nie. Inteendeel, hy moet **vriendelik** wees teenoor almal, bekwaam om ander te leer en iemand wat onreg kan dra…" 2Tim. 2:24. "…verstandig en kuis, goeie huisvrouens, onderdanig aan hulle mans. Dan sal die Woord van God nie in diskrediet kom nie." Titus 2:5. Ons moet vriendelik en sagmoedig met ons kinders praat. Wanneer ons ons kinders oplei, is dit belangrik om eers hulle aandag te kry deur hulle op hulle naam te roep. Neem dan die tyd om liefdevol in hulle oë te kyk en praat vriendelik met hulle. Dit beteken nie dat ons probeer pleit vir hulle gehoorsaamheid nie; dit is bloot die verskil tussen sagmoedige woorde met hulle te praat en bevele uit blaf.

Nie jaloers. Ons moet intens daarvan bewus wees dat voortrekkery jaloesie tussen broers en susters kan veroorsaak. As een kind ongunstige gewoontes uitbeeld, maniere of iets soortgelyks, mag dit veroorsaak dat jy 'n ander kind(ers) bo hom/haar verkies. In plaas daarvan, wees lief genoeg vir jou moeilike kind om saam met hom/haar te werk aan sy/haar swakhede. Of het jy van die onmin in Josef se familie vergeet wat deur voortrekkery veroorsaak is? Dit het berugte jaloesie veroorsaak! "En sy broers was **jaloers** op hom, maar sy vader…" Gen. 37:11.

Tree nie onvanpas op nie. Om onvanpas op te tree het alledaags geword in te veel van ons huise, sowel as in die publiek. "Tonele" van "gil en skreeu" vind te dikwels plaas in stede van 'n *sagmoedige en stille gees,* waarvoor God baie lief is. Wees lief genoeg vir jou kinders om *jou* gees te beheer. Beheer hulle s'n dan totdat jy hulle kan leer om hulle eie te beheer. "'n Stad sonder 'n muur om hom te beskerm, so weerloos is 'n mens as hy nie **selfbeheersing** het nie." Spr. 25:28. "…maar die verborge mens van die hart in die onvergankllike versiering van 'n **sagmoedige en stille gees**, wat baie kosbaar is voor God" 1Pet. 3:4AFR53.

Soek nie sy eie belange nie. Ons as vrouens word elke dag gebombadeer met aanmoedigings om "ons eie ding te doen" en om "ons eie lewens" te lei. Net 'n paar jaar gelede sou ons daardie houding "selfsugtig en selfgesentreerd" noem. Maar hy het verseker dat selfsugtigheid net hartseer en spyt sou bring. God se Woord sê, "Moet niks uit selfsug of eersug doen nie, maar in nederigheid moet die een die ander **hoër ag as homself…**" Fil. 2:3.

Nie liggeraak nie. Hoe kort van draad is jy? Is jy gou om op jou perdjie te spring? Is meeste van wat jy sê in 'n verhefte stem? "'n Humeurige mens [of ma] sit twis aan die gang. 'n **Verdaagsame** mens sit 'n stryery stop." Spr. 15:18NLV. "'n **Geduldige** mens het meer waarde as 'n bedrewe vegter, 'n mens met selfbeheersing meer as iemand wat 'n stad inneem." Spr. 16:32. "'n *Verstandige* mens **beteul sy humeur** en stel sy eer daarin om vergewensgesind te wees." Spr. 19:11.

Ons moet leer om oordeelkundig te wees wanneer ons beledig of teleurgestel word. "Die skoonheid van 'n vrou *sonder oordeel* is soos 'n goue ring aan 'n vark se snoet." Spr. 11:22. Koninklikes word geleer om hulle gevoelens in die publiek te beheer. Dames, ons as kinders van die Koning; ons moet dienooreenkomstig in die teenwoordigheid van ander optree en ons kinders leer om dieselfde te doen.

Bedek alles. God verwag van ons om laste te dra met Sy hulp. Die laste van 'n ma kan somtyds ondraaglik voorkom. Dit is die tyd om na Hom toe te hardloop. "Geloof sy die Here! Dag na dag **dra Hy ons**! God is ons hulp! Sela." Ps. 68:19. "Dit is genade as iemand die pyn van *onverdiende lyding* **verduur** omdat hy aan God getrou wil wees." 1Pet. 2:19.

Glo alles. Om die Bybel te volg wanneer ons ons kinders oplei, dissiplineer en korrigeer, sal geloof neem. Maar, prys God! Ons het Sy belofte dat ons nie teleurgesteld sal wees nie! "...*met die hart* **glo** ons, en ons word vrygespreek; en met die mond bely ons, en ons word gered." Rom. 10:10. Want die Skrif sê tog: Niemand wat in *Hom* glo, sal *teleurgesteld* word nie." Rom. 10:11. Skrywers en vervaardigers sê dat as ons hulle aanwysings volg, of hulle produkte koop, ons lewens sal verander. Vertrou op ons Skepper en die skrywer van lewe om Sy Beloftes te ontvang!

Hoop alles. Ons hoop vir ons kinders moet in die Here wees. Soos wat jy Hom volg, in gehoorsaamheid aan Sy Woord en geloof het dat Hy sal voltooi wat Hy in ons en ons kinders begin het, **weet** dat Hy dit *sal* voltooi. Dit is ons hoop! "Vir die regverdiges **lê daar** vreugde **voor**; die goddeloses het geen toekoms nie." Spr. 10:28. "So smaak die kennis, die wysheid ook; as jy dié gekry het, het jy 'n toekoms, en jou **hoop** sal jou nie ontneem word nie." Spr. 24:14.

Verdra alles. Moederskap is somtyds baie moeilik. Wanneer ons voel dat ons nie meer kan nie, moedig God ons aan om aan Hom vas te hou. "Maar as iemand **tot die einde aanhou** om My te volg, dan sal God hom red." Matt. 24:13. "Ja, julle sal ter wille van my naam deur almal gehaat word. Maar wie tot die **einde toe volhard,** sal gered word." Markus 13:13.

Liefde vergaan nooit nie. Dit is ons grootste belofte: Sy liefde vir ons en ons liefde vir mekaar, veral ons kinders, sal nooit vergaan nie! "Haat verkwek twis; **liefde** bedek alles wat aanstoot gee." Spr. 10:12. "'n *Openlike bestraffing* is beter as **liefde wat onsigbaar bly.**" Spr. 27:5. "Wie is 'n God soos U...U (God) *betoon liefde*." Miga 7:18. *Wanneer ek onseker is hoe ek my kinders moet hanteer, verkies ek om in liefde te reageer aangesien ek die belofte het dat dit **nooit vergaan nie!***

Hoe dra ek liefde aan my kinders oor?

Baie moeders gee vir hulle kinders materiële besittings, maar kinders het iets anders nodig. Hulle het jou nodig!

Jou tyd. Die belangrikste ding wat jy vir jou kind kan gee, is jou tyd. Wanneer ons van iemand hou, of iemand liefhet, wil ons tyd saam met hulle spandeer. Waaraan spandeer jy die meeste van jou tyd? Waar lê jou kind, in vlakke van belangrikheid, vir jou? As jy wag dat daar tyd beskikbaar is vir jou kinders, mag hulle dalk nie meer kinders wees nie! Hulle sal hulle dankbaarheid aan jou betoon deur min of geen tyd te hê om saam met *jou* te spandeer nie. Wat kan moontlik meer belangrik wees as daardie klein dogtertjie of seuntjie? Ons weet ons mors so baie kosbare tyd op dinge wat jare van nou af, absoluut niks sal beteken nie. Daar is so 'n groot beloning daarin om tyd saam met ons kinders te spandeer. Dit is die grootste belegging wat jy ooit kan maak. Jy sal in hulle en in jou toekoms belê.

Maak oog kontak. "Ek wil jou onderrig en die pad leer wat jy moet volg. Ek wil jou raad gee en my **oog** oor jou hou." Ps. 32:8. Ons moet ons kinders leer en met ons oë opdrag gee. Maar hoe kan ons dit doen as ons meeste van ons tyd spandeer om ons kinders by 'n menigte aktiwiteite af te laai? Al bly ons om te kyk, is ons baie kere in 'n diep en lewendige gesprek met 'n ander mamma betrokke. Ons lewens is haastig, stresvol, te vol, en verreweg te uitputtend.

As ons kinders nooit in die omtrek is nie, as gevolg van skool, musiek lesse en ander aktiwiteite, hoe kan ons hulle moontlik leer of lei? Ons moet tyd neem om in hulle oë te kyk, ons liefde vir hulle te wys en hulle te leer. Hulle moet weet hulle is jou oogappel! "Beskerm my soos die appel van U oog…" Ps. 17:8. Al die aktiwitieite en talente wat ons blykbaar so besig hou, is gewoonlik tydelik; daarom, het hulle net tydelike waarde. "…ons oog is nie op die sigbare dinge gerig nie, maar op die onsigbare; want die sigbare dinge is tydelik, maar die onsigbare ewig." 2Kor.4:18.

Jou aanraking. Aanraking is baie belangrik. Dit het genesende en vertroostende krag.

Oorweeg hierdie verse:

"Die mense het ook kindertjies na Jesus toe gebring dat Hy hulle moet **aanraak**…" Lukas 18:15.

"Die mense het kindertjies na Jesus toe gebring dat Hy hulle moet **aanraak**…" Markus 10:13.

"En toe bring die mense 'n blinde man na Jesus toe en vra Hom om hom **aan te raak**." Markus 8:22.

"Al die mense het hom probeer **aanraak**, omdat daar *krag van Hom uitgegaan het en Hy almal gesond gemaak het*." Lukas 6:19.

"Maar Jesus sê: "Iemand het My **aangeraak,** want Ek het agtergekom dat daar *krag van My uitgegaan het*." Lukas 8:46.

Die eerste aanraking. Die besluit om te borsvoed is 'n besluit wat gemaak word by meeste van die vrouens se eerste prenatale besoek. Ons sal sien dat borsvoeding nie net vir kos is nie, maar ook vir jou baba se eerste aanraking. Die formule maatskappye word nou deur die wet verplig om die waarheid in hulle advertensies te praat deur te sê dat borsmelk beste vir babas is. As moeders, wil ons die beste vir ons babas hê. As gevolg van ons vorige mislukkings om te borsvoed, omdat ons beplan om terug te gaan werk toe, of net omdat ons die baba somtyds wil "los", mag ons dalk nagemaakte melk en surrogaat voeding vir ons babas kies. Baie keer is dit ons eie moeders of ons vriende wat ons aanmoedig om te bottel-voed. As 'n ouer vrou, wil ek julle jonger vrouens aanmoedig om al julle babas te borsvoed, aangesien ouer vrouens "…die jonger vrouens moet **aanmoedig** om liefdevol teenoor hulle mans en kinders te wees…" Titus 2:3-4.

Moet ons bemoedig of nie? "Aan God, die Vader van ons Here Jesus Christus, kom al die lof toe! Hy is die **Vader wat Hom ontferm** en die God *wat in elke omstandigheid moed gee.* In elke moeilikheid **bemoedig** Hy ons. Daarom kan ons ook ander **bemoedig** wat in allerlei moeilikhede verkeer." 2Kor. 1:3. Die natuurlike reaksie van 'n moeder, wie se baba of kind huil, is om te troos. Kenners kom en gaan, en saam met hulle, hulle aanbevelings oor hoe, en of ons moet reageer as 'n kind huil. Daar word huidiglik vir ons vertel dat ons ons kinders moet leer om hulself te troos, om hulle te help om onafhanklik te word.

Kinders troos hulself deur 'n teddiebeer vas te hou, hulself te wieg, hul duime of vingers te suig, of om 'n fopspeen te suig. Kinders wie se behoeftes gefnuik is, lyk asof hulle nooit behoorlik, of op die regte tyd, "gespeen" word nie. Dit veroorsaak dat die kinders vir wie 'n "plaasvervanger" gegee is, in plaas van God se voorsiening, onseker word. Hierdie kinders suig langer en langer. As jy die tyd neem om rond te kyk, sal jy agterkom dit is nie net babas wat hulle duime suig nie, maar kinders van laerskool ouderdom en ouer! Dit is nou alledaags en word vandag in skole aanvaar! Dit behoort 'n waarskuwing aan ons te wees dat iets van God se perfekte plan en ontwerp, afgewyk het. God se manier is altyd perfek.

Moet ons luister en reageer as ons kinders huil, of nie? Pleit *ons* by God en vra ons Hom om ons te hoor, bemoedig en te help? "Luister tog na my, HERE, as ek **roep**; wees my genadig en hoor my gebed." Ps. 27:7. "Hoor my smeekstem as ek na U roep om hulp…" Ps. 28:2. "…hoor tog my gebed, Here, luister na my hulpgeroep; moet tog nie koud staan teenoor my trane nie…" Ps. 39:12. Laat ons nie ons kinders ignoreer as hulle vir ons huil nie! Wil ons hê "kenners," of ouer mans, moet vir ons mans vertel om ons te igonoreer as ons huil en dat dit goed is vir ons om dit uit te huil - alleen! Natuurlik nie! Al werk niks wanneer jy probeer om jou kind te troos nie, jou kind kan nogsteeds jou liefde voel. NIEMAND wil hê haar man moet iets ongeërg oor haar trane sê soos: "O, dit is net omdat jy swanger is" of "Jy het net 'n slegte dag gehad" of "dit is net daardie tyd van die maand." Ons wil begrip en bemoediging hê. Ons wil in ons mans se arms vasgehou word.

Moedersorg tegnieke kom en gaan. Verskillende sielkundiges en kinderdeskundiges vertel ons verskillende dinge. Kom ons hou hulle advies op teen die "lig" van die Bybel om duidelik die Waarheid te sien. Dan sal ons op die Rots gevestig wees.

Die aanraking gedurende badtyd. In ons haastige wêreld, bad ons ons kinders minder en minder. Ons sien hierdie kinders in die kruidenierswinkels, ongebad en onversorg. Bad, wanneer dit rustig gedoen word, sal hulle tyd gee om te ontspan en te kalmeer. Wanneer ons ons kinders "liefdevol" bad, help dit hulle om geliefd te voel. Na die bad, is die kind so sag en ruik so lekker dat ons hulle natuurlik wil vertroetel en styf vashou. Moeders, ons kinders het hierdie tipe rustige liefde van ons nodig. En sodra *jy* hulle klaar vasgehou het, of vir hulle 'n storieboek gelees het, stuur hulle om stil op Pappa se skoot te sit om sodoende liefdevolle aanraking van hom aan te moedig. Jy kan nie vir jou kinders 'n beter geskenk gee nie.

Hulle is volwasse. Jy mag dalk hierdie lees en dink dat dit te laat is omdat jou kinders volwasse is. Nee, dit is nooit te laat om liefde te wys nie. Begin nou om jou volwasse kinders lief te hê. Begin met jou woorde. Is hulle liefdevol, aanvarend, en sagmoedig? Lê die grondslag met 'n liefdevolle drukkie en 'n "ek is lief vir jou," maak nie saak hoe oud hulle is nie.

Hulle is te groot. Niemand is te groot om liefde en 'n sagte aanraking nodig te hê nie. As hulle in hulle tienerjare is, begin met 'n liefdevolle stampie, 'n rugkrap, 'n liefdevolle drukkie op die arm, of 'n *vinnige* drukkie. Gee hulle 'n glimlag met jou oë en prys hulle vir iets. Vra God om die perfekte geleentheid te skep sodat jy iets goedhartig, liefdevol en opreg kan sê.

Spyt. Het jy foute gemaak of het jy berou oor jou ouerskap? Het jy hierdie berou met jou volwasse kind gedeel? Dit maak mens nederig, maar dis belonend. "Hoogmoed bring 'n mens tot 'n val, nederigheid bring eer." Spr. 29:23. As jou familie genesing nodig het, is daar 'n Bybelse resep. "Bely julle sondes eerlik teenoor mekaar en bid vir mekaar, sodat julle gesond kan word. Die gebed van 'n gelowige het 'n kragtige uitwerking." Jak. 5:16.

Miskien moet jy begin deur jou mislukkings aan 'n intieme vriendin te bely, sodat julle dit albei in gebed kan was. Bid vir 'n geleentheid, vir die regte woorde om te sê en vir die hart van jou volwasse kind om ontvanklik te wees om te hoor. Wees voorbereid om hulle seer te hoor. God sê vir ons. "'n Verontregte broer is ontvankliker as 'n vestingstad; rusie is soos die sluitbalk van 'n fort." Spr. 18:19. Maar moet nie moed verloor nie. Spr. 10:12 sê, "Haat verwek twis; liefde bedek alles wat aanstoot gee." En 1Pet. 4:8 sê "Bo alles moet julle mekaar hartlik liefhê, want die liefde bedek baie sondes." Maak seker dat jy alle verantwoordelikheid aanvaar. Dit mag wys wees om lesse 3 en 4 te hersien, "Sagte en Kalm Gees" en "Goedhartigheid is op Haar Tong," voor julle ontmoeting.

Liefdevolle dissipline. Ons moet ook ons liefde vir ons kinders wys met liefdevolle dissipline. "Ek bestraf en tug elkeen wat ek liefhet. Laat dit dan vir julle erns wees en bekeer julle." Ope. 3:19. Ons kinders het ons dissipline nodig sodat ander hulle ook kan liefhê. Ons het die gesegde gehoor: *Hy is 'n seun wat net 'n ma kan liefhê.* 'n Kind wat ongedissiplineerd, oproerig en 'n tekort aan selfbeheersing (of ouerlike-beheersing) het, word 'n groot onreg aangedoen deur sy ouers. Dit is veral skandelik vir sy moeder. "'n Pak slae en 'n teregwysing bring wysheid; 'n Kind wat sonder dissipline grootword, steek **sy moeder in die skande.**" Spr. 29:15. Ons kinders het ons nodig om hulle te onderrig sodat hulle verantwoordelike volwassenes kan word. Dit neem alles tyd, geduld en sagmoedigheid. Jy sal baie dinge moet verdra, baie dinge moet glo, baie dinge moet hoop en baie dinge moet verduur, maar daardie soort **liefde** sal nooit misluk nie!

Vir meer informasie is daar 'n Werkboek, *Tuisskool vir Hom*! beskikbaar deur ons ministerie.

Ons Grondslag vir Dissipline Moet Sy Woord Wees

Vir onderrig, dwaling te bestry, verkeerdhede reg te stel, vir opleiding. Daar word 90 keer in die Ou Testament na dissipline verwys wanneer God sy kinders dissiplineer, en wanneer God se kinders hulle eie kinders dissiplineer. Dissipline word 36 keer in Spreuke gevind, en verwys amper altyd na die ouer-kind vehouding. As ons goeie kennis van kinderopvoeding wil hê, moet ons hierdie verse in Spreuke lees en merk as ons grondslag om ons kinders te onderrig. "Die hele Skrif is deur God geïnspireer en het groot *waarde* om in die waarheid te **onderrig, dwaling te bestry, verkeerdhede reg te stel en 'n regte lewenswyse te** kweek, sodat die man wat in diens van God staan, volkome voorberei en toegerus sal wees vir elke goeie werk." 2Tim. 3:16-17. Soos wat ons sal sien in die volgende verse; dissipline is 'n hulpmiddel vir *herstel*, eerder as veroordeling, om 'n persoon *geestelik* na sy regmatige plek te bring.

Om hom sy eie hart te laat ken. Regstelling dui nie altyd die toediening van pyn of teleurstelling aan nie. As moeders, moet *ons* 'n gedissiplineerde lewe lei om ons in staat te stel om ons kinders behoorlik te korrigeer en dissiplineer. Ons moet vasberade wees om elke konflik met *ons* selfbeheersing te wen en nie "in te gee" of 'n gedrag of houding oor te sien nie. "…die vrug van die Gees, daarteenoor, is liefde, vreugde, vrede, geduld, vriendelikheid, goedhartigheid, getrouheid, nederigheid en **selfbeheersing.** Teen sulke dinge het die wet niks nie." Gal. 5:22. Was jy nalatig in regstelling omdat jy nie regtig gepla wil word nie? "God het hom verlaat, dit was om hom te toets en **hom sy eie hart te laat ken.**" 2Kro. 32:31.

Op U Woord kan 'n mens hom geheel en al verlaat. Ons vind ook dat God altyd sy fisiese straf voorafgegaan het deur *eers Sy Woord te kommunikeer.* "**Op U woord kan 'n mens hom geheel en al verlaat.** Al U bepalings is regverdig. Hulle staan vas." Ps. 119:160. Dit word tug genoem. Die woordeboek definieer tug as "onderrig wat bedoel is om 'n spesifieke karakter of gedrag patroon te produseer." As ouers moet ons tug of fisiese straf gebruik om 'n kind se gedrag patroon te verander en 'n karakter verandering teweeg te bring.

Wat het ons weerhou om God se Woord te volg?

Deur nie die Skrif te ken nie. Dit is ons verantwoordelikheid om die Skrif goed genoeg te ken sodat ons nie mislei word nie. "Lê jou daarop toe om jou tot beskikking van God te stel as 'n arbeider wat die goedkeuring van God wegdra, 'n arbeider wat hom vir sy werk nie hoef te skaam nie, wat die **woord van die waarheid suiwer verkondig.**" 2Tim. 2:15

Op die verkeerde pad. Die gebrek aan behoorlike instruksie uit God se Woord in ons Sondagskool klasse, of vanaf die preekstoel, het gelei tot massas opstandige kinders. "Hy sterf deur sy gebrek aan selfbeheersing, sy dwaasheid het hom **op die verkeerde pad gebring**." Spr. 5:23.

Nie aan my toegewy nie. Ons het 'n gebrek aan Bybelse kennis om ons kinders behoorlik te dissiplineer en op te lei. Daarom, "My volk gaan onder omdat hulle **nie aan my toegewy is nie.**" Hosea 4:6.

En in 'n vrugtelose gepraat verval het. Baie Christene volg die gewildste "deskundiges" van hulle tyd. Maar, die Skrif vertel ons dat ons nie aandag aan hulle moet skenk nie "…daar is sekere mense wat vals leerstellings versprei, jy moet dit hulle verbied. Hulle moet hulle nie met verdigsels en eindelose geslagregisters besig hou nie. Sulke dinge gee eerder aanleiding tot twisgesprekke as dat dit die vorming bevorder wat God deur die geloof voer…daar is mense wat hiervan afgedwaal het en in 'n **vrugtelose gepraat verval het…**" 1Tim. 1:3.

Verdigsels. Ons word vertel dat ons sal soek vir dit wat ons "wil" hoor. "Want daar sal 'n tyd kom wanneer die mense die gesonde leer nie meer sal verdra nie. Hulle sal hulle eie begeertes volg en vir hulle leermeesters bymekaarmaak wat net sal sê wat hulle graag wil hoor. Hulle sal die waarheid nie wil hoor nie en hulle tot **verdigsels** wend." 2Tim. 4:3-4. Sommige van die gewildste verdigsels, wat algemeen in ons Christelike boeke is, en aanvaar word as *teorieë* van dissipline onder Christene:

Die kind met 'n sterk wil. Wanneer jy die Skrif deursoek, sal jy vind dat God *nie onderskeid* tref tussen persoonlikheids tipes soos 'n kind met 'n sterk wil, melancholies, leeu, ens. om kinders te dissiplineer, op te lei of te leer nie. Sekerlik moet 'n kind wat nie buig wanneer hy gedissiplineer word nie, versigtig hanteer word sodat ons nie die Woord van God sal verwaarloos nie. Ons moet baie versigtig wees om nie iets by God se Woord te voeg nie. "Moenie iets byvoeg by wat ek julle beveel nie en moet ook nie iets daarvan wegvat nie, maar gehoorsaam die HERE julle God se gebooie wat ek julle gegee het." Deut. 4:2.

Nog iets wat ons verkeerdelik vertel word is om nie die "gees" van die kind te breek nie. Maar die doel van straf is om die "gees" van rebellie te *vernietig*. As jy vir 'n kind sê om nie iets te doen nie, en hulle doen dit, moet jy die *rebellie* straf. Dreigemente sal nie die "gees" van rebellie vernietig nie. Om die waarheid te sê, aanhoudende dreigemente sal net die gees van rebellie verskerp. Jy moet met die lat straf. Moet nooit "dreig" nie. Jy moet altyd bedoel wat jy sê en die straf deurvoer nadat jy gewaarsku het. As jy dit nie doen nie, lieg jy vir jou kind! **"Onverstandigheid** is eie aan 'n jong mens, maar 'n pak slae **haal dit uit hom uit."** Spr. 22:15.

Doelbewuste tarting. Nog 'n wanopvatting, wat in gewilde boeke gevind word, is dat ons net dissipline vir "doelbewuste tarting" moet toepas. Tog, vind ons duidelik in die Skrif dat dit nie die Waarheid is nie. "Onverstandigheid" is ook 'n rede vir straf, byvoorbeeld as 'n kind vergeet om te doen wat aan hom gesê is om te doen. **"Onverstandigheid** is eie aan 'n jongmens, maar 'n **pak slae** haal dit uit hom uit." Spr. 22:15. Maar hoekom sal ons iets aanvaar wat vals is en nie in die Skrif gevind word nie? Kan dit wees dat ons iets *wil* hoor wat onwaar is oor kinder dissipline? Kan dit ons vrees wees?

As jy vir 'n mens bang is kan jy in 'n strik beland. Maar as ons wel dissipline toepas volgens wat die Skrif sê, wel, wat van die Welsyn en kindermishandeling? Weer, kom ons kyk na die Skrif vir die Waarheid. "As jy **vir 'n mens bang is kan jy in 'n strik beland**, maar as jy jou vertroue in die HERE stel, is jy veilig." Spr. 29:25.

Moenie bang wees vir die spot van mense nie. Wat sal ander mense (familie of vriende) sê? "Luister na My, julle wat doen wat reg is, volk in wie se hart my wet is, **moenie bang wees vir die spot van mense nie,** moenie skrik as hulle julle **beledig** nie." Jes. 51:7. (Beledig word gedefinieer as verbale aanvalle. Spot word gedefinieer as blaam, skande of diskrediet.) Ons moet ons nie bekommer oor verbale aanvalle nie, of mense wat probeer om ons in die skande te steek of te diskrediteer nie. "En jy mens, moenie bang vir hulle wees nie, ook nie vir wat hulle sê nie, moenie vir hulle skrik nie. Hulle is 'n weerbarstige volk." Ezek. 2:6.

Moet niks byvoeg nie. Verwerp die "teorieë" en korreksie "tegnieke" van vandag se wêreld, soos bv. "tyd uit," "hok" of om voordele te verwyder, ens, in plaas daarvan om die lat te gebruik. **"Moet niks byvoeg by wat Hy gesê het nie**; Hy sal jou bestraf, en jy sal daar *staan* as 'n leuenaar." Spr. 30:6.

Sy manier. Maak 'n verbond met God dat jy **Sy manier** sal volg, ongeag wat die wêreld sê.

Die Waarheid oor Dissipline

Kom ons kyk na spesifieke verwysings in die Skrif vir wysheid:

Wanneer jy 'n kind straf bewys dit aan hom dat jy hom liefhet. "Wie sy seun nie **straf** nie, *het hom nie lief nie*; as jy hom **liefhet,** sal jy hom straf wanneer dit nodig is." Spr. 13:24. Ek het aan my kinders verduidelik dat ek nie ander kinders dissiplineer nie, net my eie. Dit is omdat ek lief is vir hulle op dieselfde manier wat ons Hemelse Vader lief is vir ons en Hy dissiplineer dié wat Syne is. "Want die Here tug hom wat Hy liefhet, Hy straf elkeen wat Hy as kind aanneem." Hebr. 12:6.

Die tyd om te straf is van die begin af. Moenie wag om jou kind van sy verkeerde maniere weg te draai nie. "Dissiplineer jou kind **vroeg** terwyl daar nog steeds hoop is." Spr. 19:18. Die Lewende Bybel voeg by, "as jy dit nie doen nie sal jy sy lewe ruïneer." Dit beteken beide vroeg in ouderdom en vroeg in hulle ongehoorsaamheid. So baie dink dat jy 'n baba nie kan of moet leer om die regte ding te doen nie. Tog sal jy verbaas wees oor wat 'n baie jong kind kan verstaan. Die moeilikste ding om te *breek* is 'n kleuter of ouer kind se gedrag (of houding) wat hulle toegelaat was om te geniet. Stop en straf die slegte gedrag die eerste keer wat hulle dit doen.

Net dwase wat wysheid en opvoeding gering ag. Ons kan sien dat ons nie net die "wil " van die kind moet breek nie, maar ons moet die "gees" van rebellie ook breek. Maar hoe kan ons bepaal of dit sy wil of sy gees is wat opgelewer is? As die kind enige soort woede, wrokkigheid of sarkasme uitbeeld na die straf, beteken dit dat die gees van rebellie nog steeds daar is! "Kennis begin met die dien van die HERE; **dit is net dwase wat wysheid en opvoeding gering ag**." Spr. 1:7. Rebellie kom in verset teen gesag, en dus in verset teen God.

Red jy sy lewe. Die wins van *tydelike pyn* is *permanente karakter verandering*. Wie is sterker en meer vasberade, jy of jou kind? "Moenie huiwer om 'n kind te straf nie, want as jy hom slaan, **red jy sy lewe**." Spr. 23:13 In die lewe moet ons "vir 'n seisoen" pyn in die gesig staar om sodoende dit wat God vir ons wil gee vir 'n leeftyd, te kan geniet.

Wat is die voordele om ons kinders behoorlik reg te stel? Die regte voordele van straf is geestelik. "Jy moet hom juis slaan om **hom van die dood te red**.". Die Nuwe Lewende Vertaling sê, "As jy hom wil **red van die dood**, moet jy hom juis lyfstraf gee." Spr. 23:14.

Weereens, wanneer jy 'n kind straf, bewys jy jou liefde aan hom. "Wie sy seun nie straf nie, <u>het hom nie lief nie</u>; as hy hom liefhet; sal hy hom straf wanneer dit nodig is." Spr. 13:24.

Die doel van straf is om sy lewe te herlei. "'n Sweep vir 'n perd, 'n toom vir 'n donkie, en 'n lat vir 'n dwaas." Spr. 26:3. Moenie 'n sweep gebruik nie aangesien jou kind nie 'n perd is nie, nog minder 'n toom aangesien jou kind nie 'n donkie is nie. Om die Skrif te volg moet ons 'n "hout" lat op die agterent gebruik. Ons het 'n straf aangebring wat egte berou tot gevolg gehad het. "'n Pak slae en 'n teregwysing bring wysheid; 'n kind wat sonder dissipline grootword, steek sy moeder in die skande." Spr. 29:15. Deur straf te vermy sal uiteindelik skande oor jou, as 'n moeder, bring. Al die Skrifgedeeltes is duidelik oor straf; die lat is die enigste "kuur" vir rebellie. Ander "tegnieke" kan gebruik word in plaas van die lat, maar dit word min benodig en moet spaarsamig en versigtig gebruik word.

Die ministerie van versoening. "Jy is Gehok!" Baie ouers beoefen en glo in die "hok" metode. Gedurende 'n bepaalde tyd, is die kind in die "hondehok," by wyse van spreke. Maar dit is nie Skriftelik nie. Ons moet fisiese straf toedien (die lat) en dan ons kinders leer om om vergifnis te vra. Dan moet ons vergewe! "Dit is alles die werk van God. Hy het ons deur Christus met Homself versoen en aan ons die bediening van die versoening toevertrou. Die boodskap van versoening bestaan daarin dat God deur Christus die wêreld met Homself versoen het en die mense hulle oortredinge nie toereken nie. Die boodskap van versoening het Hy aan ons toevertrou." 2Kor. 5:18-19.

Vergewe en troos hom. Bewys jou liefde aan hom na die straf. "...vergewe en bemoedig, anders kan hy so hartseer word dat hy

heeltemal *moed verloor*. Daarom vra ek julle: Bewys liefde aan hom."
2Kor. 2:6.

Gebruik die Lat:

As hy hom liefhet sal hy hom straf. Is jy lief genoeg vir jou kind om die lat te gebruik? "Behandel jou seun streng, dan is daar hoop, maar moet jou nie te buite gaan en hom doodmaak nie." Spr. 19:18. "Wie sy seun nie straf nie, het hom nie lief nie; **as hy hom liefhet, sal hy hom straf** wanneer dit nodig is." Spr. 13:24. En, "Ek bestraf en tug elkeen wat ek liefhet. Laat dit dan vir julle erns wees en bekeer julle." Op. 13:24.

Baie ouers laat hulle kinders wegkom met ongehoorsaamheid omdat hulle nie vir hulle kinders vertel wat van hulle verwag word nie en glo nie dit is "regverdig" om die lat te gebruik nie. In plaas daarvan waarsku, waarsku en waarsku hulle. Wanneer jy vir jou kinders sê om iets te doen, of nie te doen nie, kyk of daar 'n verwysing vir jou leringe in die Bybel is. As daar 'n spesifieke vers is wat van toepassing is, maak dan die Bybel oop en laat hulle (of jy) dit hardop lees. Dames, dit is 'n goeie rede om die Woord te ken!

Jou doel met die lat (pakslae) is sodat die kind sonde met pyn moet assosieer. Wat die belangrikste is, is dat die kind weet, deur jou aksies, dat jy nie kwaad is vir hom nie, maar eerder dat jy die sonde haat. Is dit nie dieselfde patroon wat ons Hemelse Vader met ons gebruik nie? God sal ons dissiplineer maar Hy hou nooit op om lief te wees vir ons nie.

Wanneer jy 'n kind roep om te kom, en hy kies om nie te luister nie, loop eenvoudig oor en raps hom op die agterkant van sy beentjie; dit sal hom aanmoedig om te beweeg. Wanneer daar vir 'n kind gesê word om nie te roep vir iets om te drink, of enige iets anders, nadat sy in die bed gesit is nie, is dit so eenvoudig as om in te loop, die laken terug te trek en haar 'n raps te gee. Buig dan oor, soen haar weer en sê *vriendelik* en *liefdevol* om nie weer te roep nie. Wanneer daar vir twee kinders gesê word om nie te baklei nie, is dit so eenvoudig as om oor te loop na hulle toe en elkeen gou 'n raps te gee. Dit is nie nodig om te skreeu, kwaad te wees of te *verduidelik* nie!

As hulle geskok voorkom, mag jy verduidelik *nadat jy alreeds die lat gebruik het*. Daar is te veel ouers wat tyd spandeer deur met hulle kinders te debatteer. Moeders, jou familie is nie 'n demokrasie nie. God in sy oneindige wysheid het 'n lyn van gesag geskep met 'n doel. Moenie jou eie gesag ondermyn as gevolg van verbale debatte met jou kinders nie. **En moenie wag totdat jy kwaad is nie**. "'n Vrolike mens is 'n gesonde mens, 'n neerslagtige mens raak uitgeput." Spr. 17:22. As jy wag en hoop dat hulle sal kom, of gehoorsaam, of ophou waarmee hulle besig is, dan is daar 'n goeie kans dat jy kwaad sal word. As jy eerder die lat toedien, veroorsaak dit pyn sonder vertraging, en kan jy jou aangesig vrolik hou.

Omdat ek julle so hartseer gemaak het dat julle tot inkeer gekom het. Die gebruik van die lat is om gehoorsaamheid en inkeer voort te bring. "Nou is ek egter bly, nie omdat ek julle hartseer gemaak het nie, maar omdat ek julle **so hartseer gemaak het dat julle tot inkeer gekom het**. Julle was immers hartseer soos God dit wou hê. Ons het julle dus in geen opsig benadeel nie." 2Kor. 7:9. "Jy moet hom juis slaan om hom van die dood te red." Spr. 23:14. As jy nou vir my wil vertel dat jou kinders nie sal reageer as jy hulle pak gee, of enige ander fisiese korreksie toedien nie - dan gee jy nie genoeg pakslae nie of dit is nie hard genoeg nie! Jy moet eenvoudig seker maak dat dit seermaak.

Baie ouers is bang vir permanente skade, of hulle is bang vir mishandeling. Al wat 'n kind nodig het, is om die "volle effek" van die lat **een keer** te voel, dan sal hulle altyd die lat en hulle ouers respekteer. Mishandeling kom van woede. As jy dit ieder en elke keer "in die kiem smoor", in plaas daarvan om onbehoorlike gedrag te ignoreer, dan sal jy nooit die punt van mishandeling bereik nie. Mishandeling is besig om te vermeerder omdat ouers opgehou het om lyfstraf op hulle kinders toe te pas. Teen die tyd wat die kind die ouer se geduld totaal uitgeput het (omdat al die ander metodes eenvoudig nie werk nie), dan reageer die uitgemergelde ouer deur beheer te verloor.

Waar die hart van vol is loop die mond van oor. Dit is somtyds belangrik om te vra vir 'n "Ek is jammer, vergewe my asseblief vir…" aangesien "'n Wyse mens praat verstandig en kies sy woorde sodat hy ander kan leer." Spr. 16:23. "Die goeie mens bring die goeie te voorskyn uit die oorvloed goeie dinge in sy hart, en die slegte mens bring die slegte te voorskyn uit die oorvloed slegte dinge. **Waar die hart van vol is, loop**

die mond van oor." Lukas 6:45. Dit moet opreg sonder enige wrokkigheid, woede of mooipraat wees. As die kind weer rebelleer teen gesag, deur te weier om te voldoen aan jou versoek met die regte hart, herhaal dan die pakslae totdat hulle die "volle effek" voel.

Blydskap as jy goed doen. Jy moet ware berou *sien*. "…Kain het baie kwaad geword en hy was bedruk. Toe sê die HERE vir Kain: 'Waarom is jy kwaad? Waarom is jy bedruk? Wag daar nie vir jou **blydskap as jy goed doen** nie? As jy nie goed doen nie - **die sonde wag jou in daarbuite en hy wil jou in sy mag kry.** Maar jy moet oor hom heers.'" Gen. 4:5-7. As jy te bang is om deur te druk, en jy laat hulle koverte woede teenoor jou as gesag toe, sal jy eendag vind dat hulle bitterheid teenoor jou, julle verhouding sal vernietig.

Vergewe en bemoedig hom. Sodra jy 'n kind het wie se rebelse gees gebreek is, bevestig jou liefde vir hom, verbaal en fisies. Gee hom 'n drukkie en laat hy op jou skoot sit, as hy nie te oud of te swaar is nie. "Daarom vra ek julle: Bewys liefde aan hom." 2Kor. 2:8. "Vir so iemand is die bestraffing deur die meerderheid swaar genoeg. Nou moet julle so iemand liewer **vergewe en bemoedig**, anders kan hy so hartseer word dat hy heeltemal moed verloor." 2Kor. 6-7. Op hierdie stadium sal daar vir jou geen nodigheid wees om hulle te "hok", "na hulle kamers te stuur", "hulle voordele weg te neem", of enige ander middel van straf te gebruik nie.

Bewys liefde aan hom. Nadat jy die lat op jou kind gebruik het, maak seker dat jy jou liefde vir hom wys. "Daarom vra ek julle: **Bewys liefde aan hom**." 2Kor. 2:8. Moet nooit korrigeer of die "lat" gebruik voor mense buite die gesin nie. Ons moet nooit ons kinders in die skande steek terwyl ons omstanders in die verleentheid stel in die proses nie. "Laat alles by julle in liefde geskied." 1Kor. 16:14. "'n Mens wat met wysheid bedeel is, word verstandig genoem, en as hy sy woorde reg kies, kan hy ook ander leer." Spr. 16:21. Liefde is 'n belangrike grondslag vir jou om vir jou kind te wys. "Die doel van hierdie opdrag is om **liefde te wek wat uit 'n rein hart**, 'n goeie gewete en 'n opregte geloof kom." 1Tim. 1:5. *Maak seker dat jou houding teenoor hulle bevestig dat alles vergewe en vergete is*.

Waarskuwing: As jy as 'n moeder deur die regte stappe van korreksie gaan, dan sal daar geen rede wees om hulle vir 'n tweede keer te straf "wanneer hulle pa by die huis kom" nie. As jy jou man bewus wil maak van 'n probleem wat gedurende die dag plaasgevind het, doen dit dan in privaatheid. Selfs ons hof sisteem laat nie toe dat iemand twee keer vir dieselfde misdaad verhoor word nie!

Vreugde en gemoedsrus. God se Woord is waar. Vertrou jy Hom of vertrou jy die wêreld se advies of die wêreld se waarskuwings? "Gee jou seun 'n goeie opvoeding en jy sal **gerus** wees oor hom; hy sal jou **baie vreugde verskaf**." Spr. 29:17.

Maak 'n Verbintenis

Moet nie te lank wag nie. Begin om jou kinders te leer en te dissiplineer terwyl hulle nog jonk is. Moenie wag om slegte gedrag te korrigeer nie. Neem aksie sodra hy met ongehoorsaamheid of 'n onaangename houding *begin*.

Skrywer van rebellie. Onthou dat die **skrywer van rebellie** Satan is. God is die skrywer van dissipline en gesag. Wie sal jy dien? Wie sal jou kind dien?

Kweek respek. Dissipline **kweek respek** vir jou en vir alle gesag. Verder, die tekort aan behoorlike korreksie **kweek disrespek** vir jou en vir alle gesag.

Bely julle sondes. Ouerlike korreksie is net tydelik; jy het net 'n paar jaar! So begin vroeg terwyl die klei nog sag is. As jy wag tot hulle tieners is, sal jy 'n voorhamer nodig hê om die beton weg te kap. As jou kinders volwasse is en jy het hulle nie gedissiplineer en Bybels opgelei nie, dan het jy seker baie hartseer en baie slapelose nagte gehad. Jou troos is gebed! God is 'n God van wonderwerke. Bely jou tekort aan gehoorsaamheid aan Sy Woorde en Sy maniere aan jou volwasse kind. "**Bely julle sondes** eerlik teenoor mekaar en bid vir mekaar, sodat julle gesond kan word. Die gebed van 'n gelowige het 'n kragtige uitwerking." Jak 5:16.

Energie en toewyding. Dit sal **energie en toewyding** van jou verg, maar die resultate is die moeite werd! Betaal nou of bid later!

Opleiding

Om 'n kind groot te maak om 'n Goddelike volwassene te wees, vat meer as dissipline - dit neem opleiding. "Gee leiding aan 'n jongmens oor hoe hy moet leef, en hy sal ook as hy al oud is nie daarvan afwyk nie" Spr. 22:6. Die vers sê om hom op te lei oor hoe hy moet leef, nie hoe hy "nie" moet leef nie. Baie keer spandeer ons al ons tyd om vir die kind "nee" te sê of wat om *nie te doen nie*, in plaas daarvan om die tyd te gebruik om hulle op te lei. Deur God se Woord te volg, sal jy die nodigheid vir baie dissipline voorkom. Lei jou kinders op in wat om *te doen!*

Nie aan my toegewy nie. Die Skrif sê vir ons, "My volk gaan onder omdat hulle **nie aan my toegewy** is nie." Hosea. 4:6. Gaan jou kinders onder omdat hulle nie die kennis het van wat hulle *moet* doen nie? (Vir meer inligting lees en wend *Werkers By die Huis* aan. Dit sal jou help om jou kinders DUIDELIKE aanwysings te gee en die resultaat sal goed-opgeleide kinders wees oor wie mense kommentaar sal lewer!)

Wat 'n mens saai. Ons stuur ons kinders skool toe, of Sondag skool toe, vir hulle om kennis op te doen, maar God het hulle aan ons gegee. Leer hulle wat *ons* hulle sou leer, as ons die tyd geneem het? Kom ons onthou, "Moenie julleself mislei nie: God laat nie met Hom spot nie. Wat 'n **mens saai**, dit sal hy ook oes." Gal. 6:7.

Hoe hy *moet* leef. As ons hulle nie oplei en dissiplineer nie, kan ons eerlik sê: "Gee leiding aan 'n jong mens **oor hoe hy moet leef,** en hy sal ook as hy al oud is nie daarvan afwyk nie"? Spr. 22:6.

Klaar met die dinge van 'n kind. Daarom, as ons die beloftes van Spr. 22:6 wil eis, moet ons ons kinders leer en oplei. Help hulle om weg te doen met die dinge van 'n kind soos wat hulle volwasse word. "Toe ek 'n kind was, het ek gepraat soos 'n kind, gedink soos 'n kind, geredeneer soos 'n kind. Maar noudat ek 'n man is, is ek **klaar met die dinge van**

'n kind." 1Kor: 13:11. Leer en onderrig hulle in hierdie karakter eienskappe:

Werk met Ywer

Leer hulle om met ywer te werk. Ywer is entoesiasme, genot, opgewondenheid, vreugde, toewyding en passie. Help jou kind om goeie **werk** etiek te hê. Gee hulle opdragte wat hulle elke dag moet uitvoer. Vrouens wat net een of twee kinders het, het baie keer nie die kinders se hulp nodig met die huiswerk of tuinwerk nie. Maar deur hulle nie te leer om "hulle deel" te doen nie, sal jy jou kinders se toekoms grootliks kompromeer.

Wil hê en benodig. Wanneer jy 'n kind se hulp nodig het, help dit om aan die kind te wys dat jy hom wil hê en **nodig** het. Daar is 'n hoofstuk in *Werkers by die Huis* wat jou sal help om 'n sisteem, wat jou kinders insluit, te implementeer wat my huis al vir meer as 20 jaar aan die gang hou!

Verantwoordelikheid! Werk leer hulle om te waardeer wat hulle het en op sy beurt leer dit hulle **verantwoordelikheid**! As hulle dit wat hul het, *verdien* het, sal hulle dit oppas en alles wat God hulle in die toekoms gee. Ons vereis dat ons kinders vir sport uniforms, inskryf fooie, skool kurrukilum, ortodontiese draadjies en baie van hulle eie klere, betaal. *Noudat my kinders tieners is, is hulle so dankbaar vir hierdie les. Hulle het eintlik hierdie punt net laas week opgebring - ongelooflik!*

Winsgewend in Diens

Werk. Neem jou kinders in diens deur **werk beskikbaar** te maak waar hulle geld kan *verdien*. Dit moet bo en behalwe hulle normale pligte wees.

Wanneer hulle jonk is. Begin deur eers rondom die huis te kyk vir dinge wat hulle in staat is om te doen. Jy moenie wag totdat hulle te oud is nie; begin **wanneer hulle jonk is**. Ons betaal ons jonger kinders met lekkernye, voordele of 'n skamele 25 sent vir goeie arbeid.

Buite. Volgende, soos wat hulle grootword, kan hulle buite begin werk, in die motorhuis, of aan die kar. Buite is die volgende stap nadat hulle die verantwoordelikhede binne bemeester het.

Die buurt. Laastens, nadat hulle van binne na buite bevorder is, en hulle werk goed, is hulle gereed om in die **buurt** te werk. Hulle kan karre was, tuinwerk doen, diere voer, swartsakke uit vat en ouer vrouens help met hulle huishoudelike take. As hulle ouers, kyk rond vir die behoeftes in jou buurt.

Nota: Maak seker dat hulle hulp aan jou of 'n buurman/vrou, nie altyd vir geld is nie - hulle moet behulpsaam aan jou, weduwees en die armes wees.

Geld wat hulle verdien het. Wat doen hulle met die geld wat *hulle* verdien het? Dit is belangrik dat jy nie die onderrig proses stop sodra hulle geld verdien het nie. Jy moet hulle leer hoe om die **geld** te spandeer wat **hulle verdien het.**

Kinders se begeertes. Die ergste ding wat jy kan doen, is om in al jou **kind se begeertes** te voorsien. Ook, moenie die goed vervang wat hulle verloor of beskadig het nie, of wat gesteel is nie - as dit deur *hulle* eie onverantwoordelikheid veroorsaak is nie.

Oorgedra na hulle volwasse lewe. Dit wat jy hulle nou leer om met hulle geld, wat hulle verdien het, te doen, sal **oorgedra word na hulle volwasse lewens.** Wil jy hê hulle moet op *jou* staatmaak sodra hulle *veronderstel* is om op hulle eie te wees?

God voorsien in al ons behoeftes. Tiendes eerste! Leer jou kinders dat **God in al ons behoeftes voorsien.** God vra net dat ons Hom 10% gee en ons kan 90% hou! Tiendes word gegee op alles wat *verdien* word. Tiendes word nie gegee wanneer die kind geld kry as 'n geskenk van iemand nie.

Spaar 10%. Spaar! Leer die kind om die volgende **10% te spaar.**

Toekomstige behoeftes. Volgende, betaal vir behoeftes. Kyk vorentoe na hulle **toekomstige behoeftes** soos hierbo genoem (tariewe, toerusting of klere), of moontlik 'n verjaarsdag geskenk, Moedersdag geskenk, ens.

Leer wyse aankope. Laastens, die kind mag op sy "begeertes" spandeer. Die omsigtigheid hier is om hulle **wyse aankope te leer**. Dit kan net gedoen word as JY wyse aankope beoefen. Die BESTE manier om te begin is om aan te koop wat jy regtig nodig het en sal gebruik, lees Hoofstuk 2, "Verwyder Rommel" in die boek, *Werkers by die Huis*. Toe ek ontslae geraak het van ALLES wat ek gekoop het, maar nie gebruik het nie, het dit my aankoop praktyke verander, en dit het dieselfde vir talle vrouens gedoen wat dieselfde resultate gehad het.

Sy *eie* geld. Moenie speelgoed, speletjies of boeke toelaat, wat 'n slegte invloed op jou kind het, net omdat hy sy **"eie geld"** gebruik nie. Ook, moet hulle nie toelaat om rebelse klere te koop (dinge wat jy nie vir hulle sou koop nie), net omdat dit hulle geld is nie.

Die beste kopie. Help jou kind om dinge aan te koop wat sal hou, soek die **beste aankoop** en moenie val vir items wat net "giere" is nie.

Organisasie

Leer hulle om te organiseer. Jy moet jou kind oplei **om georganiseer te wees,** maar jy kan nie oordra wat jy nie self geleer het nie! My moeder, God seën haar, was die ongeorganiseerdste mens wat ek ooit geken het. Toe ek getroud is, het ek geen idee gehad hoe om my huis te organiseer en als glad te laat verloop nie. As jy probleme het in hierdie area, is daar hoop. Ek het meeste van die idees hoe ek my huis en familie (van nege) glad laat verloop, neergeskryf. Kry 'n afskrif van *Werkers by die Huis*: *Maak die Meeste van Jou Tyd.* 'n Vrou, wie al my boeke besit, het vir haar vriendin vertel; *"Werkers by die Huis is die BESTE boek wat ek al ooit gelees het, sonder twyfel! Dit werk!" Boca Rotta, FL.*

Soos wat hulle wil. Wees ywerig dat hulle hulle kamers aan die kant hou. Baie moeders dink omdat dit "hulle kamers" is, kan hulle dit onderhou **soos wat hulle wil,** solank die deur toe is.

Hulle huise. Daarom, sal jou dogters eendag **hulle huise** ook so onderhou!

Was toegelaat om sy kamer slordig te hou. Baie vrouens laat hulle seuns toe om slordig te wees. Ek dink nie jy sal gewild wees by jou skoondogter wanneer jou seun sy huis onderhou soos wat hy **toegelaat was om sy kamer te onderhou nie**!

*Wees versigtig: Wees versigtig om "territoriale houdings" oor **hulle kamers** en **hulle goed** te kweek. Jy moet jou kinders leer, en self uitbeeld, dat ons "niks besit nie." Ons is rentmeesters oor alles wat **God** aan ons toevertrou het.*

Hoe *om* dit te doen. Leer hulle **hoe om** al die take en werkies **te doen** wat van hulle gevra word om te doen.

Reg gedoen. Werk eers saam; dan later, wanneer hulle die vaardigheid bemeester het, kyk af en toe om seker te maak dis **reg gedoen.**

Alles is wonderlik. Baie deskundiges sê vir ons dat ons die kind se selfbeeld skade sal aandoen as ons nie sê **"alles is wonderlik"** nie. Dan wanneer hulle veilig uit die kamer is, kan ons "regmaak" wat hulle gemis of verkeerd gedoen het. Kinders verkies en benodig die waarheid van ons. Moet nie bang wees om hulle te korrigeer nie. Maak net seker dit word deur liefde gemotiveer, nie 'n begeerte om te bewys dat hulle 'n mislukking is nie.

Bou die agting. Jy wil nie die **agting van jou kind bou** nie. (As jy nie oorreed is nie, lees weer les 6, Nederigheid teenoor Selfbeeld.)

Wil verbeter. Dit is belangrik om hulle op te lei met die begeerte om te **"wil verbeter."** Dit behoort 'n deurlopende proses te wees. Om dinge reg te doen, moet nagestreef word, nie 'n kwessie van 'n nederlaag nie.

Gereed vir inspeksie, Mevrou. *Ek laat die kinders sê "Gereed vir inspeksie, Mevrou." Dan wys ek die dinge uit wat hulle gemis het. Ek kom dan later terug om weer te kyk.*

Berei vooraf. Leer hulle hoe om **vooraf reg te maak** deur die tafel die aand vantevore te dek vir ontbyt, klere uit te lê vir die volgende dag, hulle sport sakke te pak na die klere skoon en droog is, en om dinge by die deur te sit om te vat wanneer hulle by die deur uitgaan. Jy sal wenke hieroor vind in *Werkers by die Huis*: *Maak die Meeste van Jou Tyd.* Huiswerk

Verlaag jou verwagtinge. Wanneer jy met kinders werk, is geduld die meeste nodig, saam met **laer verwagtinge** as wat ons vir onsself mag hê.

Belê in die toekoms. Dit mag dalk nou makliker wees om alles self te doen, maar, deur jou kinders op te lei, **belê jy in die toekoms** - joune en hulle sin.

Moenie net agter hulle optel nie. Leer hulle om jou huis skoon en netjies te hou. Roep hulle (in die kamer of in die huis in) wanneer hulle iets uit plek gelos het. **Moenie net agter hulle optel nie.**

Moeilik om geduldig te wees. Deur hulle te kry om jou in die kombuis te help, kan ook behulpsaam wees. Wees versigtig: moenie hier in belê wanneer aandete laat is of jy gaste verwag nie - dit sal **moeilik wees om geduldig te wees!**

Leer jou jonger mans. Leer seuns om die wasgoed te was. Huiswerk is nie net vir meisies nie aangesien meeste mans alleen bly voor hulle trou. Dit is verskriklik wanneer moeders nie hulle **jong mans geleer** het nie. Sal jou skoondogter nie lief wees vir jou wanneer sy haar eerste baba het, en haar man is in staat om die huis skoon te hou en al die wasgoed te was nie? Seuns wat omtrent 9 of 10 is, kan dit maklik leer. As jy wag totdat hulle tieners is, het jy te lank gewag. Moenie wag totdat hulle tieners is om hulle die take te leer nie. Rebellie wys sy magtige kop, veral as jy min of geen beheer gehad het oor hulle toe hulle jonger was.

Die maklikste manier om jou ouer kinders te "vertel" (en meeste kleintjies ook), is om die 3x5 kaart metode, van die *Workers@Home,* te implementeer. Jong mense lyk asof hulle nie daarvan hou om gesê te word om dinge te doen nie. Die metode is om hulle te vertel, sonder om hulle te vertel.

Voorstel: Los die titel van "tiener" uit jou woordeskat. Dit word aan rebellie gekonekteer. Hulle is "jong mans" of " jong dames" en jy moet van hulle verwag om so op te tree.

Geestelik

Praat oor God. Praat met jou kinders oor God, jou Here, en hoe Hy daagliks 'n rol speel in ons lewens.

Daaglikse gebede. Bid saam met hulle oor hulle behoeftes en vrese. Vra hulle om vir jou behoeftes te bid, veral gedurende 'n familie krisis. *Daaglikse gebed is die beste medisyne vir daaglikse sorge.*

Deel jou beproewings. Jy is nie besig om "godsdiens by hulle kele af te dwing" wanneer jy jou **beproewings deel** en hoe die Here jou deur hulle almal gehelp het nie. Moenie alles waardeur jy gaan, as 'n volwassene, wegsteek sodat hulle onvoorbereid is vir die lewe nie. Maar ter selfde tyd, moenie hulle in jou vertroue neem en besonderhede, wat hulle nooit as 'n kind in die gesig behoort te staar, met hulle deel nie.

Wees versigtig: Kinders het ore en hulle hoor alles! Wees versigtig wat jy in hulle teenwoordigheid sê en hou jou tong in toom, veral wanneer jy op die telefoon is. Jou kinders is nie jou beste vriende nie. Hulle het jou nodig om die ouer te wees en hulle te beskerm terwyl hulle jonk is! Moenie vrees aan jou kinders oordra nie.

Sien jou vreugde! Lewe jou geloof! Wees sagmoedig en stil. Laat hulle **jou vreugde in die Here sien!** Nog 'n ding wat ek elke dag met my klein kinders gedoen het, was om hulle te leer om hul *wapenrusting van God* aan te trek. Laat hulle dit uitbeeld asof hul elke stuk aantrek. My klein seuntjies het hulle wapens met helms en swaarde gemaak. Dan het hulle in 'n harde stem verklaar, "Dit is my swaard van die gees - die Woord van God!" "Ek dra sandale van vrede, sodat ek 'n vredemaker kan wees wanneer ek moeilikheid sien!" "Dit is my skild van geloof, sodat ek al die vurige pyle van die duiwel kan uitsit wanneer hy hulle na my toe skiet!"

Lei hulle na God toe op n jong ouderdom. (Moenie hierdie seën aan 'n Sondagskool onderwyseres of iemand anders oorlaat nie.) As hulle by jou leer dat God 'n LIEFDEVOLLE God is, deur hoe jy hulle behandel, sal jou kinders dieselfde verhouding met die Here wil hê as wat jy met Hom en hulle het.

Aan U beloftes hou ek vas. Laat hulle die Skrif elke dag memoriseer. Deur aan **God se beloftes vas te hou,** sal hulle die grondslag hê wat hulle nodig het vir 'n werklike groot en goddelike karakter. Jy sal wenke oor Bybel memorisering in *Werkers by die Huis en Tuisskool vir Hom* vind, beskikbaar deur ons ministerie.

Dissiplinering en opleiding. Deur **God se Woord** te volg deur te **dissiplineer, op te lei en jou kinders te korrigeer,** stel jy 'n voorbeeld vir hulle om dieselfde vir jou kleinkinders te doen.

Respek

"Eer jou vader en jou moeder." Efe. 6:1. Dit behoort die eerste Bybel vers te wees wat elke kind tussen 2 en 3 jarige ouderdom moet memoriseer.

Volg jou voorbeeld. Wees versigtig hoe jy oor jou ouers praat voor jou kinders; jou kinders sal *jou* voorbeeld volg. Wees seker dat jy *jou* ouers behandel en met hulle praat op 'n manier wat jy behandel wil word wanneer jy ouer word.

Verheerlik minagtende kinders. Moenie jou kinders toelaat om minagtend teenoor ander volwassenes op te tree nie. As jy televisie in jou huis toelaat, leer jy hulle om rebels te wees. Minagting vir volwassenes word beklemtoon in **al** die sitkoms en flieks wat hulle kyk. Dit is deesdae baie gewild om hierdie **minagtende kinders te verheerlik.**

Terug praat. Laat jy toe dat jou kinders met jou terug praat? As hulle antwoord enigiets behalwe "Ja, Ma" of "Nee, Pa" is, dan **praat hulle terug.**

Moet dit nooit toelaat nie. Gee hulle pakslae, dadelik. **Moet nooit terug praat toelaat nie.** (Lees les 4, "Goedhartigheid is op Haar Tong").

Ja, Ma. Leer hulle om jou te antwoord met " **Ja, Ma**?" of "Ja, Mamma?"

Wag totdat dinge kalm is. Moenie op hulle skreeu as hulle wel terug praat nie aangesien dit moontlik sal veroorsaak dat hulle terug *skreeu*. **Raps hulle op 'n kalm manier,** en verduidelik dan dat "terug praat" nie weer sal gebeur nie.

Jy is 'n leuenaar. As hulle dit weer doen en jy straf hulle nie, **is jy 'n leuenaar** en is jy 'n gruwel vir God. Enige tyd wat jy bloot jou kinders dreig en nie jou dreigemente uitvoer nie, is jy 'n leuenaar. Vervang dreigemente met waarskuwings en voer dit uit! (Sien les 4, "Goedhartigheid is op Haar Tong," want "My volk gaan onder omdat hulle nie aan My toegewy is nie. Omdat jy jou taak om hulle aan My toe te wy verwerp het…" Hosea 4:6.)

Hoeveel keer roep jy? Moet nooit twee keer roep nie. Kinders weet hoeveel keer jy gewillig is om hulle te roep. Elke kind wag om te kom tot net voor hulle weet jy wil "ontplof"

Hier kom ek! Leer hulle om jou eerste roep met *"Hier kom ek!"* te antwoord. Dit begin deur jou kleuter te leer om te sê, "Hier kom ek, Mamma," en neem dan sy hand en bring hom terug na jou toe, loof hom langs die pad.

Skielik nie in staat om te loop nie. As hulle "lam in die knieë" word en skielik nie in staat is om te loop nie, kry hulle 'n raps.

Kom gewillig saam. Teen die tyd wat hulle in staat is om die woorde "Hier kom ek, Mamma," te sê, dink hulle dit is *hulle idee*, en kom hulle gewilliglik.

Is jy te lui? Moet hulle nie roep as jy te lui is om hulle na die eerste roep te gaan haal nie. Onthou: vertraagde gehoorsaamheid is ongehoorsaamheid! Leer hulle om respek te hê vir ander deur dit wat jy vir hulle sê om te doen, af te dwing.

Baseer elke les op 'n Skriftelike fondasie. Moenie sleg van ander praat nie en moet dit nie van jou kinders duld nie. Ek probeer altyd om elke les op 'n Skrifgedeelte te baseer. Daar is baie Skrifgedeeltes oor die onderwerp van laster…

Betoon respek. Betoon respek vir ander mense se besittings en eiendom. Dit word geleer deur in ander te belê. Help hulle om vir geleenthede te kyk om een van jou bure te help met hulle huise. Jy kan ook dat hulle hulle broers en susters help om hulle kamers skoon te maak, fiets reg te maak, of hulle take te doen.

Maniere

Stel hulleself voor. Leer jou kinders die beleefde manier om hulleself voor te stel, soos; "Dit is goed om jou te ontmoet" met 'n glimlag (en 'n handdruk vir die seuns). *My dogters het 'n Shirley Temple fliek gekyk waar sy die knie gebuig het. Hulle het dit gedoen toe hulle voorgestel is aan 'n kennis van hulle ouma. Die ouer heer het nooit daaroor gekom nie en het dosyne mense vertel van die oulike, goed-gemanierde kinders wie by die huis skool gegaan het.*

Behoorlike telefoon etiket. Leer hulle **behoorlike telefoon etiket**. Laat hulle hulself identifiseer en vra, "Wie skakel, asseblief?" Leer hulle dan om die telefoon toe te hou, of te gaan en jou te gaan haal - hulle moet nooit vir jou skree nie!

Maak oog kontak. Kyk in hulle oë sodat hulle leer om dieselfde te doen. Om nie in staat te wees om **oog kontak** te maak nie, kan affekteer hoe ander hul opregtheid sien. Mense wat hulle ontmoet voel dat hulle oneerlik, skelm of ongemaklik is.

Laat jy jou kinders toe om te onderbreek? Moedig jy onderbrekings aan deur jou kinders toe te laat om te kry wat hulle wil hê wanneer hulle onderbreek? Moet nooit **toelaat dat hulle onderbreek** wanneer jy of ander praat nie. Leer hulle om:

Stil te staan. Leer hulle om **stil** langs jou te staan. Na 'n kort periode, verskoon jouself en vra hulle stilletjies wat hulle nodig het. My kleintjies sit hulle hand op my voorarm om my aandag te kry, sonder om 'n woord te sê.

Gaan weg en kom terug. As hulle onderbreek, maak dat hulle **weggaan en terugkom** en doen wat jy gevra het - oor en oor indien nodig!

Moenie luister nie. En moenie luister na wat hulle wil hê nie of jy kweek net onderbrekings!

Wag tot jy nie besig is nie. Soos wat hulle ouer word, moet die tyd wat hulle wag, uitgerek word. Teen die tyd wat hulle ongeveer 6 is, moet hulle **wag totdat jy nie besig is nie,** tensy dit 'n noodgeval is. Natuurlik kan hulle altyd "vir jou 'n nota gee." Wanneer jy reageer, maak seker dat jy "jouself verskoon" by die persoon met wie jy besig is om te praat!

'n Behoorlike houding behoort lewenslank te wees. Moenie die frase "Solank jy in my huis is, sal jy…" Is dit jou doel om 'n goddelike man of goddelike vrou te ontwikkel? Goeie gedrag of 'n behoorlike houding moet lewenslank wees. Dit is belangrik om jou kinders se karakters te ontwikkel, nie net 'n vleeslike reaksie te onderdruk nie.

Moenie. Moenie sleg oor jou kinders praat nie, nooit! Moet hulle nie brokkies of erger noem nie. Moenie sê dat jy nie kan wag totdat hulle terug gaan skool toe of grootword nie. Jy sal saai wat jy maai. Dieselfde houding sal later na jou terugkeer. Jy sal ook 'n brokkie op hande hê!

Tuis Skool

Baie mense dink dit is vreemd dat ek my kinders by die huis leer. Die Here weet dat dit nie net toewyding is nie, maar 'n oortuiging. Alhoewel ons nie aan onsself dink as "tuisskolers" nie, omdat ons nie in die tipiese vorm inpas nie, sal ons NOOIT ons kinders aan ander oorgee om te leer nie. Wat ook al die probleme was wat ons teëgekom het gedurende die 16 jaar wat ons ons eie kinders geleer het, oortref die SEËNINGE wat ons gemaai het, by VERRE die beproewings wat ons ooit ondervind het.

Onder is net 'n paar redes en oortuigings hoekom ek my eie kinders onderrig. As jy nie jou kinders by die huis onderrig nie, hoop ek dat, nadat jy dit gelees het, jy sal voel dat dit iets is waaroor jy saam met jou man moet bid. Vandat hierdie hoofstuk die eerste keer geskryf was, en dit so baie vrae van ouers gebring het oor die onderrig van hulle kinders by die huis, EN omdat ek en Dan so 'n hart het vir ouers wat hulle eie kinders onderrig, het ons 'n werkboek gepubliseer; *Homeschooling for Him!,* wat jy in ons EncouragingBookstore.com webwerf kan vind.

***Jy* moet dit inskerp by jou kinders.** God gee jou kinders om op te lei totdat hulle volwassenes is. As volwassenes, moet hulle saam met ander geestelike dinge, weet hoe om te lees, skryf en wiskunde te doen. 'n Persoon hoef net die nuusberig aan te sit, 'n koerant te lees of 'n tydskrif op te tel om te sien dat die wat matrikuleer, nie hierdie basiese vaardighede het nie. Groot maatskappye moet nou geld spandeer om remediërende vaardighede aan ons nasie se jong volwassenes te leer, omdat hulle nie die basiese beginsels in 12 plus jare op skool, geleer het nie. **"Jy moet dit inskerp by jou kinders** en met hulle daaroor praat as jy in jou huis is en as jy op pad is, as jy gaan slaap en as jy opstaan." Deut. 6:7.

God *gee* hulle kennis en intelligensie. Jy spandeer jare om waardes en wysheid in hierdie klein kindjie in te weef, en dan ontrafel die skool alles wat hulle geleer is. Om als te kroon, draai hulle jou eie kinders teen jou en na hulle portuurgroep. Daniël sou nooit alleen kon staan as sy ouers hom nie opgelei het as 'n jong seun nie. Ons eis die vers in Daniël 1:17 wat sê: "*God* het aan hierdie vier jongmanne verstand *gegee* en insig in alles wat geskryf is, en ook wysheid. Daniël kon enige gesig of droom uitlê."

Het hom voorgeneem. Soos met alle beloftes, is daar voorwaardes waaraan voldoen moet word. God se voorwaardes, waaraan hierdie jong manne voldoen het, was dat hulle onbesmet sou bly. "Daniël **het hom voorgeneem** om hom nie met die koning se kos en wyn te verontreinig nie…" Dan. 1:8. As ons ons kinders onbesmet hou, soos hierdie jong manne se ouers hulle gehou het, dan kan ons vertrou dat God ons kinders sal gee wat hulle nodig het.

Vra jouself hierdie vrae: As jou kinders omring is deur die bose, sal hulle onbesmet bly? Is die wêreld se kennis belangriker as die toestand van hulle siele? Wil jy hê jou kinders moet 'n ander geloof leer? Sekulêre humanisme word in alle publieke skole geleer en word vermeng met elke vak wat hulle neem. "Ek sal sorg dat jy die name van die Baäls nie weer noem nie en dat jy hulle nooit weer aanroep nie." Hosea. 2:16.

Ons dae. Het jy die tyd oorweeg wat by die skool gespandeer word teenoor die tyd by die huis saam met jou, hulle pa, en broers en susters? "…**ons dae** op die aarde is soos 'n skaduwee…" 1Kron. 29:15AFR53.

'n Vriend van die wêreld is 'n vyand van God. Wil jy hê hulle portuurgroep moet eerste plek in hulle lewens hê? Wil jy hê hulle portuurgroep moet die mense wees wat hulle die meeste wil tevrede stel? Sou jy nie eerder wil hê dit moet *jy* en die *Here* wees wat eerste in hulle lewens is nie? Wil jy nie hê hulle moet *God* die meeste wil tevrede stel nie? "Weet julle nie, julle ontroues, dat **vriendskap met die wêreld vyandskap teen God** is nie." Jak. 4:4.

Dit is 'n skande om selfs te praat van die dinge. Ons ken almal die probleme in die skool: groepsdruk, dwelms, seks, drank en geweld. Nie net word ons kinders blootgestel aan hierdie bose nie, maar die skole onderrig ons kinders ook nou in die bose! Hulle leer die kinders oor VIGS, homoseksualiteit, geboorte beperking, om ouers aan te kla van kindermishandeling, en die lys gaan aan. "en moenie meedoen aan die vrugtelose praktyke van die duisternis nie…dit is **'n skande om selfs te praat oor die dinge** wat die ongehoorsame mense in die geheim doen." Efe. 5:11-12.

Bly weg. In plaas daarvan, leer hulle, "…**bly weg van die kwaad af** en doen wat goed is." 1Pet. 3:11. Hier is 'n snaakse storie: *Toe Cooper, wie toe net 5 jaar oud was, geleer het om 'n heer te wees (wanneer ek of sy susters besig was om aan te trek), het hy weggedraai en op die deuntjie van "Dixie" begin sing; "Kyk weg, kyk weg, kyk weg, goddelike man!"*

Vermy 'n dwase mens. Kom ons slaan ag op God se Woord wanneer Hy waarsku, "**Vermy 'n dwase mens**; jy sal nie by hom leer om verstandig te praat nie." Spr. 14:7.

Oppas dat hy nie val nie. Sal jy daarvan hou as jou man in 'n kroeg gewerk het of êrens anders waar onsedelikheid, dwelms, geweld en alkohol onbeheersd voorkom? Hoe lank kan hy "staan" voordat dit hom begin affekteer? "Daarom, wie *meen* dat hy staan, moet **oppas dat hy nie val nie.**" 1Kor. 10:12.

Slegte geselskap bederf goeie sedes. Jou kinders het minder krag om 'n bose invloed te weerstaan as 'n volwasse man of vrou. "Moet julle nie langer laat *mislei* nie: '**Slegte geselskap bederf goeie sedes.**'" 1Kor. 15:33.

'n Struikelblok word. As jy jou kinders in 'n omgewing plaas wat boos is en wat hulle goeie, morele waardes korrup maak, word hierdie vers nie op jou gemik nie? "Jesus het vir Sy dissipels gesê: 'Dit is onvermydelik dat daar dinge kom wat mense laat struikel. Maar ellende wag vir die mens wat die oorsaak daarvan is. So 'n mens kan eerder met 'n groot klip aan die nek in die see gegooi word as dat hy vir **een van hierdie kleintjies 'n struikelblok word**.'" Lukas 17:1-2.

Hier is net nog 'n paar voordele om jou kinders by die huis te onderrig:

Jou ma se leringe. Aangesien jy jou kind se onderwyser is, kan jy seker wees dat jou seun of dogter alles sal leer wat hy of sy nodig het om te weet. Jy probeer nie om 30 kinders te leer nie, so jy kan tyd neem om aan elke kind te verduidelik wat hy of sy dalk nie verstaan nie. Jy hoef nie na 'n nuwe les toe te gaan voordat hy nie die vorige vaardigheid bemeester het nie. Dit is aangesig tot aangesig onderrig, 'n metode waarin *alle* kinders presteer. "...Moenie wat **jou moeder jou leer** verontagsaam nie: dit sal jou lewe versier soos 'n krans op jou kop." Spr. 1:8.

Die wysheid sal sy plek in jou lewe inneem. Jy kan tyd spandeer om "akademie" te onderrig in plaas daarvan om tyd te mors deur hul te leer van geboortebeperking, kindermishandeling, herwinning of om "moeder aarde" te aanbid. Hulle tyd sal oordeelkundig spandeer word. Hulle sal ook die vaardighede hê om leiers te word aangesien Hy die wat Hy vir leierskap gekies het, apart hou, bv. Abraham, Josef, Moses, Johannes die Doper en Jesus. "Die **wysheid sal sy plek in jou lewe inneem,** kennis sal vir jou iets aangenaams word..." Spr. 2:10.

Beywer julle allereers vir die koninkryk van God. Jy sal in staat wees om Bybel lees en memorisering eerste te plaas. As jy die meeste klem op hierdie vakke plaas, dan kan jy dié Bybel vers eis: "Nee, beywer julle allereers vir die koninkryk van God en die wil van God, **dan sal Hy julle ook al hierdie dinge gee**." Matt. 6:33. Moenie vergeet dat die boek *Werkers by die Huis* 'n wonderlike metode het om die Skrif te memoriseer nie.

Blywende beskeidenheid en kalmte van gees. Jou doelwitte vir jou dogters behoort anders te wees as jou doelwitte vir jou seuns. Elkeen van jou dogters moet in staat wees om haar eie kinders te onderrig en haar eie man te help. Jy moet hulle aanmoedig om nie loopbane na te streef nie, wat hulle huwelike in gevaar sal stel. Leer hulle om 'n huis te bestuur, vir haar kinders om tee gee, naaldwerk te doen, en 'n ministerie van haar huis af te doen. Gebruik Spreuke 31 as jou gids. "laat haar werk haar roem wees in die stadspoorte." Spr. 31:31. Maar belangriker, jy kan jou dogters lei om **"blywende beskeidenheid en kalmte van gees** te hê. Dit het by God groot waarde." 1Pet. 3:4. 'n Sagte en kalm gees kan net deur *jou* voorbeeld geleer word. Buitendien, ek glo nie hierdie tipe gees is een van die doelwitte van ons publieke skole nie!

Geloof wat nie tot dade kom nie. My doelwitte vir my seuns is eerstens om sterk van gees te wees, saam met ywer en 'n sterk werk etiek. "So is die **geloof wat nie tot dade kom nie,** ook dood." Jak. 2:26.

En Hy sal julle verhoog. Beide jou dogters en jou seuns moet leer om hulle lewens vir die Here te lewe. "Onderwerp julle in nederigheid voor die Here, **en Hy sal julle verhoog**." Jak. 4:10.

Die siel in die hel laat vergaan. Die rigting waarin ons ons kinders se lewens moet rig, is nie na 'n universiteit of 'n goeie werk waar hulle baie geld gaan maak nie. 'n Onlangse opname het rapporteer dat, van die wat bely dat hulle Christene is (ons seuns en ons dogters), en universiteit toe gegaan het (sekulêre sowel as Christelike universiteite), het 80% van hulle weg gedraai van hulle geloof af! Wat erger is, is dat net 40% van hulle ooit terugkeer na God toe! Ouers, is 'n universiteits graad meer belangrik as jou kind se ewige siel? "Moenie bang wees vir dié wat die liggaam doodmaak, maar die siel nie kan doodmaak nie. Nee, vrees hom eerder wat sowel die liggaam as die **siel in die hel kan laat vergaan.**" Matt. 10:28. Om geld na te jaag moenie die doelwit wees nie. Almal van ons moet die Here eers soek om uit te vind wat die "roeping" op ons kinders se lewens is.

My God sal in elke behoefte ryklik voorsien. Baie keer is dit die ouers se "trots" wat veroorsaak dat hulle hulle kinders universiteit toe stuur. Wees versigtig vir al die universiteite, veral wanneer hulle weg is van die huis af. Jy mag dalk vir jou vatbare seun (of dogter) betaal om weggedra te word in wellus en ander sondes soos drank en dwelms. Jesus het nie sy ouers se gesag verlaat totdat Hy 30 was nie! Baie perverse leringe is in die gedagtes van jong mans en dogters geplant, selfs in Bybel Kolleges, en het later in hul lewe "slegte vrugte" voort gebring. Interessant genoeg, Charles Darwin, die vader van evolusie, het 'n graad in teologie gehad! "En **my God sal in elke behoefte van julle ryklik voorsien** volgens sy wonderbaarlike rykdom in Christus Jesus." Fil 4:19. *Waarskuwing: Ek het persoonlik vir baie vrouens berading gegee wie se mans ondenkbare, perverse, teorieë van hulle professors in Bybel kolleges geleer het.*

Ons dae so gebruik. Die belangrikste voordeel is die "**KWANTITEIT,**" *nie* kwaliteit, tyd wat jy saam met jou kinders spandeer. Onthou jy dat ouer mense jou vertel het "hoe gou tyd vlieg," en "geniet jou kinders terwyl hulle nog jonk is"? Neem daardie advies, omdat hulle reg is. *Ek kan nie glo hoe vinnig die tyd gevlieg het vandat my ouer kinders klein was nie. Ek kan nooit weer daardie dae terugkry nie. Ek beplan om terug te kyk na elke oomblik wat ek saam met my kinders gehad het, sonder om spyt te wees oor die tyd wat ek moontlik gemors het.* "Leer ons **ons dae so gebruik** dat ons wysheid bekom." Psalm 90:12.

Voordele van Tuis Skool

'n Oorvloed vreugde. As jy tyd spandeer om te onderrig, op te lei, dissiplineer en jou kinders te korrigeer, sal jy 'n oorvloed vreugde maai!

Goed gedissiplineerde kinders. Deur die tyd te neem om goed gemanierde kinders te ontwikkel, sal lof van ander bring, in plaas van skande. Jou kinders is ook jou getuienis en getuie aan ander, of hulle by jou is of uit op hulle eie.

Niks verskaf my groter vreugde nie. As jy meer tyd spandeer om te "dissiplineer, leer en op te lei," sal die nodigheid vir regstelling minder word. Keer slegte gedrag gou. Onthou, "'n Pak in tyd, spaar nege!" Jy sal ook helpers hê, nie laste nie. Maar die belangrikste, hulle sal sterk in geloof wees. **"Niks verskaf my groter vreugde nie** as om te hoor dat my kinders in die waarheid lewe." Joh. 3:1-4.

Tawwe liefde *(Tough Love)*. As jy hulle lief genoeg het om hulle vroeg op te lei, sal jy nie nodig hê om "taai liefde" te gebruik wanneer hulle hulle tienerjare bereik nie. "Taai liefde" word benodig deur ouers wat nie hulle kinders gedissiplineer en opgelei het toe hulle jonk was nie. Hulle was bang om die lat te gebruik omdat hulle nie die Woord van God gevrees het nie, maar eerder mense gevrees het. *En ja, ek stel "taai liefde" voor vir tieners alhoewel ek nie daarmee saamstem vir die huweliks verhouding nie. Ouers word beveel om hulle kinders te beheer en straf; maar, nie die man of die vrou, word opdrag gegee om met enigiets anders as liefde te reageer op hul gade se aksies nie.*

Waarskuwing: "Tawwe liefde" moet nooit op jou man gebruik word nie. Dit is nie Skriftelik nie en die nagevolge is rampspoedig! Lees *"Hoe God Jou Huwelik Kan en Sal herstel: Deur Iemand wat Daar Was"* om te leer wat die resultate was, van iemand wat dit probeer het!

Liefde en respek vir jou. Wanneer jy jou kinders liefhet, onderrig, oplei en dissiplineer, sal hulle deel van jou lewe wees selfs nadat hulle getroud is. Omdat jy liefde en respek vir jou, in jou kinders gekweek het, sal hulle kies om naby jou te wees as volwassenes.

Ondersteun hulle finansieel. Nog 'n seën is dat jy hulle nie **finansieel hoef te ondersteun,** as volwassenes, as jy julle ywerig opgelei het in goeie werk etiek nie.

Wys nou belangstelling in hulle. Moenie wag om met jou kinders te praat nie; as jy nou belangstelling in hulle wys, sal hulle later belangstelling in jou wys.

Persoonlike verbintenis: **Om met alle ywer my kinders lief te hê, op te lei, te leer, dissiplineer en die lat te gebruik**. "Gebaseer op wat ek uit God se Woord geleer het, verbind ek myself daartoe om God se plan vir ouers te volg, soos uiteengesit in Spreuke. Ek sal altyd onthou dat hierdie kinders die Here sin is en aan my toevertrou is. Ek moet hulle in liefde oplei en dissiplineer sodat hulle gereed sal wees vir God se diens, gewillig en in staat om Hom te gehoorsaam."

Datum:_____Geteken:_____

Vroue, Moedig Die Jong Vrouens Aan

*"**Ouer** vroue…moet goeie raad kan gee,*
*sodat hulle die jonger vrouens kan **leer***
om liefdevol teenoor hulle mans en kinders te wees,
verstandig en kuis, goeie huisvrouens,
onderdanig aan hulle mans. Dan sal die woord
van God nie in diskrediet kom nie."
Titus 2:3-5.

In ons samelewing soek die jonger vrouens "deskundiges" om hulle te help met hulle huwelike, geboorte en hul kinders se opleiding. Hierdie jong vrouens het grootliks die idee van huisvrou wees en onderdanigheid aan hul mans verwerp. Deur hul optrede laster en doen hul die Woord van God onwetend oneer aan. "Om verstandig en kuis te wees, goeie huisvouens, onderdanig aan hulle mans. Dan sal die woord van God nie in diskrediet kom nie." Titus 2:5.

Kan hulle blameer word? Waar is die ouer vrouens wat die jonger vrouens kan **aanmoedig** en **leer** om hulle rolle as eggenote, moeders en tuisteskeppers, vol te staan?

Die ouer vrou lees nou hierdie werkboek. Dit is jy. Maak nie saak wat jou ouderdom is nie, jy is 'n ouer vrou vir iemand anders. Selfs 'n jong vrou in haar twintigs, kan 'n meisie in haar tienerjare beïnvloed. En as ons nie die tyd neem om hierdie jong vrouens te leer en te beïnvloed nie, wat anders kan hulle doen as om die wêreld se sieninge and standaarde te soek?

Titus 2:4-5, "sodat hulle [ouer vrouens] die jonger vrouens kan **leer** om liefdevol teenoor hulle mans en kinders te wees, verstandig en kuis, goeie huisvrouens, onderdanig aan hulle mans. Dan sal die Woord van God nie in diskrediet kom nie."

.

Baie van julle bemoedig en leer jonger vrouens en julle weet dit nie eers nie. Julle leer hulle deur julle voorbeeld. Jong vrouens in jou kerk, jou buurt, jou werksplek, en familie lede (jou dogters, niggies en jonger susters) - hulle almal kyk. Wat sien hulle? Is jy 'n voorbeeld van 'n goddelike vrou, of 'n vrou wat voorgee om 'n Christen te wees maar wat nie die openingsvers navolg nie?

2Kor: 3:2AFR83: "Julle is self ons aanbevelingsbrief, geskryf op ons harte, vir almal om te lees en te verstaan."

2Kor: 3:2AFR53: "Julle is ons brief, geskrywe in ons harte, geken en gelees deur alle mense."

Jou lewe is 'n aanbevelingsbrief, of 'n brief, wat gelees word deur vrouens wie jy ken, asook vrouens wie jy nie ken nie. Bring jou lewe glorie aan God?

As dit nie is nie, wat gaan jy daaromtrent doen?

Wat om Hulle te Leer

Daar is baie dinge wat ons die jonger vrouens kan leer, maar gee God ons enige riglyne of aanwysings oor wat ons hulle moet leer? God los dit nie oor aan ons gunsteling onderwerpe of ons passies of ons voorkeure nie. Die Bybel gee duidelik vir ons 'n spesifieke buitelyn. Maar voordat Hy vir ons Sy lys gee, som Hy dit reg aan die begin op met, **"Leer die gesonde leer."** Dan brei Hy uit oor hierdie eerste voorvereiste met die lys in Titus 2:3:

hulle moet goeie raad gee sodat hulle die jonger vrouens kan leer…

om liefdevol teenoor hulle mans

en kinders te wees

verstandig en

kuis

goeie huisvrouens

onderdanig aan hulle mans

[sodat] die woord van God nie in diskrediet kom nie.

Weet - Lewe - Praat

Of jy wil of nie, jou lewe praat met ander, jy het nie 'n keuse nie. Ons lewens is ons briewe "vir almal om te lees en te verstaan." Ek weet nie van jou nie, maar ek wil hê dat my lewe Jesus wys. Mense is nie beïndruk met jou Christelike plakker, of vis, op jou kar nie. Hulle is nie beïndruk met die kruis wat jy om jou nek dra, of die Bybel wat jy saam met jou dra nie. Hulle kyk na jou lewe, jou houding en jou liefde (of tekort aan liefde) vir ander. Dit is my gebed dat hierdie verse oortuiging in jou hart gebring het en dat jy die volgende stap sal neem na 'n lewe wat fluister "Jesus."

Om jou lewe te verander moet jy hierdie drie dinge, in hierdie volgorde, doen:

1. Ken die Woord van God

2. Lewe die Woord van God

3. Spreek die Woord van God.

Ken Dit

"Lê jou daarop toe om jou tot beskikking van God te stel as 'n arbeider wat die goedkeuring van God weg dra, 'n arbeider wat hom vir sy werk nie te hoef te skaam nie, wat die woord van die waarheid suiwer verkondig." 2 Tim. 2:15. As jy nie iets weet nie, kan jy dit nie uitleef nie. As dit die eerste keer is wat jy hierdie werkboek lees, het jy gesien dat deur die waarheid te leer, jy vrygemaak word in baie areas waar jy eers gebonde was. Dit is nie die krag van hierdie werkboek nie; dit is die krag van Sy Woord.

Liewe vriendin, jy het alreeds die eerste stap geneem na 'n lewe wat jonger vrouens sal aanmoedig. Deur hierdie kursus te neem het jy alreeds die Woord van God begin bestudeer soos wat dit van toepassing is op vrouens en die kwessies wat vrouens in die gesig staar. Meeste van ons, indien nie ons almal nie, het ons huise op sinkende sand gebou. Ons opinies en leefstyle was nie die resultaat van kennis oor wat God dink nie; in plaas daarvan het ons leermeesters bymekaargemaak wat net sal sê wat ons graag wil hoor.

Maar nou is ons almal op dieselfde plek; ons is almal by die glorieryke punt in ons lewens waar ons oop is en die waarheid soek. Ek weet, want jy het hierdie werkboek, wat jou skuldig bevind en moeilik is om te sluk in vandag se wêreld, gesoek. Ons weet dat terwyl ons ons gedagtes hernu het met net 'n paar van God se beginsels, waarvan ons eers onbewus was, ons geweldige veranderinge in ons lewens gesien het. Dit motiveer my en jou om meer te wil hê.

Sodra jy die waarheid ken, moet jy jou ou gedagtes en ou opinies met die waarheid vervang. Soos wat jy deur hierdie werkboek gelees het, as jy die 3x5 kaartjies gemaak het soos wat ek voorgestel het, dan is jy goed oppad na 'n nuwe lewe wat die lewens van ander sal verander.

"Julle moenie aan hierdie sondige wêreld gelyk raak nie, maar laat God julle verander deur **julle denke te *vernuwe***. Dan sal julle ook kan onderskei wat die wil van God is, wat vir Hom goed en aanneemlik en volmaak is." Rom. 12:2. God se manier om ons te verander is eenvoudig en perfek. Hy sê vir ons in hierdie vers dat wanneer ons ons gedagtes vernuwe, ons gedagtes sal verander. Bo en behalwe dit alles, bewys ons ook, deur ons lewens, wat die ware wil van God is vir 'n vrou - dit wat goed is, aanvaarbaar en perfek! Hallelujah!

Hoeveel keer het ons onsself al PROBEER verander? En elke keer as ons probeer, word ons weer verslaan. Dan voeg ons meer nederlae by ons lewens deur te probeer om ander te verander, wat selfs 'n groter kans het om te misluk. God se weë is anders. Sy weë is ver bo ons weë en redenasies.

Jes. 55:9AFR53 "Want soos die hemel hoër is as die aarde, so is My weë hoër as julle weë en my gedagtes as julle gedagtes."

Spr. 3:5 "Vertrou volkome op die HERE en moenie op jou eie insigte staatmaak nie.

Die enigste manier hoe ons onsself kan verander, is om ons gedagtes te hernu, of nuut te maak. Die enigste manier om ander te verander, is om saam met hulle in liefde, wat geduldig, goedhartig ens. is, te lewe. Soos ek voorheen genoem het, die 3x5 kaart metode werk as jy dit gebruik. Ek weet, want in my verstand is daar honderde Skrifgedeeltes wat my gedagtes vervang het, asook die manier hoe ek gedink het. En sonder enige moeite van my kant af, het my lewe begin verander as gevolg van die Skrifgedeeltes wat ek oor en oor gelees het. Baie vrouens wat nou herstelde huwelike het, het vir my gesê dat dit hulle lewens verander het. Bygevoeg, baie het geskryf om met my te deel dat hulle hulle boeke letterlik stukkend gelees het, hulle het dit meer as 50 keer gelees! Deur soveel van God se Woord in jou gedagtes te plaas sal ongetwyfeld 'n totale getransformeerde lewe as 'n resultaat hê.

Leef Dit

Sodra jou gedagtes hernu is deur 'n spesifieke beginsel, sal jou lewe natuurlik die verandering begin reflekteer. Bygevoeg, ons moet ook gewillig wees om die nodige veranderinge te maak en nie die wil van God kompromeer wat in ons gedagtes kom bly het nie. Die veranderinge sal te voorskyn kom in die manier hoe ons optree en reageer as iets gebeur, die prioriteite in ons lewens en selfs ons begeertes of doelwitte. Al hierdie dinge sal begin om ons hernude gedagtes te reflekteer. Maar, as ons probeer om aan ou gewoontes of vriendskappe vas te hou, wat nie by ons nuwe gedagtes pas nie, sal ons in die lokval van dubbelsinnigheid trap.

Jakobus 1:6-8 "Maar 'n mens moet gelowig bid en nie twyfel nie, want iemand wat twyfel, is soos 'n brander in die see wat deur die wind aangejaag en heen en weer gedryf word. So 'n mens wat altyd aan die twyfel is en onbestendig in al sy doen en late, moet nie dink dat hy iets van die Here af sal ontvang nie."

Wanneer ons voortgaan om te assosieer met dié wat nie nou dieselfde dink as ons nie, of aan ou gewoontes vasklou, sal twywel in ons gedagtes kom. Ons begin om aan die geldigheid van die beginsel te twyfel. In plaas daarvan, moet ons nie huiwer om ons hernude gedagtes na die volgende vlak te neem deur die veranderinge in ons lewens te maak wat die Heilige Gees gevra het nie.

Ongelukkig maak te veel die fout en huiwer om gehoorsaam te wees aan die Heilige Gees se leiding in hul lewens. Dit is in die middel van hierdie huiwering wat ons onsself in 'n gevaarlike staat van dubbelhartigheid vind. Hierdie ongelukkige staat is waar, ek glo, meeste Christene vandag lewe. Dit is hoekom hulle nie oorvloedige seëninge van God ontvang nie en nie Sy oorvloedige lewe leef, soos wat Hy belowe het nie. God sê vir ons dat die wat dubbelhartig is, NIKS van Hom moet verwag nie. Dit begin alles deur die waarheid te ken, maar dan faal om die waarheid te leef.

Ons sien dit dikwels in ons bediening. Wanneer iemand uitvind wat die waarheid is oor om op God te vertrou vir 'n spesifieke area van haar lewe, deur hernuwing van haar gedagtes kom sy onder oortuiging. Maar as gevolg van vrees, rebellie of apatie, faal sy om haar lewe op te lyn met haar oortuiging. Binnekort is daar 'n patroon van mislukking en verwaring volg: die "dubbelhartige" mens beginsel word geaktiveer.

Teen hierdie tyd, wil baie vrouens by my weet wat hulle moet doen omtrent hulle nuut gevonde oortuigings, wanneer hulle mans nog nie hierdie oortuigings deel nie. Dit is wanneer die beginsels in "Wen sonder 'n Woord, Hoofstuk 5," gevolg moet word. As jy versigtig is om NIE te manipuleer nie, opgehou het om jou eie sin te probeer kry en as jy vir jou man die stil en sagmoedige gees gewys het wat gewillig en gretig is om sy leiding te volg; dan sal jy, wanneer 'n situasie opduik, nie net in staat wees om jou nuwe oortuiging met jou man te deel nie, maar as gevolg van jou sagmoedige gees sal hy heel moontlik ook wil reageer op jou nuwe oortuigings.

As jy so radikaal en wonderlik verander het in jou houding teenoor jou man, sal jou man, soos wat reg aan die begin van die werkboek genoem is, 'n afskrif wil kry van die mans handleiding. Dit sal jou in 'n perfekte posisie plaas sodat jou hele familie daardie "brief wat almal lees," kan word. Jou positiewe invloed kan 'n radikale effek op die wêreld rondom jou hê wanneer dit nie net jy is wat verander het nie, maar wanneer jou verandering oorgeloop het in die lewens van jou man en jou kinders. Dit gebeur die heeltyd in my lewe en in ons bediening - mag dit in jou lewe gebeur!

Spreek Dit

Sodra jou gedagtes hernu is en jou lewe reflekteer jou hernude gedagtes, sal God jou bediening aan ander vrouens begin. Een van vandag se grootste behoeftes, is vir vrouens om aan ander vrouens bediening te gee. Daar is baie jong vrouens wat na kweekskole toe gaan om vroulike predikante te word. Persoonlik stel ek nie belang in wat hulle te sê het nie. Ek stel belang in 'n vrou wat die lewe geleef het wat ek geroep is om te lewe (as 'n vrou, moeder en tuisteskepper) en daardeur gekom het as 'n oorwinaar. Ek wil nie hê iemand moet die pad aanwys nie; ek wil hê hulle moes 'n brug gebou het oor die diep riviere en valleie wat hulle persoonlik oorgesteek het.

Toe ek my sterwende vader moes versorg, het ek na 'n ouer vrou gekyk wat haar bedleênde moeder moes versorg. Ek het geweet dat sy my gevoellens en die swaarkry wat ek ervaar het, sou verstaan. Wetende dat sy dit gedoen het en nie net oorleef het nie, maar 'n beter persoon geword het as gevolg van die ondervinding, het vir my die moed en voorbeeld gegee om hierdie moeilike taak te voltooi. Ek kan nie vir julle sê hoeveel keer haar voorbeeld my gehelp het om aan te gaan nie, nie net om my sterwende vader te versorg nie, maar ook later toe ek my sterwende moeder moes versorg. Daar is baie min wat 'n radikaal verskillende lewe sal leef, 'n lewe wat "Jesus." fluister. Maar die wat dit doen, is die wat die koers van die wêreld verander en dit nie eers weet nie.

God sal jou ministerie begin, heel waarskynlik, tussen die grense van jou familie, vriende, kerk en gemeenskap. Later, as jy voortgaan om te groei, sal God jou gebied uitbrei. Wie sou ooit kon droom dat die Here 'n persoon met 'n gebroke hart, soos myself, sou neem en my toelaat om rondom die wêreld in die bediening te wees? Sekerlik nie ek nie!

2Kro: 16:9 "Die HERE het sy oë oral op die aarde sodat Hy dié kan help wat met hulle hele hart op Hom vertrou."

God soek jou. Hy wil jou gebruik. Net een persoon soos jouself, kan duisende lewens verander as jy net na die waarheid soek, kom uit jou gemaksone, laat toe dat die oortuigings jou verander en begin om jou lewe op te lyn met jou nuut gevonde beginsels. God sal die res doen.

Ek weet nie van jou nie, maar ek wil hê dat God die duiwel vra om my te oorweeg soos hy Job oorweeg het. Ek wil hê God moet hierdie vreesbevange vrou, wat agter hierdie rekenaar wegkruip, vat en haar 'n "magtige krygsman" maak soos Gideon. Ek wil so groot geloof hê dat ek, soos Abraham, 'n vriend van God kan wees. Ek wil soos Dawid "'n man na God se hart" wees en soos Enoch, die plesier hê om saam met God te loop. Ek wil die wysheid van Salomo hê om bediening aan die vrouens van hierdie wêreld te gee. Ek wil 'n leier soos Moses wees, sodat ek God se mense uit die slawerny van die wêreld kan lei, deur die woestyn, na die Beloofde Land. Ek wil hê God moet so tevrede met my lewe wees, dat my kinders as gevolg van my geseën sal wees, soos Dawid se kinders en nageslag.

Jy mag dalk sê "onmoontlik," maar ek weet dit is moontlik. God het dit gesê en ek glo dit. "Jesus het reguit na hulle gekyk en gesê: 'Vir mense is dit onmoontlik maar nie vir God nie, want vir God is alles moontlik.'" Markus 10:27.

Vrugte!

Matt. 7:16 "**Aan hulle vrugte sal julle hulle ken**. Kry 'n mens dan druiwe aan doringstruike of vye aan dissels?" Matt. 7:20 "So sal julle die vals profete dan **aan hul vrugte ken**."

Hoe vind die jonger vroue jou? Hulle vind jou deur jou vrugte! Wanneer vrouens na my kyk vir persoonlike hulp om hul kinders op te lei, sê ek vir hulle om dames in hul kerk te soek wat goed gemanierde kinders het. Hulle is daar, tog is hulle somtyds moeilik om te vind. Hierdie is die kinders wat dikwels in die kerk by hulle ouers sit, eerder as om na die kinderkerk te gaan, maar jy kan hulle dalk nie raaksien nie, omdat hulle nie ontwrigtend is nie. Jy neem nie notisie van hulle nie, want hulle hardloop nie saam met die ander kinders, op en af in die gange nie. Maar wanneer jy hulle vind, weet jy dit.

Alhoewel ek totaal in my huwelik opgemors het, as gevolg van my onkunde oor die beginsels van die huwelik, het ek 'n bietjie beter gedoen met my ouerskap en nou het ek BAIE vrugte daarvan. Ons word voortdurend geprys oor ons kinders en hulle gedrag. Dit is my vrugte in die area van kinders.

Jong vrouens moet 'n gelukkige vrou sien voordat hulle wil **hê** wat sy het. Dit is 'n kragtige evangelisasie hulpmiddel. My ouer suster, wat nou onlangs 'n kragtige, aan-die-brand Christen geword het, het vir my gesê dat ek die grootste invloed was wat haar na die Here gelei het. Sy het reguit gesê, "Ek wou gehad het wat jy gehad het!" Sy het gesê sy het my kinders, my lewe en die seëninge waarin ek gelewe het, gesien en gesê, "Hoekom nie ek nie!" Terwyl ek met haar gepraat het, het sy besef Wie in die middel van my lewe was en Wie die gewer van hierdie seëninge was. Dit is evangelisasie!

So baie mense praat en preek vir hulle familie lede totdat hulle blou in die gesig is, en kan nie verstaan hoekom hulle nie die Here of enige van ons raad wil aanvaar nie. Maar as ons ongelukkig is, miserabel in ons huwelike, 'n vuil huis het en meeste van die tyd uitgeput en ontsenu voorkom, wie sou wou hê wat ons het om aan te bied? Maar, as jy 'n lewe kan lei, nie VRY van beproewings nie, maar eerder met die seëninge wat 'n vrou volg wat die Here prys in die middel van daardie beproewinge, is dit 'n lewe wat die moeite werd is om te wil hê.

Dit gebeur nie oornag nie. Dit is 'n proses. Persoonlik het ek soos 'n totale MALKOP, moroon of 'n dwaas begin lyk - maar ek het uitgedraai om 'n "dwaas vir die Here te wees!!" God in Sy oneindige wysheid "het dit wat vir die wêreld onsin is, uitgekies om die geleerdes te beskaam; wat vir die wêreld swak is, het God uitgekies om die sterkes te beskaam." 1Kor. 1:27.

Ek het opgehou om te debatteer of om te probeer om hulle te maak verstaan hoekom ek gedoen het wat ek gedoen het. Hulle het ons gekonfronteer oor die hoeveelheid kinders wat ons *aangehou* het om te hê, die manier wat ons hulle gedissiplineer het, ons besluit om hulle eerder by die huis te leer as om hulle skool toe te stuur, my "staan by my man" wat in owerspel betrokke was en ons geen-afspraak praktyke vir ons tieners wat nou in hulle twintigs is. Maar dit het my nie lank geneem om te sien dat ek hulle, of enige iemand, nie sou oorreed deur wat ek gesê het nie; ek moes dit lank genoeg uitleef om vrugte te dra.

Jer: 17:7-8 "Dit gaan goed met die mens wat sy vertroue in die HERE stel; die mens vir wie die Here 'n veilige vesting is; so iemand is soos 'n boom wat by water geplant is en sy wortels na die stroom toe uitstoot, nie die hitte voel as dit kom nie en altyd groen blare het; 'n droë jaar raak hom nie en hy **hou nie op om vrugte te dra nie**."

Ek hou van die manier wat daardie vers lees: "wat sy vertroue *IN* die HERE stel; die mens vir wie die HERE 'n veilige vesting IS." As jou vertroue in Hom en in Sy Woord en in Sy beloftes is, dan belowe ek jou dat teen die einde, jy nie beskaamd sal staan nie.

Vervul Jou Roeping

Toe my vierde kind gebore was, was ek in my vroeë dertigs. Hierdie kind, 'n dogter, sou my lewe vir ewig verander. Ek het geweet eendag sou sy opkyk na my en my navolg, soos wat sy 'n vrou geword het. Ek het geweet ek het hulp nodig gehad. Toe ek die die gedeelte in Titus 2 ontdek het, oor die "ouer vrouens wat die jonger vrouens moet leer," het ek na my pastoor toe gegaan en hom gevra waar ek 'n "ouer vrou kan vind" om my te leer. Sy antwoord was eenvoudig, "ek weet nie." As 'n vrou na jou pastoor toe moet gaan, vandag, en dieselfde vraag vra, wat sou sy reaksie wees?

Ongelukkig weet die meeste jong vrouens nie eers dat die Bybel hulle vertel waar hulle hulp moet kry nie, en selfs al het hulle geweet, sal hulle jou vind? Dit was in my hart sedert daardie dag wat my huis geval het; om 'n ouer vrou te wees, wat jonger vrouens help om te voorkom dat hulle huise val. Ek het so baie foute gemaak wat vermy kon gewees het, as ek net 'n goddelike vrou gehad het wat gewillig was om my te wys wat die Bybel sê en my lief genoeg gehad het om my te sê wanneer ek 'n fatale fout gemaak het, soos met my twisgierigheid, wat die oorsaak van my huwelik se vernietiging was. En nou, om dinge te bemoeilik, wil die meeste jong vrouens nie na *enigiemand* luister oor *enigiets* nie. Hulle raadpleeg "kenners" oor hul kinders se opvoeding, eerder as die vrou wat die goed opgevoede kinders het. Hulle luister na geselsprogramme om "advies" te kry van ander dwase, arrogante vrouens wat in die wêreld is en volg die fatale advies met hul mans.

Die werkboek, voel ek, is net een van die maniere wat die Here my "die begeertes van my hart gegee het." My bediening, vir die grootste gedeelte, word spandeer om desperate vrouens te help, wie sopas uitgevind het dat hul man saam met hul beste vriendin slaap, by haar ingetrek het of 'n skeisaak aanhanig gemaak het. My hart, vir JARE al, is om op 'n manier die pyn en die hartseer te **voorkom** wat ek moes verduur. Eerder as om te wag vir die probleem om te ontstaan, laat ons almal die roeping op ons lewens vervul, as die "ouer vrou," en nooi vrouens wat ons ken om *'n Wyse Vrou* te bestudeer.

Meeste groepe word gebore wanneer twee eensgesinde vriendinne bymekaar kom en deur die werkboek werk. Dan, wonder bo wonder, ontmoet hulle iemand wat sal voordeel trek uit die informasie en hulle nooi haar na die volgende byeenkoms. Hulle groep groei per woord van mond en die vrugte is ongelooflik: vrouens word gered, huwelike word herstel en vrouens verlaat die werksplek om na hulle kinders om te sien. Kort daarna ontdek hulle dat hulle die ouer vrouens is wat in die regte behoeftes van die vrouens in hulle kerk, buurt en vriende kring, BEDIENING gee.

God se manier gebeur dikwels nie deur 'n raad van direkteure of 'n stem nie. Sy manier begin met vrouens, soos jy en miskien jou vriendin, wat meer van God in hul lewens wil hê. Hulle wil hê hul lewens moet anders wees en hulle kom toevallig af op 'n *Wyse Vrou,* wat hulle anders vind as enigiets wat hulle al ooit gelees of gehoor het. Die boodskap is moeilik om in te neem, maar kort daarna vind hul "vrede". Hulle is vir ewig verander deur die ***krag*** **van God** en die ***beginsels*** en ***beloftes*** **van Sy Woord.**

Het God 'n las op jou hart geplaas vir die vrouens in jou lewe, kerk en gemeenskap? Dan wil ek 'n beroep op jou doen om te begin bid om jou huis oop te maak vir die vrouens wat die Here na jou toe wil stuur. As jy 'n DVD-speler en 'n ketel het, dan is jy gereed om die wêreld om jou te verander. Dit mag dalk net die eerste stap in jou bediening wees om vrouens met die evangelie te bereik en om dié met gebroke harte in die kerk te genees. Sal jy die roeping wat die Here op *jou* lewe het, vervul?

Ek Sal Nie Skaam Wees Nie

God belowe dat as ons na Hom kyk, as ons op Hom vertrou, as ons Sy gebooie nakom oor hoe om te lewe en ons nie laat ontstel nie, nie toe te laat dat kritiek en omstredenheid veroorsaak dat ons 'n kompromie aangaan oor wat ons weet die waarheid is nie, dan sal ons ook, nie beskaamd staan nie.

Ps. 34:5 "Die wat swaar kry, *sien op na Hom* en **straal van blydskap**."

Ps. 119:6NLV "**Dan sal ek nie tot skande kom** as ek maar net my oë op *al* U gebooie hou nie."

Ps. 127:5NLV "**Gelukkig is die man wie se pylkoker vol van hulle** [kinders] is. **Hy sal nie beskaamd word** wanneer hy in die stadspoort met sy vyand onderhandel nie."

Jes. 50:7NLV "Omdat die oppermagtige HERE my help, sal **ek nie in die skande kom nie**. Ek het *my gesig hard soos vuurklip* gemaak. **Ek weet ek sal nie in die verleentheid kom nie**."

Dit is nie 'n maklike pad om in vandag se lewe, 'n sterk Christelike vrou te wees en die leringe van die Here en Sy Woord te volg nie, maar dis is belonend. Dit gaan nie daaroor om 'n *godsdienstige* lewe te lei nie. Om *godsdienstig* te wees, doen meer om mense af te skrik van God, as om hulle vir Hom te wen. Dit is om 'n vrug-draende lewe te lei, wat kom van *hernude* gedagtes, gevolg deur 'n selfopofferende lewe. Dit is 'n lewe wat wys deur die manier wat jy die Here se liefde uitstraal en die ten toon stelling van die vrugte wat uitspruit uit 'n lewe wat toegewy is om Hom lief te hê. Dit gaan oor om die evangelie uit te leef, nie net in woord, maar ook in daad. "Ek skaam my nie oor die evangelie nie, want dit is 'n krag van God tot redding van elkeen wat glo, in die eerste plek die Jood, maar ook die nie-Jood." Rom. 1:16. Sal jy by my aansluit?

"Jy moenie skaam wees om die boodskap van die Here te
verkondig nie;
en moet jou ook nie skaam vir my wat om sy ontwil 'n gevangene
is nie.
Inteendeel dra jou deel van ontberings vir die Evangelie
met die krag wat God jou gee…"
2Timoteus 1:8.

Mag Jou Lewe die Jonger Vrouens Aanmoedig en Leer!

Persoonlike verbintenis: Om my lewe 'n lewende brief te maak wat glorie aan God sal bring. "Gebaseer op wat ek uit God se Woord geleer het, verbind ek myself daartoe om te leer, leef en die waarheid te praat aan die jonger vrouens in my lewe. Ek sal by die huis begin en van daar af uit beweeg soos die Here lei."

Datum:_____ Geteken:_____

Soos wat ek hierdie werkboek afsluit,
laat my Johannes 21:25 aanhaal.
"Daar is nog baie ander dinge wat Jesus gedoen het.
Maar as dit een vir een beskrywe moet word, dink ek,
sou die hele wêreld nie genoeg plek vir die boeke hê nie."

Maak Die Vensters Van Die Hemel Oop

"En toets My hierin, sê die Here die Almagtige.
Toets My of Ek nie die vensters van die hemel
vir julle sal oopmaak en vir julle reën sal uitgiet,
meer as wat julle kan gebruik nie."
Maleági 3:10.

Dit is 'n taamlike kragtige stelling wat God maak. Nêrens anders in die Bybel sê God dat ons Hom moet toets nie, behalwe in hierdie vers. Wat sê God, sal veroorsaak dat Hy die vensters van die hemel oopmaak en Sy seëninge oor ons uitstort totdat dit oorloop?

"'Bring die volle tiende na die voorraadkamer toe sodat daar iets te ete in my huis kan wees, en toets My hierin, sê die Here die Almagtige. Toets My of Ek nie die vensters van die hemel vir julle sal oopmaak en vir julle reën sal uitgiet, meer as wat julle kan gebruik nie.'" (Mal. 3:10).

Het jy dit gesien? Dit is Tiendes. Tiendes sal veroorsaak dat God die vensters van die hemel sal oopmaak en Sy seëninge oor jou lewe uitstort!

Baie Christene skram weg om soveel as moontlik te leer oor hierdie belangrike beginsel, maar moet dit asseblief nie mis nie! God wil hê ons moet getrou en gehoorsaam wees in **alles,** en wanneer ons versuim, of verkies, om ongehoorsaam te wees in een area van ons lewens, vloei dit oor in ander areas.

Wat presies is tiendes? Dit is om vir God tien persent terug te gee van jou verhoging.

Ons samelewing as 'n geheel, is onkundig oor hierdie beginsel. Baie kerke faal hulle lede deur te versuim om die belangrikheid van tiendes te leer. Hoekom is dit so ernstig? God is kwaad wanneer ons faal om aan

.

Hom terug te gee wat regmatig Syne is. "Die aarde en alles wat daarop is, die wêreld en dié wat daar woon, alles behoort aan die Here" (Ps. 24:1). Tiendes is 'n daad van aanbidding.

Daar is te veel Christene wat in armoede lewe, of in net soveel skuld is as 'n ongelowige. God wil elke gelowige "die kop en nie die stert" maak. Hy wil hê ons moet "bo" en "nie onder" skuld, of enige iets anders, wees wat jou lewe wil reël of beheer nie (Deut. 28:13). Daar word vir ons gesê, "Julle moet niemand iets verskuldig wees nie, behalwe om mekaar lief te hê..." (Rom. 13:8). "Die ryke heers oor die arme; die lener is die slaaf van die man by wie hy leen." (Spr. 22:7).

Meeste Christene word geseën met so baie, veral wanneer ons na ander nasies kyk en die vlak van armoede waarin meeste mense in die wêreld lewe. Ons spandeer ons verdienste op plesier terwyl ons kerke, sendelinge en ministeries sukkel om kop bo water te hou. Hoekom? Omdat ons probeer vashou aan iets wat nie regmatig ons sin is om te hou nie.

Ons neem maar gee min. "Dink daaraan: wie **karig saai**, sal **karig oes**; en wie **volop saai**, sal **volop oes**. Elkeen moet gee soos hy hom in sy hart voorgeneem het, nie met teensin of uit dwang nie, want God het die blymoedige gewer lief." (2Kor. 9:6).

Ons vra en wonder hoekom ons nie ontvang nie. "As julle bid, ontvang julle nie, omdat julle verkeerd bid: julle wil net julle **selfsugtige begeertes bevredig**" (Jak. 4:3).

God wou Sy mense **seën**, maar Hy het nie, omdat hulle onwillig was om vir Sy stoorkamer te gee. Hy sê vir hulle in Haggai 1:6-7, "Julle het baie gesaai, maar min geoes; julle het geëet, maar nie genoeg gekry nie; julle het gedrink, maar dors gebly; julle het klere aangetrek, maar nie warm geword nie; julle is soos 'n dagloner wat sy loon in 'n stukkende beursie steek. So sê die Here die Almagtige: 'Neem ter harte wat met julle gebeur!'"

"'Julle het 'n groot oes verwag, maar min gekry, en wat julle nog huis toe gebring het, het **Ek laat verdwyn**. Waarom?' vra die Here die Almagtige.

'Omdat My huis in puin lê, terwyl elkeen van julle hard besig is om aan sy eie huis te werk.'" (Hag. 1:9).

Verstaan Tiendes

Dit is ironies dat so baie Christene verkeerdelik glo dat hulle nie kan "bekostig" om tiendes te gee en God met offerandes te seën nie. Die waarheid is egter dat hulle eenvoudig in 'n bose siklus vasgevang is wat net gehoorsaamheid en geloof kan genees. Hulle kan nie bekostig om te gee nie, omdat hulle God beroof deur mense te betaal, daarmee beroof hulle hulself om geseën te word!

Om die waarheid te sê, God vra ons om te gee wanneer ons diep in armoede is. Die Christene in Macedonië het verstaan en die beginsel van gee toegepas: "Al was hulle swaar beproef deur verdrukking, hulle blydskap was oorvloedig; en al was hulle baie arm, hulle was ryk in hulle oorvloedige vrygewigheid" (2Kor. 8:2). Klink 'n bietjie soos baie van ons, doen dit nie?

Hoekom 10%?

Die woord tiende in Hebreeus is "**ma'asrah**," wat vertaal na "'n tiende." So wanneer God in Sy Woord met ons praat, bedoel Hy dat ons Hom 'n tiende moet gee.

Hoekom moet ek my tiende *eerste* gee, voor ek my rekeninge betaal?

Dit is die beginsel van "eerste vrugte" van ons arbeid. Deuteronómium 18:4 NLV sê vir ons, "Jy moet ook vir die priester die **eerste deel** van die koringoes, die nuwe wyn, olyfolie en die eerste skeersel wol gee." Dan, in Eksodus 34:24 en 26 NLV, sê God, "Ek sal die nasies voor jou uit verdryf. Ek sal jou grond al meer maak…Julle moet die **beste deel** van die **eerste oes** wat jy insamel na die huis van die Here bring."

Dit word ook in die Nuwe Testament bevestig wanneer Jesus vir ons in Matthéüs 6:33 sê, "Nee, beywer julle **allereers** vir die koninkryk van God en vir die wil van God, dan sal Hy julle ook al hierdie dinge gee."

Waar moet ek 'n tiende gee?

Maleági 3:10 sê vir ons, "'Bring die volle tiende na die **voorraadkamer** toe sodat daar iets te ete in my huis kan wees, en toets my hierin.' sê die Here die Almagtige. 'Toets My of ek nie die vensters van die hemel sal oopmaak en vir julle reën sal uitgiet, meer as wat julle kan gebruik nie.'"

Jou **voorraadkamer** is waar jy geestelik gevoed word. Baie Christene maak die fout om te gee waar hulle **nie** geestelik gevoed word nie, of sal eerder gee waar hulle sien daar 'n nood is—maar dit is dwaasheid. Dit is soos om na 'n restaurant toe te gaan, 'n maaltyd te bestel, maar wanneer die rekening kom, vir die kassier te sê om eerder die geld vir die restaurant straat af te gee wat nie so goed doen nie!

As jy 'n kerk bywoon waar jy geestelik gevoed word, dan behoort jy ten minste 'n tiende van jou inkomste aan daardie kerk gee. Dit beteken dat as jy êrens anders kerk bywoon, en gelei voel om finansieel in ons ministerie te saai (of enige ander ministerie of sending), dan sal dit 'n offerande "bo en behalwe" jou tiende wees. Ons wil nie van jou kerk af steel om in ons ministerie te saai nie "anders het dit vir julle geen nut nie" (Heb. 13:17).

Baie van ons gemeenskap lidmate, wie **nie** 'n kerk bywoon nie (vir verskeie redes) *en* gevoed word deur ons ministerie, betaal egter hul tiendes deur in die herstel van huwelike te saai, aangesien dit is waar hulle geestelik gevoed word.

Weereens, soos ek jou dwarsdeur hierdie boek aangemoedig het, soek **God**. Dit geld vir alles, insluitende jou finansies. Wees dan getrou en gehoorsaam aan **Hom!**

Moenie die fout maak om ywerig al die beginsels te volg om jou huwelik te herstel, maar jy faal om jou tiendes te gee, en vind dan dat jou huwelik nie herstel is nie, omdat jy God beroof.

Onthou, Maleági 3:8-10 sê vir ons, "**Sal 'n mens regtig vir God beroof**? Tog beroof julle My: Julle vra: 'Waarvan beroof ons U?' Van **tiendes *en* offergawes.** Daar rus alreeds 'n vloek op julle en tog bly julle my beroof; die hele nasie doen dit."

Maar aangesien ek nie meer onder die wet is nie en ek deur genade lewe, word 10% nie meer vereis nie, word dit?

God se genade regverdig om meer te gee, nie minder nie. Wanneer ons Sy vergifnis, Sy genade, Sy deernis, en Sy opoffering van Sy gestorte bloed, waarby ons deelgenote van Sy glorie geword het, ervaar het, sal ons bereidwilligheid vermeerder om meer te gee, sekerlik nie minder nie.

"…julle het dit verniet ontvang, **gee dit ook verniet**" (Matt. 10:8).

"Hy het Sy eie Seun nie gespaar nie, maar Hom oorgelewer om ons almal te red. Sal Hy ons dan nie al die ander dinge saam met Hom uit genade **skenk** nie?" (Rom. 8:32).

Maar, "…wie **volop** *saai*, sal **volop** *oes*. Elkeen moet gee soos hy hom in sy hart voorgeneem het, nie met teensin of uit dwang nie, want God het die blymoedige gewer lief" (2 Kor. 9:6).

As ons onbestendig is en nie regtig vertrou dat God sal voorsien nie, "moet nie dink dat hy iets van die Here af sal ontvang nie." (Jak. 1:7-8). Wanneer ons vashou aan wat ons het om te probeer om na onsself om te sien, sal ons nooit God se ongelooflike krag om ons ontwil sien nie.

God se begeerte is om Sy krag en Sy seëninge in ons lewens uit te stort. Wanneer ons ons tiendes gee, is ons gehoorsaam. Wanneer ons, uit uiterste dankbaarheid en aanbidding, vrylik 'n offerande gee bo dit wat beveel is, maak ons werklik die deur oop vir God om Sy seëninge uit te stort en Sy plesier in ons lewens te doen.

Ons weet dat Hy "aan Hom wat deur Sy krag wat in ons werk, magtig is om oneindig meer te doen as wat ons bid of dink" (Efe. 3:20).

"Nee, beywer julle allereers vir die koninkryk van God, dan sal Hy julle ook al hierdie dinge gee" (Matt. 6:33). Neem ons God op Sy Woord of nie?

Beginsels van Rentmeesterskap

Soos ons gesien het, tiendes is 'n belangrike beginsel in die Bybel. God verwag dat ons 'n tiende aan Hom teruggee as 'n deel van dit wat Hy so vrygewig aan ons gee. Inderdaad, alles wat Hy aan ons gee, is nog steeds Syne—ons is rentmeesters in wie se sorg Hy die aarde, en alles daarin, toevertrou het. Hoe ons dit wat Hy aan ons toevertrou het hanteer—ons geld, ons talente, ons tyd—demonstreer ons gehoorsaamheid aan Sy Woord, ons vertroue in Sy belofte om te voorsien, en die belangrikste; ons geloof in Hom.

Hoe jy jou finansies sien en hanteer, is basies tot jou Christelike groei, en deur God se beginsels van rentmeesterskap te verstaan, sal jy in staat gestel word om volwasse te word in jou geestelike wandel en die seëninge te erf wat God vir jou lewe het.

Soos jy tot dusver in hierdie boek gelees het, God werk in baie areas van ons lewens wat ons huwelik indirek affekteer. Dit is nie genoeg om uitsluitlik op huweliks beginsels te konsentreer nie, maar weereens, God gebruik die beproewing in jou huwelik om jou meer in Sy beeld te omskep soos wat Hy jou uit die wêreld se vernietiging trek, en jou die pad na die lewe wys.

Die rykdom van God is nie sodat ons kan "ryk word" op die manier wat die wêreld rykdom nastreef nie, maar in plaas daarvan is Sy seëninge deel van ons erfenis. God wil vir ons 'n toekoms gee (Jer. 29:11) solank as wat Hy weet dat ons ons erfporsie wyslik gebruik, sonder om toe te laat dat voorspoed ons ondergang beteken. Om vir 'n kind, wat te jonk is 'n kar te gee, sal beslis in 'n tragedie eindig. Dit is nie totdat 'n ouer volwassenheid sien, dat hy gewillig is om die sleutels van die kar te oorhandig nie.

God wil hê ons moet 'n volwasse houding teenoor geld hê, want dit het die krag om ons vermoë om wyse besluite te maak, te invloed: "Net twee dinge vra ek van U; moet my dit tog nie weier nie; daarna kan ek sterf: moenie toelaat dat ek vals is en lieg nie; moet my nie arm maak of ryk nie, gee my net die kos wat ek nodig het sodat ek nie te veel het en U verloën en sê: 'Wie is die Here?' nie, en sodat ek nie arm word en steel en my God se Naam oneer aandoen nie." (Spr. 30:7-9).

Dit is duidelik dat dit God se begeerte is om Sy kinders te seën. Hier is nog verse wat God se hart teenoor jou wys, as een van Syne:

"Dit is die *seën van die Here* wat **rykdom bring**; jou geswoeg laat dit nie meer word nie" (Spr. 10:22).

"Wie *nederig* is, *dien die Here* en *ontvang* rykdom, eer en lewe" (Spr. 22:4).

"*Kennis* om sy kamers te vul met allerhande **kosbare** en mooi goed" (Spr. 24:4).

"'n *Betroubare man* is *baie* **voorspoedig;** een wat *gou ryk wil word*, sal straf kry." (Spr. 28:20).

Die verse hou vol dat daar voorwaardes is vir finansiële seëninge (geestelike volwassenheid) en dat dit waarlik 'n hartsaak is ('n afwesigheid van geldgierigheid).

Almal van ons wil God se seëninge op ons lewens hê, maar het jy geweet dat hoe jy jou finansiële seëninge hanteer, grotendeels te doen het met hoe jy in die Here groei en tot watter graad God in staat is om in jou lewe te werk?

"Niemand kan vir twee base tegelyk werk nie. Hy sal óf die een minder ag en die ander een hoër, óf vir die een meer oorhê en die ander een afskeep. Julle kan nie God én Mammon (bedrieglike rykdom, geld, besittings, of watookal in vertrou word) dien nie." (Matt. 6:24).

"Wie in die kleinste dinge betroubaar is, is ook in die groot dinge betroubaar; en wie in die kleinste dinge oneerlik is, is ook in die groot dinge oneerlik. As julle dan nie betroubaar is in die hantering van die oneerlike mammon nie, wie sal die ware rykdom aan julle toevertrou?" (Lukas 16:10-11).

Om te groei in ons vermoë om deur God gebruik te word, wat geestelike rykdom is, en die *groter* dinge te win (om die krag en teenwoordigheid van God in ons lewens te hê), hang af van hoe ons ons finansies hanteer.

Om dit verder te bewys, daar is rofweg 500 verwysings in die Bybel oor geloof en 500 oor gebed, maar daar is oor die 2000 verse wat verwys na ons finansies! Saam met die geestelike wette wat in plek gesit is toe God die heelal geskep het (sien hoofstuk 1), het God ook finansiële wette ingestel, wat Hy met ons gedeel het in Sy Woord. Ons trek voordeel daaruit om die wette te volg of dra die nagevolge as ons dit nie doen nie. Dit maak nie saak of ons onkundig is oor die wette of verkies om hulle te verwerp nie; hierdie wette, soos swaartekrag, bestaan en kan nie gedebatteer word nie.

Beginsel #1: Ons saai wat ons maai.

Een van die belangrikste beginsels van rentmeesterskap, is saai en maai. Om 'n oes te maai, moet ons eers saad plant. Daar is baie Skrifgedeeltes wat vir ons insig gee oor die onderwerp van saai en maai. Hier is net 'n paar:

"Dink daaraan: wie **karig saai**, sal **karig oes**; en wie **volop saai**, sal **volop oes**" (2 Kor 9:6).

"Wie met trane saai, sal die oes met gejuig inbring" (Ps. 126:5).

"Moenie julleself mislei nie: God laat nie met Hom spot nie. Wat 'n mens **saai**, dit sal hy ook **oes**." (Gal. 6:7).

"Wie op die akker van **sy sondige natuur saai**, sal van die sondige natuur **dood en verderf oes.** Maar wie op die akker van die **Gees saai**, sal van die Gees die **ewige lewe oes**" (Gal. 6:8).

"Laat ons dan nie moeg word om **goed te doen nie**, want as **ons nie verslap nie**, sal ons op die bestemde tyd ook die **oes insamel.**" (Gal. 6:9).

Wanneer ons saai met begrip van hierdie beginsel, en met geloof in die Here en Sy Woord, moet ons **verwag** om 'n oes te maai in en waar ons gesaai het! Dit is regtig opwindend!

Geen boer sal die tyd en geld neem om 'n saad te plant as hy **nie** verwag om 'n oes **te maai nie**. Boonop, as hy 'n oes van koring wil **maai,** sal hy koring **saai**. As hy 'n oes van graan wil **maai**, sal hy graan **saai.**

Daarom, as jy vriendelikheid wil maai, saai vriendelikheid. As jy vergifnis wil saai, vergewe! As jy herstel in jou huwelik wil maai, **saai** dan in **herstel van huwelike** deur bediening en/of finansieel—**verwag** dan 'n oes, aangesien God se beginsels en Sy beloftes waar is en Hy is getrou!!

Ons kan God se belofte glo dat ons in ons ewige toekoms belê wanneer ons in Sy werk saai. "Moenie vir julle skatte op die aarde bymekaar maak waar mot en roes dit verniel en waar diewe inbreek en dit steel nie. Maak vir julle **skatte in die hemel** bymekaar, waar mot en roes dit nie verniel nie en waar diewe nie inbreek en dit steel nie. Waar jou skat is, daar sal jou hart ook wees." (Matt. 6:19-21). Nog belangriker; wat ons met ons geld hier op aarde doen, is 'n ware aanwyser van waar ons harte is.

"God wat saad voorsien aan die saaier en dan brood om te eet, sal ook aan julle **saad gee** en dit laat toeneem en die vrugte van julle goedhartigheid lieflik laat groei. In elke opsig sal julle ryk gemaak word om ook by elke geleentheid vrygewig te kan wees. Deur ons toedoen bring julle vrygewigheid mee dat God gedank word." (2 Kor. 9:10-11NLV).

Met ander woorde, wanneer God vir ons 'n oorvloedige oes gee, is dit nie sodat ons dit selfsugtig vir onsself kan hou nie, maar sodat ons selfs meer in die koninkryk van die hemel kan saai.

Die baie ryk Christene van vandag is die kanale wat ministeries aan die gang hou, sendelinge na buitelandse lande toe stuur, en die kerke florerend hou sodat hulle die verlorenes kan bereik vir die Here. Hulle gebruik nie hulle finansies vir hulle eie plesier nie, maar het gevind dat deur in die dinge van God te saai, hulle ware vreugde en tevredenheid het.

Maar, ons moet onthou dat armoede en voorspoed relatiewe terme is. Wat ons die "armoede vlak" in die Verenigde State van Amerika noem, sal vir mense in meeste ander lande soos rykdom lyk.

As Christene, moet ons tevredenheid in enige en elke situasie vind. Die apostel Paulus herinner ons in Filippense 4:12: "Ek weet wat *armoede* is en ek weet wat *oorvloed* is; van alles het ek ondervinding: om genoeg te hê om te eet sowel as om honger te ly, om **oorvloed** te hê sowel as om *gebrek* te ly."

Daar is inderdaad tye wanneer God Sy heiliges roep om te ly, martelaarskap, of armoede (soos die arm weduwee wie twee muntstukke gegee het—alles wat sy besit het) om Homself sodoende te verheerlik. Wanneer Hy ons roep na armoede of lyding, gee Hy aan ons die genade om dit met vreugde en danksegging (en sonder murmureer en kla) te verduur.

Terwyl ons nie al God se redes kan verstaan om armoede toe te laat nie, kan ons vertrou dat Sy optrede altyd hoër is as ons sin. "Al was hulle swaar beproef deur verdrukking, hulle blydskap was oorvloedig; en al was hulle **baie arm**, hulle was **ryk in hulle oorvloedige vrygewigheid**. Ek verseker julle hulle het na vermoë, ja, bo vermoë, bygedra." (2Kor. 8:2).

Die wat die swaarste kry, het partykeer nodig om die vrygewigste te wees! Vir iemand met 'n liefde vir geld, mag die verlies van rykdom een van die maniere wees wat God gebruik om ons te breek, nader aan Hom te trek, en ons te leer om alleenlik van Hom afhanklik te wees.

Maar, in ons land, lok armoede en skuld nie gewoonlik die belangstelling van jou familie, vriende en bure uit nie. As ons met baie geseën is, moet ons aan ander getuig, nie deur selfregverdig aan hulle te preek of om hulle lewensstyl te veroordeel nie, maar om hulle toe te laat om **God** in ons lewens te "lees"! "Julle is self ons aanbevelingsbrief, geskryf op ons harte, vir almal om te lees en te verstaan." (2 Kor. 3:2). Ons moet die vrugte van ons Vader ten toon stel. Ons moet vrede hê te midde van ons probleme, ons vyande seën, vrylik vergewe, en in die voorspoed loop wat die Here toelaat. Ons vrygewigheid moet Hom verheerlik en mag die sagmoedigheid wees wat God gebruik om ander na Homself aan te trek!

"…Laat hulle altyd weer sê. 'Die *Here* is groot, **Hy sorg dat Sy dienaar vrede het'**" (Ps. 35:27).

Beginsel #2: God besit alles.

Psalm 24:1 sê eenvoudig, "Die aarde en **alles wat daarop is**, die wêreld en dié wat daar woon, **alles** behoort aan die Here…" Alles wat ons het, behoort aan **God**.

"Die grootheid, Here, die krag, die glans, die roem en die majesteit **behoort aan U**, ja, **alles** in die hemel en op aarde. Aan U, Here behoort die heerskappy; U is bo almal verhewe" (1Kro. 29:11).

"Aan **My** behoort al die silwer, aan **My** al die goud, sê die Here die Almagtige" (Hag. 2:8).

Alles wat ons het, of dit nou baie of min is, word aan ons geleen—ons is rentmeesters. Weereens, dit is hoe ons dit hanteer wat aan ons toevertrou is (soos in Lukas 16, die gelykenis) wat sal bepaal of Hy ons met meer gaan seën of dit wat ons alreeds het gaan wegneem.

Beginsel #3: God voorsien alles.

"Jy kan dalk dink: my krag en my sterk hande het vir my hierdie rykdom verwerf. Maar jy moet die Here jou God nie vergeet nie, want dit is **Hy wat jou die *krag gee om die rykdom te verwerf***. So hou Hy die verbond in stand wat Hy met 'n eed aan jou voorvaders beloof het. So is dit nou nog. As jy ooit die Here jou God vergeet en ander gode aanhang en hulle dien en vereer, verklaar ek vandag dat jy beslis tot niet sal gaan" (Deut. 8:17-19).

"Want wie is ek en wie is my volk dat ons die vermoë sou hê om sulke gawes te bring? **Alles** kom tog van **U** af en ***ons gee*** aan U wat ons van U gekry het. Net soos al ons voorvaders is ons by U sonder reg of aanspraak. Ons tyd op aarde is soos 'n skaduwee, dit gaan verby. Here ons God, al hierdie goed wat ons bymekaar gemaak het om 'n huis vir U heilige Naam te bou, **het ons van *U* gekry** en dit behoort aan *U"* (1 Kron. 29:14-19).

"En **my God** sal in elke behoefte van julle ryklik voorsien volgens *Sy* wonderbaarlike *rykdom* in Jesus Christus" (Fil. 4:19).

Of jy dit van jou werk verdien het en of dit vir jou gegee was, wie was die bron van alles wat jy het? God.

Beginsel #4: God wil die eerste gedeelte hê van wat Hy vir jou gee.

Baie Christene gee vir hulle kerk en ander liefdadigheidsorganisasies, maar is nie geseën nie omdat hulle nie hierdie baie belangrike beginsel verstaan nie. God is duidelik regdeur die hele Bybel, Hy wil **eerste** in elke gebied van jou lewe wees.

As jy jou rekeninge betaal, voor jy die eerste aan Hom terugegee het, is God nie eerste in jou lewe nie en het jy die seën gemis. Ons het in Hoofstuk 2, "Jou eerste Liefde," geleer dat God dit wat ons voor Hom plaas, sal verwyder.

"Vereer die Here met offerandes uit al wat jy besit en met die beste van jou oes, dan sal jou skure oorvol wees en jou parskuipe oorloop van die wyn" (Spr. 3:9). Die beginsel is duidelik; ons **moet eerste aan God gee.**

Dikwels, wanneer Christene begin oorweeg om tiendes te gee, kan hulle nie sien hoe hulle moontlik 'n tiende kan gee nie aangesien hulle skaars kop bo water hou. Dit is omdat hulle so oningelig is oor dit wat in hulle finansies gebeur. Haggai 1:9 sê dat God laat "verdwyn" wat jy huis toe gebring het, en Hy laat ook die **sprinkane** toe om te kom en vat wat regmatig Syne is.

"'Bring die volle tiende na die voorraadkamer toe sodat daar iets te ete in My huis kan wees, en toets My hierin, sê die Here die Almagtige. Toets My of ek nie die vensters van die hemel vir julle sal oopmaak en vir julle reën sal uitgiet, meer as wat julle kan gebruik nie. **Ek** sal die **sprinkane keer** dat hulle nie die oes op julle land vernietig nie, en dat julle wingerde sonder vrugte is nie, sê die Here die Almagtige'" (Mal. 3:10-11).

Elke maand loop Christene, wat nie tiendes betaal nie, "onverwagte" uitgawes tegemoet, dinge soos herstelwerk, of ander benodighede, wat hulle nie verwag het nie. Dit is net omdat hulle oningelig is oor hierdie beginsel. Want as God **eerste** is in jou lewe—eerste in jou hart, eerste in jou dag, en eerste in jou finansies—dan (en net dan) sal God die "vensters van die hemel oopmaak en vir julle reën uitgiet, meer as wat julle kan gebruik," en getrou "die sprinkane keer."

Die wat hulself ootmoedig, deur vir God hulle tiendes en offerandes te gee, sal hulle verlustig in hulle *welvaart!* "Die wat nou *verdruk* word, sal die land besit en hulle verlustig in hulle *welvaart*" (Ps. 37:11). Sy Woord sê vir ons, "Teenspoed volg die sondaars op hulle pad; die *regverdige* word met voorspoed **vergoed**." (Spr. 13:21).

Beginsel #5: Wat jy met die eerste gedeelte doen, bepaal wat God doen met die res.

Toe God Abraham gevra het vir sy seun, het hy hom nie weerhou nie; as resultaat, het God vir hom gesê, "Los jou seun! Moenie iets aan hom doen nie. Nou weet Ek dat jy my dien: jy het nie geweier om jou seun, jou enigste seun, aan My te offer nie, Ek sal **jou baie seën...**" (Gen. 22:12, 17).

God het vir die weermag, wat Jericho oorgeneem het, gesê hulle mag nie die buit van die eerste stad vat nie, en God sou hulle dan die res gee. God wil altyd ons harte eers toets. "Silwer word in 'n smeltkroes gelouter en goud in 'n oond, maar dit is die Here wat die gesindheid toets." (Spr. 17:3). Maar een van die soldate, Akin, kon nie die versoeking weerstaan nie, en het van die buit gevat. Toe hulle die volgende stad, Ai, moes oorneem, in 'n stryd wat baie kleiner was en maklik gewen moes word, was hulle verslaan. (Sien Josua 6.).

Hierdie beginsel is nie net vir jou finansies nie, of vir jou huweliks herstel nie, maar vir elke gebied van jou lewe. Wanneer ons misluk om eerste aan God te gee, beroof ons God van wat Hy gevra het. Hy wil geen ander gode bo Hom hê nie: nie ons geld, ons eggenote, of ons loopbane nie. Wat jy doen met die eerste van alles, sal bepaal wat God met die res wil doen—dit seën of vloek.

Is jy in 'n finansiële krisis?

"Nee beywer julle allereers vir die koninkryk van God en vir die wil van God, dan sal Hy julle ook al hierdie dinge gee'" (Matt. 6:33).

Het jy die Here gesoek oor jou finansies? In Filippense 4:19, leer die Bybel ons dat die Here die een is wat in **al** ons behoeftes sal voorsien. Maar, as ons na ander toe gaan met ons behoeftes, eerder as om God te soek—as ons faal om Hom "**eerste** te soek"—dan sal "al hierdie dinge" *nie* aan ons "gegee" word nie.

Volg jy die beginsels vir finansiële sekuriteit in die Here? Die Bybel leer ons dat ons ons tiendes moet gee om sodoende "met baie volgemaak" te word en "oor te loop" (Spr. 3:9-10). Ons word ook aangemoedig om te "saai" as ons wil maai (Gal. 6:7 en 2 Kor: 9:6). Het jy gesaai en getrou jou tiendes gegee? Neem die tyd om hierdie gedeeltes van die Bybel oor en oor te lees, bid dan vir hoe die Here, die manier wat jy op Hom vertrou, wil verander terwyl jy Sy bevele aan alle gelowiges vervul, deur 'n gedeelte aan Hom terug te gee.

As jy getrou jou tiendes gee en nog steeds in 'n finansiële krisis is, maak seker dat jy al God se reëls volg. Daar is baie verwysings in die Skrif vir aksies wat lei tot armoede, insluitende; om nie te vra nie (Jakobus 4:2), te vra met verkeerde motiewe (Jakobus 4:3), owerspel (Spr. 6:26), drank misbruik of vraatsige gedrag (Spr. 21:17, Spr. 23:21), luiheid (Spr. 10:4, Spr. 14:23, Spr. 28:18-20), om nie teregwysing of regstelling te aanvaar nie (Spr. 13:18), oorhaastige besluite te neem (Spr. 21:5), armes te verdruk (Spr. 22:16), en, natuurlik, om van God te weerhou wat regmatig Syne is.

Terwyl ons aan God teruggee deur tiendes en offerandes, moet ons ook seker wees dat ons ons mans die eer gee wat hulle verdien. "Haar **man steun** op haar en **pluk die vrugte van haar werk**" (Spr. 31:11). As jou man 'n moeilike tyd het om te voorsien, is jy seker hy kan op jou steun? Het hy vir jou gesê jy moet ontslae raak van jou kredietkaarte, maar jy het hulle gehou? Is jy verantwoordelik met die aankope wat jy maak, en kyk jy goed na die maniere van jou huishouding? Het jy hom by ander in die skande gesteek? Wees seker dat jou hart suiwer en getrou is aan jou man, op elke manier.

Toe ek finansieel geruïneer was as 'n enkelma van vier jong kinders, het ek geleer van die beginsel van tiendes. Selfs al het ek na aan die armoede vlak gelewe, het ek my tiendes vir die eerste keer in my lewe begin gee. Ek het nie alleenlik gesaai deur tien persent te gee uit die karige bedrag geld wat ek ontvang het nie, maar ek het ook gesaai in die lewens van vrouens wat tragedie in hulle lewens ondervind het (deur hulle te vertel van God se vermoë om huwelike te herstel).

Met my wat aan die Here gegee het, is die standaard in ons huis gestel terwyl my man weg was. God het dit vereer deur my man te lei om sy tiendes te begin gee net nadat hy huis toe gekom het, sonder dat ek hom vertel het daarvan! As jy sukkel om soveel te gee, mag dit jou help om te weet dat God alles besit wat ons het, en dit is net deur Hom wat ons die "krag het om rykdom te verwerf, sodat Hy die verbond in stand kan hou" met ons. (Deut. 8:18). Daarom moet jy seker maak dat jy **eerste** aan Hom gee om te bevestig dat Hy **eerste** in jou lewe is!

Sal jy God of Mammon (geld) dien?

Te veel skram weg om mense te leer oor gee as gevolg van misbruik en omdat hulle nie beskou wil word as "geld soekers" nie, maar dit elimineer nie die waarheid in die boodskap nie. Soek self vir die waarheid. Toets Hom om te sien of Hy getrou is aan Sy beloftes. Gee eerste aan God, gee 'n tiende aan jou stoorkamer (waar jy geestelik gevoed word), en sien of jou lewe verander en jy in alle gebiede van jou lewe geseën word.

God is die een wat vir ons ministerie en ons familie voorsien. Ons saai in die lewe van die wat gebroke harte het en gee water met deurlopende ondersteuning deur ons gemeenskap, maar dit is God wat die vermeerdering bring. Ons kyk na niemand om in ons behoeftes te voorsien behalwe God alleen nie.

Deur te faal om so 'n belangrike beginsel te onderrig, is soos om nalatig te wees om die skape te voer en dié wat na ons toe kom vir hulp, ondersteuning, en rigting, te lei.

Jesus het gesê ons moet Sy skape voer, en God het in Hoséa gesê dat Sy volk onder gaan omdat hulle nie aan Hom toegewy is nie (Hos. 4:6). Baie wie na ons toe kom is nuwe Christene, of het 'n kerk bygewoon waar hierdie beginsel, en ander beginsels van herstel, nie geleer word nie. Ons werk is om dissipels van die Here te maak, om hulle die toerusting te gee wat hulle nodig het om hulle lewens te verander.

Vir die van julle wat nog nooit vir God Sy tiende gegee het nie, mag God aan jou bewys dat jy meer met 90% van jou inkomste kan doen as die 100% wat jy gewoond is om te beheer. Dit sal 'n stap van geloof neem, maar net soos toe jy gekies het om jou huwelik te herstel eerder as om aan te beweeg, sal jou lewe nooit weer dieselfde wees nie.

Vir die wat wel gee (maar God is nie eerste nie), mag jy in elke area van jou lewe jou prioriteite so herrangskik dat jy aan God kan wys dat Hy eerste plek het.

God is 'n God wat verlang om ons genadig te wees; Hy smag daarna om ons te seën! "…laat hulle altyd weer sê, 'die Here is groot. **Hy sorg dat Sy dienaar vrede het**'" (Ps. 35:27).

Laat ek afsluit met hierdie wonderlike **belofte:** Wie met trane **saai**, sal die **oes** met gejuig inbring" (Ps. 126:5). **Hallelujah!!**

Persoonlike verbintenis: om te gee. "Gebaseer op wat ek in die Skrif geleer het, verbind ek myself daartoe om die Here te vertrou en te seën met my finansies. Ek sal die Here soek in verband met hoe en waar om my tiendes te gee. Ek sal in die herstel van huwelike saai deur die goeie nuus oor herstel te deel met die wat God in my lewe bring en deur my finansiële bydrae soos God my lei en getrou aan my voorsien."

Datum:_____ Geteken:_____

Oor die Skrywer

Erin Thiele is 'n vrou en ma van vier seuns, Dallas, Axel, Easton, en Cooper, en drie meisies, Tyler, Tara, en Macy. Haar stand vir haar huwelik was op die Rots van God se Woord gevestig tydens haar stryd om haar eie huwelik te herstel; Erin se man het haar vir 'n ander vrou gelos en uiteindelik van haar geskei. Twee jaar later het haar man teruggekom en hulle huwelik is wonderbaarlik herstel!

Restore Ministeries het begin toe Erin by elke kerkverband in haar area gesoek het vir hulp maar nêrens kon kry wat sy nodig gehad het nie. *Hoe God Jou Huwelik **Kan** en **Sal** herstel* was geskryf om daardie vrouens te help wie die Here na haar toe gestuur het. *'n Wyse Vrou* was geskryf soos wat die Here haar gelei het om haar huis vir haar man se terugkoms voor te berei. Vyf jaar later is *Hoe God Jou Huwelik Kan en Sal Herstel: Daar is Genesing na Gebroke Geloftes* en *'n Wyse Man* is vir mans geskryf. Hierdie paartjie se ondervinding is 'n kragtige getuienis oor God se beloftes en Sy betroubaarheid .

As jy toegang tot die Internet het, wees seker om die *Restore Ministries* se Afrikaanse webwerf by: uiteindelikhoop.com te besoek. Op ons webwerf sal jy al die kragtige getuienis lees van herstelde huwelike, sluit by ons Herstel Gemeenskap aan, en vind meer uit oor ons ander hulpmiddels soos 'n Wyse Vrou Bybel studies en ander Aanlyn Kursusse en in ons boekwinkel EncuragingBookstore.com

As jy opgelei wil word om 'n bedienaar te wees, besoek ons webwerf by: RMIOU "Restore Ministries International Online University" RMIOU.com vir meer inligting.

.

Die Getuienis oor Hoe God Ons Huwelik Herstel Het

deur Dan Thiele

Dan wil graag sy getuienis deel oor die herstel van ons huwelik aangesien die Bybel in Openbaring 12:10-11 sê " Toe het ek 'n stem in die hemel gehoor wat hard uitgeroep het: "Nou het ons God die redding gebring, nou is sy mag en koningskap hier, en die gesag van sy Gesalfde! Die aanklaer van ons medegelowiges is uit die hemel uit gegooi, hy wat hulle dag en nag voor ons God aangekla het. Hulle het self die oorwinning oor hom behaal danksy die bloed van die Lam en die boodskap waarvan hulle getuig het; en hulle het hulle lewens nie so lief gehad dat hulle onwillig was om vir Hom te sterwe nie."

Ons huwelik was dood maar deur Sy bloed was dit weer lewendig gemaak. Dit is ons hoop en gebed dat ons getuienis jou of iemand anders help om die bose een te oorwin. Ons gee aan God al die glorie vir wat Hy in ons lewens gedoen het.

In Januarie 1989, het ek Erin vir 'n ander vrou gelos. Maar, die Here het vir Erin die hart en uithouvermoë gegee om te glo dat God ons huwelik kan herstel. Dit was gedurende hierdie vurige beproewing wat Erin 'n nuwe vrou geword het. Sy het die Bybel bestudeer aangaande huwelike en het begin om die beginsels in haar lewe toe te pas. Sy het my nooit vertel nie, ek kon dit net sien.

Soos die drie jong manne wat in die brandende oond gegooi is, het Erin ook "bevry" geraak van dinge in haar lewe wat haar "gebonde" gehad het." Sy het ook begin om saam met iemand anders te loop, haar dierbare Here. (Sien Daniel 3:25)

Almal, selfs die mees gerespekteerde pastore in ons stad, het vir Erin gesê dat dit hopeloos is om teen my begeerte om haar te los en saam 'n ander vrou te wees, te veg. Maar Erin het in God se Woord gevind dat "niks onmoontlik met God is nie"! (Lukas 1:37) Dit was gedurende hierdie tyd dat sy "Restore Ministeries" gestig het om ander vrouens te help wie ook hulle huwelike herstel wou hê.

Dit is toe dat Erin haar bediening begin het deur eenvoudig met elkeen van hulle die Bybel verse te deel wat God haar gewys het. Gou was daar te veel vrouens om individueel te help, so sy het begin om die Bybel verse op 'n ou tikmasjien uit te tik wat haar ma vir haar gegee het. Sommige van die vrouens wat na haar vergaderings gekom het, het nooit 'n Bybel in hulle hande vasgehou nie, so Erin het toe begin om volledige verse uit te tik en dan afskrifte te maak om aan hierdie seer en verlate vrouens te gee.

Maar, hoe meer Erin ander vrouens gehelp het, hoe slegter het haar situasie geword. Haar vurige oond was opgedraai toe ek in Oktober van 1990 van haar geskei het, hoofsaaklik omdat die ander vrou daarvoor betaal het. Alhoewel, selfs na dit het ek gesien dat sy so 'n vrede gehad het, die vrede wat sy nodig gehad het om nie teen die egskeiding te baklei of dit te beveg nie, maar om op haar Here te vertou. Ongedeerd, het Erin voortgegaan met haar bediening aan ander vrouens deur meer van die Woord van God te deel. Sy het my later vertel dat sy die Here belowe het dat as hy haar huwelik aan die man wat sy liefhet herstel, ek, dat sy haar hele lewe sal wy aan vrouens in huweliks krisisse, Hy het en sy het.

Ons huwelik was wonderbaarlik herstel hoofsaaklik deur Erin se gehoorsaamheid om nie 'n prokureur aan te stel nie. God het my van my fout verlos (wat ek eintlik onmiddelik berou het toe dit finaal was) toe ons uitgevind het dat alhoewel die regter die egskeiding op die 30ste Oktober toegestaan het, was die papiere wat deur my prokureur geliaseer is uitgegooi omdat daar 'n fout met die papierwerk was! Dit, vir my, was die eerste teken van God dat Hy hy my op "een of ander manier" sou verlos van die koorde wat my aan die ander vrou gebonde gehou het. Het Erin 'n prokureur gehad, of as sy teen my baklei het, sou die egskeiding nie uitgegooi gewees het nie en sou ek nooit teruggekom het nie.

Erin het "hoop toe daar geen hoop was nie" (een van haar gunsteling verse Rom. 4:18) en sy het haar wonderwerk om 11:10 die aand op 29ste Januarie 1991 ontvang toe ek finaal na Erin en ons vier kinders teruggekeer het. Dit was na my owerspel, en nadat ek van haar geskei is, net 'n bietjie meer as twee jaar nadat ek haar gelos het en meer as 'n jaar nadat sy aan ander vroue begin bedien het.

Die Begin van Herstel Ministeries Internasionaal

Oor die volgende vyf jaar, het die Here ons albei die begeertes van ons harte gegee en ons geseën met nog drie "herstel" babas soos wat Erin voortgtegaan het met haar bediening aan ander vrouens. In 1996 was die eerste uitgawe van *Hoe God Jou Huwelik Kan en Sal Herstel* plaaslik gepubliseer en om die wêreld gestuur. Die boek was opgemaak uit sleutel hoofstukke uit die *'n Wyse Vrou Bou Haar Huis: Deur 'n DWAAS Wat Dit met Haar Eie Hande Afgebreek Het* wat Erin bymekaar gesit het. Dit was eenvoudig die lesse wat sy vir haar Herstel genootskap geskryf het, wat sy begin het toe ek weg was, en voortgegaan het elke week vir jare nadat ek teruggekom het huistoe.

Dit is toe dat duisende nanvrae vir haar boek begin inkom het na ons ministerie, "Restore Ministries International", en na ons publiseerders van oor die hele V.S.A en die buiteland.

Baie boeke was na tronke dwarsoor die V.S.A gestuur. Mans wat geskryf het dat hulle so geseën was en begin het om herstelde huwelike te ervaar nadat hulle die herstel boek vir vrouens gelees het! Dit is toe Erin gelei is om 'n weergawe vir mans te skryf. Later het sy 'n handleiding vir mans geskryf, *'n Wyse Man bou op die Rots: Deur 'n dwaas wat syne op sinkende sand gebou het* om saam die mans se herstel boek gepaard te gaan.

Vandag, deur RMI "Restore Ministries International" bedien ons mans en vrouens hoofsaaklik oor die Internet, boeke en videos. In 2005 was RMI in twee bedieninge verdeel: "Encouraging Women and Encouraging Men."

Ek het in my eie lewe gesien, en in so baie mense wat ons gehelp het, dat God meer as in staat is om enige huwelik te genees en te red! Ek moedig jou aan om te lees, te herlees en weer te lees om sodoende die waarhede te ken wat jou huwelik sal seën en ook al die getuienisse om jou geloof op te bou sodat jy ook die Here se BELOFTES sal glo oor die herstel van jou huwelik!

Wanneer jy al die getuienisse lees, merk al die "oënskynlike" onmoontlike situasies wat eenders as joune is; maar asseblief moet nie fokus oor hoe jou hele situasie anders is nie. Natuurlik is dit omdat God kyk, eintlik "het hy Sy oë oral op die aarde sodat Hy die kan help wat met hulle hele hart op Hom vertrou. Om jou STERK te ondersteun" (2 Kronieke 16:9) om jou 'n getuienis te gee wat anders, uniek en "oënskynlik" onmoontlik is as dit nie vir God was om iemand anders te help nie

Ons eerste GELOOFS BOUDENDE *By die Woord van Hulle Getuienis* boek het albei die eerste persoon en derde persoon getuienisse. Voor ons 'n plek gehad om Lofsverslae na ons webtuiste toe te stuur, het ons herstelde huweliks getuienisse ontvang deur baie verskillende bronne. Almal van ons hou daarvan om uit die die persoon se eie mond te hoor, so nou het ons eerste persoon getuienisse in meeste van ons ander getuienis boeke. Of nou in die eerste of derde persoon, al die getuienise gee "glorie aan God"!

Erin het my vertel dat dit wat haar deur die egskeiding gekry het wat ek teen haar aanhanig gemaak het (agv die dwaas wat ek was), was haar vriendin Sue (wie ek een keer ontmoet het). Sue se man het aan Erin gesê: "As jy jou man liefhet soos wat Sue my liefgehad het, en jy dieselfde dinge volg wat Sue met my gedoen het--sal jou huwelik ook herstel word. En nog iets , selfs al sê hy hy het jou nie meer lief nie, hy is".

Laat my dieselfde ding aan elkeen van julle vertel. As jy volg wat Erin in haar boeke leer en ter harte neem wat sy in haar videos sê, soos om jou man te laat gaan (omdat dit my aandag gekry het). En as jy dieselfde stilheid en onderdanigheid het wat ek in Erin gesien het (en wat ek in soveel ander vrouens gesien het wat na ons bediening toe kom wat nou 'n herstelde huwelik het). Dan is daar geen twyfel dat jou man ook huistoe sal kom nie. Selfs al het hy gesê hy is nie meer lief vir jou nie, maak nie saak wat hy sê nie, hy is. Volg net die Here en raak ook op Hom verlief en moet nie in die pad staan van wat God besig is om te doen nie. Dit het baie van my geverg om die foute te sien wat ek gemaak het en dieselfde is waar vir jou man.

Een laaste ding voordat ek eindig; Erin het nooit gehoor van 'n huwelik wat herstel is voordat sy Sue gehelp het en gesien hoe hare herstel is nie. Tog kry ons so baie vrouens wat al die honderde herstelde huwelik getuienisse van ons boeke en wat op ons webtuiste gepos is lees. En hulle het al die dinge wat Erin (en Sue) gehad het om in hulle Bybels te soek (wat nou in haar boeke, videos en ons aanlyn lesse is) en hulle kla nog steeds dat hulle situasies te moeilik is. Ek weet nie hoe Erin dit gedoen het nie, maar ek weet as jy wil hê wat God jou wil gee (en jou man spaar van waarheen hy oppad is) dan doen dit op God se manier deur geloof.

Ek het nooit vir Erin enige aanduiding gegee dat ek ooit sou terugkom nie, maar sy het na die Here gekyk en gestraal.

~ Dan

"Die wat swaar kry, sien op na Hom en straal van blydskap, hulle word nie teleurgestel in hulle verwagting nie"—Psalm 34:5

Erin het ander boeke geskryf met haar kenmerkende styl om Skrifleer te gebruik om aan die gebrokenes en die geestelike gevangenis bediening te gee "Hy het hulle met 'n **enkele woord** gesond gemaak, hulle aan die dood laat ontkom." (Ps. 107:20). Jy sal al haar boeke op een van die RMI webtuistes vind:

EncouragingBookstore.com
Amazon.com

Kyk wat is Ook Beskikbaar
in EncouragingBookstore.com & Amazon.com

Skandeer die kode hieronder na die beskikbare boeke vir ons Oorvloedige Lewe, Herstelde, en Deur die Woord van Hul Getuienis reeks.

Besoek asseblief ons Webwerwe waar jy ook hierdie boeke as GRATIS Kursusse vir mans en vroue sal vind.

Wil jy meer weet oor hoe jy 'n Oorvloedige Lewe kan leef?

.

Restore Ministries International

POB 830 Ozark, MO 65721

Vir meer hulp
Besoek asseblief een van ons Webwerwe:

Uiteindelikhoop.com
EncouragingWomen.org
HopeAtLast.com
LoveAtLast.org
RestoreMinistries.net
RMIEW.com
Aidemaritale.com (Frans)
AjudaMatrimonial.com (Portugees)
AyudaMatrimonial.com (Spaans)
Eeuwigdurendeliefde-nl.com (Nederlands)
EvliliginiKurtar.com (Turks)
EternalLove-jp.com (Japannees)
Pag-asa.org (Tagalog)
Zachranamanzelstva.com (Slowaak)
Wiecznamilosc.com (Pools)
EncouragingMen.org

Waar jy gratis kursusse vir mans en vroue sal vind.

.

www.ingramcontent.com/pod-product-compliance
Lightning Source LLC
Chambersburg PA
CBHW071301110426
42743CB00042B/1130